KB152826

한국의 과학과 문명 029

과학기술과 한국인의 일상

"이 저서는 2010년도 대한민국 교육부와 한국학중앙연구원(한국학진흥사업단)을 통해
한국학 특정분야 기획연구(한국과학문명사) 사업의 지원을 받아 수행된 연구임."(AKS-2010-AMZ-2101)

과학기술과 한국인의 일상

초판 1쇄	2022년 9월 20일		
지은이	김태호		
출판책임	박성규	펴낸이	이정원
편집주간	선우미정	펴낸곳	도서출판 들녘
편집	이동하·이수연·김혜민	등록일자	1987년 12월 12일
디자인	한채린·고유단	등록번호	10-156
마케팅	전병우	주소	경기도 파주시 회동길 198
경영지원	김은주·나수정	전화	031-955-7374 (대표)
제작관리	구법모		031-955-7376 (편집)
물류관리	엄철용	팩스	031-955-7393
		이메일	dulnyouk@dulnyouk.co.kr

ISBN 　979-11-5925-929-6 (94910)
　　　　979-11-5925-113-9 (세트)

한국의 과학과 문명 029

과학기술과 한국인의 일상

김태호 지음
최형섭·이근성 일부 기고와 함께

들녘

지은이 **김태호** 金兌豪

서울대학교 화학과를 졸업하고 같은 학교 대학원 과학사 및 과학철학 협동과정에서 한국 과학기술사를 전공했다. 식민지 시기 일본에서 합성섬유 '비날론'을 발명하고 뒷날 북한에서 그 공업화를 주도한 화학공학자 리승기에 대해 석사논문을 썼고, '통일벼'의 개발 과정과 한국의 쌀 증산운동에 대해 박사논문을 썼다. 미국 존스홉킨스대학 방문연구생, 싱가포르국립대학 및 미국 컬럼비아대학 박사후연구원, 서울대학교병원 의학역사문화원 연구교수, 한양대학교 비교역사문화연구소 HK교수 등을 거쳐 현재 전북대학교 한국과학문명학연구소에서 연구와 교육에 주력하고 있다. 과학기술을 빼놓고 근현대 한국사를 바라본다면 그 온전한 모습을 이해할 수 없다는 신념 아래 다양한 주제를 연구하고 있다. 본 총서의 하나로 『근현대 한국 쌀의 사회사』(들녘, 2017)를 썼으며, 다른 연구자들과 함께 『'과학대통령 박정희' 신화를 넘어: 과학과 권력, 그리고 국가』(역사비평사, 2018)를 펴냈다. 또한 『오답이라는 해답: 과학사는 어떻게 만들어지는가』(창비, 2021) 등의 교양서도 내었다.

〈한국의 과학과 문명〉 총서

기획편집위원회

연구책임자_ 신동원

전근대팀장_ 전용훈

근현대팀장_ 김근배

전 임 교 수_ 문만용

　　　　　　김태호

　　　　　　　전종욱

전임연구원_ 신미영

〈한국의 과학과 문명〉 총서를 펴내며

우리나라는 현재 세계 최고 수준의 메모리 반도체, 스마트폰, 디스플레이, 철강, 선박, 자동차 생산국으로서 과학기술 분야의 경이적인 발전으로 세계의 주목을 받고 있다. 그것을 가능케 한 요인의 하나가 한국이 오랜 기간 견지해온 우수한 과학기술 문화와 역사 속에 있다고 우리는 생각한다.

문명이 시작된 이래 한국은 항상 높은 수준을 굳건히 지켜온 동아시아 문명권의 일원으로서 그 위치를 잃은 적이 없었다. 우리는 한국이 이룩한 과학기술 문화와 역사의 총체를 '한국의 과학문명'이라 부르려 한다. 금속활자·고려청자 등으로 대표되는 한국 과학문명의 창조성은 천문학·기상학·수학·지리학·의학·양생술·농학·박물학 등 과학 분야를 비롯하여 금속제련·방직·염색·도자·활자·인쇄·종이·기계·화약·선박·건축 등 기술 분야에서도 다양하게 분명히 드러난다.

우리는 이런 내용을 종합하는 〈한국의 과학과 문명〉 총서를 발간하고자 한다. 이 총서의 제목은 중국의 과학문명에 대한 새로운 인식의 지평을 연 조지프 니덤(Joseph Needham)의 『중국의 과학과 문명』을 염두에 두고 만들었다. 그러나 니덤이 전근대에 국한한 반면 우리는 전근대와 근현대를 망라하여 한국 과학문명의 총체적 가치와 의미를 온전히 담은 총서의 발간을 목표로 한다. 나아가 한국의 과학과 문명이 지닌 보편적 가치를 세계에 발신하고자 한다. 지금까지 한국은 세계 과학문명의 일원으로 정당한 가치를 인정받지 못한채, 중국의 아류로 인식되어왔다. 이 총서에서는 한국 과학문명이 지닌 보편성과 독자성을 함께 추적하여 그것이 독자적인 과학문명이자 세계 과학문명의 당당한 일원임을 입증하고자 한다. 우리는 이 총서에서 근현대 한국 과학기술 발전의 역사와 구조를 밝힐 것이며, 이로써 인류의 과학기술 발전사를 새로이 해명하는 데에 기여할 것이다.

이 총서에서는 한국의 과학문명이 역사적으로 독자적인 가치와 의미를 상실하지 않았던 생명력에 주목한다. 이를 위해 전근대 시기에는 중국 중심의 세계 질서 아래서도 한국의 과학문명이 독자성을 유지하면서 발전을 지속한 동력을 탐구한다. 근현대 시기에는 강대국 중심 세계체제의 강력한 흡인력 아래서도 한국의 과학기술이 놀라운 발전과 성장을 이룩한 요인을 탐구한다.

우리는 이 총서에서 국수적인 민족주의나 근대 지상주의를 동시에 경계하며, 과거와 현재가 대화하고 내부와 외부가 부단히 교류하는 가운데 형성되고 발전되어온 열린 과학문명사를 기술하고자 한다. 이 총서를 계기로 한국 과학문명에 대한 관심과 이해가 더욱 깊어지기를 기대한다.

마지막으로 〈한국의 과학과 문명〉 총서의 발간은 교육부와 한국학중앙연구원 한국학진흥사업단의 지원에 크게 힘입었음을 밝히며 이에 감사를 표한다.

〈한국의 과학과 문명〉 총서 기획편집위원회

최근 한국 근현대 과학기술사 연구가 크게 성장했고, 그것을 반영하여 좋은 책들도 많이 나와 있다. 본 총서에도 근현대 과학기술의 여러 분야를 다룬 책들이 이미 포함되어 있다. 하지만 많은 책이 주로 하나의 책에서 하나의 분야 또는 주제를 집중적으로 다루는 방식으로 엮여 있다. 이러한 편제는 한 분야의 전모를 소상히 밝히고 그 발전 과정을 깊이 이해할 수 있도록 하는 데에는 도움이 되지만, 몇 가지 제약 또한 안고 있다.

우선 책 한 권 분량을 채우기 어려운 주제, 또는 일관된 줄거리를 엮어내기 어려운 분야들은 총서에서 망라하기 어려워진다. 가령 김치냉장고나 한글 타자기 같은 소재들을 생각해보자. 이것들은 독자들의 기억 속에서 만들어낼 수 있는 접점도 분명하고 생활사 또는 문화사와 맞물려 흥미로운 이야기를 끌어낼 수 있는 주제들이다. 하지만 통상적인 기술 분류 방식을 따라 '전자 및 가전산업' 또는 '정보기술' 같은 대주제 아래에 다른 소재들과 병렬적으로 배치할 경우, 그 위상도 모호해지고 그 소재가 지닌 참신함도 잃어버리게 된다. 이런 소재들의 재미를 살리려면 다른 접근 방식이 필요하다.

둘째로, 이러한 편제로 구성한 역사는 어쩔 수 없이 과학기술의 생산자/공급자의 관점을 따라가게 된다. 이는 과학기술이 생산되는 학계나 산업계의 구조를 잘 알고 있는 독자들에게는 타당하며 이해하기 쉬운 관점이지만, 과학기술이 생산되는 과정으로부터 유리된 채 그 결과를 일상 속에서 접하게 되는 소비자/사용자에게는 크게 와닿지 않는 관점일 수 있다. 대다수의 소비자/사용자는 자신이 사용하는 과학기술(예를 들어 휴대폰)에 대학의 어느 학과가 관여하고 있는지 또는 산업 분류상 어떤 업종이 관여하고 있는지 알 필요가 없기 때문이다. 따라서 전문 연구자의 관점에 따라 구성한 책들은, 전문가 독자들의 입장에서는 그렇게 해야 할 마땅한 이유가 있음에도 불구하고, 과학기술의 소비자/사용자인 일반인 독자들의 눈에는 자신들의 삶과 동떨어진 이야기처럼 받아들여질 가능성이 있다. 전문가의 관점을 따라 구축한 서사는 일반인 독자들에게는 자신들의 삶과 연결되는 부분이 잘 드러나지 않을 수 있고, 그 결과 전문 연구자가 추구하는 역사적 설명과 일반 독자들의 기억 사이에 괴리가 생길 수 있다. 말하자면 "20세기 후반 한국 과학기술의 눈부신 발전"을 이야기할 때 일반 독자들은 자신들의 신변에서 명멸한 구체적인 과학기술 사물들을 기억하기 쉽지만, 전문 연구자들은 거시적 변화에 주목하기 쉽다. 즉, 독자가 읽고 싶은 이야기와 저자가 할 수 있는 이야기가 어긋날 우려가 있는 것이다.

이 책은 이러한 틈새를 메우려는 의도로 기획하였다. 이 책에서 소개하는 소재와 주제들은 한국 과학기술사의 특정한 분야를 다루는 것도 아니고, 하나의 대주제를 파고드는 것도 아니어서, 일견 일관성 없이 나열된 것처럼 보일 수도 있다. 하지만 이 다양한 소재와 주제들은 '일상'이라는 키워드로 한데 묶을 수 있다. 이 책은 현대 한국의 과학기술 가운데, 전문가(과학기술의 생산자/공급자)의 눈에는 자잘해 보여도 일반인(소비자/사용자)의 삶에서 비중 있는 기억을 남긴 것들을 모아보려 했다. 그럼으로써 앞서 말한 "읽고 싶은 이야기와 하고 싶은 이야기 사이의 괴리"를 극복하고자 했다. 이런 문제의식에서, 이 책은 한국(남한)인이 20세기 습득한 근대과학기술이 한국인의 일상생활을 어떻게 바꾸어놓았는지를 여러 가지 사례를 통해 살펴보고자 한다.

한국 현대의 과학기술을 다룬 책은 이미 여러 종류 나와 있다. 하지만 이

책은 기존의 산업 분류에서 자유로운 서술을 지향한다는 점에서 기존의 서술과 구별된다. 이 책은 '경공업과 중화학공업'처럼 생산 현장을 기준으로 기술을 분류하는 것이 아니라, 최종 소비자(end-user)의 감각을 기준으로 삼아, 기술의 결과물이 사용자/소비자의 일상에서 어떤 범주에 속하는가에 따라 분류한다. 예컨대 고무장갑과 냉장고는 생산 분야를 기준으로 삼으면 각각 화학공학과 전기전자공학에 속하겠지만, 이 책에서는 '부엌'이라는 공간에서 하나로 묶어서 다룰 수 있다.

이 책은 단순히 "우리 생활이 이렇게 편리해졌다."는 발전론적 시각, 또는 특정 기술이 곧바로 특정한 사회적 변화로 이어진다는 기술결정론적인 시각을 피하고자 한다. 대신 특정 기술이 한국 사회에 태어나거나 받아들여진 계기를 추적하고, 그것이 한국 사회에 성공적으로 안착하거나 반대로 자리잡지 못하고 사라진 이유를 분석함으로써, 기술을 독립적인 외생변수로 다루기보다는 사회와 기술의 공생성(co-production)이라는 관점에서 접근한다. 그런 문제의식 아래, 이 책은 소위 중후장대(重厚長大)한 기술보다는 생활에 밀착된 기술을 먼저 다룰 것이다. 일상생활의 변화의 모든 영역을 아우를 수는 없으므로, 한국에서 개발되었거나 유행하였거나 토착화된 기술들 가운데 한국인의 삶에 영향을 미친 것들을 우선 다룬다.

제1부는 "옛것과 새것"이라는 구도 아래, 서구에서 들여온 근대과학기술이 한국의 전통문화와 만나 어떤 결과를 낳았는지 살펴본다. 한글 기계화(타자기), 김치냉장고, 바닥 난방(온수 '온돌') 등이 분석의 사례가 될 것이다. 이어지는 제2부는 "변화와 적응"이라는 키워드로, 시대에 따라 역할과 위상이 달라지는 과학기술들을 살펴본다. 충주비료공장과 흥남비료공장의 역사적 궤적 비교, 경운기의 도입과 한국적 용도의 창출, 쌀과 보리와 밀의 엇갈린 운명, 영양학과 영양 담론의 정치적 구성 등의 이야기를 다루게 될 것이다. 마지막으로 제3부는 한국인의 과학기술관에 영향을 미친 요소들을 키워드 중심으로

살펴본다. 과학기술(자)의 이미지의 도상학, 기능올림픽과 '한민족의 손재주' 담론, 농업 담론에서 드러나는 '과학'이라는 만능 접두어의 다양한 용례 등을 차례로 분석해볼 것이다.

전근대에서 근대로, 다시 포스트모던 사회로 이행하면서 한국인들은 세계 어느 문화권보다도 빠른 삶의 격변을 겪었다. 그 격변에서 과학기술은 때로는 사상으로, 때로는 변화의 촉매로, 때로는 변화에 저항하는 관성으로 여러 가지 역할을 맡았다. 따라서 과학기술을 통해 현대 한국인의 일상을 재구성하는 것은 정치사, 경제사, 사회사 등으로는 보여주지 못했던 새로운 측면을 보여줄 수 있다.

차례

제1부 한국 테크놀로지의 단면: 옛것과 새것

제3부 한국 테크놀로지의 단면
: 한국인의 과학기술을 지배하는 키워드들

한국 테크놀로지의 단면

: 옛것과 새것

1장

"가장 과학적인 문자"의 기계화는 왜 그리 오래 걸렸는가?

머리말

오늘날 '한글의 우수성'이라는 이야기는 대부분의 한국인에게 상식처럼 통하고 있다. 개인용 컴퓨터나 휴대전화를 비롯한 각종 기계로 한글을 편리하게 입력할 수 있는 것은 한글이 '과학적'인 문자이기 때문이라는 설명은 당연한 것으로 받아들여진다. 인터넷과 책, 잡지 등 여러 매체에서는 "한글이 세계에서 가장 과학적인 글자"라든가, "한글은 모아 쓰는 소리글자이므로 적은 수의 낱글자로 다양한 소리를 표현할 수 있게 해주며 따라서 기계화에 잘 어울린다."와 같은 이야기가 반복 복제되고 있다.

그러나 "과학적이고 배우기 쉬운 문자"라는 것이 곧바로 "기계화에 적합한 문자"임을 의미하지는 않는다. 문자의 기계화는 언제 어디서나 같은 방식으로 이루어지는 것은 아니고, 특정한 사회문화적 조건에서 자유로울 수 없는 역사적 사건이다. 다시 말해서 우리가 오늘날 쓰고 있는 컴퓨터의 한글 자판은 로마자 자판의 역사와 떼어 생각할 수 없는 것이고, 그 로마자 자판은 다시 미국에서 19세기 후반 기계식 타자기가 발명되었을 당시 경쟁했던 여러 가지 작동 방식과 자판 배열의 타자기 가운데 하나가 살아남은 데서 비롯된 것이다. 다른 모든 기술과 마찬가지로 한글을 기계화하는 기술 또한 역사의 산물이며, 따라서 그것에 대한 평가도 역사적 맥락 위에서 내려야 한다.

오늘날 한글을 쓰는 것이 편리하다고 해서 과거에도 한글 기계화가 순조로웠으리라 짐작한다면, 한글 기계화가 어떻게 이루어졌는지 그 역사적 실상을 놓치게 된다. 한글 기계화의 역사는 숱한 굴곡과 분기점들로 이루어져 있다. 선행 연구들에서 드러나듯 기계식 한글 타자기는 만들기도 어려웠으며, 처음에는 기꺼이 사용하려는 사람도 많지 않았고, 한국의 글쓰기 문화가 변화하면서 비로소 시장을 개척할 수 있었다.[1] 우여곡절 끝에 개발한 한글 타자기도 구미에서 로마자 타자기가 글쓰기 문화의 중심으로 자리잡았던 것과 비교하면 보조적 위치에 머물러 있었다. 더구나 여러 제조사들이 치열하게 경쟁하면서 서로 다른 타자기를 앞다퉈 출시했는데, 이들은 타자 동작과 자판 배열이 모두 달라 서로 호환되지 않았다. 이에 따라 한글 타자기 시장도 회사의 숫자만큼 여럿으로 잘게 쪼개졌고, 이렇게 혼란스러운 시장 상황은 한글 타자기의 저변이 넓어지는 데 걸림돌이 되었다. 현재 한글 기계화가 편리하게 정착된 것을 '한글의 우수성'의 당연한 귀결이라고 전제하는 것은 이와 같은 역사적 맥락을 도외시하는 처사일 것이다.

한글 기계화의 현재를 온전히 이해하려면, 한글을 기계로 쓰는 것이 생각대로 되지 않고 불편하던 시절, 그 불편함을 감수하고 찍어낸 결과도 모든 사람을 만족시키지 못하던 시절, 굳이 기계로 한글을 쓰자는 운동을 벌이는 이들을 이해하고 지지하는 사람도 별로 없던 시절로 돌아가서 그 역사를 되짚어가야 한다. 그 복잡한 도전과 실패의 흔적들은 마치 생물 진화의 흔적과도 같은 모습이다. 살아남아 오늘날까지 이어지는 기술이 하나 있다면 그 이면에는 계승되지 못하고 대가 끊긴 수십, 수백의 기술이 숨어 있다. 멸종된 기술의 자취를 따라 그것들을 복원해냄으로써 우리는 오늘날 우리 곁에 살아남은 기술에 대해 한층 더 입체적이고 풍성하게 이해할 수 있을 것이다.

1. 세로쓰기, 가로쓰기, 모아쓰기, 풀어쓰기 그리고 한자

최초의 한글 타자기는 세로로 쓰는 타자기였다. 가로로 쓰도록 만든 로마자 타자기를 개조하여, 옆으로 누운 한글 글씨를 찍은 뒤, 인자(印字)된 종이를 다시 돌려서 읽게끔 만든 것이다. 기록에 남아 있는 가장 오래된 한글 타자기는 사실 미국인이 만든 것이다. 1913년 미국 특허청에 언더우드(Underwood)타자기회사를 대표하여 알라드(J. Frank Allard)가 한글을 찍을 수 있는 타자기의 특허를 출원하여 1916년 승인을 받았다.[2] 한편 한국인 발명가로서는 재미교포 이원익이 1914년 무렵 최초로 한글 타자기를 만들었다는 기록이 있다. 이원익 타자기는 잡지 등에 실린 광고로 그 존재를 확인할 수 있으나, 오늘날 실물은 전하지 않고 있다. 이들 타자기는 모두 세로쓰기 방식이었다. 한글 자모가 반시계방향으로 90도 돌아가 있어서, 가로쓰기 타자기를 찍듯이 이것으로 글씨를 찍고 나서 종이를 시계방향으로 돌리면 세로로 쓴 것과 같은 문서를 만들 수 있다.[3]

왜 이렇게 복잡한 메커니즘으로 설계했을까? 한글은 원래 세로로 쓰는 문자였기 때문이다. 돌돌 말려 있는 얇은 종이에 붓으로 글씨를 쓰던 동아시아에서는 두루마리를 왼쪽으로 펴면서 오른쪽부터 세로로 글씨를 쓰는 문화가 자리를 잡았다. 훈민정음도 이 문화 안에서 생겨난 문자였으므로 당연히 오른쪽 위부터 세로로 썼다. 가로쓰기가 일상의 대세가

된 오늘날에도 서예는 세로쓰기가 보통인 것도 이와 무관하지 않다.

이는 한국의 전통일 뿐 아니라 동아시아 한자문화권 공통의 전통이기도 했으므로, 일제강점기에도 큰 문제가 되지는 않았다. 일제강점기가 끝날 때까지도 글은 세로로 쓰는 것이 당연하게 여겨졌다. 기술적으로는 일문의 활자와 조판 및 인쇄 시스템이 세로쓰기에 맞춰 발달했으므로, 이렇게 형성된 기술시스템에 한글만 추가하면 편리하게 한글 기계화의 효과를 낼 수도 있었다.

하지만 한글 운동가들은 바로 여기에 문제를 제기했다. 한글 기계화가 일문 또는 한자 기계화에 종속되는 상황 자체가 잘못되었으며, 근대화를 위해서는 일문이나 한문과 구별되는 한글 고유의 쓰기 문화를 만들어내어야 한다는 것이 그들의 주장이었다. 한글 운동가들은 한글이 한자나 가나보다는 같은 소리글자인 로마자에 가깝다고 생각하고, 새 시대의 한글은 한자 문화의 영향에서 벗어나 로마자를 쓰듯이 써야 한다고 주장했다. 가로로 쓰고, 띄어 쓰고, 나아가 자모 단위로 풀어 쓰자는 것이 그들의 바람이었다.[4]

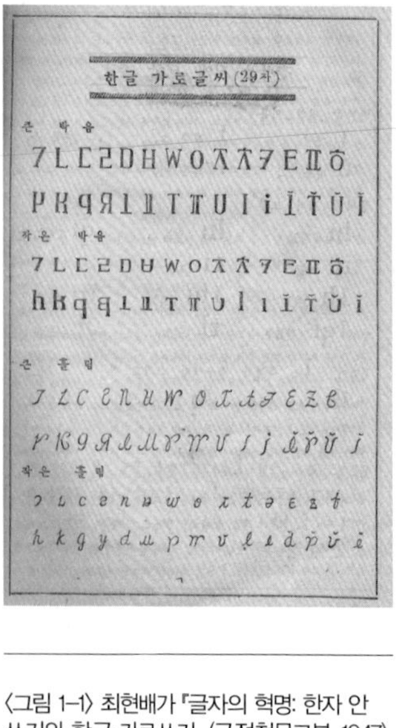

가로로 띄어 쓰는 것이야 이상할 것이 없지만, 굳이 풀어서까지 써야 하는가? 현대인의 눈에는 지나쳐 보이겠지만, 주시경과 최현배 등 한글 운동의 선구자들은 '가로쓰기'와 '풀어쓰기'를 사실상 구별하지 않고 하나로 인식했다. 세로로 모아 쓴 한글을 가로로 고쳐 쓰면서 받침을 아래가 아니라 옆으로 옮겨 적는다면 이미 절반가량 풀어 쓴 것이나 다름없기 때문이다. 이들은 모아 쓴 한글이 네모 안에 부수를 욱여넣는 한자 문화의 잔재라고 보고, 이 속박에서 해방된다면 우수한 소리글자인 한글의 잠재력이 자유롭게 꽃필 수 있을 것이라고 생각했다.

〈그림 1-1〉 최현배가 『글자의 혁명: 한자 안 쓰기와 한글 가로쓰기』(군정청문교부, 1947)에서 제시한 풀어쓰기 한글 자모. 대·소문자와 필기체까지 설정한 것은 이 "글자의 혁명"이 명백히 로마자를 목표로 삼았음을 보여준다.

한글 타자기를 더 쉽게 만들 수 있다는 것은 (가로)풀어쓰기를 주장한 이들에게 또 하나의 매력이었다. 일본과 중국에서 쓰던 기계식 타자기는 천여 자의 한자를 담아야 했기에 로마자 타자기와는 전혀 다른 구조를 가질 수밖에 없었다. 속도도 느렸기에 타자기라기보다는 간이 인쇄기에 가까운 느낌이었다. 만일 로마자 타자기처럼 빠르고 효율적인 한글 타자기를 만들 수 있다면, 그것은 동아시아에서 유일한 풀어쓰는 소리글자인 한글의 우수성을 만천하에 보여주는 살아 있는 증거가 되리라는 것이 한글 운동가들의 바람이었다. 그렇게 빠르고 효율적인 타자기를 만들려면 아무래도 풀어쓰기 쪽이 유리했으므로, "한글 기계화에 유리하다"는 것은 컴퓨터 시대가 오기 전까지 풀어쓰기를 옹호하는 주요 논리 가운데 하나가 되었다.

그리고 이 모든 것은 한글전용을 전제로 한다. 한자는 풀어쓰기와도, 빠르고 효율적인 타자기와도 전혀 어울리지 않기 때문이다. 즉, 한글 풀어쓰기를 주장하는 이들은 이미 한자는 더 이상 쓰지 않는 것으로 당연하게 전제하고 이야기를 시작하는 것이다. 그리고 바로 그 때문에 이들의 주장은 한국 사회에서 한동안 비주류로 몰릴 수밖에 없었다. 광복 후에도 1980년대 후반까지 신문이나 공문서 등에 한자를 섞어 쓰는 것이 당연하게 여겨졌고, 그에 따라 풀어쓰기는 일부 과격한 이들의 망상 정도로 치부되었고 한글 타자기도 중요한 문서를 준비할 때는 뒷전으로 밀려나곤 했다. 1988년 창간한《한겨레》가 순한글 가로쓰기로 신문 전체를 편집하고, 그것이 많은 독자들에게 충격적인 실험으로 다가왔다는 사실은 한글을 어떻게 쓸 것인가에 대한 오랜 논쟁의 역사를 반영한다.

오늘날의 기준으로는 이해가 어려울 수도 있지만, 한글 타자기에 주목하고 그 가치를 적극적으로 변호한 이들은 전통주의자라기보다는 오히려 근대주의자에 가까웠다. 이들에게 타자기는 서구 문명의 효율성과 신속성을 상징하는 물건이었고, 한글전용 또한 한문의 인습에서 벗어나 효율적인 언어생활로 나아가기 위한 선결 과제였다. 이들은 한글전용, 가로쓰기, 떠어쓰기 등 한글 글쓰기를 전래의 한문 글쓰기와 차별화하는 요소로 여기고 적극적으로 받아들였다. 따라서 타자기로 찍어낸 순한글 가로쓰기 문서가 낯설고 경박해 보인다는 전통적 지식인들의 불평이야말로 이들에게는 한글 타자기가 미래의 한국을 위해 꼭 필요한 물건임을 입증하는 증거였다. 언어생활의 근대화를 꿈꾸는 이들에게 한글 타자기의 보급을 비롯한 한글 기계화는 근대적인 한글 글쓰기 문화를 새롭게 세우겠다는 자신들 목표의 물리적 토대였고, 동시에 그 목표가 달성되면 마음껏 누리게 될 열매이기도 했다.

2. 상상 이상으로 다양한 초창기 한글 타자기들

초창기 한글 타자기의 다양한 모습을 살펴보면, 이런 다양한 고민의 흔적이 여과 없이 드러난다.

1) 이원익 타자기

이원익(李元翼, 미국 이름 Wonik Leigh)은 버지니아주 로어노크대학(Roanoke College)에서 상업을 전공한 재미교포로 알려져 있다. 그가 미국에서 1914년 만들었다고 전하는 한글 타자기는 현재까지 알려진 바로는 최초의 모아쓰기 한글 타자기다. 그는 당시 미국에서 쓰이던 칠(7)행식 스미스 프리미어 10호(Smith Premier 10) 타자기의 활자를 한글로 개조하여 한글 타자기를 만들었다고 한다.[5]

이 타자기는 당시의 쓰기 관행을 존중하여 세로쓰기 문서를 찍을 수 있도록 만들었다. 활자가 왼쪽으로 드러누워 있어서 로마자를 가로쓰기하듯 글씨를 찍고 나중에 종이를 오른쪽으로 돌려 보면 세로로 쓰인 한글을 읽을 수 있도록 만든 것이다. 모아쓰기를 위해 다음 입력이 반드시 필요한 글쇠(초성, 받침과 함께 쓰는 중성)는 안움직글쇠로 만들고, 나머지 글쇠는 움직글쇠로 만들었다. 그리고 글자꼴을 위해 다섯 벌의 글쇠를 만들었다. 'ㅏ', 'ㅓ' 등 세로꼴 모음과 쓰는 초성이 한 벌, 'ㅗ', 'ㅜ' 등 가로꼴 모음과 쓰는 초성이 한 벌, 받침 없이 쓰는 긴 중성이 한 벌, 받침과 함께 쓰는 짧은 중성이 한 벌, 종성이 한 벌이었다.

이원익 타자기가 얼마나 널리 쓰였는지 확인할 길은 없으나, 많은 기록을 찾을 수 없는 것으로 보아 상업적으로 성공하지는 못했던 것으로 보인다. 칠행식 타자기를 개조한 것이다 보니 이후에 개량된 사(4)행식 타자기처럼 촉지 타자(touch typing, 자판을 보지 않고 손가락 자리를 외워 타자하는 것)를 할 수 없다는 약점이 있었다. 미국에서도 1920년대 이후에는 칠행식 타자기는 사행식 타자기에 자리를 내주었으므로 이원익 타자기를 개조하여 생산하기도 쉽지 않았을 것으로 보인다.

2) 송기주 타자기

이원익 타자기의 발명으로부터 15년 무렵 지난 1929년, 《동아일보》는 새로운 한글 타자기의 개발 소식을 전했다. 미국 시카고대학교에서 유학 중인 송기주(宋基柱, 미국 이름 Keith C. Song)가 "다년간 문뎨되든 조선문 횡서법과 타이부라이트 인쇄긔계를 발명하야" 미국에서 특허를 출원했으며 "이를 보급키 위하야 미국에 잇는 동포들로 조선타자긔판매회사와 조선문개량협회를 조직하고 그 선전에 노력중"이라는 것이다.

송기주는 1900년 평안남도 강서에서 태어나, 평양 광성고보를 거쳐 1921년 연희전문학교 농과를 졸업하고 1924년까지 교편을 잡았다. 그 후 미국으로 떠나 1년간 하와이에서 체류한 뒤 1925년부터 텍사스 주립대학교(휴스턴)에서 생물학을 전공하여 학사학위를 취득했다. 그는 텍사스 주립대학교 졸업 후 시카고대학교 지리학과의 굿(John Paul Goode) 교수 문하로 옮겨 지도 제작을 배우고, 시카고 근교에 본부를 둔 지도 제작사인 랜드 맥날리(Rand McNally and Company)에서 지도 제작 및 도안 일을 하게 되었다. 그러던 중 "평소에도 타자기에 취미를 가지고 잇던터에 미국에 건너가 잇는 동안 이 방면의 문명이 전미주를 휩쓸고 잇는데 느끼어 어찌하면 우리글도 이러한 문명의 기계를 이용하야 볼 수 잇을가" 생각한 것이 송기주가 언론에 공개한 타자기 발명의 계기였다.[6]

하지만 1929년의 타자기에 대해서는 후속 보도도 나오지 않았고, 송기주도 다시 언급하지 않았다. 송기주는 5년 뒤인 1934년, 전에 연구했던 '횡서법'을 버리고 한국인에게 친숙한 세로쓰기 한글 타자기를 개발하여 새로 발표하였다. 《동아일보》는 다시 이 발명을 비중 있게 다루었는데, 송기주는 "그동안에 횡서로 타자기를 만들다가 역시 길이로 쓰는 것[세로쓰기]을 옳게 보고 다시 고치어" 만들었다는 말을 남겨, 가로쓰기 타자기가 인기가 없었음을 간접적으로 인정하고 있다.[7] 새로 만든 타자기는 언더우드 포터블(Underwood Portable)을 개조한 것으로, 이원익 타자기와 마찬가지로 세로쓰기에 맞추어 돌아누운 글자를 가로로 찍는 타자기였다. 글쇠는 자음 세 벌과 모음 한 벌을 합쳐 네 벌이었다. 세 벌의 자음 글쇠는 세로 모음과 어울리는 자음, 가로 모음과 어울리는 자음(받침을 겸함), 복모음과 함께 쓰는 작은 자음이었다.

송기주의 1934년 타자기는 한글 타자기의 '완성'으로 일컬어지며 상당한 주목을 받았다. 《동아일보》와 《조선일보》 모두 1월에 송기주가 새 타자기를 공개한 소식을 비중 있게 다루었고, 3월에 송기주가 귀국하자 그의 동정을 상세히 보도했다. 송기주도 귀국과 함께 타자기 사업에 본격적으로 뛰어들었다. 그가 귀국 직후 인터뷰에서 밝힌 대로 당장 최대의 수요처는 "미주에 잇는 조선동포나 단체"였지만, 일본 고베(神戶)에 있는 미국 언더우드사의 아시아 총판인 다드웰(Dodwell and Company)이 한반도로의 수입과 배급을 맡았다. 그해 5월에는 '송일상회(宋一商會)'의 '조선글 타자기' 광고를 신문지상에서 볼 수 있었던 것으로 미루어보아 이 무렵에는 송기주가 본격적으로 타자기 사업을 개시한 것으로 보인다. 같은 해 10월에는 언더우드사에서 제작한 타자기가 "대소형 전부가 완성되어 미국으로서부터 도착되엇으므로" 종로 화신백화점에서 전시되기도 하였다.[8]

그러나 송기주의 타자기 사업은 뜻대로 흘러가지는 않았던 것으로 보인다. 타자기에 대한 수요가 충분치 않았던 상황에서 "휴대용이 백불 가량이고 사무용 큰 것은 약 오백불 가량"인 값비싼 타자기를 팔아 사업을 유지하기란 쉬운 일이 아니었을 것이다. 1935년 평안남도 강서에 사는 김병준(金秉俊)이라는 독지가가 "시가 이백삼십구원이나 되는" 타자기 한 대를 조선어학회에 기증했다는 것이 뉴스가 될 정도였으니 타자기 시장이 얼마나 좁았는지 짐작할 만하다.[9] 송기주는 삼십 대의 타자기를 언더우드사에 주문해 들여온 것으로 전하는데, 1945년 광복까지 이것을 다 소화하지 못한 것으로 보인다. 그리고 한국전쟁 중의 혼란기에 송기주는 납북되고 말았고, 이후 송기주 타자기의 개발에 대한 소식도 끊기고 말았다.

이원익 등과 송기주의 타자기는 한글 기계화의 효시라는 점에서 역사적 의의가 크다. 하지만 그들의 노력만으로는 넘기 어려운 한계가 있었던 것 또한 사실이다. 우선 기술적인 면만 따져보아도 글자꼴, 자판 배열, 타자 메커니즘, 타자 속도 등에서 개선해야 할 점이 많았다. 일례로 이들 타자기를 직접 사용해본 공병우의 회고에 따르면 이들의 속도는 "손으로 쓰는 것보다는 빠르지만, 영문 타자기의 속도에 비하면 절반 정도"였다고 한다. 언어학, 기계공학, 인체공학, 통계학 등 전문지식의 뒷받침 없이 개인의 열정만으로 만들어낸 타자기들은 어쩔 수 없이 몇 가지씩 한계를 안고 있었다.

3) 공병우 타자기와 한글 타자기 시장의 형성

광복 후 정치적 혼란의 와중에도 한글 기계화에 대한 관심이 다시 고개를 들었다. '조선발명장려회'에서는 1949년 3월 한글 타자기를 현상 공모하였는데, 7월 9일 발표한 심사 결과에 따르면 대상은 없었지만 세 명이 2등상, 두 명이 3등상을 받았다.[10] 그런데 세 명의 2등 입상자 중 한 명은 당시 서울에서 가장 큰 안과병원을 운영하고 있는 현직 의사였다. 그는 바로 한국 최초의 개인 안과병원 '공안과'의 설립자이자 원장이었던 공병우(公炳禹, 1907-1995)였다. 공병우는 1950-60년대 한글 타자기의 역사에서 가장 중요한 인물 중 하나다. 그가 개발한 '속도' 타자기가 인기를 끌면서 남한 전체의 타자기 시장이 열렸기 때문이다.

공병우는 1907년 1월(양력) 평안북도 벽동군(碧潼郡)에서 태어났다. 벽동소학교, 의주 농림학교, 평양 의학강습소를 거쳐 1926년 10월 의사국가고시에 합격하여 의사면허를 취득하고, 약 1년간 신의주 도립병원에서 근무한 뒤 1928년부터 경성의학전문학교 미생물학교실 유일준(兪日濬, 1895-1932) 교수의 문하에서 연구생으로 수학하였다. 1929년 안과에 입국하여 1930년 7월부터 경성의학전문학교 사타케 슈이치(佐竹秀一) 교수 아래 조수(助手)로 취직하였고, 1933년에는 그의 능력을 높이 산 사타케의 추천으로 경의전 조수 신분을 유지한 채 경성제국대학 의학부 병리학교실 도쿠미츠 요시토미(德光美福) 교수의 개인 연구생이 되어 박사학위를 목표로 연구를 계속하였다. 1936년에는 나고야제국대학에 그동안의 연구 결과를 논문으로 제출하여 7월에 의학박사학위를 받았다. 박사학위 취득 이후 2년간 해주도립병원 안과 과장으로 근무한 뒤, 1938년 9월 서울에 한국 최초의 개인 안과병원 '공안과'를 열었다. 공병우는 당시 유행하던 감염성 안질환 트라코마(trachoma) 등을 효과적으로 치료하여 큰 명성과 부를 얻었다. 광복 직후에는 일본인들이 떠나간 경성의학전문학교가 경성의과대학으로 개편되면서 안과 초대 교수로 잠시 부임하였으나, 1946년 국립서울대학교설립안(일명 국대안)이 발표된 뒤 사직하고 공안과로 돌아갔다.[11]

과의로 성업 중이던 공병우가 한글에 관심을 갖게 된 것은 한글학자 이극로(李克魯)가 공안과를 찾아 치료를 받다가 한글의 우수성에 대해 설파한 뒤부터라고 전한다. 그리고 해방 직후 시력검사표를 한글로 고쳐 만들고 자신이 일본어로 썼던 책 『소안과학(小眼科學)』을 한글로 옮기던 중, 한글 타자기가 있으면 작업이 빨라질 것이라는 생각에 한글 타자기를 찾아 나섰다. 시중에서 만족할 만한 타자기를 찾지 못하자 공병우는 자신이 직접 타자기를 만들어보기로 마음을 먹었다.

공병우는 1947년 5월부터 집 한편에 작업실을 마련하고 영문 타자기의 개조 작업에 매달렸다. 그는 처음부터 글자꼴이 고르지 않더라도 빠르게 칠 수 있는 타자기를 원했던 것으로 보인다. 타자기의 요체는 속도이며 표음문자인 한글로는 로마자 못지않은 타자기를 만들 수 있을 것이라는 신념을 갖게 되었기 때문이다. 이에 따라 그가 처음으로 시도했던 것은 자음과 모음 한 벌씩의 글쇠만을 지닌 두벌식 타자기였다. 그러나 두벌식으로 모아쓰기가 가능한 기계식 타자기를 만드는 것은 너무나 복잡한 일이어서 이내 포기하고 말았다. 공병우는 두벌식을 포기하고 받침에 따로 글쇠 한 벌을 배당하여 세벌식(초성, 중성, 종성) 타자기를 만들기 시작했다. 1948년 2월, 공병우는 세벌식의 '쌍촛점타자기'로 특허를 출원하여 이듬해 한글 타자기로는 최초로 특허를 땄다. 이듬해에는 미국에 특허를 출원하여 1953년 미국 특허도 취득했다.[12] '쌍촛점'이란 활자대를 인도하는 가이드(guide)에 홈을 하나 더 파서 두 개의 홈을 갖도록 만든 것을 말한다. 공병우 타자기의 초성과 중성은 로마자와 마찬가지로 가운데 홈을 따라 가운데 자리에 찍히고, 그때마다 롤러는 로마자 너비 한 칸

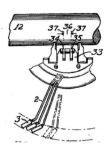

<그림 1-2> 공병우 타자기의 '쌍초점' 가이드. '35'를 따라 초·중성이 찍히고 둥글대가 왼쪽으로 이동하고 나면, '34'를 따라 종성이 초·중성을 쫓아가 찍힌다. (출처: Pyung Woo Gong, "Korean Typewriter," U.S. Patent 2,625,251, filed July 8, 1949 and issued January 13, 1953.)

(한글 자모 기준으로는 반 칸)만큼 왼쪽으로 움직인다. 반면 종성은 〈그림 1-2〉에 보이듯 왼쪽에 추가된 홈을 따라가서, 이미 왼쪽으로 간 초성과 중성을 쫓아가 그 아래에 찍히게 된다. 이미 글자가 왼쪽으로 움직여 간 뒤이므로 종이를 더 옮길 필요가 없어서 종성은 안움직글쇠로 설계되었다.[13]

공병우 타자기는 여러 가지 면에서 이전의 타자기와 구별된다. 첫째, 가로 모아쓰기를 실용적으로 구현한 최초의 타자기였다. 이전의 타자기는 당대의 글쓰기 문화를 반영하여 가로로 찍어 세로로 읽도록 설계되었던 데 비해 공병우 타자기는 가로로 찍고 가로로 읽을 수 있었으므로 타자수가 글씨가 찍히는 모습을 그 자리에서 볼 수 있어 편리하게 타자할 수 있었다. 둘째, 글쇠 벌수를 줄여 빠르고 직관적인 타자가 가능한 타자기였다. 이전의 다섯벌식 또는 네벌식 타자기는 글자를 찍을 때마다 해당 음절글자가 받침이 있는가 없는가, 또는 해당 음절글자의 모음이 가로모음인가 세로모음인가 등을 생각하고 글쇠를 눌러야 하므로 타자 동작마다 타자수의 판단이 개입해야 하는 단점이 있었다. 공병우 타자기는 타자수가 이런 판단을 내릴 필요 없이 손을 놀리면 되므로 로마자 타자기와 같이 기계적으로 빠르게 칠 수 있었다. 셋째, 글자의 조형성을 포기하고 속도와 타자능률만을 추구했다는 점에서도 다른 타자기와는 명확히 구별되는 타자기였다. 공병우는 타자기에 대해 완고할 정도로 명확한 생각을 갖고 있었다. 그는 자신의 타자기를 소개하면서 "나는 글자 체재에 대한 과학적 실용적 가치를 무시하고 종래의 근거 없는 다만 습관상의 미적 요구에 응하기 위하여 비과학적 자체(字體)를 찍는 비능률적인 타자기를 고안하고 싶지는 않다."고 천명함으로써, 고르지 않은 자형에 대해 소극적으로 변명하기보다는 공격적으로 그 가치를 주장하였다.[14] 타자기는 빠른 속도로 글씨를 찍어내어 문서를 유통시키면 자신의 임무를 마친 것이며, 가지런한 글씨를 원한다면 나중에 인쇄기나 조판기를 이용하면 된다는 것이다. 공병우 타자기는 받침이 있건 없건 짧은 모음 한 가지로 두루 쓰기 때문에 글자꼴이 고르게 나오지 않았지만 그의 논리에 따르면 이것은 전혀 문제가 되지 않았던 것이다. 물론 모든 이들이 공병우의 주장에 동의한 것은 아니지만, 글자꼴에 대한 기대를 낮추는 대가로 빠르고 간편하게 타자할 수 있다는 것은 분명한 장점이기도 했다.

그러나 공병우 타자기에 대한 시장의 첫 반응은 공병우의 기대에 미치지 못했다. "타자기는 인쇄기가 아니"라는 공병우의 항의에도 불구하고 한글전용 가로쓰기 타자기, 게다가 아랫줄이 들쭉날쭉한 글자를 찍는 타자기가 과연 쓸모가 있겠느냐는 식의 반응이 많았다. 한국인들의 반응이 미온적인 가운데 미군정청 관련 인사가 공병우 타자기에 관심을 보여 문교부 장관 앞에서 시연까지 주선해주었으나, 1948년 대한민국 정부 수립 이후에는 그런 호의도 기대할 수 없게 되었다.[15] 1950년 초에 언더우드사가 제작한 시제품을 받은 공병우는 명사들을 모아 '한글 속도 타자기 보급회'를 만들기도 하고, 명동 조지야(丁字屋)백화점에서 타자기를 시연하는 등 백방으로 노력했다. 하지만 타자기를 써본 이들은 소수를 제외하고는 역시 한자를 찍을 수 없다거나 글씨 모양이 좋지 않다는 점을 들며 미지근한 반응을 보였다.[16]

공병우 타자기는 장점과 단점이 뚜렷한 발명품이었다. 빠르고 편하게 타자할 수 있다는 독보적인 장점이 있는 반면, 순한글 가로쓰기에 고르지 않은 글자꼴을 감수해야 한다는 단점도 분명했다. 장점과 단점 중 장점에 주목하는 수요층이 형성되지 않는다면 시장에서 살아남지 못하고 다른 한글 타자기처럼 잊힐 수도 있는 형편이었다. 그런데 한국전쟁이라는 비극적 사건이 공병우 타자기에게는 결정적인 기회가 되었다. 군이 공병우 타자기의 수요처로 떠올랐기 때문이다.

　인민군이 서울을 점령한 직후 공병우는 정치보위부원에게 연행되었다. 1946년의 '정판사(精版社) 위조지폐 사건' 공판 과정에서 고문 수사와 증거 조작 논란이 있었는데, 공병우는 백인제와 함께 용의자들을 진찰한 뒤 고문 주장에 반대되는 소견을 냈다. 정판사 사건으로 조선공산당이 큰 타격을 입고 결국 남한에서 불법화되었으므로 북한 측은 서울을 점령한 뒤 공병우를 정치범으로 체포한 것이다. 그런데 두 달 가까이 수감되어 있던 공병우는 한글 타자기를 개발했다는 사실이 알려지면서 예기치 않았던 기회를 잡게 되었다. 타자기에 관심을 보인 인민군 장교가 공병우를 서대문형무소에서 빼내어 병원에 근무하면서 타자기를 설계하도록 해준 것이다. 공병우는 타자기 설계도를 그리는 척하며 시간을 끌다가 인민군이 서울에서 퇴각할 때 혼란을 틈타 달아났다. 가까스로 가족과 다시 만난 공병우는 1·4후퇴를 맞아 부산으로 피난을 갔는데, 거기에서 해군본부 인사국장 김일병 대령이 해군참모총장 손원일(孫元一, 1909-1980)의 지시로 자신을 찾고 있다는 소식을 들었다. 손원일은 부산 해군본부 임시청사의 미군 고문관실에 갈 때마다 "타자기에 특별한 관심을 가지고 눈여겨보곤" 했는데, 국산 타자기의 소식을 듣고는 구입을 지시한 것이다.[17]

　손원일의 지지를 등에 업고 공병우 타자기는 빠른 속도로 군에 퍼져 나가기 시작했다. 해군본부 인사국은 한국군 최초로 공문서를 타자기로 작성한 부서가 되었다. 공병우는 육·해·공군에서 뽑혀 온 15명의 군인을 가르쳤고, 이들은 경상북도 영천의 3군 합동 타자 훈련학교의 교관이 되어 각 군에 공병우 타자기를 가르쳤다. 손원일은 해병대 타자 교육을 위해 200여 대의 공병우 타자기를 군수 물자로 수입했으며, 여군에게도 타자를 가르쳐 육, 해, 공 각 군의 타자수 교관으로 육성했다. 진해의 해군

기술하사관 양성기관 중 하나인 경리학교(經理學校)에도 '한글 타자기교육대'가 설치되어 1952년 2월부터 5주 안팎의 단기 한글 타자 교육과정을 개설했다. 공병우 타자기는 곧 군의 표준 타자기가 되었다. 〈그림 1-3〉에 보이는 1953년 7월의 휴전협정문 국문본도 공병우 타자기로 쓴 것인데, 공병우는 남한은 비록 휴전협정의 당사자가 아니었지만 한글 타자기는 휴전회담장에 나가 중공군과 인민군 대표의 부러움을 샀다는 이야기를 두고두고 자랑으로 여겼다. 휴전 후에도 손원일은 계속 영전하여 국방부 장관(1953-1956), 초대 주서독대사(1957-1960) 등을 역임했다. 그에 따라 전군은 물론 국방부와 외무부도 공병우 타자기를 대량 구매하였다.

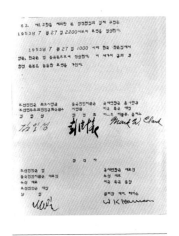

〈그림 1-3〉 공병우 타자기로 작성된 휴정협정문 국문본.

3. 한글 타자기 시장의 성장과 표준화를 위한 시도들

1) 과점 상태로 성장한 타자기 시장

해방과 전쟁이라는 혼란 속에서도, 공병우는 손원일을 비롯한 서구화된 엘리트의 지지를 바탕으로 당대 가장 잘 조직되고 자원이 풍부한 집단이었던 군과 정부를 고객으로 확보하였다. 1965년까지 공병우는 "세로쓰기와 한자병용의 장벽을 뚫고… 약 3만"대의 타자기를 팔았다.[18] 이전의 타자기들이 많아야 수십 대 생산되고 양산 단계에 들어가지 못했던 것에 비하면 공병우 타자기는 실로 한글 타자기 시장의 개척자였다고 할 수 있다.

공병우 타자기가 일단 시장을 만들어내자 한글 타자기 시장은 차츰 커나갔다. 한글 타자기의 효용에 대한 회의론도 점차 누그러졌다. 앞서 소개한 논란에도 불구하고, 강경한 한글전용론자였던 최현배가 문교부 편수국장으로 두 차례(1946-1948, 1951-1954) 재직하는 사이 한글전용이 공식적으로는 문교 정책의 무시할 수 없는 흐름으로 자리잡았다. 또한 서구식 출판물이 점점 많이 국내로 들어오면서 세로쓰기 일변도였던 문서 생활에도 차츰 변화가 일어났다. 이에 따라 점차 가로쓰기 한글전용 타자기도 쓸 만한 물건으로 인식되기 시작했다. 여기에 1961년의 5·16군사정변은 타자기 시장을 더욱 확대하는 계기가 되었다. 군대식 문화가 사회 각 분야를 지배하면서, 군에서 먼저 자리잡은 한글전용 타자기 문서가 다른 분야로 퍼져 나갔다. 군사정권은 전 정권의 한글전용 기조를 계승하고, 그 명분의 하나로 타자기를 간편하게 사용할 수 있다는 것을 들었다. 그에 따라 내무부에서는 '행정 장비 근대화 계획'의 일환으로 전국 시, 군마다 30대씩 한글 타자기를 구입하라는 지시를 내리기도 했다. 수천 대의 타자기 시장이 새로 열리며 "단군 이래 처음으로 한글 타자기의 전성시대"를 맞은 것이다.[19]

하지만 이렇게 불어난 시장을 공병우 타자기가 모조리 독점할 수는 없었다. 공무원 사회와 민간 기업에서는 공병우 타자기의 위치가 군에서만큼 확고하지 못했다. 공병우 타자기가 만들어내는 들쭉날쭉한 글자꼴은 네모반듯한 글씨에 익숙한 사람들에게는 어색하게 보였기 때문이다. 가로쓰기와 한글전용에 대해서도 공무원 사회와 민간 기업은 대체로 군보다 보수적인 입장이었다. 더욱이 일부 공무원들은 세벌식으로 쓴 글씨는 나중에 받침을 임의로 첨삭하여 변조할 수 있다는 점을 들어 공병우 타자기가 공문서 작성에 적합하지 않다고 주장하기도 했다. 이런 여러 가지 이유로 공병우 타자기보다 속도는 좀 느리더라도 더 가지런한 모양의 글씨를 찍을 수 있는 이른바 '체재(體裁) 타자기' 시장이 형성되었다. 김동훈(다섯벌식), 장봉선(다섯벌식), 백성죽(네벌식), 진윤권(네벌식) 등이 자신만의 제품을 들고 확대된 한글 타자기 시장에 뛰어들었다.

특히 김동훈 타자기는 체재 타자기 중에서 가장 널리 시장에 보급되어 공병우 타자기와 사실상 과점 체제를 형성했다. 김동훈은 공병우가 2위에 올랐던 1949년 조선발명장려회의 타자기 현상 공모에서 3위로 입상한 경험이 있다. 이를 바탕으로 자신만의 다섯벌식 타자기를 연구하여 상업화까지 성공했고, 1960년대 후반에는 공병우와 시장을 양분하게 되었다. 1968년 10월 총무처가 조사한 바에 따르면 공병우 타자기와 김동훈 타자기는 정부 부처에서 사용하는 11,163대의 타자기 가운데 각각 6,702대와 4,264대를 차지했다. 국방부(3,729대 중 3,169대), 외무부(134대 중 134대), 체신부(351대 중 237대), 내무부(140대 중 84대)가 공병우 타자기를 선호했던 데 비해 김동훈 타자기는 문교부(240대 중 150대), 원호처(164대 중 163대), 전매청(104대 중 97대) 등에서 많이 쓰였다.[20]

이렇게 시장이 분화된 것은 타자수 개인이 어떤 타자기를 선호하느냐의 문제가 아니라, 타자수를 고용하는 각 집단이나 기관이 한글 타자기에 기대하는 바가 서로 달랐기 때문이다. 이는 다시 말해 "타자기는 무엇을 하는 기계인가"라는 규범적 질문으로 연결된다. 공병우 타자기를 선호하는 집단은 타자기는 무엇보다도 빠른 속도로 글을 찍어주는 기계라고 인식했던 반면, 체재 타자기를 선호하는 집단은 타자기를 반듯하고 단정한 문서를 만들어주는 기계라고 여겼다고 볼 수 있다. 한창 시장이 팽창하면서 "세벌식 타자기와 다섯벌식 타자기가 공존하면서 번영할 수 있었던" 상황에서는 이것이 큰 문제가 되지 않았겠지만, 시장이 성숙하고 본격적으로 표준화 논의가 진행된 1960년대 후반에는 각자 타자기의 본질에 대해 다른 관점을 견지했으므로 표준화 논쟁은 쉽게 해결될 수 없었다.

2) 한글 기계들의 생태계와 강압적 표준화

한편 한글 기계화 시장이 태동하고 형성되는 동안 매우 다양한 한글 기계들이 만들어졌다. 어떤 것들은 완성도가 높았고 어떤 것들은 낮았으며, 어떤 것들은 독특한 형이상학적 신념에 바탕을 두었고 어떤 것들은 시장의 요구에 발 빠르게 반응하였다. 이렇게 다양한 변이들은 주변의 정치적, 사회적, 문화적 압력에 적응하는 과정에서 사라지기도 하고 번성하기도 했으며, 때로는 생태계의 독특한 구석을 점유하고 소수의 충성스런 사용자들과 함께 명맥을 유지하기도 했다.

한글 기계의 생태계에는 한글 타자기만 있었던 것은 아니다. 타자기뿐 아니라 인쇄전신기와 라이노타이프 등 한글을 다룰 수 있는 여러 가지 기계가 함께 모여 형성되었다. 인쇄전신기(teletype 또는 teleprinter)란 전신기의 개량된 형태로, 모스 부호 대신 타자기와 동일한 자판으로 한글을 찍으면 전자 회로가 그것을 전기 신호로 변환하여 송신하고, 수신하는 쪽에서는 다시 전자 회로를 통해 전기 신호를 한글로 변환하여 인쇄해주는 기계이다. 라이노타이프(linotype)는 조판기의 일종인데, 인쇄할 내용을 자판을 통해 줄 단위로 입력하면 납을 녹여서 줄 단위로 활자를 만들어 인쇄하고 다시 녹여서 다음 줄의 활자를 만드는 방식으로 작동한다. 이들은 생김새도 쓰임새도 한글 타자기와는 조금씩 달랐지만, 세 줄 또는 네 줄로 이루어진 비슷한 형태의 자판을 이용하여 한글을 입력한다는 공통점을 갖고 있었다. 따라서 한글 기계화의 맥락에서는 타자기, 인쇄전신기, 라이노타이프 등이 자주 한 묶음으로 다뤄지곤 했다. 이들 여러 가지 기계가 1950-60년대 보급되면서 한글 기계들의 생태계는 점차 확대되었고, 그 안에서 주도권을 둘러싼 경쟁도 가시화되기에 이르렀다.

이렇게 한글 기계의 생태계가 확장되면서, 각 개체들의 생존을 촉진하거나 저해하는 외부 압력도 커졌다. 한글 기계들의 생태계에는 어떤 압력들이 있었을까?

일단 당대 한국의 글쓰기 문화, 특히 한국의 독특한 '공문서 서식'이 한글 기계 시장에 지속적인 압력으로 작용했다. 관공서가 한글 타자기를 비롯한 한글 기계 시장에서 가장 중요한 구매자로 군림했고, 민간 기업도 관공서의 서식을 따라 자신들의 서식을 만드는 것이 보통이었기 때문에 이러한 문화는 타자기 제조업자들이 신경쓰지 않을 수 없는 것이었다. 늦게는 1960년대 중후반까지도 각종 공문서들은 손으로 세로로 쓰는 경우가 많았고, 가로로 쓰건 세로로 쓰건 한자를 섞어 쓰는 것이 보통이었다. 군사정권 아래서 행정 문서의 '근대화'가 추진되면서 점차 가로쓰기 문서가 늘어났고 한자의 사용 빈도도 줄어들었지만, 문서의 형식과 꾸밈을 중시하는 문화는 쉽게 바뀌지 않았다.[21] 이렇게 형식과 꾸밈을 중시하는 문화에서는 타자기가 펜에 대해 내세울 점이 많지 않았다. 손글씨는 크기와 형태를 자유롭게 바꿀 수 있었고, 타자기에 비해 정돈되고 반듯한 글자를 쓰기도 쉬웠으며, 필요하다면 한자도 적절히 섞어 쓸 수 있었다. 또한 페이지 전체에 테두리를 두른다거나 글을 표 형태의 네모 칸 안에 채워 넣는 경향이 오늘날까지도 한국의 공식 문서에는 강하게 남아 있는데, 이와 같은 문화적 압력에도 타자기보다 손글씨가 더 유연하게 대응할 수 있었다.

이에 더해 한글 기계화를 둘러싼 여러 부처의 서로 다른 입장도 한글 기계들의 생태계를 둘러싼 압력으로 작용했다. 정부 안에서도 여러 부처가 한글 기계화정책에 관련된 또는 관련이 있음을 주장했다. 문교부와 과학기술처뿐 아니라 체신부, 교통부, 국방부, 상공부(표준국)까지 실로 다양한 곳이 한글 기계화 사업에 관여했다. 한글 기계화에 대한 정책은 그것이 논의되는 맥락에 따라 어문정책이기도 하고, 과학기술정책이기도 하고, 민간과 군의 통신정책이기도 하고, 산업표준정책이기도 하기 때문이다. 이렇게 여러 부처가 관여함에 따라 한글 기계화에 대해 요구하는 조건들도 점점 복잡해져갔고, 그중 어떤 것들은 서로 충돌하기도 했다. 예를 들어 체신부나 국방부는 일단 빠르게 조작할 수 있는 기계가 좋다는 입장이었던 반면, 문교부 같은 곳은 기왕이면 가지런한 글씨를 찍는 기계가 좋다는 입장이었다. 한편 과학기술처나 상공부표준국 같은 곳은 그와 별개로 기존 전산 장비와의 호환성 문제를 중시하기도 했다.

이러한 여러 갈래의 압력들 아래서, 1960년대의 한글 기계화 시장은 복잡한 모습으로 분기해 나갔다. 우선 형태를 중시하는 이들은 다섯벌식 또는 네벌식 타자기를 내놓았다. 이와 같은 타자기들은 글자 모양이 가지런하다는 장점이 있었지만, 글쇠수가 많다 보니 기존 로마자 타자기의 마흔두 개의 글쇠 안에 글쇠를 배열하는 데서 어려움을 겪었다. 김동훈, 장봉선, 백성죽 등이 이와 같은 타자기를 만들었는데, 김동훈 식이 시장에서 가장 좋은 반응을 얻고 있었다.

사실 이렇게 글쇠가 많아지는 것은 타자기 개발자들에게는 될 수 있는 한 피하고 싶은 일이었다. 글쇠가 많아지면 능률적으로 배열하기도 어려울 뿐 아니라, 배열에 합리성을 부여하기도 어려워졌기 때문이다. 한글은 모음이 다섯 개뿐인 로마자와는 달리 자음 열네 개와 모음 열 개로 이루어져 있으므로, 이론상으로는 복모음 등을 적절히 배열하면 자음과 모음이 양손으로 골고루 나누어지는 자판을 만들 수 있었다. 하지만 실제로는 네벌식이나 다섯벌식 자판을 만들게 되면 이렇게 이상적인 배열은 포기할 수밖에 없었다.

이러한 일을 피하기 위해 어떤 이들은 일찍부터 상당히 급진적인 방책을 제안하기도 했다. 세벌, 네벌, 다섯벌 등 글쇠가 늘어나는 것이 모두 모아 쓰다 보니 생긴 일이므로, 한글을 로마자처럼 풀어 쓴다면 이런 문제를 일거에 해결할 수 있다는 것이다. 앞서 살펴보았듯 풀어쓰기 주장은 상당히 오랜 역사를 가지고 있고, 그에 호응하여 풀어쓰기 타자기도 여러 종류 개발되었다. 다만 이런 과격한 주장은 한글 기계화 문제에 골

몰했던 어문학자들 사이에서는 약간의 호응을 얻었지만, 일반 언중 사이에서는 자리를 잡지 못했다.

하지만 풀어쓰기 주장이 약간 변형된 것은 이후 상당한 파급력을 갖게 되었다. 초창기의 한글 인쇄전신기(텔레타이프)는 모아쓰는 규칙까지 전송한다든가 하는 일이 어려웠기 때문에 한글 자모만 풀어쓰는 방식으로 전송할 수밖에 없었다. 부득이하게 풀어쓰게 된 것이기는 하지만, 이와 같은 초창기 인쇄전신기는 두벌식으로 한글 기계화가 가능하다는 사례로 받아들여지기도 했다. 여기에 또 다른 동력을 제공해준 것이 송계범의 두벌식 인쇄전신기였다. 송계범은 두벌식으로 입력하면 전기회로가 자소의 위치를 판단하여 수신하는 쪽에서는 음절 단위로 모아 찍어주는 메커니즘을 고안했다. 이것은 기계식 타자기에서는 구현할 수 없는 메커니즘이기는 했지만, 오늘날 컴퓨터에서 사용하는 두벌식 표준자판과 같은 원리를 최초로 구현한 것이어서 두벌식 한글 기계화에서 중요한 진전으로 받아들여졌다. 실제로 1969년 정부가 표준자판을 제정했을 때, 기본이 된 것은 두벌식 인쇄전신기 자판이었고 네벌식 (기계식)타자기 자판은 그것을 최대한 기계식 타자기에 맞게 변형한 것이라고 할 수 있다.

한편 타자기 시장을 선점하고 있던 공병우는 두 갈래의 공격으로부터 자신의 세벌식 타자기를 방어해야 했다. 다섯벌식 또는 네벌식 타자기에 비해서는 자형이 고르지 않다는 공격이 있었고, 반면 인쇄전신기와 같은 두벌식 기계에 비해서는 글쇠가 너무 많다는 공격이 있었다. 공병우는 앞의 비판에 대해서는 타자기는 속도가 생명이며 자형은 부차적인 것이라고 응수했고, 뒤의 비판에 대해서는 세벌식은 초성, 중성, 종성을 나눈 한글 창제의 원리에 부합하는 것이므로 임시변통으로 글쇠를 늘린 네벌식이나 다섯벌식과 같은 선상에 놓을 수 없다고 주장했다. 그러나 시장의 압력이 다양했기 때문에 공병우도 마냥 명분만 따질 수는 없었다. 정부가 1969년 표준자판을 제정하여 강제하기 전에도 이미 공병우는 다섯 벌식의 체재(體裁) 타자기를 만들어 고른 자형을 원하는 이들에게 내놓았다. 공병우는 자서전에서 간단히 언급하고 지나가는 사실이고 그를 추종하는 이들은 전혀 언급하지 않는 사실이지만, 공병우도 사업가의 입장에서 다양한 수요에 대응할 수밖에 없었다. 특히 가장 큰 수요자인 관공서의 요구를 마냥 무시할 수는 없었다.

공병우가 시장의 다양한 수요에 대응하고자 노력했던 것은 1969년 정부 표준자판 제정 이후에도 확인할 수 있다. 공병우 타자기를 비판하는 논리 중 하나로 "공문서의 위변조 가능성"에 대한 우려가 있었다. 받침자리를 비워둘 수밖에 없는 공병우 타자기의 특성상, 가령 '이' 아래에 받침을 더해 '일'로 바꿀 수 있다는 식의 이야기다. 실제로 공병우 타자기로 찍은 공문서를 위조한 사건이 있었는지는 확인되지 않지만 공병우는 이러한 비판에 진지하게 대응해야겠다고 생각했던 것으로 보인다. 표준자판 제정 이후 표준자판을 채택한 타자기를 만들기도 했으며, 공문서나 금융거래에 쓰는 '壹', '貳', '參' 등의 한자 숫자 글쇠를 붙인 '호적용 타자기'를 내놓기도 했다.

이렇게 표준자판을 채택한 기종을 출시했던 것에서도 알 수 있듯이, 공병우의 표준자판에 대한 대응은 "비타협적으로 세벌식 타자기의 우수성을 주장한 투사"라는 오늘날의 이미지와는 다소 달랐다. 공병우는 처음부터 군과 관공서를 주요 고객으로 확보하여 타자기 사업을 일구었다. 그가 자신이 개발한 세벌식 타자기를 무시하고 정부가 표준자판을 정한 데 대한 불만이 없었던 것은 아니지만, 정부가 공병우 타자기 회사의 운영을 방해하기 전까지는 여러 가지 방식으로 공존을 모색했던 것으로 보인다.[22]

한영 타자기는 공병우가 표준에서 밀려난 자신의 세벌식 타자기를 살리기 위해 던진 최후의 승부수라고 할 수 있다. 표준자판 제정 이후에는 관공서나 각급 학교에서 표준자판으로만 교육과 구매가 이루어졌는데, 여기에 공병우 타자기가 끼어들기 위해서는 표준자판 타자기로 할 수 없는 일을 할 수 있는 타자기를 내놓아야 했다. 표준 네벌식 타자기로는 한글과 로마자를 동시에 입력하는 것은 불가능했기 때문에, 공병우 타자기는 그 틈새를 파고들고자 했다. 그중에는 표준자판과 최대한 동일한 배열을 채택한 것도 있었다.[23]

4. 민주화시대의 대항 문화와 세벌식 글꼴

하지만 정부의 탄압에도 불구하고, 공병우 타자기의 유산은 의외의 영역에서 살아남았다. 기계식 타자기 시대에는 공병우 타자기의 단점이라고 공격받았던 독특한 글꼴이 컴퓨터 시대에는 한글 타자기의 유산을 대표하는 상징으로 재발굴된 것이다.

특히 '샘물체', '안상수체', '공한체' 등 이른바 '탈네모틀' 글꼴들은 1980년대 말부터 1990년대 중반에 이르는 짧은 시간에 집중적으로 저변을 넓혔다. 이들 글꼴은 그것을 만든 이도 받아들인 이도 단지 그것이 더 아름답다고 생각해서가 아니라 그것이 한글 글꼴이 역사적으로 진보해야 할 방향을 보여준다고 생각했기 때문에 짧은 시간에 큰 인기를 끌 수 있었다. 이와 같은 생각을 이해하려면 역시 당시의 시대적 상황을 이해해야 한다.

공병우가 세벌식 타자기를 만들었을 때 그는 오로지 속도에만 주목했다. 세벌식 타자기의 글씨가 밉다는 지적에 대해서도 "타자기는 인쇄기가 아니므로 빨리 찍으면 그만"이라고 응수했던 것으로 보아, 그 스스로도 세벌식 타자기의 글꼴에서 특별한 미학적 가치를 발견하지는 못했던 듯하다. 그러나 공병우의 투쟁, 재야 한글 운동의 확산, 1980년대 대학의 민주화운동, 개인용 컴퓨터의 보급 등 몇 가지 요소들이 우연적으로 겹치면서, 세벌식 글꼴은 그 창안자도 예상치 못했던 미학적 가치를 획득하게 되었다.

1) 한글 글꼴의 '원죄'

앞서 말했듯, 모아쓰는 소리글자라는 한글의 특성은 한글을 익히고 쓰는 데는 매우 큰 도움이 되지만 한글 기계화에는 큰 골칫거리가 되었다. 모아쓰는 과정에서 자모의 위치와 크기가 여러 갈래로 바뀌는데, 타자기의 한정된 자판에는 그것을 다 담아낼 수 없었기 때문이다.

이에 대해 차라리 한글을 풀어쓰면 기계화에 따르는 문제가 모두 해결된다는 급진적인 주장을 하는 이들도 있었다. 하지만 대다수의 사람들은 명분에 이끌려 익숙한 현실을 뿌리째 바꾸는 것보다는 눈에 익은 모아쓰기를 유지하는 것을 선호했다. 이것은 단순히 미학적인 선호라기보다는, 당시 인쇄 및 출판 산업의 현실적인 요구를 반영한 선택이기도 했다. 조판이나 인쇄의 관점에서는 모아쓴 한글을 음절 단위로 취급하면 한자나 가나와 다른 점이 없다. 낱낱의 음절글자를 통째로 하나의 활자로 만들면 한글의 특성상 활자의 개수가 크게 늘어나기는 하지만 기술을 운용하기는 한층 쉬워진다. 공판타자기, 조판기, 식자기, 인쇄기 등 일본에서 한자와 가나에 맞춰 개발한 각종 기계들을 큰 개조 없이 그대로 사용할 수 있기 때문이다.

다른 대부분의 산업 기술과 마찬가지로, 한국의 인쇄 및 출판 기술도 거의 모두 일본을 통해 한국에 들어왔다. 여기서 비롯된 경로 의존성은 여러 층위에서 오래 지속되었다. 모리사와나 샤켄(写研) 등에서 만든 조판기를 도입하면서 가나와 한자 활자도 같이 도입했는데, 한글 활자를 개발할 때에도 이 규격에 따랐음은 물론이려니와, 기존에 사용하던 한자 활자와 잘 어울리도록 만드는 데 초점을 맞추었다. 따라서 인쇄용 한글 글꼴의 조형은 처음부터 (가나와 잘 어울리도록 디자인된)한자와 잘 어울리도록 해야 한다는 제약조건 안에서 시작할 수밖에 없었다. 이 밖에도 도서의 판형이나 활자의 규격과 같은 기술시스템의 제반 요소가 일본에서 형성된 것을 따라갈 수밖에 없었다.[24]

　이와 같은 한글 기계화의 '원죄'는 많은 사람들에게 불편한 마음을 남겼다. 한편으로는 한글을 자모를 맞춰 완성된 음절글자로 취급하는 것이, 모아쓰는 글자라는 한글 고유의 정체성을 훼손하는 기계화의 길이라는 문제 제기가 있었다. 가장 간단한 글자인 한글을 가장 복잡한 글자인 한자와 같은 방식으로 기계화한다는 것은 한글의 특성을 사장시켜버리는 부조리한 일로 여겨졌던 것이다. 다른 한편으로는 한글 기계화가 일본의 기술로 진행되는 것에 대한 민족주의적 반감도 있었다.

2) 의도치 않게 민주화운동가가 된 발명가

이러한 상황에서 공병우 타자기의 등장은 예기치 않은 변화를 야기했다. 앞서 살펴보았듯 공병우는 1960년대 중반까지 타자기 사업을 순조롭게 확장해나갔으나, 1969년 정부가 새로운 표준자판을 발표하면서 타자기 시장에서 배제되는 위기를 맞게 되었다. 그는 자신의 타자기의 기술적 우수성과 형이상학적 정당성을 확신하고 있었으므로, 정부와 타협하기를 거부하고 그에 맞서 자신의 타자기를 보급하기 시작했다. 박정희 정부는 중앙정보부까지 동원하여 공병우를 주저앉히려 했지만, 타자기 사업에만 매달렸던 다른 발명가들과는 달리 공병우는 '공안과'라는 든든한 경제적 배경과 사회적 명망이 있었다. 거기에다 타협하지 않는 그의 독특한 성격이 더해져서 공병우는 어느새 한글 운동뿐 아니라 각종 재야 단체들과 긴밀한 관계를 맺게 되었다.

〈그림 1-4〉 한글학회의 기관지 『한글새소식』 창간호(1972. 9). 사진의 기사는 공병우가 기증한 전자동조판기로 이 잡지를 인쇄했음을 알리고 있다. 공병우 타자기의 특징적인 글꼴이 눈에 띈다.

공병우는 자신을 지지하는 재야의 한글 운동단체들과 행동을 함께하는 과정에서 이들에 대한 지원을 아끼지 않았다. 한글학회의 이사로 재임하면서 공병우는 자신이 개발한 한글 조판기를 무상 기증하기도 했다. 이 기계는 물론 공병우식 자판과 공병우식 글꼴을 채택한 것이었다.(그림 1-4) 또한 1980년대 미국에 체류할 때에는 재미교포 민주화운동단체들에게 공병우 타자기를 무료로 기부하기도 했다. 이렇게 재야 민주화운동그룹과 폭넓은 관계를 맺은 결과, 공병우는 어느새 민주화운동의 원로 중 하나로 자리매김하게 되었다. 1980년대 말까지 국내외의 민주화운동단체들 중 공병우가 기증한 공병우식 한글 기계를 사용하는 곳이 점차 늘어났고, 이들 단체에서 발행한 책자와 유인물에는 공병우식 고유의 세벌식 활자체로 찍은 글들이 실렸다.

3) 1980년대 대학의 저항 문화와 세벌식 글꼴

이와 같은 역사적 연결을 통해 세벌식 글꼴은 특정한 정치적 함의를 획득하게 되었다. 개인용 컴퓨터가 보급되기 시작한 1989년 귀국한 공병우는 한글에 애정을 가진 젊은 프로그래머들을 후원했고, 이들 중 이찬진 등이 '흔글'을 개발하여 공전의 성공을 거둠으로써 공병우의 영향력은 컴퓨터 시대까지 이어질 수 있었다. 특히 '흔글'은 기존의 행정전산망 워드와 같은 '구세대' 워드프로세서와 달리 '샘물체' 등 세벌식 글꼴을 지원하여 젊은 세대에게 큰 인기를 끌었다.

원래 샘물체는 1984년 이상철이 잡지 『샘이 깊은 물』의 제호 글꼴로 만든 데서 비롯되었다. 이상철이 이 글꼴을 만든 것도 공병우의 영향이 있었지만, '흔글'의 제작자들은 샘물체를 기본 탑재함으로써 이 새로운 세벌식 글꼴이 전국적으로 유행하는 데 크게 기여했다. 기존의 문서편집기에는 명조와 고딕 외에는 선택의 여지가 없었는데, 이에 식상했던 젊은 사용자들은 디자인의 변화를 주기 위해 샘물체를 즐겨 사용했다.

그리고 당시 대학 문화의 가장 큰 과제는 정치적 민주화를 위한 투쟁이었으므로, 개인용 컴퓨터의 문서편집기는 이렇게 사설 '문건'을 만드는 이들에게 대단히 유용한 도구가 되었다. 대학가와 민주화운동단체 등에서 1980년대 후반부터 종전의 등사 대신 컴퓨터를 이용해 자료집을 만들기 시작했는데, 이들 자료집에서는 고딕과 명조 일색인 문서들 사이에서 디자인의 변화를 주기 위해 샘물체가 유용하게 사용되었다. 샘물체는 파격을 위해 제목 등에 쓰고 본문은 친숙한 명조체로 쓰는 것이 일반적인 관행이었으나, 1990년대 중반쯤에는 강조하고 싶은 부분을 샘물체 등 일부러 생소한 글꼴로 쓰는 경향도 보인다.

이러한 흐름을 타고 1980년대 중후반 한재준, 안상수 등 새로운 세대의 타이포그래퍼들이 세벌식 타자기에서 영감을 얻어 컴퓨터용 세벌식 글꼴을 개발함으로써 세벌식 글꼴은 한글 타이포그래피의 한 갈래로 당당히 자리를 굳히게 되었다. 한재준의 '공한체'와 안상수의 '안상수체' 등은 1990년대 중반 이후의 '흔글'에 기본 탑재되었고, 역시 대학의 사설 출판물 등에 널리 활용되었다.

이와 같은 세벌식 글꼴에 대한 호응은 특히 젊은 세대에게서 두드러지게 나타났다. 이는 '흔글'의 전파 과정과도 맥을 같이한다. 행망 워드 등 기존의 기술시스템 안에서 익숙해져 있던 기성 세대는 새로운 기술에 대한 필요성을 느끼지 못했던 데 비해, 제도 밖에서 새로운 소프트웨어를 만들어낸 젊은 세대는 애초에 제도로부터 자유로웠으므로 새로운 문제의식을 새로운 기술에 마음껏 담아낼 수 있었다. 따라서 1980년대 말부터 대학생들이 만들어 보급한 프로그램들은 재야 한글 운동의 문제의식을 반영하여, 프로그램 설치 화면에서 한글 자판을 두벌식과 세벌식 중에서 고르게 한다거나, 한글 코드를 완성형과 조합형 중에서 고르게 하는 등, 제도권 밖에 있던 옵션들을 사용자들에게 상기시켜주었다.[25] 그리고 이런 프로그램들이 인기를 얻으면서, 제도 안에서는 미처 생각해볼 기회가 없었던 한글 자판이나 코드 문제를 비로소 인지하는 사용자들도 생겨났다. '흔글'뿐 아니라 1990년대를 풍미했던 PC통신 접속프로그램 '이야기'도 자판과 한글 코드 등에 대해 비제도권의 선택을 옹호하였다.

이런 맥락에서, 2005년 한글날 일간지 《한겨레》가 신문 전체를 세벌식 글꼴인 '한결체'로 펴내겠다고 선언한 일은 세벌식 글꼴의 '재야'적 감수성이 다시금 명확하게 드러났던 사건이었다. 《한겨레》는 1988년 창간할 때부터 한글전용과 가로쓰기를 천명했는데, 당시 중앙일간지로서는 대단히 파격적인 이러한 선택은 신문사의 정체성과 무관하지 않다. 순한글 가로쓰기는 초기에는 많은 독자들이 생경하게 여겼지만,《한겨레》가 시도한 뒤로는 대세가 되어 차츰 다른 신문들도 따라가게 되었다. 2005년의 실험은 여기에서 한 발 더 나아간 것으로, 제목뿐 아니라 본문까지 세벌식 글꼴로 전환을 시도한 것이다.[26]

《한겨레》의 시도는 그동안 세벌식 글꼴의 옹호자들이 쌓아올린 나름의 논리를 바탕으로 하고 있다. 세벌식 글꼴의 옹호자들은 한결체와 같은 '탈네모' 글꼴이 한글을 한글답게 쓰는 길일 뿐 아니라, 나아가 "한글 글꼴의 민주화"를 앞당기는 길이라는 논리를 개발해왔다. 한글을 네모틀 안에 맞춰 쓰는 것은 우리가 오랜 세월 한자에 익숙해지는 바람에 생긴 타성일 뿐이지, 한글의 장점을 잘 살릴 수 있는 방식은 아니라는 것이 이들의 주장이다. 받침 있는 글자를 더 길게 쓰는 것은 공간을 합리적으로 쓰는 길이며, 한글의 시인성을 더 높이는 한글 고유의 타이포그래피가 될 수 있다는 것이다. 또한 기존의 '완성형' 글꼴은 최소 수천 개의 음절 글자를 디자인해야 하므로 디자이너의 부담이 막중한 데 비하여, 탈네모 글꼴은 자모를 모듈화할 수 있어서 새 글꼴 한 벌을 만드는 데 드는 시간과 노동을 줄일 수 있고, 궁극적으로 일반인도 쉽게 자신의 글꼴을 만들수 있는 '글꼴의 민주화'로 이어지리라는 것이 그들의 전망이었다.

현재도 세벌식 글꼴의 진화는 여전히 진행 중이다. 특히 공식 출판물이 아닌 휴대전화나 블로그 같은 사적 매체에서는 세벌식 글꼴이 다양하게 변주되면서 저변을 넓히고 있다. 디자인의 변화를 줄 여지가 많고 손글씨와 비슷한 느낌을 주는 특징이 있기 때문이다.

맺음말

이 글은 사라진 기계들을 통해 한글 기계화의 역사를 복기해보는, 일종의 고고학적 탐구다. 여기에 소개한 한글 기계들 중 오늘날까지 사용되는 것은 없다. 일세를 풍미한 공병우 타자기도 지금은 소수의 열성적 지지자들을 제외하고는 기억하는 이들이 많지 않다. 이렇게 다양한 한글기계들은 세종대왕기념관이나 한글박물관 같은 전시장에서나 볼 수 있지만, 박물관을 찾는 이들 가운데 이들의 특징이나 의미에 관심을 두는이들도 많지 않다.

그러나 이렇게 대가 끊긴 기술들을 다시 한번 들여다봄으로써, 우리는한글 기계화의 역사에 대한 기존의 선입견을 벗어날 수 있다. 한글을 쓰는 자명한 최선의 방법 같은 것은 없다. 오늘날 한글 기계화는 일상에 불편이 없을 정도로 잘 이루어져 있지만, 그것은 "한글이 우수했기 때문에" 당연히 따라온 결과는 아니다. 현행 한글 기계화는 여러 가지 시행착오를 거쳐 이루어진 것이며, 우리가 오늘날 쓰고 있는 기술은 대가 끊기고 잊힌 수많은 다른 기술들이 밑거름이 되어 태어난 것이다.

2장

'한국형 냉장고'를 찾아서

머리말

냉장고는 현대 산업사회에서 생활필수품의 하나가 되었을 정도로 현대인
의 생활 속에 깊숙이 들어와 있는 기술이다. 따라서 냉장고의 역사는 기
술 발전의 역사일 뿐 아니라 현대 산업사회의 생활사이자 문화사이기도
하다.

한국의 냉장고 기술은 수출 산업으로서 시작하였지만, 한국의 경제가
성장하고 내수 시장이 확대되면서 내수 산업으로서도 중요성을 갖게 되
었다. 그 과정에서 냉장 기술 없이 수천 년 동안 진화해온 한국의 식생
활을 냉장고라는 새로운 기술과 어떻게 접목시킬 것인가라는 과제가 대
두되었다. 이러한 과제를 해결하려는 노력들은 1980년대 중후반 '한국형'
냉장고라는 용어로 구체화되었다. 그리고 그 과정을 통해 축적된 기술적
역량은 다시 한국 업체들이 2000년대 이후 세계 냉장고 시장을 선도할
수 있도록 하는 밑바탕이 되었다. 따라서 한국 냉장고 기술의 역사는 기

술 발전의 보편성과 특수성의 변증법을 보여준다.

또한 냉장고 기술은 한국 기술의 압축적 성장의 과정을 잘 보여주는 사례이기도 하다. 한국 정부는 1960년대부터 경제개발계획의 일환으로 백색가전 제조업을 정책적으로 육성하였다. 그에 따라 LG나 삼성 등 오늘날 세계 가전산업을 선도하는 업체들이 초창기 역량을 축적할 수 있었다. 한국산 냉장고는 세계 시장에서 호평을 받으며 한국 경제성장에 크게 기여했을 뿐 아니라, 한국 전자산업의 기초 역량을 축적하는 데도 밑바탕이 되었다.

1. 누구를 위해 냉장고를 만드는가?

1) 한국인에게 냉장고는 필요한 물건이었는가?

한국인에게 가정용 냉장고는 1960년대 초반까지만 해도 생소한 물건이었다. 부유층이나 외국인 가정에 냉장고를 들여놓는 일이 더러 있었던 것으로 보이나, 식민지 수탈과 전쟁의 상처가 아물지 않은 한국에서 대다수의 보통 사람들에게는 냉장고와 같은 비싼 가전제품은 손에 넣을 수도 없고, 설령 손에 넣게 되어도 쓸모가 없는 물건이었다. 냉장고에 넣어 보관할 만한 식품도 별로 없었기 때문이다.

냉장고가 발명된 미국에서 일찍이 그러했듯이, 냉장고의 보급과 냉장고에 어울리는 식생활의 보급과 식품 산업의 성장은 동전의 앞뒤와 같이 서로 원인과 결과를 이루며 나란히 전개된다. 냉장고를 갖춘 가정이 늘어나면 냉장 보관에 적합한 식품을 생산하고 유통할 수 있는 기반이 마련되고, 대중의 식생활도 그에 맞추어 변하게 된다. 냉장 보관된 신선한 식품의 소비가 늘어나면 그에 맞추어 신선 식품 산업이 성장하게 된다. 이렇게 신선 식품의 유통이 늘어나면 다시 냉장고에 대한 수요가 그만큼 늘어나게 된다. 즉, 냉장고는 기존의 생활 속에 단순히 하나의 요소로서 추가되는 것이 아니라, 그것이 중심이 되어 이전에는 없었던 새로운 기술 시스템(technological system)을 구성하게 되는 것이다.

20세기 중반까지 한국인의 식생활은 김치, 장류, 젓갈류 등 오래 보존할 수 있도록 염장 또는 발효 처리한 식품이 매우 큰 비중을 차지하고 있었다. 어류도 말리거나 염장하여 유통하는 경우가 많았고, 육류는 자주 먹지 않았으며 명절과 같은 날 먹게 되어도 소량 구입하여 바로 소비하였다. 따라서 냉장고를 처음 접한 한국인들이 거기에 넣어야 할 것을 쉽게 생각해내지 못한 것은 자연스러운 일이라고 할 수 있다.

냉장고를 비롯한 '백색가전' 제품들은 대중들의 일상과는 동떨어진 사치품에 가까웠다. 하지만 한국은 1959년 11월 최초의 국내산 라디오 '금성 A-501'을 조립하는 데 성공하는 등, 이 무렵부터 기초적인 제조업 역량을 갖춰가고 있었다. 아울러 과학기술의 산물을 적극적으로 활용하는 서구식 생활 방식에 대한 동경도 점점 커져갔다.

1960년대 들어오면서 수출 전략산업으로서 전자산업 육성 계획이 수립되고 이에 따른 법, 제도 정비가 이루어졌다. 1962년 1차 경제개발 5개년 계획을 통해 정부는 전반적인 산업 부흥 계획을 마련할 수 있게 되었다. 이어 1966년에는 수출 전략산업으로 전자산업을 육성하는 방안인 '전자공업진흥 5개년 계획'이 상공부에 의해 제출되었다. 전자부품의 국산 대체, 조립 및 부품 공장의 분업화와 전문화 추진, 전자제품 수출시장의 다변화 추구 등이 포함된 이 계획은 1969년 '전자공업진흥 8개년 계획'으로 이어졌다. 한편, 1968년에는 전자공업의 기반 구축에 대한 방향과 기업인들의 전자공업에 대한 신규 투자 지침서 역할을 했고 1969년 전자공업진흥법의 제정을 포함하여 상공부, 과기처 등 정부 부처의 정책 입안 과정에 지대한 영향을 미친 보고서 '전자공업진흥을 위한 보고서'가 발간되었다. 계획 수립과 더불어 1966년에는 한국과학기술연구소

(KIST)가 설립되고 1967년에는 과학기술처도 발족하여 전자공업 진흥에 필요한 연구 행정, 연구 기술 인력 양성 제도가 정비되었다. 그리고 1969년에는 전자공업단지 조성 등의 내용을 포함하는 '전자공업진흥법'이 제정되었다.

그 결과 1960년대에 들어와 첫 전자제품의 수출이 시작되었다. 1962년에 금성사에서 동남아시아에 최초로 국산 라디오를 수출하는 데 성공한 것이었다. 1967년 당시 전자공업 부문 생산량은 70억 원에 달하고 있었으며 GNP 비중은 0.19%였다고 한다.

이런 정부의 육성 정책 수립과 병행하여 전자산업 관련 기업들의 창업이 이어지고, 이들 업체에 의한 제품 생산도 다양화되었다. 삼미기업주식회사(현 삼미스피커), (주)남성 등 오디오 기업들 이외에 한국유니백 등 전 산업체 등이 설립되었다. 그리고 1969년 삼성전자가 창립되어 금성사와 경쟁체제로 들어가게 되었다.

국산품의 개발과 더불어 가전제품에 대한 내수 수요도 서서히 고개를 들기 시작했다. 외국 기업들의 기술 도입을 통해 1965년에는 국산 냉장고, 1966년에는 국산 흑백TV, 1968년에는 국산 에어컨, 1969년에는 국산 세탁기가 출시되었다. 또 1967년에는 국산 FM/AM 라디오, 1969년에는 국산 앰프도 출시되었다. 다양한 국산 제품들이 등장하여 수입산 가전제품들과 시장에서 경쟁하기 시작했다.[27]

2) 아파트 생활이 던져준 문제들

가전제품이라는 요소는 한국인의 생활문화사에서 이전에 없었던 것들이지만, 1960년대 무렵부터는 차츰 한국인의 일상생활에 스며들기 시작했다. 이와 함께, 한국인은 이전에 겪어보지 못했던 새로운 주거 형태도 받아들이기 시작하였다. 바로 아파트였다.

한반도 최초의 아파트는 1930년 일본 기업이 서울 충정로에 직원 숙소로 지은 것이다. 광복 이후로 한정하면 1959년 종암아파트가 건립되었고, 1962년에는 대한주택공사가 마포 일대에 최초의 대단지 아파트를 짓기 시작함으로써 한국인의 주거문화에 큰 변화를 가져왔다. 아파트에 대한 인식도 노동자의 집단거주지에서 중산층의 고급주택으로 바뀌었고, 1980년대의 부동산 투기 열풍 덕분에 아파트는 재산 축적과 증식의 가장 확실한 지름길이 되었다. 이런 과정을 거쳐, 2020년대 한국인의 약 3분의 2는 아파트에서 살고 있다. 새로 공급하는 주택도 아파트가 절대적으로 많다는 점을 감안하면 아파트가 한국의 주거문화를 대표하는 현상은 앞으로도 더욱 뚜렷해질 것이다.

그런데 아파트는 원래 서양의 주거문화에 뿌리를 두고 만든 것이었으므로, 한국인이 아파트에 들어가서 살자니 뭔가를 얻는 대신 뭔가를 포기해야 하는 상황이 되었다. 초창기 마포 아파트 단지에서 이미 이런 문제들은 불거져 나왔다. 서구식 생활에 가까워지겠다는 기대를 안고 입주한 이들은 이내 하나둘씩 불편을 호소하기 시작했는데, 대표적인 것이 난방과 장류의 보관 문제였다. 난방 문제는 다음 장에서 살펴보듯 아파트에 맞는 바닥 난방 방식을 개발함으로써 해결되었지만, 장류와 김치의 보관은 또 다른 문제였다.

김치와 장류의 보관은 아파트에서 한국식 식생활을 이어가는 데 가장 큰 골칫거리였다. 아파트에는 마당이 없으므로 김칫독을 묻을 곳도, 장독을 늘어놓을 곳도 없었다. 장독을 고이 아파트까지 챙겨 간 입주민들은 궁여지책으로 베란다에 장독을 늘어놓았지만, 베란다에 지나친 하중이 실리는 데 따른 안전 문제가 제기되었고, "도시 미관을 해친다"는 비판을 하는 이들도 있었다.[28] 베란다에서 햇빛을 받으면서 김치나 장이 금새 시어버리는 것도 문제였다.

요즘의 감각으로는 장류와 김치를 보관할 수 있는 기술을 개발하는 것이 먼저일 것 같지만, 근대화와 서구화가 같은 것이라고 믿었던 당시의 개발주의자들은 생각의 방향이 달랐다. 박정희 정부의 서울 개발 계획을 진두지휘하여 '불도저 시장'이라는 별명으로 유명했던 김현옥(1926-1997)은 1969년 "장독대 없애기"를 목표로 야심 찬 계획을 발표했다. 아파트에 들어가 사는 사람들은 공동주택의 취지에 맞게 생활습관도 바꾸어야 하는데, 집집마다 장독을 갖고 들어가 장을 담가 먹는 것은 시대착오적이라는 것이 그의 주장이었다. 서울시에서 장류 공장을 짓고 서민들을 위한 장류를 싸게 공급할 테니, 아파트로 이사 갈 때는 장독은 버리고 홀가분하게 장류를 사 먹는 새 시대의 생활로 갈아타라는 것이었다. 김현옥은 이와 함께 장기적으로는 김치도 공장에서 만든 것을 사 먹을 수 있도록 정책을 추진하겠다는 청사진도 밝혔다.[29]

결국 오늘날 대부분의 한국인들은 장류와 김치를 사 먹게 되었다. 하지만 김현옥과 같은 성급한 근대화론자들이 추진한 정책이 성공해서는 아니다. 사람들의 삶을 무시한 탁상공론은 현실에서는 힘을 쓰지 못했고, 80년대 후반까지도 아파트의 베란다에는 장독대가 건재했다. 아파트 베란다에서 온도 변화의 영향을 덜 받고 김치를 보관할 수 있도록 만든 보온 스테인리스 김칫독 같은 틈새 발명품이 선을 보여 인기를 끌기도 했다. 다만 이렇게 틈새를 노린 기술들은 근본적인 해결책은 아니었다. 다른 각도의 해결책이 나오기 위해서는 우선 제조사가 "한국인의 식생활에 맞는 냉장고를 만들겠다."는 목표를 세우는 것이 전제되어야 했다. 이는 냉장고 내수 시장이 확대되면서 비로소 현실이 되었다.

2. 한국에서 만드는, 한국인을 위한 냉장고

1) 국산 냉장고의 진화와 내수 시장의 형성

1970년대부터 전자산업 전용 공업단지가 조성되면서 대량생산 체제를 갖추게 되었고, 냉장고 기술과 핵심 부품이 국산화되어 다양한 제품이 출시되었다. 이와 더불어 1979년에는 금성사(현 LG전자)가 '마이콤 냉장고'를 출시하여 냉장고의 컴퓨터화를 선도하기 시작했다.[30]

정부의 전자산업 수출 전략산업화 육성 방침과 국제 경쟁력 제고 차원의 선진 기술 및 자본의 도입 등의 효율적인 수단으로 구미수출산업공단이 1974년 4월 20일에 새롭게 출발하였다. 구미수출산업공단은 전자산업 전용 공업단지의 면모를 갖추기 위해 1971년 11월부터 1972년 6월까지 전자단지 제1공구 약 26만 평, 1973년 2월부터 전자단지 제2공구 21만 평, 1973년 2월부터 전자단지 제2공구 21만 평, 제3공구 138만 평을 착공하여 1973년 10월까지 3공구까지 완공하였다.

이렇게 조성된 연구단지 내에 전자제품 제작공장들이 입주하기 시작했다. 이들 입주 공장들은 단지의 규모에 힘입어 효율적인 대량생산 체제를 갖출 수 있었다. 일례로 1975년 구미공단에 입주한 금성사 TV공장에서는 흑백TV 및 컬러TV를 연간 70만 대, 12초에 1대씩 생산할 수 있게 되었다.

한편 백색가전으로 냉장고와 에어컨 공장이 들어선 창원기계공단 역시 이와 유사한 모습을 보였다. 1975년 6월 23일에 기공식을 한 창원기계공단에 입주한 금성사의 전기기계공장에서는 연간 냉장고 40만 대, 에어컨 10만 대, 컴프레서 40만 대를 생산할 수 있었다. 또한 5.5km에 달하는 컨베이어에 의한 일관 공정으로 국산화 비율을 높이는 데 역점을 두고 있었다.[31]

한편 1974년 삼성전자도 냉장고 생산에 뛰어들면서, 냉장고 시장은 금성사와 대한전선에 이어 삼성전자까지 세 회사가 경쟁하는 새로운 구도로 접어들게 되었다. 대한전선의 가전 부문은 1983년 대우그룹에 매각되면서 대우전자로 이름을 바꾸게 되어, 1980년대에는 이름이 바뀐 채 3사의 경쟁 구도가 유지되었다.

1970년 금성사에서 일본 히타치 기술을 도입하여 간냉식 냉장고 'GR-222'와 'GR-300' 등을 개발 생산하는 데 성공하였다. 간냉식, 즉 간접냉각방식은 팬을 돌려 냉기를 냉장고 안 구석구석까지 순환시켜 냉각하는 방식을 말한다. 이와 대비되는 것은 직냉식, 즉 직접냉각방식으로, 냉장고 벽면에 냉각 파이프가 내장되어 있어 벽을 직접 차게 만드는 것을 말한다. 직냉식은 냉장고 문을 여닫을 때에도 내부 온도가 쉽게 변하지 않고 일정하게 유지되는 장점이 있지만, 벽면 전체를 냉각하므로 벽면 전체에 서리가 낄 수 있다는 단점이 있다. 벽 전체에 서리가 끼면 냉장고 전체의 전원을 끄거나 온도를 높여 서리를 녹여 제거해야 하기 때문에 사용이 번거로울 뿐 아니라 냉장고를 청소하는 동안 꺼내놓은 음식의 보관에도 어려움이 있었다. 이에 비해 간냉식은 문을 열면 찬 공기가 빠져나가 내부 온도가 쉽게 올라가는 단점이 있지만, 냉기를 분출하는 좁은 영역에만 서리가 끼기 때문에 그 주위에 제상 히터를 부착하는 방식으로 비교적 간편하게 서리를 제거할 수 있다. 이와 같이 직냉식과 간냉식은 각각 장단점이 있었는데, 소비자의 입장에서는 냉장고 전체의 작동을 저해하지 않고 냉장고 스스로 서리를 제거할 수 있기 때문에 간냉식 냉장고가 편리한 것으로 받아들여졌다. 금성사는 '자동 서리 제거 장치'를 첨단 기능으로 내세워 GR-222를 홍보했다. 삼성전자도 1974년 일본 산요전기로부터 기술을 도입하여 최초의 냉장고를 출시하면서, 타이머로 히터를 작동하여 자동으로 서리를 제거해주는 간냉식 냉장고임을 홍보하였다.[32] 기술 도입의 과정에서 1974년에는 일본 제상 장치의 기술이 한국에 특허

〈그림 1-5〉 금성 눈표 광고. 왼쪽: 『여성동아』 1977년 7월호, 가운데: 『여성동아』 1977년 8월호, 오른쪽: 『여성동아』 1978년 5월호.

등록되기도 하였다.[33]

　냉장고 구입이 늘어나는 여름철을 노린 광고 경쟁도 치열해졌다. 1977년과 1978년 여름 금성사의 냉장고 광고는, 기술을 전면에 내세우기보다는 과일과 생선을 부각시키는 대담한 시각적 배치를 통해 음식물을 신선하게 보관할 수 있다는 메시지를 효과적으로 전달하고자 하였다. 이와 같은 대담한 광고 전략은 이 시기의 냉장고 기술이 이전 시기와 차별성을 주장할 수 있을 정도로 발전했기 때문에 가능했던 것이기도 하다.

　이 시기 기술 경쟁을 보여주는 또 하나의 혁신은 냉장고 문의 변화이다. 금성사의 GR-300 이후 2도어 방식이 널리 채택되었고, 냉장실과 냉동실이 분리된 냉장고 시대가 열렸다. 이후 이 방식으로 주부들은 냉장실과 냉동실을 구분해 용도에 따라 음식물을 편리하게 저장할 수 있었다. 삼성전자와 대한전선도 2도어 방식의 냉장고를 잇따라 출시하였다.

　몇 년 뒤의 일이지만 금호전자는 1979년 "2룸식 냉장고의 시대는 지났"다는 구호 아래 3실형 냉장고를 출시하기도 했다. 이는 냉동실과 냉장

〈그림 1-7〉 금성 '마이콤 냉장고' 광고. 《매일경제》 1980. 5. 6., 8면.

〈그림 1-6〉 금호 3RC 냉장고 광고. 『여성동아』 1979년 6월호.

실 사이에 얼지 않을 정도의 온도의 '냉육실'을 하나 더 만들어서 육류와 어류 등을 얼리지 않고 신선하게 보관하도록 하는 것이다. 이 디자인은 이후 '싱싱고'(금성사)나 '특선실'(삼성전자) 등 다른 제조사에서도 두루 채택되었다.

간냉식 냉장고 국산화로 촉발된 기술개발 경쟁은 제품 다양화를 가져왔다. 삼성전자는 1976년 2월에 핫라인 방식을 채용해 절전 효과를 높인 '하이콜드' 냉장고를 출시하였다.

대한전선도 1974년부터 '원투제로(1,2,0)'라는 브랜드명으로, 별도의 냉동실 문과 자동 서리 제거 장치를 갖춘 냉장고를 대대적으로 홍보하였다. 제조사의 설명에 따르면, 원투제로 냉장고는 "냉동실과 냉장실에 100% 노출된 상태에서 강 스파이크식 냉기를 뿜어주는" 방식이어서 기존 제품보다 30%가량 전력 소비율을 낮추었다. 또한 국내에서는 처음으로 전동식 냉수기를 부착하는 등 편리한 기능도 추가되었다. 대한전선은 냉장고 분야에서 국내 최초로 KS 표시 허가를 획득하기도 하였다.[34]

제품 다양화와 더불어 금성사는 1979년에는 마이콤 냉장고 'GR-

260TBM'을 출시하여 가전제품의 컴퓨터화를 선도하였다. 마이콤 냉장고는 감지, 경보 등 모든 기능이 마이콤(소형 컴퓨터)에 의해 자동으로 이루어지는 국내 최초의 냉장고로 전기 절약, 신선도, 수명, 사용의 편리 등 모든 면에서 일반 냉장고와는 차원이 다른 신제품으로 소개되었다.[35] 이는 다음 세대의 기술이 냉장고와 주변 제품의 융합이라는 방향을 추구할 것임을 예고하는 전조이기도 했다.

2) 내수 시장의 확대와 '한국형' 냉장고 개발 경쟁

내수 시장이 확대되면서 한국 소비자에 적합한 냉장고를 개발하기 위한 경쟁이 심화되었다. 한국의 가전 시장은 1980년대에 비약적으로 성장하였다. 백색가전과 AV제품의 생산과 소비 증대에 직접적인 영향을 준 정책으로는 내수 진작을 위한 정부의 특소세 인하 정책을 들 수 있다. 이에 따라 기능 분화, 디자인 변화 등 기업마다 차별화 전략을 꾀한 제품들이 등장하였으며 1993년에는 '한국형' 가전제품의 결정판인 '김치냉장고'가 출시되기 시작했다.

확대된 내수 시장을 잡기 위한 금성, 삼성, 대우(전 대한전선) 등 가전 3사의 경쟁이 치열해지면서, 기술 경쟁은 앞서 언급한 컴퓨터화 이외에도 여러 가지 세부적인 목표들로 다각화되는 양상을 띠게 되었다.

'한국형 냉장고'를 둘러싼 기술 경쟁은 1970년대 말 이미 조짐이 보이기 시작했다. 냉장실과 냉동실 두 칸만을 갖춘 기존의 냉장고의 내부 구조를 김치, 신선 야채, 신선 육류와 어류 등 다양한 식품군에 맞춰 세분화한 제품들이 1979년부터 선을 보이기 시작했기 때문이다. 이런 점에서 '한국형 냉장고'에 대한 고민은 냉장고의 칸을 어떻게 나눌 것인가에 대한 고민이기도 했다. 하지만 한국인의 식생활 자체가 경제성장과 함께 빠르게 변하고 있었기 때문에, 이에 대한 뚜렷한 답을 찾는 것은 쉽지 않았다.

'한국형 냉장고'라는 말을 전면에 내세운 것은 1982년 금성전자였다. 이때의 '한국형'이라는 말은 "야채, 김치 등 냉장식품이 많은 우리 가정에 가장 잘 맞는" 것을 의미했다. 당시까지 대부분의 한국 가정에서 냉동실의 활용도는 매우 낮았기 때문에, 총 용량이 같은 냉장고라도 냉장실 용량이 크면 그만큼 더 크게 활용할 수 있었다.

또 다른 문제는 김치를 냉장고에 보관하는 것이었다. 앞서 언급했듯이, 한국에 처음 냉장고가 소개되었을 때는 한국인의 식생활에서 그것을 활용할 방도가 마땅치 않았다. 장기 보존을 위해 염장 발효 식품이나 건조 식품을 주로 섭취했던 한국인의 식생활에서 냉장고에 꼭 넣어야 하는 음식물이 많지 않았기 때문이다. 한국인의 반찬 가운데 가장 중요한 김치는 낮은 온도에서 보관해야 오래 보존할 수 있는 것이었지만, 김치는 대개 김장독을 겨울에 땅에 묻는 방식으로 저장해왔기 때문에 구태여 냉장고에 넣어야 할 필요가 없었다.

1980년대 들어 아파트가 중산층의 주거 형태로 각광을 받게 되면서 이러한 상황에 변화가 일어나기 시작했다. 여러 가지 편리함에도 불구하고, 아파트에는 마당이 없었기 때문에 한국인의 식생활에서 큰 비중을 차지하는 장독을 둘 곳 또한 없었다. 특히 김장김치를 겨우내 서늘하게 보관하는 것은 아파트 생활에서는 어려운 일이었다. 아파트 베란다에 둘 수 있도록 단열 보온 처리된 스테인리스 김장독과 같은 절충형 기술들이 개발되기는 했으나, 기왕에 대부분의 중산층 가정이 냉장고를 갖추게 된 상황에서 냉장고에 김치를 보관하기를 원하는 수요가 늘어난 것은 자연스러운 일이었다.

다만 소비자들의 바람대로 냉장고에 김치를 보관하기 위해서는 두 가지 기술적 과제를 해결해야 했다. 첫째, 냉장고 내부의 온도 변화를 최소화해야 했다. 김장독을 땅에 묻어 보관했던 것은 온도가 급격하게 변하지 않고 일정하게 유지되기 때문이었다. 그런데 찬 공기를 순환하여 냉각하는 간냉식 냉장고에서는 문을 열 때마다 냉기가 유실되어 고내 온도가 올라갔다가 문을 닫으면 다시 내려가는 일이 반복되고, 이 때문에 김치가 빨리 변질되는 문제가 있었다. 둘째, 김치와 다른 식품을 함께 보관하면 김치 특유의 냄새가 다른 식품에 스며드는데, 이를 막을 수 있는 기술적 대책이 필요했다.

김치 보관을 위해 별도의 공간을 만들어주는 것은 이 두 가지 문제 모두에 대해 부분적인 대책이 될 수 있었다. 다른 식품과 냄새가 섞이는 것을 막아줄 뿐 아니라, 김치 칸과 다른 칸에 따로 문을 달아두면 다른 식품을 넣거나 꺼낼 때 김치의 보관 온도에 영향을 미치지 않을 수 있기 때문이다.

이에 따라 냉장실과 냉동실의 배분을 조정하는 것을 넘어서, 1980년대 초반부터는 냉장실 내부를 세분하거나 나아가 별도의 문을 다는 것도 새로운 유행이 되었다. 김치와 야채를 신선하게 보존하기 위해 3도어형, 4도어형 등 여러 가지 형태의 냉장고가 고안되었다. 냉동실을 필요에 따라 냉장실로 바꿀 수 있는 기능도 보편화되었다.

〈그림 1–9〉 금성 전천후 냉장고 광고. 위: 『여성동아』 1983년 3월호. 아래: 『여성동아』 1984년 6월호.

3. "김치 독립"과 냉장고의 분화

여기서 한 발 더 나아간 것이 독립된 김치전용 냉장고라고 할 수 있다. 일찍이 국산 냉장고 1호를 출시한 금성사는 1983년 12월 국내 최초로 김치 보관 냉장고 'GR-063'을 선보였다. 금성사는 식생활과 주거 환경 변화에

〈그림 1-10〉 만도위니아 '딤채' 광고. 《동아
일보》 1995. 11. 17.

따라 김치 저장이 용이하지 않음에 착안하여 김치 저장 냉장고 개발을 시작했고, 여러 차례 실패를 거듭한 끝에 국내 최초로 상자형 김치 보관 냉장고를 개발 출시한 것이다.[36] 이 김치 보관 냉장고는 1986년에는 수납형 김치 냉장고로 변형이 이루어졌다.

가전 3사(삼성전자, 대우전자, 금성사)가 '신개념' 냉장고, 대용량 냉장고, 다양한 기술개발 등의 경쟁에 돌입하였으며, 1995년 만도기계(현 위니아만도)가 김치전용 냉장고인 '딤채'를 출시하면서 김치냉장고 시장이 창출되었다.

김치전용 숙성 및 보관 냉장고로 '김치냉장고'를 개발하여 상업적으로 성공한 곳은 기존 가전업체가 아니라 자동차 부품과 에어컨을 생산하던 만도기계(현 위니아만도)였다. 만도는 파일럿 모델에 대한 다양한 테스트를 실시하고 초기 완제품에 대해 100명의 주부 평가단을 모집하였다. 주부평가단에게 제품을 6개월간 사용하게 한 후 81%가 만족한다는 답변을 얻은 후 만도기계는 '딤채(중종 때 김치를 칭하던 고어)'라는 이름으로 최초의 김치냉장고 'CFR-052E'를 출시하였다.[37] 출시 첫해인 1995년에 만도기계는 서울 강남 주부들을 대상으로 체험 마케팅을 통해 3천 대를 소화함으로써 총 4천 대를 팔 수 있었다고 한다. 연구개발비와 시설투자비 등을 합쳐 김치냉장고 개발에 모두 700억~800억 원을 쏟아부었지만 만도기계는 첫 출시 이후 1997년까지 해마다 150억~200억 원의 적자를 감수해야 했다.[38] 그러나 1996년의 2만 대 시장에서 97년 8만 대, 98년 20만 대로 매년 200% 이상의 폭발적인 성장세가 이어지고 삼성전자, LG전자가 시장에 뛰어들면서 김치냉장고 시대가 열리게 되었다.

가전업체들의 본격적인 진출로 김치냉장고 시장은 더 빠르게 성장해갔고 김치냉장고는 김치뿐만 아니라 쌀, 야채, 과일 등의 다목적 보관 냉장고로 용량은 점차 커져갔다. 또한 숙성 기능 등의 세분화, 은나노 기술을 적용한 김치냉장고, 발효 알고리즘을 개선한 '딤채' 등으로 기능 분화도 계속되었다. 위니아만도에 따르면 김치냉장고는 1995년 11월 처음 선보인 이래 2009년까지 1,300만 대가 판매되었고, 딤채는 누적 판매 520만 대를 돌파했다고 한다.[39]

김치냉장고의 탄생은 과거 마당 있는 주거 형태가 일반적이면서 김장독을 활용하고 있던 방식이 아파트 주거문화로 바뀌어버린 일상 변화에서 유래하였다. 주거문화는 바뀌었지만 식문화는 계속되면서 둘 간의 충돌이 빚어졌고, 김치냉장고는 이 충돌을 해소하는 기술적인 해결 방법으로 다가왔다. 만도기계의 경우, 냉장고를 단순한 기계로 접근하지 않고 고유한 한국의 음식문화와 연계하면서 냉장고 틈새시장을 잘 활용하였다. 그리고 이런 음식문화의 차원에서 김치냉장고의 기능을 설계하였고 이것이 소비자들을 설득한 것으로 보인다. 한국의 김치냉장고는 하나의 기술 제품이 한 사회의 고유문화에 의해 어떻게 변형될 수 있는가를 잘 보여주는 사례라고 할 수 있다.

맺음말

한국 냉장고 기술은 해외 기술 도입과 함께 시작되었다. 해방 후의 어려운 경제 상황에서 냉장고는 사치품으로 여겨져 수요가 많지 않았다. 1960년대 경제개발계획의 일환으로 백색가전산업을 수출 산업으로 육성하면서 한국의 냉장고 생산이 시작되었다. 초기에는 해외 기술 도입을 통해 냉장고 생산과 기술 습득이 이루어졌으나, 1970년대 중반 무렵부터 국내 업체들이 주요 부품과 기술을 국산화하는 데 성공했다.

한국의 눈부신 경제성장과 함께 내수 시장이 성장하자, 냉장고는 1980년대 중후반에 가정의 생활필수품이 되었다. 이에 따라 한국인의 식생활에 맞는 '한국형' 냉장고를 만드는 것이 업체들에게 중요한 과제로 다가왔다. 특히 김치의 보관이 기술적으로 어려운 과제였는데, 기존의 냉장고 제조업체가 아닌 만도에서 1995년 김치전용 냉장고를 개발함으로써 이 문제 해결의 전기를 열었다. 김치냉장고는 중산층을 중심으로 급속히 보급되어 새로운 시장을 창출하였다.

의식주는 사소한 것 같지만, 인간의 일상 감각에 깊이 결부되어 있기 때문에 가장 바꾸기 어려운 것이기도 하다. 아무리 국가가 서구화와 근대화를 부르짖으며 논리적으로 설득하려 해도, 개인의 일상은 생각보다 쉽게 바뀌지 않는다. 서구형 아파트에 살아도 바닥은 따뜻해야 하고 김치는 부엌 뒤에서 (이제는 직접 담그기보다는 사 온 경우가 많지만) 바로 꺼내 먹을 수 있기를 기대하는 것이 한국인의 삶이다.

3장

한국인이 30층짜리 '온돌집'에 살게 되기까지[40]

이근성, 김태호

머리말

온돌이란 열원(熱源)에서 발생한 열이 건물의 바닥에 설치된 장치를 통해서 전달되어 실내를 따뜻하게 유지하는 기술이다. 온돌은 한국의 고유한 난방으로 알려져 있는데, 이는 브리태니커에 온돌(Ondol)이라는 단어가 등재된 것으로도 확인할 수 있다.[41] 게다가 온돌은 지금도 한국에서 널리 쓰이는 주택 난방으로서, 오늘날 온돌이 없는 한국 주택을 찾기란 매우 어려운 일이다. 이 난방기술이 널리 쓰이기 시작한 것은 최근의 일이 아니다. 온돌의 역사에 대한 이전 연구에 따르면, 온돌은 조선 초기부터 사용되기 시작해서 후기에 이르면 계층에 관계없이 널리 쓰이는 난방이 되었다.[42] 오랫동안 사용되었고 다른 나라에서 쉽게 찾아볼 수 없다는 점에서 온돌은 한국 주거의 전통을 대표하는 특징이라고 볼 수 있을 것이다. 한옥의 전문가인 신영훈은 한옥을 마루와 온돌의 결합으로 규정하기도

했다.[43]

전통 주거의 요소 가운데 다수가 사라져버린 오늘날의 현실에 비추어, 오늘날에도 온돌이 살아남아 있다는 사실은 매우 흥미롭다. 하지만 한옥에서 사용되었던 전통 온돌과 지금 한국인이 사용하는 현대 온돌은 여러 면에서 다르다. 바닥을 덥혀 방 전체를 따뜻하게 한다는 효과만 같을 뿐, 그 효과를 얻기 위한 과정은 송두리째 바뀌었다.

이 글은 현대 온돌의 역사를 탐구한다. 현대 온돌의 기술 변화는 기술적 다양성이 증가하는 과정으로 설명될 수 있다. 주거 근대화가 시작되면서 전통 온돌은 서구 기술과 만나게 되는데, 이 만남은 두 가지 유형의 온돌을 낳는다. 연탄 아궁이 온돌은 연료, 재료의 교체라는 방식에서 비롯된 기술이다. 전통 온돌이 나무와 돌로 구성되었다면, 연탄 아궁이 온돌은 연탄과 시멘트로 만들어졌다. 온수 온돌은 속성의 계승이라는 방식이 사용되었다. 바닥 난방이라는 전통 온돌의 속성과 서구 난방기술이 만나면서 온수 온돌은 탄생하였다. 이러한 온수 온돌의 등장으로 바닥 난방은 온돌이 될 수 있다는 인식이 널리 퍼지게 되었다.

현대 온돌이 사용된 이유는 앉아서 생활하는 좌식 생활에 대한 한국인들의 선호보다는 이 기술의 경제성이 더 중요하게 작용했다고 할 수 있다. 선행 연구자들은 온돌 사용에 반대하는 건축가들의 의도에서 도입된 서구 난방기술이 좌식 생활을 할 수 없게 만든 것이, 온돌이 오늘날까지 사용되는 중요한 원인이라고 말해왔다. 그러나 서구 난방이 대중적으로 확산되기에는 그 경제성이 현대 온돌에 크게 미치지 못했으며 이 점이 현대 온돌이 오늘날까지 사용되는데 중요한 요인이었다.

이상과 같은 현대 온돌의 발명과 사용의 역사는 전통 기술과 서구 기술의 상호 작용에 대한 탐구가 비서구 기술사에서 흥미로운 주제가 될 수 있음을 보여준다. 지금까지 전통 기술은 사라진 기술이라고 여겨졌으나, 보건의료나 의식주 등의 일상 영역에서 전통 기술은 서구 기술과 상호 작용하면서 살아남았다. 얼핏 보면 이 상호 작용은 비서구 사회 기술사학자들이 이미 많이 다룬 듯 보이지만, 대개는 서구 기술이 지역의 자연환경과 문화와 상호작용하는 과정을 분석하는 데 집중되었다. 반면 이 글에서는 전통 기술의 기능이 서구 기술을 통해서 어떻게 구현되는가에 주목한다. 서구 기술과 절충 또는 융합된 형태로 전통 기술이 살아남는 것은 단지 그것이 전통이기 때문은 아니다. 여러 가지 사회적, 정치적, 경제적 가능성이 겹쳐 작용한 결과다.

1. 바닥 난방의 다양한 진화 경로

이 절에서는 우선 전통 온돌과 현대 온돌의 기술적 특성을 살피고, 이를 통해 두 온돌이 서로 다른 기술적 배경에서 비롯되었음을 확인할 것이다. 이어서 일제강점기에 '주거 근대화' 담론의 영향 아래 온돌에 대한 논의가 어떻게 흘러갔는지 살펴볼 것이다.

다음으로 연탄 아궁이 온돌의 출현을 다룰 것이다. 연탄 아궁이 온돌은 한국전쟁을 계기로 하여 일어난 기술적 변화와 당시 산림녹화정책을 펼쳤던 정부의 의지가 결합되어 등장하게 되었다. 연탄 아궁이 온돌은 공기를 이용해 바닥을 따뜻하게 만드는 전통 온돌의 원리를 유지하면서, 근대적인 건축재와 연료를 수용하는 방식으로 전통 온돌을 계승하고자 했다. 이에 비해 온수 온돌은 공기를 대체한 온수가 방바닥을 따뜻하게 만드는 온돌이다. 이 온돌은 국내에서 자생적으로 탄생한 기술로 여겨져왔으나, 최근 연구 결과들에 따르면 이와 비슷한 온돌이 국외에도 존재했고, 오히려 이 외국 기술이 국내에 수입되어 온수 온돌의 형성에도 영향을 끼쳤다고 볼 수 있다.

1) 전통 온돌의 '근대화'를 둘러싼 모색들

온돌은 이와 같이 한반도에서 오래전에 출현했으나, 이 난방기술이 본격적으로 이용된 시점은 조선시대 후기였다. 그 원인에 대해서는 아직까지 충분히 연구가 이루어지지 못했으며, 다만 온돌의 확산 과정이 계층적으로 사대부에서 먼저 시작되고 나중에 양인들도 전통 온돌을 사용하게 되었다는 점만이 지적되고 있다.

이렇게 조선 후기에 온돌이 널리 쓰이게 되면서, 이에 대한 논의를 양반들이 남긴 문헌에서도 찾아볼 수 있다. 그 대표적인 사례가 조선 사대부들의 온돌의 비효율성에 대한 견해다. 조선 후기의 학자 박지원은 온돌로 인한 연료 낭비 문제의 심각성을 지적하고 있으며, 『임원경제지』로 유명한 서유구 역시 같은 문제를 지적하는 동시에 나아가 그로 인한 이차적인 문제인 산의 토사(土沙) 유출 문제를 이야기한다. 즉, 온돌을 사용하기 위해 나무를 남벌하게 되면 그로 인해 산이 헐벗게 되어 토사가 생겨난다는 것이다. 이러한 문제점은 해방 이후에 실제로 전통 온돌의 사용이 중지되는 한 원인이 된다.

전통 온돌을 만들기 위한 과정을 간략히 설명하면, 먼저 집터를 잡으면서 난방할 공간을 정하고 이곳에 고래를 만들 공간을 확보한다. 다음으로 아궁이와 고래를 만드는데, 고래등은 돌 또는 흙으로 구성된다. 마지막으로 넓적한 큰 돌을 고래등 위에 얹어서 구들장을 만든다.

그렇다면 이러한 전통 온돌과 현대 온돌은 기술적 측면에서 어떻게 다른가? 첫째, 전통 온돌과 현대 온돌은 연료, 재료로 구분된다. 전통 온돌은 나무를 중심으로 식물성 재료를 연료로 하고 흙과 돌로 구성되는 반면에, 현대 온돌은 화석 연료를 연료로 하고 시멘트와 금속을 재료로 한다.

둘째, 전통 온돌과 현대 온돌은, 난방의 원리라고 할 수 있는, 열원(熱

源)에서 열을 생성하고 이 열을 실내로 방출하는 방법에도 차이가 있다. 전통 온돌은 구들에 열을 축적시키고 이것이 일정 시간 동안 방출되면서 난방을 하는 반면에, 현대 온돌은 일정한 시간마다 방을 가열하는 방식으로 되어 있다.

셋째, 전통 온돌과 현대 온돌은 이 기술이 만들어지는 과정과 그것을 사용하는 방법에도 차이가 있다. 전통 온돌은 간단한 수준의 학습을 받으면 일반인들도 온돌을 설치할 수 있으나, 현대 온돌은 전문적인 난방기술자만이 설치하고 수리할 수 있다. 또한 전통 온돌을 이용하기 위해서는 그에 따르는 노동이 필요하지만, 현대 온돌은 간단한 조작으로 사용할 수 있다.

넷째, 전통 온돌과 현대 온돌의 기술적 차이는 그 다양성에도 있다. 전통 온돌은 이전에 언급한 바와 같이 지역적인 차이가 있는 정도지만, 현대 온돌은 연료, 열원의 위치, 열을 전달하는 방법에서 훨씬 다양하다. 먼저 연료에 따라 현대 온돌을 구분하면, 연탄, 석유, 가스, 전기를 이용하는 온돌이 있다. 다음으로 열원의 위치에 따라서는 개별난방, 중앙난방, 지역난방 온돌이 있다. 마지막으로 열 전달 방법에 따라서는 세 가지 종류가 있다. 우선 1950년대부터 1980년대까지 널리 쓰였던 연탄 아궁이 온돌이 있다. 이 온돌은 연탄을 연료로 하고 구들장을 통해서 열이 전달되는 난방기술이다. 하지만 최근에는 이 난방은 찾아보기 힘들게 되었고, 현재는 온수 온돌과 건식 온돌이 널리 쓰인다. 온수 온돌이란 보일러에서 발생한 온수를 이용해 방바닥을 가열하는 난방을 말하며, 건식 온돌이란 발열 선을 방바닥에 설치하여 실내를 따뜻하게 유지하는 난방기술을 뜻한다.

이처럼 전통 온돌과 현대 온돌은 연료, 재료, 원리 등에서 뚜렷한 차이가 있다. 어떻게 전통 온돌은 현대 온돌로 바뀌게 된 것일까? 전통 온돌에 변화가 생긴 것은 20세기 초반 일제강점기의 일로서, 이때부터 전통 온돌을 근대 건축기술과 접합하려는 움직임인 온돌 개량이 나타났는데, 이 온돌 개량이 나타나게 된 배경이 조선인과 일본인의 사례에 차이가 있다. 이제 조선인 사례를 먼저 살펴보자.

1930년대 조선인 건축가들은 주택개량운동을 펼치면서 한옥의 공간구조와 설비를 바꾸려고 했다. 건축가 박길룡이 이 운동의 대표적인 인물이다. 그는 생활의 과학화를 이야기하면서 주택의 여러 설비를 바꾸려 했는데, 그 가운데 하나가 온돌이었다. 일부 건축가 사이에서는 온돌을 폐지하자는 주장도 있었지만, 박길룡은 온돌의 장점을 이야기하면서 현실에 맞게 온돌을 개량할 것을 주장했다. 박길룡은 이를 실행에 옮겨서 속복도 형식의 온돌을 설계하여 모든 아궁이가 지하실 한곳에 모여 있도록 했다.

온돌 개량이 건축 전문가들에게만 국한된 것은 아니었다. 동경고등공업학교를 졸업한 한운교는 전기 온돌을 만들었고, 연희전문학교 수물과 강사인 이만학도 시멘트로 만든 구들장을 제조했으며, 일반 발명가로 보이는 김응달 역시 온돌을 개량했다는 기록이 존재한다.

온돌 개량에 대한 또 다른 논의는 일본인들로부터 나왔다. 이는 다시 두 갈래로 나뉜다. 하나는 조선인 주택에 깔린 온돌 개량에 대한 논의다. 조선을 강점하고 있던 일본은 온돌의 사용으로 인해 조선 산림이 황폐화된다고 보고 이 문제를 해결하고자 온돌을 개량하려 했다. 예컨대 1922년 경기도 임무과(林務果) 기사 가케바 사다키치(掛場定吉)는 온돌을 개량하고 이에 관련된 내용이 담긴 소책자들 나누어주었으며, 경기도 일대에서 강습회를 열기도 했다.

다른 하나는 조선 거주 일본인의 난방 대안으로서 온돌 개량에 대한 논의다. 많은 일본인들이 조선을 식민지로 만들기 위하여 일본으로부터 건너왔다. 초기 일본인들은 그들의 전통에 따라 일식 주택을 지었다. 그런데 이 일식 주택에 거주했던 일본인에게 조선의 겨울은 추웠던 것으로 보인다. 일부 일본인들이 겨울에 자신들의 집을 내버려두고 조선인 주택으로 옮겨간 사례가 이를 방증한다. 일본인들은 이 주택 난방 문제를 해결하기 위하여 1920년대에는 서구식 난방장치에만 관심을 보이지만, 1930년대에는 온돌도 하나의 대안이 될 수 있음을 인지하고 사용하기 시작했다. 처음에는 피지배자인 조선인이 사용하는 온돌에 대한 막연한 반감을 가졌으나, 나중에는 그 장점을 깨닫게 되면서 사용하기 시작했던 것으로 보인다. 일본인들 사이에 온돌이 널리 쓰이기 시작하자 일본인 건축업자 가운데 일부가 온돌을 개량하기에 이른다. 특기할 만한 것은 일본인들의 독자적인 발명품인지는 알 수 없으나 온수 온돌로 보이는 것이 일본 주택에 설치되었다는 점이다.

이처럼 일제강점기에는 온돌에 관련된 기술 변화가 발생했으나, 온돌 개량의 성과가 대중적인 기술 확산으로 이어지지는 않았다. 1930년대 주택개량운동은 주택의 설계에 집중되었을 뿐 그 설계가 실제로 시공으로 연결되지 않은 것처럼 온돌 개량 움직임 역시 그러했다. 박길룡의 속복도 온돌은 설계로 끝났으며, 기타 조선인들의 온돌 개량도 특허 신청에 머무른 것으로 판단된다. 일본인에 의한 온돌 개량 역시 대중화와는 거리가 멀었다. 일제 말기에 지어진 조선영단주택을 제외하고는 온돌 개량의 성과가 대중화된 사례를 문헌상으로 찾아볼 수 없다.

비록 대중화되지는 않았지만 당시에 새로이 시도된 온돌이 해방 이후에도 어떠한 영향력을 끼치지는 않았을까? 이는 판단하기 쉽지 않은 문제이나 적어도 주택공사의 온돌에서는 일제강점기 온돌과의 기술적 연속성이 뚜렷하지 않은 것으로 보인다. 우선 온수 온돌의 경우에는 일제강점기에 조선인이나 일본인이 발명한 기술이 아니기에 이 기술이 전승

될 수는 없다. 다음으로 연탄 아궁이 온돌 역시 일제강점기의 기술을 참고하여 기술개발을 했다는 기록을 주택공사의 사사(社史)에서 찾아보기 힘들다. 또한 주택공사가 1968년까지 널리 사용한 연탄 아궁이 온돌은 이른바 '상술(相術)식 온돌'로, 발명가 김상술이 만들어낸 온돌이다. 이것으로 보아 일제강점기 온돌의 성과가 현대 온돌로 전달되었을 가능성은 높지 않은 것으로 보인다.

결국 일제강점기에 나타난 온돌의 변화는 전통 온돌의 개량이 발생한 시기로 평가할 수 있으며 현대 온돌의 역사가 시작된 지점은 아니다. 하지만 일본인이 개량한 온돌 가운데 연탄을 사용한 사례나, 이만학이 시멘트로 구들을 만든 것과 같은 것은 현대 온돌의 기술적 변화의 가능성을 모색한 것으로 평가할 수 있을 것이다.

2) 연탄의 보급과 연탄 아궁이 온돌

해방 직후에도 널리 쓰인 것은 전통 온돌이었다. 예컨대, 서울시가 트럭을 동원하여 장작을 시내로 반입하였다거나, 서울시가 각 도의 장작 업자들을 모아서 장작 수급과 관련된 간담회를 했다는 기사를 쉽게 찾아볼 수 있다.[44] 전통 온돌의 연료인 장작의 공급에 신경을 썼다는 것은 곧 전통 온돌이 널리 쓰였음을 방증한다고 할 수 있을 것이다. 한국전쟁 전에 전통 온돌이 널리 쓰였을 것이라는, 당시 현대 온돌의 연료인 연탄의 생산량을 보면 이 주장이 타당함을 알 수 있다. 해방 직후부터 한국전쟁 전까지, 남한은 난방 연료로 연탄을 이용한 연탄 아궁이 온돌을 사용할 형편이 아니었다.[45] 철도, 발전용 연탄 수요량에 30퍼센트에도 미치지 못하는 양의 연탄이 국내에서 생산되었을 뿐이다.

그렇다면 언제부터 연탄 아궁이 온돌이 널리 쓰이게 되었나? 그것은 대략 1960년대로 보인다. 1960년에 이르러서는 90%의 가구가 이 연탄 아궁이 온돌을 쓰게 되었다.[46] 그 원인은 세 가지로 분류할 수 있는데, 첫째, 전통 온돌의 연료인 장작의 이용이 어려워지면서 전통 온돌에 대한 이용이 감소했다. 전통 온돌의 연료를 공급하는 산림이 파괴되고, 산림 파괴를 막고자 했던 정부의 산림녹화정책이 진행되면서 전통 온돌을 사용하기가 힘들어졌다. 둘째, 연탄 아궁이 온돌의 기술적 변화가 일어났다. 연탄 아궁이 온돌에 적합한 연소 장치와 연탄의 탄생 그리고 이 연탄의 대량생산이 가능해졌다. 셋째, 온돌을 사용함에 있어서 전통 온돌에 비하여 연탄 아궁이 온돌의 상대적인 장점이 이용자들에게 좋은 반응을 이끌어냈다. 이제 차례로 세 원인에 대하여 알아보자.

일제는 태평양전쟁을 수행하기 위하여 조선의 천연자원을 수탈하였는데, 나무도 예외가 아니었다. 이로 인해 전통 온돌의 연료인 장작의 공급이 불안정해졌다.[47] 일제의 수탈과 더불어 이어지는 한국전쟁으로 인하여 산림은 더욱 황폐화되었다.[48] 1948년과 1952년의 한국 정부의 산림 통계를 비교해보면 그사이에 입목 축적량이 40퍼센트 정도 감소하였다.[49] 이처럼 장작의 원료인 산림이 파괴됨으로써 장작의 생산이 어려워지고,[50] 그에 따라 장작의 가격도 불안해졌다. 1945년에 1평당 250원 하던 장작 가격이 2년 후인 1947년에는 6,000원으로 올랐다.[51] 이 문제에 대해 정부는 장작 시장을 활성화한 것이 아니라 1958년에 서울 시내에 반입되는 장작의 유입을 완전히 차단함으로써 장작의 공급을 더 어렵게 하였다.[52]

이는 정부의 산림녹화정책 때문이었다. 해방이 되면서 정부는 산림녹화정책을 실시하기 시작한다. 예컨대, 정부는 1951년에 산림보호에 대한 임시 법률을 제정하여 산에서의 불법적인 벌목을 규제하였다. 산림녹화정책은 이어지는 정부에서 더 강화된다. 박정희 정부는 산림녹화를 전담하는 정부 기구를 만들기도 했다.[53] 하지만 산림녹화는 각 가정이 가정용 연료를 장작에 의지한다면 이루어지기 힘든 과제였다. 정부는 그래서 연탄 사용을 장려했고, 보다 구체적으로는 민수용 탄 공급 계획을 세우고 이를 실천하였다. 당시 민수용 연탄의 공급량을 살펴보면 1951년 9만2천 톤에서 1960년 190만9천 톤으로 크게 늘어났다.[54]

이처럼 산림녹화정책에 바탕을 두고 전통 온돌의 사용을 줄이려는 정부의 노력은 연탄 아궁이 온돌의 확산에 좋은 배경이 된다. 하지만 정부의 노력만으로 연탄 아궁이 온돌이 대중적으로 확산된 것은 아니다. 여기에는 당시에 발생한 연탄 아궁이 온돌의 두 가지 기술 변화도 중요한 역할을 했다.

첫째, 연탄 아궁이 온돌에 적합한 연소 장치가 만들어졌다. 난방의 원료로서 연탄을 쓰기 시작한 것은 무명 발명가의 '연탄 바께스' 발명이 중요한 역할을 했다.[55] 일종의 연소 장치인 '연탄 바께스'는 연탄의 중요한 문제인 점화 문제를 해소했다. 종전에는 연탄을 교체할 때마다 개별 연탄에 불을 붙여야 했으나, 연탄 바께스를 이용하면 현재 연소되고 있는 연탄에 새 연탄을 연결하기만 하면 점화의 문제를 해결할 수 있었다.

둘째, 연탄 아궁이 온돌에 적합한 연탄인 19공탄이 제작되었고, 그 생산량이 당시 수요를 어느 정도 만족시키는 데 성공했다.[56] 연탄 바께스 사용이 늘어나면서 이에 적합한 연탄의 형태가 개발되기 시작했고, 그 가운데 19공탄이 널리 사용되기 시작했다. 이 연탄에 대한 수요가 늘어나자 이번에는 생산이 문제가 되었다. 초기의 19공탄은 수타(手打)식으로 만들어졌기 때문에 생산량이 많지 않았기 때문이다.[57] 그러나 1950년대 중반 기계식 제탄기(制炭機)가 만들어지면서 일일 생산량이 크게 늘어나게 되어 이 문제를 해결할 수 있게 되었다.[58]

이러한 기술적 변화와 더불어 사용에서 연탄 아궁이 온돌의 전통 온돌에 대한 상대적인 편리함도 또 다른 원인이 되었다. 전통 온돌에서는 장작으로부터 발생하는 열을 이용할 수 있는 시간이 한정되어 있었으나,

연탄 아궁이는 하루 종일 원하는 시간에 연탄으로부터 나오는 열을 이용할 수 있다는 점이 유리했다.[59]

이처럼 한국전쟁 이후에는 전통 온돌의 연료인 장작 공급이 어려워지고, 연탄 아궁이 온돌의 기술적 변화와 전통 온돌에 대한 상대적 강점이 부각되면서 전통 온돌의 사용 비율은 급속히 줄어들고 연탄 아궁이 온돌이 그 자리를 차지하게 되었다. 이렇게 널리 쓰이기 시작한 연탄 아궁이 온돌은 전통 온돌과 1960년대부터 널리 쓰이기 시작한 연료(석탄), 재료(시멘트)를 융합한 기술적 결과물이다. 이 융합에서 전통 온돌은 연탄 아궁이 온돌 개발 방향을 규정하는 힘이다. 즉, 전통 온돌이 포함하고 있는 기술적 특징이 새로운 온돌인 연탄 아궁이 온돌에도 그대로 재현될 수 있도록 연탄 아궁이 온돌의 개발자들은 노력하게 된다는 것이다. 이렇게 계승된 전통 온돌의 특징은 첫째, 방바닥을 이용해서 난방을 한다. 둘째, 방바닥을 가열함에 있어서 뜨거운 공기를 이용한다. 이처럼 전통 온돌은 연탄 아궁이 온돌의 형성에서 기술을 구성하는 개념적인 틀을 제시하였다.

그러나 연탄 아궁이 온돌에서는 전통 온돌의 주요한 건축재와 연료는 사용되지 않았다. 연탄 아궁이 온돌은 근대 난방기술에서 많이 쓰이는 연료인 연탄과 재료인 시멘트를 도입하였다. 이 같은 새로운 건축재와 연료를 사용함으로써 연탄 아궁이 온돌은 고유한 특징을 갖게 되었다.

우선 아궁이가 달라졌다. 전통 온돌 아궁이는 네모난 모양의 텅 빈 공간이었다. 그러나 연탄 아궁이 온돌 경우에는 아궁이에 화덕이라는 장치가 들어가 있고, 이곳에 연탄을 투입하도록 설계되었으며, 화덕과 아궁이 사이의 공간에는 단열재를 넣어서 열효율을 높였다. 아궁이에 생겨난 또 다른 변화는 아궁이와 고래를 연결하는 관이 쓰이게 되었다는 것이다. 전통 온돌은 아궁이와 구들장 사이의 거리가 멀어서 아궁이에서 발생한 열이 덜 전달되는 경향이 있었다. 이러한 문제를 해결하고자 관을 설치한 것이다.

또한 새로운 형태의 아궁이인 레일식 아궁이도 탄생했다. 레일식이란 연탄 화덕을 난방 시에는 아궁이 깊숙하게 밀어 넣어서 난방을 하고 취사 시에는 이 화덕을 꺼내어 취사를 하는 연탄 아궁이 온돌을 뜻한다. 전통 온돌은 부뚜막, 함실 아궁이밖에 없었지만 연탄 아궁이 온돌은 레일식 아궁이라는 새로운 아궁이의 종류가 추가되었다. 이 레일식 아궁이는 전통적인 함실이나 부뚜막식 온돌보다 열효율 면에서도 장점이 있었는데, 그것은 레일식이 레일을 통해서 더 넓은 면적의 구들장과 접할 수 있기에 아궁이에서 발생한 열이 더 많이 전달되었기 때문이다.

이후로도 아궁이에는 여러 변화가 나타나는데, 대부분 아궁이의 열효율을 높이기 위한 시도로부터 비롯된 것이다. 아궁이의 열효율에 대한 관심은 당시 연구 문헌으로도 확인할 수 있다. 온돌에 대한 논문들은 대부분 이 문제를 다루었으며, 정부에서도 과학자들을 동원하여 아궁이에서의 열효율에 대한 여러 실험을 했다.[60]

연탄이라는 연료의 사용으로 변한 것은 아궁이뿐만이 아니다. 고래도 변했다. 연탄 아궁이 온돌과 전통 온돌 고래의 차이는 구들개자리에 있다. 전통 온돌에서는 구들개자리가 아궁이에서 발생한 열을 고래 안쪽에 머무르게 하는 기능을 하고 있었는데 연탄 아궁이 온돌에서는 이러한 구들개자리가 사라졌다. 이러한 변화의 원인은 연탄의 착화와 연소 시에 발생하는 연탄가스의 발생을 막기 위해서였다.[61] 전통 온돌에서는 연료의 연기를 흡입한다고 해서 큰 문제가 되지 않으나, 연탄 아궁이 온돌의 연료인 연탄가스를 다량으로 흡입하면 죽을 수도 있었다.[62]

지금까지 연료의 변화로 인한 전통 온돌에서 연탄 아궁이 온돌로의 변환을 살펴보았다면 이제는 재료 변화에 따르는 변환을 알아보자. 재료

변화의 핵심은 구들이 시멘트로 만들어진다는 점이다. 전통 온돌에서는 구들을 흙과 돌로 만들었으나 연탄 아궁이 온돌에서는 시멘트로 구들을 만들었다. 이러한 재료의 변화는 처음부터 구들의 재료로 시멘트가 연탄 아궁이 온돌에 적합하다는 생각을 했기 때문이 아니었다. 실제로 1961년에 주택공사는 시멘트가 구들의 소재로 적합하지 않다는 판단을 내리고 자연석으로 만들어진 구들을 이용하기도 했고,[63] 점토나 백사양토로 만들어진 구들도 있었다. 그러나 주택공사는 흙보다는 시멘트로 만든 구들에 대한 연구를 진행했다. 이것은 산림 파괴와 관련이 있던 것으로 보인다. 주택공사의 문헌에 따르면, 자연석 채취로 인한 산림 파괴를 막기 위하여 시멘트 구들이 필요하다는 의견이 쓰여져 있다.[64]

이 같은 재료의 변화로 인하여 온돌의 축열성은 약해졌다. 전통 온돌에서는 구들에 열을 축적하고, 이 열이 일정한 시간 동안 방출되도록 설계되어 있다. 그러나 시멘트의 성질로는 자연석과 같은 효과를 기대하기 어렵기에 온돌의 축열성은 약해진 것이다. 그래서 아궁이에서 생겨난 열을 저장하고 방출하는 다른 방식이 연탄 아궁이 온돌에는 채택되었는데, 이는 구들을 지속적으로 가열하는 것이었다. 이것은 산소의 주입을 조절하면 오랫동안 연소가 가능한 연탄의 특성을 이용한 새로운 열 조절 기법이었다. 이 기법의 변화로 인하여 구들은 과거와는 달리 훨씬 얇아졌다. 전통 온돌에서는 축열을 위해서 구들의 두께가 두꺼워야 하지만, 연탄 아궁이 온돌에서 사용되는 두꺼운 구들은 더 많은 양의 연탄이 소모가 되는 문제를 일으키기 때문에, 구들은 얇아져야 했다.

얇아진 시멘트 구들로 인하여 전통 온돌의 또 다른 특성이 사라졌다. 즉, 아랫목과 윗목의 구분이 사라진 것이다. 전통 온돌에서는 아궁이와 가까운 아랫목과 아궁이에서 먼 윗목의 온도가 크게 달랐다. 아랫목은 상대적으로 뜨거운 반면에 윗목은 차가웠다. 이 온도 차이는 온돌의 축열성 때문이었다. 즉, 뜨거운 아랫목에 저장된 열이 상대적으로 차가운 윗목으로 점차 방출되는 것이 전통 온돌의 특성이었다. 그러나 축열성이 사라지면서 윗목과 아랫목의 온도 차이는 크게 줄어들었다.

연탄 아궁이 온돌의 특징을 형성하는 데는 이 연료, 재료의 변화만 영향을 끼친 것이 아니다. 1960년대에는 주택을 공업화하려는 움직임이 있었는데,[65] 이 움직임도 연탄 아궁이 온돌의 기술적 형성에 영향을 미쳤다. 주택의 공업화란, 일정한 규격화된 제품을 생산하여 그것을 공사 현장에서 조립하여 주택을 만들려는 건축업계의 한 흐름이다. 이 영향을 받아서 연탄 아궁이 온돌의 구들은 규격화되었다.[66] 이전까지의 구들은 공사현장에서 온돌 기술자에 의해 만들어졌으나 연탄 아궁이 온돌의 구들은 공장에서 규격화되어서 생산되기 시작한 것이다. 이 같은 변화로 인해 온돌 기술자는 더 이상 구들을 만드는 것이 아니라 제조된 구들을 설치하게 되었다.

이처럼 연탄과 시멘트를 이용하여 전통 온돌은 연탄 아궁이 온돌로 변환되었다. 하지만 이 변환에는 치명적인 문제가 있었다. 그것은 연탄가스의 문제다. 연탄가스 중독은 당시에는 커다란 사회문제였다. 1950년대 중반부터 30년 동안 연탄가스 중독 사고는 겨울철 일간지 사회면을 차지하는 단골 기사였다. 정부도 연탄가스 중독을 예방하기 위해 노력했다. 1970년대 중반 일간지 신문 기사를 보면 정부가 가을부터 다음 해 봄까지 연탄가스 중독 캠페인을 펼치고, 환자 발생 시에 이를 긴급 신고하도록 계도하고 있음을 확인할 수 있다.[67]

연탄가스가 위험한 것은 이 가스가 아무런 냄새가 나지 않기 때문에 실내로 유입되더라도 초기에는 가스를 흡입하고 있다는 사실을 모르는데 있다. 연탄가스가 유입된 것을 알게 되는 시점이 되면 이미 연탄가스 중독 현상이 시작되기 때문에 중독된 사람은 그 공간을 빠져나오기가 어려웠다.

치명적인 문제인 연탄가스 중독을 해결하기 위하여, 당시에 연구된 방안으로는 굴뚝의 높이를 높이거나 가스 배출기를 설치하는 방법 등이 제시되었다. 그러나 이 문제를 크게 개선하지는 못하였다.[68] 그래서 연탄가스 중독을 치료하는 방법들도 생겨났다. 대표적인 것이 고압 산소 기법이다. 서울대 윤덕로 교수는 연탄가스 중독을 심각한 문제로 생각하여 고압 산소 기법을 만들어냈다. 그러나 1980년대까지 연탄가스 중독은 여전히 해결되지 않는 문제였고 많은 사람들이 건강상에 큰 위협을 받았다.[69]

비록 연탄가스에 취약하다는 약점이 있지만, 살펴본 바와 같이 연탄 아궁이 온돌은 전통 온돌을 새로운 건축재와 연료를 이용해 재탄생시킨 온돌이다. 그리고 이 연탄 아궁이 온돌은 1950-1980년대까지 가장 널리 쓰인 온돌이었다. 하지만 이 연탄 아궁이 온돌은 결국 이제 다음에서 살펴볼 온수 온돌에 의해 점차 그 이용 비율이 줄어들어서 현재는 극히 소수의 저소득층만이 사용하는 온돌이 되었다.

3) 온수순환식 바닥 난방기술의 수입

연탄 아궁이 온돌이 열원에서 발생한 열을 공기로 전달하는 전통 온돌의 특징을 그대로 계승하였다면 온수 온돌은 열 전달 방식을 바꾸었다. 열원에서 발생한 열이 온수로 전달되고 이 온수가 다시 방바닥을 가열하도록 설계가 된 것이다. 이로써 전통 온돌의 여러 특징이 변하거나 사라졌다.

첫째, 아궁이가 사라지고 보일러가 그 역할을 대신하게 되었다. 보일러가 온돌의 일부가 됨으로써, 온수 온돌에서는 석유, 가스와 같은 연료를 사용할 수 있게 되었다. 또한 열원이 열을 공급받는 장소와 분리되어 있는 난방기술인 중앙난방기술과 온돌이 융합될 수 있게 되었다. 전통 온돌에서는 온돌은 중앙난방을 할 수 없는데, 그것은 열원인 아궁이가 개별 가구마다 설치되어야 하기 때문이다.

둘째, 고래가 배관으로 대체되었다. 아궁이에서 생긴 열을 구들로 전달하는 고래가 온수 온돌에서는 필요하지 않았다. 이것을 대체하여 배관이 열원의 열을 전달하는 역할을 한 것이다. 그로 인하여 주택이 지반과 밀착하게 되었다. 전통 온돌을 사용하는 한옥은 고래라는 공간의 존재로 인해 지반과 분리되어 있었지만, 온수 온돌을 이용하는 현대 주택은 지반과 밀착되어 있다. 그리고 배관의 사용으로 인하여 전통 온돌에서 사용되지 않았던 금속과 플라스틱이 쓰이게 되었다.

셋째, 열을 공급받는 공간의 크기 제약이 약해졌다. 아궁이를 이용하는 연탄 아궁이 온돌에서는 방의 크기에 제약이 있었다. 1960년대의 방 크기가 작은 것은 우연이 아니다. 방의 크기가 지나치게 크면 난방이 불가능했기 때문에 방의 크기는 커질 수가 없었던 것이다. 그러나 보일러를 이용한 온수 온돌에서는 넓은 방도 따뜻하게 만들 수 있다.

넷째, 축열성이 사라지고 윗목과 아랫목의 구분이 없어졌다. 전통 온돌이 연탄 아궁이 온돌로 변환되면서 축열성이 약해지고, 윗목 아랫목 구분이 없어졌음은 이미 언급한 바 있는데, 온수 온돌에서도 역시 전통 온돌의 이 두 가지 특성은 계승되지 않았다.

다섯째, 온돌의 취사 기능이 사라졌다. 전통 온돌에서는 아궁이 위에 솥이 설치되어 있어서 온돌의 기능이 난방뿐만 아니라 취사의 기능도 갖추고 있었다. 그러나 온수 온돌에서는 취사 기능이 사라져버렸다. 물론 일부 연탄 온수 온돌의 경우에는 취사 기능이 남아 있는 경우도 있지만 70년대 중반부터 대체 조리기구가 도입되면서 온돌은 점차 취사 기능을 잃어버렸다.[70]

국내에서 최초로 널리 쓰인 온수 온돌은 연탄 온수 온돌의 한 갈래인

'새마을 보일러'다. 연탄 온수 온돌은 보일러를 이용한 온돌인 반면에 이 온돌은 연탄 화덕을 썼다는 점에서 차이가 있다. 새마을 보일러는 1960년대 후반부터 널리 쓰이기 시작한 것으로 알려져 있으며,[71] 단독주택에서는 1990년대 초반까지 쓰였다.[72]

이후의 국내 온수 온돌의 역사는 보일러 기술의 발전과 그 궤를 같이한다. 국내 보일러의 역사는 '연료의 다양화'라는 단어로 요약할 수 있다. 1960-70년대에 국내에서 제조될 수 있는 보일러는 연탄보일러뿐이었으나, 지금은 석유, 가스보일러도 국산화에 성공하였다. 이처럼 보일러 기술이 심화될 때마다 이 보일러를 이용한 온수 온돌이 출현했다.

1970년대에는 연탄, 석유를 이용하는 온수 온돌이 등장했고, 그 가운데 연탄을 이용하는 온수 온돌이 널리 쓰였다. 종래의 새마을 보일러는 방마다 이 난방장치를 설치해야만 했는데, 그것은 열원이라고 할 수 있는 화덕에서 공급 가능한 온수의 양이 한정되어 있다는 점과 배관의 문제 때문인 것으로 짐작된다. 이러한 단점을 극복한 것이 연탄보일러를 이용한 연탄 온수 온돌이다. 연탄 온수 온돌의 출현으로 인하여 한 가구 내에 있는 모든 방을 하나의 보일러를 통해서 난방할 수 있게 되었다. 이 온돌은 연탄보일러의 발전과 함께 점차 정교화되어갔지만, 연탄을 교체하는 노력이 필요하고, 연탄가스로 인하여 보일러가 부식되어 오랫동안 사용하지 못하고 보일러를 바꿔야 하는 문제가 있었다. 이처럼 연탄 온수 온돌이 널리 쓰였지만 소득이 높은 일부 집단에서는 석유를 이용한 온수 온돌을 사용하기도 했다. 연탄을 교체하는 가사노동이 필요하지 않다는 점은 석유를 이용한 온수 온돌의 큰 장점이었다.[73]

연탄, 석유를 이용한 온수 온돌은 1980년대 초반까지 쓰였으나, 1980년대 후반부터는 이 두 온돌의 사용 비율은 감소하고, 가스보일러를 이용한 가스 온수 온돌이 확산되기 시작했다. 그것은 환경 문제의 심각성으로 인하여 정부가 천연가스의 가격을 인하하면서 발생한 일이었다. 1980년대 초반 이미 외국으로부터 가스보일러 기술을 수입하여 국산화를 달성한 기업들은 가스 가격 인하를 계기로 가스 온수 온돌을 적극적으로 보급했다.

온수 온돌이 이처럼 외국의 보일러 기술을 도입하여 사용한 것만은 아니다. 1990년대에는 온수 온돌에 적합한 보일러가 탄생하였다. 서구 가정용 보일러는 라디에이터에 적합하게 설계된 만큼 순환시키는 온수의 양도 적었으나, 국내에서 온수 온돌에 사용되는 보일러는 바닥 전체에 온수를 공급하기 위해서 물의 양이 많아야 하는데 이에 적합한 보일러인 저탕식 보일러를 만들어낸 것이다.

한편 온수 온돌의 구조체도 꾸준히 변해왔다. 온수 온돌 기술은 보일러와 구조체 기술의 결합으로 볼 수 있는데 보일러 기술이 변화한 것만큼이나 구조체도 바뀌어온 것이다. 새마을 보일러를 사용하던 시기의 구조체는 전통 온돌의 바닥과 비슷했고, 배관도 비닐관을 썼다. 그러나 점차 바닥은 자갈, 스티로폼, 콘크리트가 차례로 층을 이루는 복잡한 형태로 변해갔고, 배관 역시 강관, 동관, PVC 관을 이용하게 되었다.

지금까지의 서술을 요약하자면 새마을 보일러라는, 발명자를 알 수 없는 기술이 출현하게 되었고 이를 정교화한 것이라고 할 수 있는 보일러를 이용한 온수 온돌이 꾸준히 변해온 것이 국내 온수 온돌의 역사다.

한편, 이와는 별개로 국외에서도 온수 온돌과 유사한 난방기술이 20세기 초반에 두 사람에 의하여 발명되었다. 한 사람은 바커(A. H. Barker)이고 다른 한 사람은 프랭크 로이드 라이트(Frank Lloyd Wright)였다.

바커는 1908년에 '패널난방(panel heating)'을 발명했다.[74] 이 발명품은 벽, 바닥, 천정에 열을 전달하는 배관을 묻어서 실내를 따뜻하게 하는 난방기술이었다. 그런데 이 발명은 바닥을 이용해서 난방을 할 수 있다는 생각에서 비롯된 것이 아니라, 복사(radiant)난방을 구체화하려는 동기에서 탄생한 기술이다. 벽, 천장 바닥에 열을 전달하는 배관을 설치하여 이 열이 매개체(벽, 천장, 바닥)을 통해 방출되도록 하는 것이 이 기술의 목표였다. 발명자인 바커는 실제로 벽이나 천장에 배관을 설치하는 것을 더 자주 언급하였으며, 바닥은 거의 언급하지 않았다.[75]

한편 바커의 발명과는 무관하게 탄생한 라이트의 '중력 난방(gravity heating)'도 있었다. 1914년 라이트는 일본제국호텔(Tokyo Imperial Hotel)의 설계를 위해 일본을 방문했다. 그곳에서 라이트는 일본 귀족의 집에 방문하게 되는데, 그 집에서 한국 온돌방을 보게 되었다. 온돌방을 본 라이트는 여기에서 영감을 얻어 중력 난방을 만들었다. 그리고 미국으로 돌아가 이 중력 난방을 그가 설계한 여러 주택에 설치했다.[76] 중력 난방은 기술적 측면에서 현재 사용되는 온수 온돌과 거의 동일했다.

하지만 이 두 난방은 서양의 주택 난방에 널리 사용되지는 못했다. 서구 주택에서는 여전히 라디에이터 난방을 이용하거나, 현재 한국의 공공건물에서 널리 사용되고 있는 공기를 이용한 난방이 널리 쓰였다. 그러나 이 기술이 서구에서 사라진 것은 아니다. 패널 혹은 복사 난방이라는 이름으로 살아남았다.

1960년대부터 국내에서도 이 패널난방기술을 알고 있었다. 1960년에 출판된 여성지 『여원』을 살펴보면 '평면복사난방'이라는 이름으로 패널난방이 소개되어있다. 또한 1963년 출판된 『주거론』을 살펴보면 패널난방에 대한 간략한 설명을 찾아볼 수 있다. 이러한 정보들을 종합해보면 1960년대 후반부터 이미 패널난방은 도입되어 사용된 것으로 보인다. 1970년대에는 한신공영이 신반포아파트를 건설할 때 패널난방을 설치했다.[77] 또한 1975년에 나온 건축학과 석사학위논문에서도 패널난방을 설치한 아파트에 대한 기록을 찾을 수 있다.[78] 이것을 보면 패널난방이 단지 책으로만 국내에 소개된 것이 아니라 실제로 이 난방을 설치한 사례도 있음이 확인된다.

즉, 국내 온수 온돌의 기술적 기원에는 패널난방이 있다. 이것은 한국인이 패널난방을 수입했다는 것을 뜻하기도 하는데, 이러한 기술 수용은 여타의 기술 수입과는 다르다. 한국에서 널리 사용되는 기술 가운데 상당수가 서구에 그 뿌리를 두고 있다는 것은 주지의 사실이다. 그러나 패널난방의 수입은 이러한 기술 수입과는 다르다. 한국인이 수입한 것은 기술뿐이다. 그것의 기능은 한국적 관습에 의하여 새롭게 정의되었다. 서구에서의 패널난방은 온돌과 같은 기능을 하지 않았다. 즉, 패널난방으로 인하여 바닥에 누워 잘 수 있는 환경이 만들어졌음에도 불구하고, 서구인들은 계속 침대를 사용했으며 바닥을 이용하는 문화를 발전시키지 못했다. 반면에 한국에서는 패널난방을 온돌과 같은 기능을 하는 것으로 그 기능을 재정의한 것이다. 오늘날에도 서구에서는 바닥이 아니라 천장을 이용한 패널난방이 더 많이 사용되고 있다.

2. 도시화와 아파트의 물결을 타고 진화하는 바닥 난방

온돌은 한국 주거의 전통이기 때문에 연탄 아궁이 온돌이 한국 현대 주거에서 확산되는 과정에는 장애물이 없었을 것이라고 추측하기 쉽다. 그러나 1960-70년대의 일부 건축가들과 서구식 교육을 받은 계층에서는 온돌 사용을 꺼렸으며, 이것이 연탄 아궁이 온돌이 널리 쓰이는 데 걸림돌이 되기도 했다. 또 다른 현대 온돌인 온수 온돌은 살펴본 바와 같이 1960년대부터 나타났으나 1970년대 중반 이후 확산되었다. 특히 소득이 낮은 계층이 온수 온돌의 사용을 늘린 것은 1980년대에 이르러서였다. 이러한 현상이 잘 드러난 것이 아파트에 온돌이 설치되는 과정이다.

1980년대 이후의 현대 온돌은 전통 온돌과 두 가지 점에서 흥미로운 차이를 보인다. 전통 온돌은 방에만 설치되는 것이었으나, 현대 온돌은 거실, 부엌, 식당에도 설치되는 난방이 되었다. 또한 전통 온돌은 좌식만을 지원하지만, 현대 온돌은 좌, 입식을 모두 지원하는 난방이 되었다.

1) 연탄 아궁이 온돌의 확산

1960년대에 온돌은 당시 건축가들이 생각하는 이상적인 주거와는 어울리지 않는 존재였다. 첫째, 온돌로 인하여, 주택에서 지켜져야 할 중요한 가치인 개인의 프라이버시가 침해될 가능성이 높았다.

> 그러면 지금까지 우리가 생활해온 온돌 생활에 대해 생각해 봅시다. 온돌은 방을 정돈만 하면 여러 가지 용도에 알맞게 사용할 수 잇고 또한 면적도 절약할 수 있습니다. 그리고 침실로 사용하면 몇 사람이라도 잘 수 있으며 가끔 손님을 재울 때도 그리 불편을 느끼지 않습니다. 그러나 이것은 우리가 먼저 말한 개인권의 요소 즉 비밀성과 독립성이 전혀 결여 되는 것입니다. (중략) 침실의 독립성을 고려할 때 온돌에 있어서 주거의 면적이 절약된다는 장점쯤은 무시해야 되겠습니다.[79]

둘째, 온돌은 부엌에서의 가사노동을 줄이는 데 걸림돌이었다. 이 문제는 두 가지로 나눌 수 있다. 우선 실내의 다른 바닥과 부엌의 높이가 차이가 나기 때문에 식사를 준비하고 상을 차리는 일련의 가사노동을 수행하는 주부의 육체적 피로가 증가한다. 그리고 취사 관련 가사노동을 불안정한 자세에서 해야 한다. 우선 전자의 문제에 대하여 살펴보자. 당시에는 주로 방에서 식사를 했는데, 이를 위해서는 주부가 음식을 방으로 이동시켜야 했다. 그런데 방과 부엌의 높이가 다르다 보니, 높이를 이동하기 위한 힘이 더 소모되는 문제가 있었던 것이다. 이제 후자의 문제에 대하여 살펴보자. 후자의 문제를 잘 보여주는 것이 다음의 글이다.

> 한국주택에서 제일 큰 결점은 동작바닥면이 동일평면에 있지 않다는
> 것과 실내에서의 동자세를 분석하여 동작량이 큰것과 불안정자세가
> 빈번히 일어나는 것이다. 동자세는 누운자세, 바닥에 앉은 자세, 의자
> 에 걸쳐 앉은 자세, 일어선 자세의 몇 개를 구분할 수 있는데 평상시
> 바닥에 앉은 자세에서 서는 자세까지의 운동량과 의자에 걸쳐 앉은
> 자세에서 서는 자세까지의 운동량은 뒤에것이 훨씬 적다. 불안정자세
> 라 하는 것은 도표4에 있는바와같이 우리들 부엌에서 흔히 일어 나는
> 자세들이며 그 도표 아래에 그런 것은 아궁앞에서 불땔 때, 부뚜막위
> 에서 설거질을 할 때 생기는 자세다.[80]

즉, 허리를 구부린 상태에서 조리와 관련된 가사노동을 해야 하다 보니
육체적 피로가 증가한다는 것이다. 이 문제를 해소하기 위하여 조리용 아
궁이와 난방용 아궁이를 분리하자는 의견도 있었다.

셋째, 연탄 아궁이 온돌은 1960년대 건축가들이 긍정적으로 생각한 기
거 양식인 입식과 충돌한다. 기거 양식은 크게 좌식과 입식으로 나뉜다.
입식이란 실내에서 바닥에 앉는 것을 배제하고 가구를 이용해서 사는 것
이고, 좌식은 실내에서 바닥에 앉는 것을 기본자세로 하여 사는 것이다.
실내에서 좌식과 입식 가운데 어느 것을 선택할 것인지에 따라서 행동과
가구의 배치가 달라지고 이것은 실내 구조에도 영향을 끼친다.[81] 침실의
사례를 예로 들어서 입식과 좌식의 차이를 생각해보자. 입식에서는 침대
라는 가구가 침실에 반드시 필요하지만 좌식에서는 침대가 있어도 되고
없어도 된다.

당시 건축가들은 입식을 바람직한 기거 양식으로 생각하였다. 이 건축

가들에게 좌식은 지양되어야 할 전통이었다.

> 현재 거주생활에 있어서 중요한 문제의 하나는 생활양식 즉 좌식이나
> 입식-의자식이냐에 문제다. (중략) 온돌방에도 일부 침대생활을 할 수
> 있으나 의자생활을 전적으로 할려며는 주택일부의 개조가 필요하며
> 일조일석에 개량되는 문제가 아니므로 점차적으로 좌석생활에서 입식
> 생활의 문화생활로 지향하며 나아가면 될 것이다.[82]

이 기거 양식과 난방은 밀접한 관계가 있다. 당시 건축가들은 좌식과
온돌이 밀접한 연관이 있다고 생각하면서, 온돌과 입식이 대립된다고 생
각했다.

> 좌식에 따르는 온돌은 경비가 저렴하여 우리 경제에 적합한 점도 없
> 지 않으나 이런 문제는 주거형식 근본에 있어서 장점이 될 수 없으며,
> 또 이것이 주거형식을 지배하나 존속시켜서는 발전을 기할 수 없을 것
> 이다. 좌식생활은 온돌과 더불어 민족의 오랜 전통과 관습으로 이루
> 어진 것이나 새로운 난방법을 발견함으로써 입식으로 전환될 수 있는
> 요소가 마련되고 있는 것이다.[83]

이처럼 온돌은 프라이버시를 침해하고, 조리 관련 가사노동을 더 힘들
게 하며, 입식 생활에도 방해가 되었다. 그러나 단독주택에서는 이러한
건축가들의 생각은 거의 반영되지 못하고, 그들 자신도 온돌을 난방 방
식으로 채택한다. 1962년까지 온돌이 아닌 난방을 택한 주택공사 단독주
택은 없었다. 그러나 1962년 주택공사가 지은 최초의 아파트인 마포 아파
트에는 온돌이 아닌 라디에이터 난방이 채택된다. 이것은 아파트를 새로

운 주거의 모범으로 만들려는 당시 건축가들의 생각이 반영된 것이며, 그 일환으로 입식을 지향하기 위해서 온돌을 주택에서 제거한 것이다.

라디에이터를 설치하는 것은 기술적으로 쉬운 일은 아니었는데, 그 이유는 당시 한국 보일러 산업은 아파트용 보일러를 생산하기에는 아직 그 기술적 역량이 충분히 성숙되지 못한 상황이었기 때문이다. 그러한 이유로 주택공사는 보일러 경진대회를 열고, 이 대회에서 선정된 보일러를 마포 아파트의 보일러로 채택하기로 한다. 이때 채택된 보일러가 신생 연탄 보일러였다.[84] 이렇게 보일러 선정의 문제는 해결되었으나, 여전히 남아 있는 문제가 있었다. 그것은 보일러의 온수 순환 문제였다. 라디에이터 난방을 위해서는 보일러가 온수를 지속적으로 순환시켜야 했다. 오늘날의 보일러는 이 문제를 순환펌프를 이용해서 해결하고 있지만, 당시에는 순환펌프가 없었기 때문에 이 문제의 해결이 어려웠던 것이다. 결국 주공은 온수 배관을 천장까지 올려서 중력을 이용하여 이 문제를 해결했다.[85]

그러나 라디에이터 난방은 마포 1차 아파트에만 사용되었을 뿐, 그 이후 대부분의 주택공사 아파트에는 사용되지 않았다. 마포 2차 아파트에도 사용되지 않았고 그 이후에 세워진 아파트에도 연탄 아궁이 온돌이 설치되었다. 1970년 이전에 주택공사가 세운 아파트는 정릉, 인왕, 홍제 아파트였는데 모두 연탄 아궁이 온돌이었다. 예외가 있었다면 외국인을 위해 지어진 아파트였다.

이런 현상이 나타난 것은 연탄 아궁이 온돌을 아파트에 설치하는 것이 라디에이터 난방 설치보다 기술적으로 쉽기 때문이 아니었다. 오히려 두 가지 점에서 전자가 후자보다 불리했다. 첫째, 연탄 아궁이 온돌을 설치할 경우 아파트 평면 설계에 제약이 가해진다. 온돌이 설치된 주택에서는 부엌과 방이 반드시 인접해야 한다. 그것은 부엌과 방의 상대적 위치가 일정하게 고정된다는 것을 의미했다. 하지만 더 큰 문제는 방의 개수가 두 개 이상일 때다. 부엌과 인접한 방은 부엌에 아궁이를 설치하면 되지만, 부엌에서 떨어져 있는 방은 아궁이의 위치를 결정하기가 쉽지 않다. 아궁이를 단독 공간에 배치할 수 있으나 그렇게 되면 거주자가 사용할 수 있는 공간이 줄어드는 문제가 발생할 것이었다. 그래서 당시에는 아궁이를 아파트 외부나 화장실에 설치하기도 하고, 통관을 이용하기도 했다. 둘째, 시공 시에 슬래브를 복잡하게 쳐야 했다. 라디에이터 난방에서는 바닥 공사가 간단하다. 그러나 연탄 아궁이 온돌은 바닥 공사가 훨씬 복잡했다. 앞서 언급했듯이 연탄 아궁이 온돌을 설치하려면 부엌과 다른 실내 공간은 바닥의 높이가 같을 수 없다. 그러한 이유로 바닥의 높이를 다르게 하는 공사가 필요하고 이 공사로 인하여 아파트 바닥 시공이 복잡하게 되는 문제가 있었다.

만약 라디에이터 난방을 아파트 난방 방식으로 채택한다면 이러한 어려움은 사라진다. 공간 배치가 자유로워지며, 시공도 훨씬 간편해진다. 또한 바닥 시공이 잘못되어 그 바닥으로부터 연탄가스가 올라와서 연탄가스 중독 사고가 발생하는 만큼, 이러한 문제가 없는 라디에이터 난방은 연탄 아궁이 온돌을 사용하지 않을 때 좋은 대안이 될 수 있다. 실제로, 주택공사 아파트가 아닌 민간 아파트에서는 라디에이터 난방이 다수 설치되었다.[86] 그러나 라디에이터 난방은 이미 서술하였듯이 70년대 이전의 주택공사 아파트에서 거의 사용되지 못했다.

왜 당시 사람들은 라디에이터 난방을 선호하지 않았나? 마포 아파트 거주자들을 대상으로 라디에이터 난방에 대하여 직접적으로 설문한 자료는 없기에 그 입장을 명확히 알 수는 없으나, 마포 아파트를 포함하여 당시 존재했던 아파트 거주자들의 두 난방에 대한 태도를 알아볼 수 있는 자료는 존재한다. 이 자료는 1963년에 중앙대학교 가정과에서 마포, 개명, 종암, 행촌 아파트 거주자를 대상으로 설문조사를 한 것으로, 이 설문을 보면 당시 아파트 거주자들이 온돌을 선호했으나, 가격만 비슷하다면 라디에이터 난방을 원하는 비율도 40퍼센트나 되었음을 알 수 있다.[87]

이와 같은, 온돌이 라디에이터 난방보다 널리 쓰이는 현상을 다룬 기존 연구에 따르면, 이것은 1960년대 아파트 거주자들은 좌식을 입식보다 선호했기 때문이다. 즉, 라디에이터 난방에서는 입식 생활을 해야 하기에 좌식 생활을 할 수 있는 온돌을 더 선호했다는 것이다. 하지만 이러한 주장은 이 연구자들이 말하는 좌식이란 무엇인가에 대한 규정이 불분명하다는 점에서 설득력이 높은 설명이 되지 못한다.

연탄 아궁이 온돌이 계속 쓰이게 된 것은 다른 난방 방식에 비하여 이 난방이 경제성이 있었기 때문으로 보인다. 1964년 발간된 『주택』 12호의 "해방 이후 공사주택평면 발전과정"과 13호의 "앞으로의 공영주택 건설 방향"이라는 글을 보면 마포 2차 아파트에 연탄 아궁이 온돌이 사용된 이유가 경제성임을 확인할 수 있다.[88] 또한 1967년 발간된 주택공사의 연구 보고서에도 경제적 측면에서 연탄 아궁이 온돌을 대신할 난방이 없다는 점이 여전히 지적되고 있다. 당시 주택공사에서 주택 설계를 담당했던 관계자의 증언에서도 온돌 이외의 대안은 경제성이 없었다는 점을 확인할 수 있다.

라디에이터 난방이 연탄 아궁이 온돌에 비하여 경제성이 떨어졌던 것은, 라디에이터 난방의 핵심 부품이라고 할 수 있는 가정용 보일러의 공급이 원활하지 못했던 것이 한 원인이었다. 당시 한국의 보일러 산업은 가정용 보일러를 대량으로 생산할 만큼 충분한 생산력이 없었다.[89] 1965년에 생산된 보일러의 생산량은 가정용과 산업용을 모두 합쳐도 879대에 불과했다.[90]

이처럼 난방의 경제성을 주택공사가 난방장치 선택의 주요한 기준으로 선택한 이유는 무엇일까? 마포 아파트의 사례에서 볼 수 있듯이 아파트를 새로운 주거의 전형으로 보급하고자 지속적으로 노력했다면, 라디에이터 난방이 설치된 아파트의 비율이 증가할 수 있었을 것이다. 하지만 1960년대 아파트는 좁은 대지 위에 더 많은 주택을 공급하기 위한 수단이었다. 이러한 관점은 당시 주택공사 건설 이사였던 홍사천이 쓴 글에도 잘 드러난다.

> 프랑스는 1952년에 마르세유에 르 코르뷔지에의 시안에 의한 총면적 15,000평 337세대가 입주할 수 있는 17층의 거대한 아파트를 건설했는데, 이것과 동일한 주택 수를 단독주택으로 건설한다면 아파트의 약 100배의 대지가 필요하다.[91]

이와 같이 대량으로 주택을 공급하기 위해 만들어진 아파트가 이 시기의 국민들에게 널리 받아들여지기 위해서는 가격이 저렴해야 하고, 그러기 위해서는 공사 비용을 낮출 필요가 있다. 이 같은 상황에서 라디에이터 난방은 적합한 선택이 되기 어려웠을 것이다. 비록 연탄 아궁이 온돌은 이상적인 현대 주거와는 상충되는 측면이 있지만, 난방으로서의 경제성으로 인하여 1970년대까지 주택공사 아파트에서 널리 쓰이는 난방이될 수 있었다.

2) 온수 '온돌'의 확산

1970년까지는 이미 서술한 바와 같이 연탄 아궁이 온돌이 널리 쓰였다. 그렇다면 이처럼 연탄 아궁이 온돌이 확산되는 동안 온수 온돌이 확산되지 못한 이유는 무엇인가?

앞서 보았듯이 1960년대에 이미 온수 온돌이 출현하였다. 더구나 온수 온돌은 연탄 아궁이 온돌에 비하여 아파트에 더 적합한 온돌이다. 연탄 아궁이 온돌은 부엌과 방이 연결되어야 하기 때문에 평면 설계가 제한 이 되고 바닥 공사가 복잡한 단점이 있으나, 온수 온돌을 설치하면 이러 한 문제가 사라진다는 점에서 온수 온돌은 아파트에 더 알맞은 온돌이라 고 할 수 있다. 또한 온수 온돌은 아궁이가 필요 없기 때문에 더 이상 취 사 관련 가사노동을 몸을 구부린 채로 하지 않아도 된다는 점은, 당시 건 축가들이 생각하는 이상적 부엌의 모습과도 일치한다. 연탄가스로 인하 여 배치되지 못했던 식당도 배치할 수 있다는 점도 온수 온돌이 아파트 에 적합한 이유다. 그럼에도 불구하고 1960년대에 온수 온돌이 확산되지 못한 것은 연탄 아궁이 온돌 때문이었다. 온수 온돌의 경제성이 연탄 아 궁이 온돌에 미치지 못했던 것이다.

> 1963年에는 연탄가스 중독사고의 해결을 목적으로 온수온돌 연구를 행하였다. 당시의 연구안은 열원으로써 부엌에 연탄보일러를 설치하고 침실바닥에는 온수 난방관을 매설하며 거실에는 라디에이터를 설치하 여 온수를 유통시킨 것으로써 재래식 온돌에 비하여 가스중독에 대 한 안전성, 취급의 간편성, 열효율 증대 등 성능은 우수한 것으로 판명 되었으나 당시로서는 경제성에서 재래식에 비하여 크게 불리하여 활 용되지 못하였다.[92]

이 경제성의 문제는 1967년까지도 해소되지 않은 것으로 보인다.[93] 이 처럼 온수 온돌의 경제성에 문제가 있었던 것은 온수 온돌의 열원이었던 가정용 보일러의 생산이 충분하지 않았기 때문으로 추정된다. 보일러의 공급이 원활하지 못했기에 라디에이터 난방이 널리 사용되기 어려웠던 것과 같은 이유로 온수 온돌의 확산도 늦어진 것이다.

이처럼 연탄 아궁이 온돌로 인해 확산되지 못한 온수 온돌이 널리 쓰이게 된 것은 1970년대부터다. 이때부터, 온수 온돌 중앙난방과 연탄 온수 온돌이 확산되기 시작한다. 두 온수 온돌의 확산에는 차이가 있는데, 연탄 온수 온돌이 저소득층을 중심으로 확산되었다면 온수 온돌 중앙난방은 저소득층 이상의 계층이 사용했던 온돌이었다.

우선, 온수 온돌 중앙난방의 확산에 대하여 살펴보자. 온수 온돌 중앙난방이 최초로 주택공사 아파트에 설치된 곳은 1973년에 지어진 반포 아파트다. 이 아파트는 라디에이터 온수 중앙난방을 기본적인 난방 방식으로 채택하고 부분적으로 온수 온돌 중앙난방을 도입했다. 간략히 말하자면 방 하나에는 온돌을 깔았다는 것이다. 이어서 지어진 또 다른 아파트인 잠실 아파트에는 온돌이 더 확대되어, 모든 방에 온수 온돌이 설치된다. 또한 1~2년 차이를 두고 지어진 둔촌, 반포 2, 3단지, 서울대, 도곡 아파트에도 온수 온돌이 깔렸다. 이 온수 온돌은 오늘날의 형태와는 차이가 있다. 방에만 온돌이 설치되어 있으며, 방이 아닌 곳에는 여전히 라디에이터가 설치되어 있었다. 특히 잠실 아파트에 설치된 온수 온돌은 낮에는 작동하지 않다가 밤에만 작동하는 방식으로 설치되어 있다.[94]

이 같은 온수 온돌 중앙난방은 사실 1970년에 아파트에 최초로 설치될 가능성이 존재했지만, 1973년에서야 설치되었다. 그것은 일부 건축가들이 여전히 입식을 바람직한 기거 양식으로 생각하면서, 온돌의 사용을 꺼렸기 때문이다. 한강맨션 아파트가 대표적인 사례다. 『주택공사 20년사』에 언급되고 있는 한강맨션 아파트의 설립계획을 보면 아파트 설계자들은 한강맨션 입주자들이 입식으로 살게끔 하기 위하여 온돌을 의도적으로 배제하였다고 기록되어 있다.[95]

그러나 한강맨션에 온돌을 폐지한 것에 대한 대중의 호응은 차가웠다. 설문조사에 따르면, 25퍼센트의 거주자들만이 온돌이 없어져도 무관하다고 대답하였으며, 5퍼센트의 거주자들은 침대만 존재하는 실내에 대해 약간의 불만을 표시했고 절대다수라고 할 수 있는 75퍼센트의 거주자들은 온돌방이 필요하다고 답하였다.[96] 특히 노인들은 온돌이 없어진 것을 젊은이들보다 더 불편하게 생각했다.[97] 이처럼 건축가들의 입식 지향이 대중의 호응을 크게 받지 못하면서, 입식은 더 이상 온수 온돌 중앙난방의 확산에 걸림돌이 되지 못했다.

이처럼 온수 온돌 중앙난방이 1970년대에 확산되는 동안 연탄 온수 온돌의 보급은 상대적으로 더디게 보급되었다. 그것은 1970년대 초반에는 연탄 온수 온돌의 경제성이 문제가 되었고 후반에는 정부 정책이 걸림돌이 되었다. 1970년대 초반 도시 근로자의 평균 소득은 3만 원에 못 미친 것에 비하여, 연탄 온수 온돌을 설치하기 위해서는 평당 1만5천 원의 시공비가 필요했다. 더구나 이 가격은 자재 가격을 뺀 비용이기에 연탄 온수 온돌을 도시 근로자가 사용하는 것은 매우 어려웠다. 설사 비용을 지불하고 연탄 온수 온돌을 설치하더라도 연탄가스로 인하여 3년마다 보일러를 교체해야 하고, 매일 소모되는 연탄도 연탄 아궁이 온돌에 비해 1장의 연탄이 더 소모되었다.[98]

그러나 1970년대 중반에 이르면, 이러한 경제성 격차가 많이 해소된다. 또한 지속적으로 발생하는 연탄가스 중독 문제 역시 연탄 온수 온돌의 확산에 유리한 환경이 제공된 셈이었다. 실제로 주택공사는 1975년에 서울시에서 발생한 연탄가스 중독을 계기로 연탄 온수 온돌 보급 계획을 세우고 1976년부터 연탄 온수 온돌을 설치하려 했다. 그러나 1976년에 정부의 에너지정책이 연탄 사용 억제로 바뀌면서, 연탄 온수 온돌의 사용은 유보되었다.[99]

이와 같은 정부의 정책으로 인하여 보급이 늦어진 연탄 온수 온돌은 1979년 석유로 인한 에너지 위기가 발생하면서 다시 보급되었고, 1980년대에는 본격적으로 확산되기 시작했다. 1981년 개포 2단지에 최초로 연탄 온수 온돌이 설치되기 시작해서, 그 이후 지어진 저소득층을 대상으로 하는 아파트에는 지속적으로 연탄 온수 온돌이 설치되었다.

하지만 1980년대 연탄 온수 온돌의 확산이 정부 에너지정책 변화와 난방의 경제성 문제로만 설명되지는 않는다. 그것은 비슷한 시기의 저소득층 단독주택에는 여전히 연탄 아궁이 온돌이 널리 설치되었기 때문이다. 1980년대 연탄 온수 온돌의 확산은 아파트에 입주하는 거주자들의 경제적 수준이 일반적인 도시 근로자 소득을 상회하였기 때문이다. 1984년 주택공사 아파트 거주자들의 소득 수준을 분석한 결과에 따르면, 도시 근로자 가구의 평균 월 소득이 40만 원인 데 비하여, 가장 작은 규모의 아파트인 13평 아파트에 살고 있는 가구 가운데 60퍼센트 이상의 가구가 월 소득이 40만 원 이상이었다.[100]

1980년대에는 모든 주택 난방이 온수 온돌로 통합되기 시작하였다. 이같은 온수 온돌의 확산은 그러나 단지 연탄 아궁이 온돌에서 온수 온돌로의 기술적 전환에 그치지 않았다. 온수 온돌이 널리 퍼지면서, 온돌을 사용하는 방식에도 변화가 발생하기 시작했다. 이미 언급한 바와 같이 1980년대 이전의 온돌은 방에만 설치되었으나, 1980년대 이후의 온돌은 방 이외의 실내 공간에도 깔리기 시작했다. 이제부터 이러한 변화를 살펴보자.

전통 온돌과 현대 온돌이 다른 것은 단지 기술적 차이만이 아니다. 같은 온돌이지만, 조선 시대 사람들과 현대 한국인이 온돌을 사용하는 방법은 같지 않다. 다시 말해서, 과거에는 온돌을 방에만 설치하였으나 오늘날에는 방 이외의 실내 공간인 거실, 부엌에도 이 난방장치를 설치하고 있는 것이다.

온수 온돌이 방 이외의 공간에 깔린 것의 현상에 대해 논하기 위해서는 전통 주택의 구성이 오늘날의 주택과는 차이가 있다는 점을 먼저 알아야 한다. 전통 주택은 방, 마루, 부엌으로 구성되어 있으며,[101] 그 바닥은 온돌, 목재, 흙으로 확연하게 구분이 되어 있다.[102] 따라서 방에는 온돌이 깔려 있고, 온돌이 깔린 곳을 방이라고 말할 수 있을 것이다.

그러나 개항 이후로 서양 주거가 전파되면서, 거실이 새롭게 등장했다. 마루를 거실과 유사한 것으로 생각하기 쉬우나, 두 공간은 다른 기능을 하는 공간이다. 마루는 여름철 주거공간, 수납공간, 실내 외를 연결하는 공간 등으로 사용되지만, 거실은 손님을 맞이하고 가족들이 모두 모이는 장소다.[103]

이러한 거실은 최초의 주택공사 아파트인 마포 아파트에 설치되었고, 그 이후에 지어진 중대형 아파트에는 지속적으로 배치되는 공간이었다. 그러나 1960년대 소형 아파트에는 이 거실이 없는 사례도 많았다.[104] 방의 크기를 늘리기 위하여 거실을 없애버린 아파트도 존재했다. 하지만 1970년대 이후에는 소형 아파트에도 거실이 설치되었다. 이 공간이 설치된 배경에 대하여 건축학계에서 공인된 가설은 없지만, 아파트에도 방과 방 사이를 연결하는 전통 주택의 마당과 같은 공간이 필요했기 때문에 이 공간이 생겨났을 것이라는 것이 가장 널리 퍼져 있는 가설이다.[105]

이처럼 거실이 정착되어감에 따라 거실에도 난방장치가 필요했다. 중앙난방이 설치된 중대형 아파트에서는 라디에이터 난방이 많이 사용되었고, 소형 아파트에서는 전기스토브, 연탄난로, 가스난로 등의 난방장치가 사용되었다.

아래 인용문에서 보이듯, 소형 아파트의 거실에 온돌을 깐 것은 거실이라는 공간을 방으로도 사용할 수 있도록 하겠다는 계산에서 비롯된 것이다. 소형 아파트 입주자들 가운데는 가족의 수가 아파트의 면적에 비해 많았기에 공간의 활용도를 높이기 위하여 온돌을 설치한 것이다.

첫째, 소형주택에서 요구되는 취침 및 오락공간의 확보와 부모를 부양하고 있는 경우 여러 개의 침실을 필요로 하는 점을 감안하여 거실을 침실겸용이 가능토록 함으로써 주거공간의 효율성을 높이고 가구배치 설계조건에 우선적으로 고려하여 생활수준 향상에 따른 불편이 없도록 개선된 새로운 평면을 개발하고 (후략)[106]

그 다음으로 설계개선계획실적을 검토해보면 소형주택거실에도 난방시설을 하고 아파트 후면에도 발코니를 설치하므로서 안락한 주거생활의 영위는 물론 공간을 최대한 활용할 수 있도록 하였으며 (후략)[107]

이처럼 거실에 깔리기 시작한 온돌은 점차 부엌에도 설치되었다. 이로써 실내의 대부분이 모두 온돌로 통일되는 현상이 나타나기 시작한 것이다. 전통 주거의 바닥이 온돌, 목재, 흙으로 구분되어 있다면 현대 주거에서는 온돌이 더 널리 사용된 것이다. 그렇다면 부엌에도 온돌이 깔린 이유는 무엇일까? 그것은 온돌이 연탄 아궁이 온돌에서 온수 온돌로 바뀌었다는 점과 부엌이 거실과 연결되었다는 점이 연관되어 나타난 현상이다.

연탄 아궁이 온돌을 사용할 당시에는 부엌과 거실은 분리된 공간이었다. 그것은 하나는 연탄 아궁이에서 새어 나오는 연탄가스 냄새를 아파트 입주자들이 싫어했기 때문이었고 다른 하나는 부엌과 거실의 높이가 다르기 때문이었다. 그러나 연탄 온수 온돌의 등장으로 인해 아궁이가 사라지게 되면서 부엌과 거실을 굳이 분리해야 할 필요가 없어졌다. 연탄 온수 온돌은 별도의 보일러실에 설치되기 때문에 연탄가스가 실내로 유입될 수 없고, 아궁이도 필요하지 않기에 부엌과 거실의 높이 차도 사라진다.

이처럼 부엌과 거실이 분리될 필요가 없어진 상황에서 부엌과 거실은 서로 연결되는 현상을 보여준다. 기존 연구에 따르면, 그것은 한국인 특유의 개방적인 공간 감각이 중요한 역할을 한 것이다. 이와 같이 부엌과 거실이 연결되자 거실에 설치되었던 온수 온돌이 부엌에까지 진출한 것이다.

온돌이 방 이외의 공간에도 설치된 것이 한국인이 온수 온돌을 이용하는 첫째 변화라면 둘째 변화는 온수 온돌이 좌식과 입식을 모두 지원하는 난방이 되었다는 것이다. 침실에서는 바닥에 누워서 자면서도 거실에서는 입식 식탁에서 밥을 먹고 입식 책상에서 공부하는 것이 오늘날 한국의 기거 양식의 모습이다.[108]

그러나 전통 주거의 기거 양식은 좌식이었다. 전통 주거가 좌식임을 잘 보여주는 것은 가구다. 서양의 가구에 비하여 전통 가구는 좌식에 걸맞게 크기가 작고 의자가 필요 없게 되어 있다. 예컨대 서양의 책상은 의자가 필요하지만, 한국의 전통 책상은 의자가 없어도 된다.

이처럼 전통 주거는 좌식이면서 난방은 전통 온돌이었다. 이러한 결합의 배경에 대해서는 좌식을 하기 위해 온돌을 설치했다는 주장과, 그 반대로 온돌 때문에 좌식이 기거 양식으로 정착되었다는 견해가 맞서고 있으나, 좌식과 온돌이 상호 작용을 통해 긴밀히 결합된 것이 한국 전통 주거의 특징인 것은 틀림없다. 한국 전통 주거의 실내 구성을 보면 좌식과 온돌이 서로 영향을 주고 있음을 확인할 수 있다. 한국의 전통 가구는 아랫목을 중심으로 배치되어 있으며, 작은 가구라도 반드시 다리를 만들어서 온돌로부터 올라오는 열을 차단하고자 했다.[109]

그러나 이러한 온돌을 기반으로 하는 좌식 생활이 온돌의 기술적 변동 이후에는 변화를 맞이한 것이다. 물론 현대 온돌을 사용하고 있는 오늘날에도 좌식적인 속성은 남아 있다. 여전히 실내로 진입할 때는 신발을 벗어야 한다. 또한 방바닥에서 이불을 사용해서 잠을 자는 관습도 그대로 살아 있다.

하지만 현대 온돌은 좌식만을 지원하는 난방이 아니다. 현대 온돌에 거주하는 한국 주거에는 입식적 요소가 포함되었다. 특히 입식 가구인 침대, 소파, 입식 식탁은 폭넓게 보급되었다. 이것은 기거 양식 연구자들에 의해 잘 밝혀진 문제다. 이 연구자들은 이 현상을 한국적 혹은 절충적 기거 양식으로 표현하기도 한다. 특히 소득 수준이 높고 주택 면적이 넓을수록 좌식, 입식을 혼용하는 경향이 있다.[110]

맺음말

현대 온돌의 사용으로 인하여 온돌이라는 전통은 지금까지도 유지되고 있다. 그러나 그 과정에서 그 기술적인 측면은 크게 변하였고 바닥을 데워 주택을 따뜻하게 유지한다는 개념만이 계승되었다. 이 기술적 변동은 서구 난방기술의 도입을 의미하지만 그것은 단순한 수입은 아니었다. 서구에서 크게 쓰이지 못한 난방기술을 국내 상황에 맞게 적절하게 변용하여 사용한 것이다. 또한 기술적 변동과 함께 온돌과 연관된 한국 주거의 모습도 변형되었다. 전통 온돌에서 좌식적인 기거 양식을 채택했던 것에서 현대 온돌에서는 입 좌식을 혼합한 기거 양식이 생겨났다.

온돌은 오랫동안 사용된 만큼 꾸준히 변해왔다. 특히 개항 이후 온돌은 커다란 기술 변화를 겪었다. 현대 주택에 쓰이는 현대 온돌과 전통 주택에 쓰이는 전통 온돌은 그 기술적 바탕의 차이가 뚜렷하다. 특히 최근 가장 많이 쓰이는 현대 온돌의 한 갈래인 온수 온돌은 바닥을 데워서 실내를 따뜻하게 유지한다는 점만 전통 온돌과 동일할 뿐 그 이외의 두 기술 사이의 기술적 공통점을 찾기란 쉽지 않다. 일부 온돌 전문가들은 온수 온돌을 전통 온돌의 특성을 이어받지 못한 온돌로 규정하기도 한다.

과거의 주거 근대화론은 '단절'과 '서구화'라는 단어로 요약될 수 있다. 이 이론에 따르면, 한국 현대 주거사는 점차 전통 주거와 단절되면서 서구 주거 근대화의 경로를 밟게 된다. 이러한 관점을 바탕에 두고 진행되는 연구는 대체로, 최초의 외국 주택은 언제 어디에 지어졌는가, 최초로 근대적인 건축재를 사용한 주택은 무엇인가와 같은 주제를 다룬다. 그러나 최근에는 과거의 주거 근대화론만으로는 설명할 수 없는 현상에 주목하는 논의가 늘어나기 시작했다. 이 같은 현상에 주목했던 학자들은 연구를 통해서, 전통 주거의 특징이 근대화 과정에서 한국 현대 주거에 영향을 미쳤음을 밝히게 된다. 즉, 기존의 연구는 전통 주거의 특징이 근대화에 의해 사라졌다고 주장하지만, 최근 연구자들은 일부 전통 주거의 특징은 사라지지 않고 한국 현대 주거에 남아 있다고 이야기한다. 서구의 아파트 평면이 사생활을 중시하기에 독립적 구성을 하고 있지만, 한국 아파트 평면은 전통 주택의 마당 개념에 영향을 받아서 개방적 구성을 하고 있다는 것을 하나의 예로 들 수 있다.

전통 주거의 특징이 한국 현대 주거의 형성에 중요한 역할을 했다는 이상의 주장은 주거근대화론이 설명하지 못한 한국 현대 주거의 특징을 설명하는 데 기여를 했다. 그러나 이러한 연구 흐름에서도 여전히 전통 주거가 보존되는 현상에만 관심을 두고 있어서 전통 주거와 현대 주거의 공통점만을 찾게 되는 한계가 존재한다. 앞서 언급한 아파트 평면에 대한 연구도 전통 주택과 현대 주택의 평면의 특성이 같다는 점만을 주목하고 있다. 그러나 전통 주거는 주거 근대화 과정에서 근대 주거와 결합할 수 있다. 현대 온돌이 바로 그러한 사례다. 전통 주거의 요소인 전통 온돌과 근대 주거의 요소인 근대 난방기술이 결합된 것이 현대 온돌이다.

제2부

한국
테크놀로지의
단면

: 변화와 적응

1장

비료 공장은 어떻게 남북한 화학산업의 요람이 되었는가

머리말

1961년 5월 7일, 북한의 김일성 수상은 한반도 북동부의 항구도시 흥남을 방문했다. 북한 최초의 대규모 합성섬유공업단지 '2·8 비날론 공장'의 완공을 선언하기 위해서였다. 연간 5만 톤 규모의 생산량을 자랑하는 이 공장은 당시로서는 세계에서 가장 큰 합성섬유공장이었다. 북한이 자랑스럽게 여긴 것은 이 공장의 규모만이 아니었다. 이 공장에서 생산하는 폴리비닐알코올(PVA) 섬유 '비날론'은 당시 북한 지도부가 추구하던 경제와 정치의 자립노선이 성공할 수 있음을 상징하는 증거로 여겨졌고, 그에 따라 '주체섬유'라는 별칭까지 얻으며 활발히 보급되었다.

　비날론이 중요해진 만큼, 그것을 생산하는 공간인 흥남이라는 도시도 북한 역사에서 화학공학과 화학산업의 중심지로 위상이 높아졌다. 하지만 이 과정에서 북한의 공식 기록이 말하지 않고 있는 것도 있으니, 그것은 바로 일제강점기 형성된 이른바 '일질(日窒) 콤비나트', 즉 일본질소비료가 흥남에 세운 대규모 화학공업단지의 존재였다. 이것은 2·8 비날론 공장이 흥남에 자리잡게 된 결정적 이유이기도 하다. 일본 독점자본이 남기고 간 설비와 기술을 전유하고 활용하지 않았다면 '주체섬유'의 산업화가 그렇게 빠른 속도와 큰 규모로 이루어질 수는 없었을 것이다.

한편, 2·8 비날론 공장이 문을 열기 8일 전인 4월 29일에는 남한의 한가운데 충주에서 또 다른 제막식이 열렸다. 충주비료공장의 준공식이었다. 충주비료공장은 남한에서는 처음으로 건설된 일관 공정의 화학산업 설비로, 미국국제협력처(ICA)의 원조예산으로 맥그로-하이드로카본(McGraw-Hydrocarbon) 컨소시엄이 건설한 것이었다. 충주비료공장은 2·8 비날론 공장과 비교하면 매우 작은 규모였지만, 일제강점기 한반도 남부에 중화학공업 설비가 사실상 전혀 없었다는 점을 감안하면 남한의 과학기술과 산업의 역사에서는 매우 큰 의미를 지닌다. 충주비료공장의 건설 과정은 순조롭지 않았지만, 오늘날 남한의 공학계와 산업계는 스스로의 역사를 쓸 때 충주비료공장을 첫 페이지에 자랑스럽게 올리고 있다.

이 두 산업 설비, 그리고 이들이 자리잡았던 두 도시는 여러 면에서 다른 길을 겪었다. 하지만 적어도 두 가지 공통점 덕에 두 도시를 비교하는 것이 나름의 타당성을 얻는다. 하나는 20세기 가장 중요한 산업 발전의 원동력이었던 질소비료라는 물건을 만들어냈다는 점, 다른 하나는 각자의 나라에서 산업기술인력을 양성하는 요람 역할을 했다는 점이다. 비료 공장이라고 하면 첨단 산업이라기보다는 농업을 뒷받침하는 시설이라는 인상을 받기 쉽다. 그런데 비료 공장이 어떻게 남한과 북한 모두에서 화학산업의 요람이 되었을까? 그 과정을 살펴보는 것은 서로 다른 두 체제에 편입된 두 신생독립국의 과학기술 발전의 궤적을 따라가 보는 일이 되기도 할 것이다.[1]

1. '적산'에서 "사회주의 산업 궁전"으로: 흥남의 조선질소비료와 비날론 공장

1) 리승기와 PVA 합성섬유의 개발

'비날론'은 다른 나라에서는 주로 '비닐론(Vinylon)'이라는 이름으로도 불리는 PVA(polyvinyl alcohol) 합성섬유의 상표명이다. 폴리비닐알코올섬유는 1939년 교토제국대학의 사쿠라다 이치로(桜田一郎, 1904-1986) 교수 연구팀이 개발했는데, 이 연구팀을 실질적으로 이끌었던 것은 한반도에서 온 유학생 리승기(李升基, 1905-1996)였다.[2]

일제강점기 과학과 공학 분야에서 박사학위를 취득한 한국인은 현재까지 밝혀진 것으로는 12명밖에 안 되는데, 리승기는 그중 하나였을 뿐 아니라 비날론을 개발한 업적으로 교토제대 응용화학부의 교수 자리에까지 올라서 당시 한민족을 대표하는 과학자의 한 명으로 널리 인정받았다.

일본의 섬유 회사들은 합성섬유로의 전환에서 뒤처지지 않기 위해 대학 연구소에 거액의 연구비를 후원하여 새로운 합성섬유 개발을 의뢰했다. 일본 과학자들이 합성섬유의 원료로 주목한 것은 폴리비닐알코올(polyvinylalcohol, PVA)이었다. 일본의 PVA 섬유 연구는 세 개의 연구팀에 의해 경쟁적으로 이루어졌는데, 이들은 각각 일본 굴지의 섬유 기업의 지원을 받고 있었다. 구라시키 견직(倉敷絹織, 현 '쿠라레이')에서는 도모나리 츠쿠모(友成九十九, 1902-1957)가, 가네가후치 방적(鐘淵紡績, 현 '카네보')에서는 야자와 마사히데(矢澤將英, 1905-1980)가 각각 연구팀을 이끌고 개발에 착수하였다. 그리고 교토제대 부설 일본화학섬유연구소에서는 리승기가 몸담고 있었던 사쿠라다 이치로의 연구실이 다이니폰 방적(大日本紡績, 현 '유니치카')의 후원을 받아 연구에 돌입했다.

리승기는 교토제대 팀의 PVA 섬유 연구를 사실상 주도하였고, 1939년 드디어 실용성 있는 PVA 섬유의 개발에 성공하였다. 리승기는 교토제대

팀을 대표하여 1939년 10월 '일본화학섬유연구소 제4회 강연회'에서 논문 "폴리비닐알콜계 합성 섬유에 관한 연구"를 발표, PVA 원액을 방사(紡絲)하여 합성섬유를 만드는 공정을 완성하였음을 보고하였다. 이 업적을 인정받아 리승기는 교토제대에서 공학박사 학위를 취득하였고, 화학섬유 연구소의 조교수로 임용되었다. PVA 합성섬유 제조법에 대한 특허는 사쿠라다와 리승기 그리고 공동연구자 가와카미 히로시(川上博) 3인 공동으로 출원되었다.[3]

과학기술계의 더딘 성장을 염려하던 일제강점기의 조선 지식인들에게 이와 같은 리승기의 업적은 자랑스러운 낭보였다. 《동아일보》는 "세계의 총아 나일론을 무색"하게 만든 "합성섬유의 시조"라는 제목으로 리승기의 업적을 보도했고(1940년 1월 4일), 《조선일보》에서도 "과학조선의 4 파이오니어"라는 제목 아래 리승기를 비롯하여 이태규, 김양하, 김호식(농학자) 등을 크게 다루었다(1940년 1월 4일).

교수가 된 리승기는 합성섬유 연구를 계속하면서 제자 양성에도 힘을 기울였다. 교토제국대학 화학과의 교수가 되어 민족의 인재로 촉망받았던 이태규의 경우와 마찬가지로, 리승기도 과학에 뜻을 둔 한국인 학생들의 희망이 되었다. 자연히 그의 문하에는 한국인 과학도들이 모여들었다. 리승기의 지도를 받았던 학생 중에는 가와카미 히로시와 히토미 기요시(人見淸志) 등 일본인 연구자들도 있었지만, 한국인 학생이 오히려 더 많았다. 일제강점기에 워낙 한국인 과학기술자가 적기는 했지만, 한국인 연구자들이 협력 연구를 할 수 있는 규모로 모인 사례는 교토제대의 리승기 연구실과 이태규 연구실 두 곳 말고는 없었을 것이다. 가와카미가 많은 세월이 흐른 뒤에도 리승기를 '은사'라고 깍듯이 회고한 데에서도 알 수 있듯이[4] 리승기는 일본인과 한국인 상관없이 학생들의 깊은 존경을 받았다. 가와카미의 회고담에는 연구실 사람들 일곱이 함께 찍은 단체

사진이 실려 있는데, 리승기를 둘러싼 여섯 명의 학생 중 세 명이 한국인이다.

그런데 리승기는 태평양전쟁 막바지에 제국대학 교수라는 신분에도 불구하고 감옥에 갇히는 수모를 당하기도 했다. 사회 각 분야의 억압이 극에 달했던 전쟁 막바지의 일이므로 투옥의 정확한 이유를 문서로 확인하기는 어렵다. 하지만 리승기 본인의 회고와 주변의 증언을 종합하면, 결국 조선인이 아니었다면 일어나지 않았을 일이라고 볼 수 있다. 리승기의 자서전(뒷날 북한에서 출판된)에 따르면, 물자 부족에 시달리던 일본 군부는 리승기에게 비닐론의 대량생산 기술을 개발할 것을 지시했지만 리승기는 소극적으로 연구에 임하며 사실상 태업을 했고, 이를 의심한 당국에 의해 체포, 수감되었다고 한다.[5]

일본이 1945년 8월 무조건 항복을 하자 리승기는 자유의 몸이 되었고, 곧바로 귀국을 준비했다. 일본인 교수와 학생이 떠나간 경성제대가 경성대학을 거쳐 서울대학교로 새롭게 출범하면서 리승기는 공과대학 학장이, 이태규는 문리과대학 학장이 되었다. 리승기와 이태규는 일본에서도 최고의 명성을 떨치던 과학자들이었으니, 이들이 귀국하여 교편을 잡은 서울대학교는 엄청난 기대를 받았다. 그러나 서울대학교 설립 과정은 해방정국의 좌우대립으로 얼룩졌고, 진영을 막론하고 모든 당사자에게 깊은 상처를 남겼다. 리승기는 소위 '국대안 파동'의 와중에 학교를 그만두었고, 이후 잠시 복직하였으나 결국 한국전쟁 초기 서울을 점령한 북한군의 초청을 수락하고 북으로 떠났다.

리승기의 북한행은 사상에 따른 결정이었다기보다는 실용적인 선택에 가깝다. 그가 북한행을 결심한 것은 자신의 연구를 현실화할 수 있는 여건이 거기에 갖춰져 있었기 때문이다. 그것은 바로 흥남에 건설된 대규모 화학산업단지였다.

2) 일본질소비료와 흥남의 변천

제2차 세계대전이 끝날 당시, 흥남 지역에는 '일질(日窒) 콤비나트'라고 일컬어졌던 대규모 공장군이 운영 중이었으며, 또한 부전강과 장진강의 대규모 수력발전 설비가 그 가동을 뒷받침하고 있었다. 이들은 모두 일본질소비료(日本窒素肥料(株), '일질'로 줄여 씀)가 자회사인 조선질소비료(朝鮮窒素肥料(株), '조질'로 줄여 씀)와 함께 세운 것이다. 일질은 이시카와(石川)현 출신의 사업가 노구치 시타가우(野口遵)에 의해 1908년 설립되었다. 초창기에는 칼슘카바이드(CaC₂, 유기합성의 기본 원료 물질)와 질소비료 등을 판매하던 일질은 제1차 세계대전 기간 비료 가격이 폭등하자 막대한 이윤을 거두고 재벌의 반열에 올랐다.

일질은 1923년 비료의 생산 단가를 낮추기 위해 새로운 공정인 카잘레법(Casale Process)의 특허를 도입하였다. 카잘레법은 고압에서 암모니아를 응축시켜 회수함으로써 효율을 높이는 것으로, 고압 환경을 유지하기 위해 막대한 전력을 필요로 했다. 하지만 당시 일본 안에서 새로운 발전소를 짓기는 어려웠다. 기존의 5대 전력회사가 대부분의 전원지대를 독점하고 있었기 때문이다. 이에 일질은 아직 개발되지 않은 식민지의 자원을 이용하기 위해 조선반도에 눈길을 돌렸다. 1926년, 일질은 조선수전(水電)주식회사를 설립하고 함경도의 부전강 수력 개발에 착수했다. 부전강 발전공사는 당시 '동양 제1의 대규모 공사'로 일컬어질 만큼 규모가 컸다. 단순히 댐을 쌓아 발전기를 돌리는 것이 아니라, 개마고원의 완만한 경사를 따라 서쪽으로 흘러가는 물줄기를 댐으로 막아 동해안의 급경사로 방향을 틀어 보내는(이를 '유역변경식 발전'이라 한다) 대공사였기 때문이다. 3년간의 대규모 공사의 결과 제1발전소가 1929년 11월에 비료공장에 송전을 개시하였다. 1932년까지는 부전강뿐 아니라 장진강과 허천강 등의 물줄기도 유역변경식 발전소로 개발되어, 총 4개의 발전소가 총 20만 킬로

와트의 전력을 흥남의 공장들에 공급하게 되었다.

발전소의 풍부한 전력을 바탕으로, 노구치는 한산한 어촌이었던 흥남을 엄청난 규모의 종합 화학공업도시로 개발하였다. 1927년 함경남도 함흥군 운전면에 본사를 둔 조선질소비료공업(줄여서 조질, 朝窒)이 설립되었다. 그리고 같은 해 6월 15일 서호진 공장의 기공식을 시작으로 이후 일제 패망까지 거의 20년에 걸쳐 매년 새로운 공장이 추가되었다. 이들 공장은 상호연관성이 높은 공업단지를 형성하여 '일질 콤비나트'라고 일컬어졌다.

20세기 초반의 화학공업은 석탄과 석회석 등의 원료에서 에틸렌(C_2H_4)과 아세틸렌(C_2H_2)을 비롯한 간단한 탄소화합물을 뽑아내고, 그것들을 중합 또는 합성하여 여러 가지 유용한 화합물을 만들어내는 방식으로 발전하였다.[6] 암모니아(NH_3)와 같은 간단한 화합물을 만드는 질소비료공장은 인근에 각종 화학 공장을 증설할 수 있는 뼈대 역할을 했고, 이를 바탕으로 '일질 콤비나트'는 화학산업의 전 분야로 확장을 거듭했다. 비료를 바탕으로 각종 유지(油脂)와 소다(탄산수소나트륨) 등 식품 관련 유기화합물 공장, 유기용제와 합성수지 공장 등이 증설되었고, 풍부한 전력을 바탕으로 금속 제련과 전기분해 공장도 건설되었다. 흥남 지역에 공장이 늘어나는 것과 발맞추어 '1백 수십호의 寒漁村'이었던 흥남도 조선에서 일본인이 세 번째로 많은 대도시로 성장했다.[7]

하지만 조질과 흥남의 이와 같은 급속한 성장은 식민지라는 특수한 상황에서 일제의 비호를 받은 독점재벌이 주도한 것이었다. 즉, 흥남의 공업화는 식민지 조선에 대한 수탈과 동전의 양면 같은 관계로 이루어졌다. 특히 유역변경식 발전소의 건설 과정은 혹독한 착취로 악명이 높았다. 당시의 증언에 따르면 "노구치는 사망계를 3만매나 인쇄해 이를 손으로 두들기면서 '이만치만 있으면 부전강공사는 충분히 끝낼 수 있어'라고 했다."고 한다. 실제로 신문에 보도된 것만으로도 부전강 댐 공사 중 4천 명이 넘는 사상자가 발생하였고, 당시 항간에서는 "노구치는 사람 몸뚱이로 댐을 구축하였다."는 소리까지 돌았다.[8] 공장이 완공된 후에도 조선인 노동자들에 대한 차별과 착취가 심해 많은 문제를 낳았다. 그 결과 흥남 비료공장은 1930년대 노동운동의 주요 무대가 되기도 했다. 사회주의 노동문학가 이북명은 자신의 경험을 바탕으로 「질소비료공장」 등의 소설을 통해, 대부분의 작품이 검열로 미완성인 채 연재를 중단하기는 했으나 당시 흥남의 노동 현실과 노동자들의 항쟁을 그려냈다.

한마디로 말해 흥남의 공장군은 일본에 의해 건립되었고 조선인을 수탈했던 '적산(敵産)'이었다. 그러나 해방 후 흥남 공장군을 접수한 북한으로서는 이 공장을 이용하지 않을 수 없었다. 항일무장투쟁을 국가 정체성으로 삼는 북한으로서, 과연 이것을 어떻게 정당화시킬 수 있었을까?

3) "사회주의 산업 궁전"으로 다시 태어난 흥남

일제가 패망한 뒤에도 흥남에는 다수의 일본인 기술자들이 남아 있었다. 소련군이 신속하게 한반도로 진격하였고, 한반도 북부에서 가장 중요한 전략자산인 흥남비료공장을 가장 먼저 점령했기 때문이다. 소련군은 1945년 8월 22일 흥남에 진주하였고, 26일에는 공장을 정식으로 접수하였다. 접수 직후에는 일본인의 출입이 금지되었으나, 한 달 남짓 뒤부터는 고문(顧問)이나 지명취로(指名就勞)의 형태로 일본인들이 다시 공장 운영에 관여하게 되었다.

일본인 기술자들은 엄밀히 따지면 억류된 적국의 민간인 신분이었지만, 쌍방의 필요가 맞아떨어져서 다시 공장에서 일하게 되었다. 일본인 기술자들은 숫자는 적었지만 핵심 공정을 장악하고 있었기 때문에, 공장을 운영하기 위해서는 이들의 도움이 필요했다. 일본인 기술자들도 언제

본국으로 송환될지 요원한 상황에서 생존을 위한 일자리가 절실했기 때문에 기꺼이 공장에서 일하고자 하였다. 약 2,500명의 일본인들이 공장에서 일하면서 그해 겨울을 났다. 이듬해인 1946년 5월 27일에는 투표를 통해 약 300명의 잔류자를 선정하고 나머지는 그해 6월 중순 무렵 일본으로 무사히 송환되었다. 억류된 기술자들은 소수를 제외하면 패전의 현실을 순순히 받아들였고, 대체로 "조선 건국에 협력한다."는 마음으로 소련군을 도와 공장을 재가동하는 데 협조하였다. 이를 반영하여 1946년 5월 1일(노동절)과 8월 15일(해방기념일)에는 도합 다섯 명의 일본인이 '노력영웅' 칭호를 받기도 했다. 심지어 몇몇 일본인 기술자는 더 오래 흥남에 남아 있었다. 한국전쟁 중 흥남 공장은 미군의 집중적 폭격의 목표가 되었는데, 그 와중에 1950년 8월 18일 두 명의 일본인 기술자가 미군의 폭격으로 사망하기도 했다.

그러나 이후 북한 역사에서, 이들 일본인 잔류 기술자에 대한 언급은 찾아볼 수 없다. 도리어 공식적인 역사 기록에서는 패전 직후 소련군 진입 전까지 일본인들이 저지른 사보타지와 공장 파괴 행위를 강조하고 있다. 예컨대 한 책에서는 해방 직후 일본인들이 "류산직장의 수십대의 배소로들과 전기수진장치들, 변류직장의 변류기를 비롯한 전기설비들, 류안포화기, 1,500마력 압축기 등 중요설비 거의 전부를 형체조차 알 수 없게 파괴하고 도망치면서 '류산탑우에 잡초만 무성하리라'고 악담을 퍼부었다."고 기록하고 있다.

이렇게 일본의 만행을 강조하는 것은 역설적으로 흥남 공장이 뒷날 북한에게 너무나 소중한 존재가 되었기 때문이다. 비날론이 북한 공업화의 상징이 되고 나아가 '주체섬유'라는 별명까지 얻으면서, 그것을 생산하는 흥남 공장의 위상도 높아졌다. 그런 중요한 시설이 일본 제국주의 시절의 독점재벌에 뿌리를 두고 있다는 사실은 북한의 입장에서는 불편한 이야기가 될 수 있다. 이 고리를 끊어내기 위해서는 비날론 공장은 과거의 그 공장이 아니라는, 단절의 서사가 중간에 삽입될 필요가 있었다. 일본인 기술자들의 파괴 행위는 그 단절의 서사의 한 축이었다.

단절의 서사의 또 다른 한 축은 한국전쟁기 미군의 파괴 행위였다. 한국전쟁이 발발하면서 흥남 공장은 미군의 대규모 공습으로 인해 크게 파손되었다. 한국전쟁 발발 직후 1950년 7월 말부터 9월에 걸쳐 북한 전역을 대상으로 이루어진 미군 B29 폭격기의 전략폭격에 의해 흥남 지역의 공장들은 네 차례의 대규모 폭격을 받았다. 흥남 공장에 대한 폭격은 북한 공업시설에 대한 미군의 폭격 중에서도 가장 규모가 큰 것이었다. 7월 30일에는 화약공장을 목표로 5백 톤, 8월 1일에는 비료공장에 4백 톤, 8월 3일에는 본궁 공장에 4백 톤, 8월 24일에는 흥남 제련소에 280톤의 폭탄이 투하되었다. 특히 본궁 공장은 폭격으로 인해 전해소다공장, 카바이드공장이 완전히 파괴되었다. 또한 흥남 부두도 1950년 12월 24일 미군이 후퇴를 완료한 뒤 미군의 폭격에 의해 완전히 파괴되었다.

이것은 북한으로서는 분명 큰 손실이었다. 하지만 어떤 의미로는 흥남 공장군이 일본인의 손으로 세워지고 운영되었던 과거와 단절할 수 있는 중요한 '기회'가 되었다. 일본 제국주의에 의해 조선인의 희생을 바탕으로 세워지고, 해방 후에도 일본인의 손을 빌려 운영해야 했던 흥남 공장군의 과거 역사 전체가, 또 다른 적국인 미국의 폭격에 의해 공장이 대파되면서 과거지사가 될 수 있었던 것이다. 게다가 파괴된 공장을 복구한 것은 사회주의 우방국들의 도움과 북한의 노력에 의한 것이었으므로, 복구를 통해 흥남 공장군은 과거와 단절된 새로운 정체성을 얻을 수 있었다. 위에서 일본인의 공장 파괴를 집중적으로 부각시킨 것도 이런 맥락에서 이해할 수 있다. 일본인과 미국의 파괴 행위를 강조함으로써 오늘날의 흥남 공장과 파괴되기 전의 흥남 공장을 차별하려는 전략의 일환으로 해석할 수 있는 것이다. 이렇게 과거의 잔재를 효과적으로 비난하기 위해서도, 성공적인 현재의 모습을 상징하는 비날론 공장은 중요한 의미를 갖게 되었다.

4) '주체섬유'의 물신화?

이렇게 비날론 공장은 과거와 단절하고 사회주의 경제 건설의 소중한 성과로 그 의미가 '전유'되었다. 그러나 과거의 전유란 한 번에 완료되는 과정이라기보다는 현재와 과거의 끊임없는 상호작용을 통해 계속 형성 중인 일종의 평형 상태라고 할 수 있다. 즉, 현재의 상황이 바뀜에 따라, 한때 촉진 요인으로 작용했던 과거의 요소들이 어느 시점에는 저해 요인이 되기도(그리고 그 반대의 경우가 되기도) 하는 것이다. 이후의 비날론 공장은 그 예를 보여준다. 초창기 비날론 공장의 성공에 기여했던 과거의 요소들은 뒷날 도리어 더 이상의 발전을 저해하는 한계로 바뀌게 되었다. 일질에서 건설한 흥남의 공장군은 전력 고소비형 석탄화학에 기반을 둔 것이었다. 그리고 석탄화학이 아직 세계 화학공업의 주류를 이루고 있던 때 건설된 비날론 공장도 마찬가지로 전력 고소비형이었고 석탄화학의 공정을 따르게 되었다. 그런데 세계 화학공업의 흐름이 미국식 석유화학으로 넘어가게 되면서 석탄에 바탕을 둔 유럽식 전력 고소비형 화학공업은 점점 입지가 좁아지게 되었다. 그에 따라 북한의 비날론 공업도 세계 화학공업의 흐름에서 점점 멀어지게 되었다. 비록 부존자원이 부족한 북한으로서는 석회석과 전력을 이용한 카바이드 공업이 최선의 선택이었다고는 하지만, 석유화학 분야를 외면함으로써 세계 화학공업의 흐름과 교류가 없어진 것 또한 사실이었다. 물론 이것은 한 국가의 고유한 과학기술 운영 형태이며 앞으로의 변화 가능성이 상존하기 때문에, 이에 대해 섣부른 가치판단을 내릴 수는 없다. 하지만 오늘날 북한의 섬유산업을 규정짓게 된 중요한 요소 가운데 하나로 식민지시기 일본이 건설한 흥남 공장군이 자리잡고 있음은 부정할 수 없는 사실이다.

이런 점에서 비날론 공장은 북한 과학기술의 성취와 한계를 동시에 보여준다. 나아가서 식민지 시대 교육받은 인텔리들이 탈식민사회의 건설 과정에서 새로운 정체성을 획득하고 주도적 역할을 맡는다는 점, 식민지 유산에 새로운 의미를 부여하면서 이를 능동적으로 전유한다는 점, 마지막으로 이후의 비날론 산업의 추이가 보여주듯이 그럼에도 불구하고 식민지 시대에 형성된 제반 요소들로부터 현재가 완전히 자유로울 수는 없다는 점 등에서, 비날론과 비날론 공업의 역사는 탈(脫)식민사회에서 과학이 거둘 수 있는 성과와 피할 수 없는 한계를 보여주고 있다.

2. 다시 쓴 연대기의 첫 장? 충주비료공장과 한국 엔지니어의 태동

한편, 남한에서도 비료 공장은 공업화의 첫 단추를 끼운 중요한 역사적 의미를 지닌다. 충주비료공장(충비)은 국내 최초로 비료를 생산한 공장이며, 국내 최초로 화학공업의 원료로 석유 제품을 이용했으며, 국내 최초로 건설·가동된 현대적 화학 공장이라는 큰 의미를 지니고 있다.

충비의 건설과 운영은 그다지 순탄치만은 않았다. 완공기일 지연을 둘러싼 시공회사와의 마찰, 완공 후 운영 주체를 둘러싼 한국 정부와 미국 ICA 측의 의견 대립 등 여러 가지 문제가 도사리고 있었다. 이런 뒷이야기들은 『충비십년사』와 같은 공식 역사에는 잘 드러나지 않지만, 당시의 언론 보도와 정부 기록을 통해 어렴풋이 윤곽을 잡을 수 있다.[9]

1) '3F' 정책과 충주비료공장의 건설

충주비료공장의 건설을 추진한 것은 상공부장관으로 재직했던 화학공학자 안동혁이었다. 안동혁은 상왕십리(당시 경기도 고양군) 출신으로, 왕십리 보통학교(1913-1917)와 휘문고등보통학교(1918-1923)를 거쳐 경성공업전문학교 응용화학과(1923-1926)에 입학했다. 휘문고보와 경성공전을 모두 수석으로 졸업한 뒤 규슈제국대학 공학부 응용화학과로 진학하여, 유지(油脂)공업을 전공했다.

1929년 규슈제대를 졸업한 뒤 한반도로 돌아온 안동혁은 대학 은사인 기미시마 다케오(君島武男) 교수의 주선으로 모교인 경성공전과 경성공업학교 등에서 학생들을 가르치게 되었다. 1933년에는 중앙시험소 화학공업부의 기수(技手)로 부임하였고, 이어서 같은 기관의 기사(技師)를 거쳐 화학공업부장까지 역임하였다. 민족 차별이 엄존하던 식민지 체제였음에도 불구하고 동료 일본인 연구자들보다 빨리 승진하여 고등관 4등까지 올랐다는 사실은 그의 역량이 출중했음을 보여준다. 안동혁은 경성공전 교수와 조선총독부 식산국(殖産局) 기사도 겸임하면서 연구와 강의를 계속했다.

광복 후 과학기술 관련 각급 기관에서 일본인들이 빠져나가자, 안동혁은 자연히 그 재건의 중심에 서게 되었다. 그는 1945년 9월 중앙시험소 소장과 경성공전 교장의 책무를 맡아 교수진과 연구진을 새롭게 꾸리고 조직을 재건하는 데 주력했다. 또 새롭게 출범한 각종 학술 및 산업단체의 회장을 맡았다. 1945년 8월 이후 조선화학기술협회 회장, 조선요업기술협회 회장, 조선식품기술협회 회장 등을 겸직했으며, 1948년 9월에는 대한화학회(회장 이태규)의 제2대 부회장으로 선출되었으며, 이태규가 미국으로 떠난 뒤인 1949년 12월에는 제3대 회장의 중임을 맡았다.[10]

안동혁은 학문적으로도 의미 있는 업적을 여럿 남겼지만, 중앙시험소 소속의 연구자였으므로 이론적 연구보다는 실제 산업에 응용하는 측면에 관심이 많았다. 그가 중앙시험소 시절 연구한 성과 가운데 대표적인 것은 유지 연구와 공업용수 조사라고 할 수 있다. 그는 1937년부터 1944

년에 걸쳐 한반도 전역의 지하수 자원을 조사하여 논문으로 정리하였고, 이것은 광복 후 한국의 공업 입지를 결정하는 데 귀중한 기초 자료가 되었다.

또한 안동혁은 한국전쟁 중 북진이 한창이던 1950년 10월에는 국방부의 요청으로 동료 화학공학자들과 함께 흥남의 구 조선질소비료 콤비나트를 시찰하기도 했다. 당시 북진통일에 대한 기대가 높아진 상황에서 북한의 공업 수준을 살펴보고 흥남의 산업 기반을 어떻게 활용할 것인지 알아보기 위해서였다. 비록 중국 인민해방군의 개입으로 유엔군이 흥남을 포기하고 퇴각하면서 흥남 콤비나트를 아우르는 공업화 구상은 실현되지 못했지만, 이때 세계 최대 규모의 화학공업 단지를 속속들이 살펴보고 돌아온 경험은 안동혁에게 깊은 인상을 남겼다.

안동혁은 1953년 10월 상공부장관에 취임하여 자신의 공업화 구상을 실현할 기회를 얻게 되었다. 이를 집약한 것이 이른바 '3F 정책'인데, 세 개의 F란 자금(fund), 비료(fertilizer), 연료 또는 에너지(fuel/force)를 뜻한다. 그는 한 나라의 공업을 진흥하기 위해서는 기초 자금이 필요하고, 에너지 공급 기반이 확보되어야 한다고 주장했다. 그리고 구체적인 제품으로 비료에 주목한 까닭은 개발도상국의 농업 문제를 해결하는 데 필수적인 물자일 뿐 아니라 비료 산업의 설비와 거기서 생산하는 기초 화합물을 화학공업 여러 분야에 두루 활용할 수 있기 때문이다. 즉, 3F 정책은 원조에 의존하는 개발도상국이라는 한계 안에서 어떻게 하면 다음 단계로 도약할 수 있을 것인가를 고민한 끝에 안동혁이 내놓은 해답이라고 할 수 있다.

안동혁이 상공부장관으로 일한 기간은 1953년 10월부터 1954년 6월까지 8개월에 지나지 않았다. 하지만 길지 않은 재임 기간에도 그는 원조 물자를 소비재 구입에 충당할 것이 아니라 국가 기간산업의 건설에 활용해야 한다는 소신을 관철시키고자 노력하였고, 어느 정도 성과를 거두었다. 충주비료공장, 당인리화력발전소, 문경시멘트공장, 인천판유리공장 등의 건설이 안동혁의 재임기간 중 결정되었고, 이들 시설은 뒷날 한국의 산업화에 크게 이바지하였다.

특히 비료 공장의 건설은 안동혁이 역점을 둔 사업 중 하나였다. 비료공장의 입지로는 내륙의 충주가 선정되었고, 사업자로는 미국의 맥그로-하이드로카본 컨소시엄이 선정되었다. 컨소시엄은 ICA와 1955년 5월 13일 정식으로 계약을 체결하고, 6년 내 완공을 목표로 사업에 착수했다. 한국 정부는 공장부지까지 철도 연장을 약속하는 등 공장의 성공적인 건설을 위해 성의를 다했다.

2) 서로 다른 기대

맥그로-하이드로카본 컨소시엄은 ICA와 1955년 5월 13일 정식으로 계약을 체결하고, 6년 내 완공을 목표로 10월 기공식과 함께 사업에 착수했다. 하지만 실제 건설 과정에서는 한국 정부, ICA, 맥그로-하이드로카본 삼자 사이의 갈등이 끊이지 않았다.

한국 정부는 공장부지까지 철도 연장을 약속하는 등 공장의 성공적인 건설을 위해 성의를 다했다. 그러나 맥그로-하이드로카본 컨소시엄은 여러 차례 공사비 증액을 요구하여 약속한 공기를 어겼다. 당초 계획에 따르면 1959년 준공될 예정이었던 공장은 결국 1961년에 가서야 준공되었다.

착공 뒤의 이러한 난기류는 미국의 대외원조정책 변화와도 관련이 있다. 제2차 세계대전 종전 후 냉전체제로 접어들면서 미국은 수많은 개발도상국에 원조를 쏟아부었고, 이는 국가 재정에 부담이 될 수준에 이르렀다. 미국 의회에서는 대외원조정책이 미국 기업의 이익으로 직접적으로 연결되어야 한다고 행정부를 압박했고, 그에 따라 행정부에서도 원조 사업을 미국 기업이 수주하고 이들이 최대한의 이윤을 낼 수 있도록 업체 편을 들기 시작했다. 맥그로-하이드로카본이 계속 공사비 증액을 요구했던 것은 이런 분위기에 편승한 처사였지만, 결과적으로는 한국 정부와의 신뢰 관계를 악화시키고 말았다.

공장의 운영 주체 문제도 한미 간의 갈등의 씨앗이 되었다. 앞서 말했듯 한국 정부의 입장에서는 충주비료공장은 단순히 비료라는 소비재를 만들어내는 곳이 아니라, 한국 산업 발전의 기틀을 다지는 베이스캠프와 같은 시설이 될 곳이었다. 한편 냉전체제에서 미국의 가장 중요한 과제는 공산주의에 맞선 자유시장경제 국가들의 전선을 구축하는 것이었다. 따라서 미국은 자국의 원조로 건설한 시설이 국유화되는 것에 대해 강한 거부감을 갖고 있었다. 미국 쪽에서는 이 때문에 순수한 민간 불하를 원했던 반면, 경제개발에 대한 욕구가 강했던 한국 정부는 어떤 형태로는 국영 또는 준국영 형태를 유지하고자 했다.

이 갈등이 봉합된 것은 공장이 완공된 1961년도를 넘긴 1962년의 일이었다. 한국 정부는 1962년 8월 '충주비료주식회사'의 설립을 위한 법안을 공포하였다. 법안에 따르면 충주비료주식회사는 주식회사의 형태를 취하고는 있지만, 정부가 자본을 전액 출자하고 대주주로서의 권리를 갖는 형태였다. 사실상의 국유화에 성공함으로써 한국 정부가 승리한 협상이라고 할 수 있다. 가장 큰 이유는 시공사인 맥그로-하이드로카본이 여러 차례 약속한 공기를 채우지 못하는 등 의무를 다하지 못했기 때문이었다.

3) "엔지니어의 요람"

우여곡절 끝에 문을 열었지만, 충비는 기대 이상의 역할을 해내며 한국의 경제 건설에 이바지하였다. 초창기에는 미국에서 파견한 기술자들이 상주하며 공장의 운영 기술을 한국인 기술자들에게 전수해주었는데, 이 과정에서 한국 기술자들은 화학공업 전반에 응용할 수 있는 유무형의 기술을 습득하여 전문성을 크게 높일 수 있었다. 그 결과 1964년부터는 미국 기술자의 도움 없이도 조업할 수 있는 역량을 쌓았고, 충비는 공장 설계용량 이상으로 활발히 가동하며 한국의 농가에 비료를 공급했다.

나아가 충비는 독자적인 연구개발을 위해 '충비기술연구소'를 설립하기도 했다. 연구소는 1963년부터 건립을 추진하여 1964년 11월 정식으로 발족하였고, 공장 운영 효율을 높이기 위한 기술 개량부터 제품과 부산물의 상품화 연구까지 여러 가지 응용연구를 수행하였다. 또한 비료 생산에 머무르지 않고 화학산업 전반의 원료를 공급하기 위하여 AN(아크릴로나이트릴)공장과 암모니아센터 등을 증설하기도 했다.

충비를 필두로 1967년까지 나주비료공장(호비) 등 3개의 비료 공장이 추가로 건설되어 많은 화학공학 인력에게 일자리를 제공하였다. 또한 암모니아와 질산, 소다회 등 화학공업에 두루 쓰이는 기초화합물 등을 국내에서 생산할 수 있게 되어 이후 화학산업이 빠르게 발전하는 밑거름이 되었다.

이렇게 비료와 각종 화학물질 생산이 활발해지면서, 역설적으로 기업으로서 충비의 채산성은 점점 악화되었다. 1972년에는 충비와 호비 등을 합쳐 '한국종합화학공업주식회사'라는 새로운 회사가 설립된다. 하지만 애초에 비료 공업을 건설한 목적이 사적 자본의 이윤 추구가 아니라 국가 경제의 재건과 발전이었으므로, 충비는 자기 역할을 완수하였다고 평가할 수 있다.

맺음말

그 건설 과정이 순탄치 않았음에도 불구하고, 충비는 완공된 뒤 남한 사회에 큰 기여를 했다. 변변한 과학기술계 일자리가 없던 시절 충비는 "엔지니어의 요람"으로 불리며, 화학 관련 전공이 일찍이 대학에 자리를 잡는 데 큰 기여를 했다. 비록 충비 자체는 역사적 소임을 다하고 문을 닫았지만, 오늘날 한국의 엔지니어들은 충비를 화학산업의 첫 장으로 꼽는 데 인색하지 않다.

이에 비해 한때 북한의 자랑이었던 비날론은 이제는 산업적 효용보다는 이데올로기적 가치에 매달리고 있는 것처럼 보인다. 김일성 사후 이른바 "고난의 행군" 시기에는 극심한 전력난으로 흥남의 비날론 공장도 가동을 멈추었다. 만 16년 동안 멈춰 있던 2·8 비날론연합기업소가 설비 보강을 마치고 다시 움직인 것은 2010년 3월이었다. 당시 오랜 칩거로 와병설을 넘어 신변이상설이 돌던 김정일 국방위원장은 공장 준공을 축하하는 군중대회에 예고 없이 등장하여 자신의 건재를 과시했다. 그는 이후 김정은과 함께 2·8 비날론연합기업소를 다시 찾음으로써 김정은이 후계자임을 만방에 확실히 하였다.

김정일이 칩거를 깨는 자리로 비날론 공장 준공 기념식을 택한 것은 우연이 아니다. 비날론은 북한의 과학기술계가 성과를 쏟아내며 순조로운 산업화의 길을 걷던 1960년대를 상징하고, 이 공장이 다시 움직인다는 것은 고난의 행군이 끝나고 좋았던 시절이 다시 오리라는 희망을 주는 것이기 때문이다. 그러나 좋았던 시절의 기술을 계승하면 그 의미도 계승할 수 있는 것일까? 기술의 역사적 의미란 사실 고정되어 있지 않다. '주체섬유'라는 비날론의 별칭도 1961년 북한 안팎의 정치적, 경제적, 사회적, 기술적 요소들의 상호작용 안에서 의미를 갖는 것이다. 비날론이라는 사물을 매개 삼아 3대를 연결하려는 북한의 시도는 그 점을 외면하고 있기에 불안해 보인다.

그럼에도 불구하고 현재의 기준으로 본 '성공과 실패'라는 잣대로 두 도시의 운명을 비교하는 것은 섣부른 판단일 것이다. 비날론 공장의 완공에 도취된 북한의 문헌에서 4·19혁명 직후 남한의 정세를 낙관하며 "헐벗은 남조선 인민을 위해 우리는 조만간 더 많은 비날론을 생산해야 할 것이다."라고 장담한 것이 섣불렀던 것처럼, 남북의 미래를 예단하기에는 변수가 너무나 많기 때문이다.

2장

정원 속의 수입기술
: 경운기와 한국의 농업기계화

최형섭(서울과학기술대학교)

머리말

'동아시아 기술'이라는 것을 정의할 수 있다면, 경운기(耕耘機)는 이 범주에 들어갈 자격이 충분할 것이다. 경운기란 바퀴가 두 개 달린 보행형 트랙터를 말하는데, 동아시아 여러 지역의 농촌 풍경을 상징하는 기계로 잘 알려져 있다. 이러한 종류의 기계는 1920년 전후 호주와 유럽에서 등장해 '가든 트랙터'라는 이름으로 불렸다. 이후 일본의 농부-발명가들은 유럽의 가든 트랙터를 도입해 일본의 환경 및 농법에 맞게 개량해 '경운기'라는 이름을 붙였다. 1950년대에 농기계 업종에 뛰어든 몇몇 기업이 경운기를 대량생산해 일본 전역에 보급했다. 1974년이 되면 일본에는 300만 대 이상의 경운기가 보급되었는데, 이는 다섯 농가 중 셋 이상이 경운기를 소유하고 있었음을 의미한다. 이 기계는 곧 대만과 한국으로 퍼져나갔고, 1960년대와 1970년대에는 베트남과 태국에서도 이용하기 시작했다. 즉, 경운기는 20세기 후반 쌀을 주식으로 하는 동아시아 지역을 대표하는 농기계로 등극했다. 20세기 초 미국의 밀 농업이 거대 기업농으로 전환하는 데 거대한 트랙터가 중요한 역할을 담당했듯이, 소규모의 경운기는 아시아 지역의 논에서 축력(畜力)을 대체해 영농법의 근대화를 성공적으로 촉발했다고 볼 수 있다.

이제까지의 근현대 농업사 서술에서 농기계는 주로 농촌의 풍경을 탈바꿈시키는 존재로 등장했다. 이러한 표상은 세계 각지에서 농업기계화를 추진했던 정책결정자들의 입장과도 잘 맞아떨어지는 것이었다. 하지만 농업사의 최근 연구 성과는 널리 받아들여진 이러한 서사에 문제를 제기한다. 예를 들어 경제사학자 앨런 옴스테드(Alan L. Olmstead)와 폴 로드(Paul W. Rhode)는 미국 농업사를 다룬 저작을 통해 "기계화가 19세기 농업의 생산성 변화를 견인했다."는 표준적인 서사를 비판한다. 미국에서 트랙터와 수확기 등 기계가 미국 일부 지역에서 중요한 역할을 담당하기는 했지만, 통계 수치를 분석해보면 새로운 식물종의 도입과 소규모 영농법 같은 '생물학적 혁신(biological innovation)'을 통해 농업생산성의 대부분을 설명할 수 있다는 것이다.[11] 역사학자 데보라 피츠제랄드(Deborah Fitzgerald)의 표현을 빌리면 이러한 이미지와 현실 사이의 불일치는 "농업의 산업화 논리 또는 이상(理想)의 등장"의 결과물이다.[12] 더 많은 기계화가 더 높은 효율성을 낳고, 궁극적으로는 농업의 '근대화'로 이어질 것이라는 생각은 당시 미국의 농부와 정책결정자들 사이에서 널리 받아들여졌다. 대표적으로 미 중서부의 광활한 밀 농장에서 거대한 기계를 이용한 영농법이 이러한 이미지를 만들어냈다. 옴스테드와 로드는 이것이 "전체 농업 경제를 대표하지 못한다."고 지적한다.[13]

기계적 혁신과 생물학적 혁신을 포괄하는 '농업의 산업화 논리'는 냉전기 근대화라는 이데올로기의 중요한 부분을 차지했다. 미국인 개발 전문가들은 이러한 생각을 저개발 아시아 각국에 주입하기 시작했다.[14] 그들에게 농업 근대화는 아시아 지역으로 공산주의가 확대되는 것을 막고 '자유세계'를 방어하기 위한 핵심적인 방법이었다. 이러한 믿음 위에 미국인 고문들은 개발도상국들이 농기계의 도입을 비롯해 다수확 쌀 품종과 화학비료 등 여러 '과학적' 영농법을 받아들이도록 권고했다.[15] 1960년대 한국의 정치지도자들은 대개 미국의 권고에 호의적인 편이었지만, 근대화 이데올로기에 바탕을 둔 정책은 지역 조건의 특수성에 맞게 변형될 수밖에 없었다. 일단 아시아 지역에서는 거대한 트랙터나 수확기보다는 소규모의 경운기를 선호했다. 아시아 농부들의 선호에는 몇 가지 이유가 있었다. 가장 중요하게는 동아시아의 농가당 경작 면적이 북미 지역과 비교했을 때 훨씬 적다는 점을 들 수 있다. 이러한 경향성은 제2차 세계대전 이후 일본, 대만, 한국에서 실시한 농지개혁으로 강화되었다. '경자유전(耕者有田)'의 원칙에 따라 토지를 재분배해 수많은 자영농이 생겨났던 것이다.[16] 여기에 동아시아 지역에서 쌀을 주식으로 삼았기 때문에 벼농사가 광범위하게 성행했다는 점을 감안한다면, 비교적 작은 규모의 농기계인 경운기가 선택된 것은 놀라운 일이 아니다.

이 논문은 1960년대와 1970년대에 걸쳐 경운기가 한국에 도입되고 퍼져 나간 과정을 추적한다. 이 과정을 단지 미국식 농업 근대화의 이상이 일방적으로 확산하는 것으로 보지 않고, 빠른 발전을 거듭하고 있는 국가의 정치적·사회적·경제적 조건이 만들어낸 국지적 현상이라는 관점을 택할 것이다. 이를 위해 이 논문은 두 개의 주제에 주목한다. 첫 번째 주제는 기술 도입이다. 일본의 미쓰비시중공업이 한국으로 경운기를 수출하기 시작한 것은 1963년의 일이었다. 일본의 기술자들은 스위스의 '가든 트랙터'를 도입해 무논이라는 아시아식 영농법에 맞도록 독특하게 개량했다. 이렇게 보면, 한국의 경운기 제조업체들은 글로벌 기술 연결망의

한 부분이었다. 이들은 일본으로부터 학습한 경운기 제조법을 이용해 일본 모델의 복제품을 만드는 것으로 시작해, 몇 해 지나지 않아 베트남을 비롯한 동남아시아 지역으로 수출하기 시작했다. 한국의 경운기를 '새로움의 창조'라는 관점에서 '혁신'이라고 부르기에는 무리가 있을지도 모른다. 그럼에도 한국의 기업가와 정책결정자들은 외국 기술을 거의 완벽하게 '국산화'했다는 점을 강조했다.[17]

두 번째 주제는 새로운 기술적 인공물과 그것을 받아들이는 사회경제적 환경의 관계이다. 1960년대 전반에 이미 몇몇 한국 기업들은 경운기를 제작하기 시작했지만, 1970년대에 들어서고 나서야 비로소 판매량이 본격적으로 증가하기 시작했다. 본격적인 보급이 되기까지 10년 이상이 걸린 이유는 농가당 소유할 수 있는 토지의 상한을 3정보(町步)로 정한 토지개혁법을 개정할 수 없었기 때문이었다. 이러한 법적 제약으로 인해 소규모 자영농들은 값비싼 기계에 투자할 필요성을 느끼지 못했다. 따라서 정부가 1970년대 초에 농업기계화를 본격적으로 장려하기 시작했을 때 농민들의 저항을 넘어설 수 있을 정도의 재정 지원을 해줄 수밖에 없었다.

오늘날 한국의 농업기계화는 "그 어떤 나라보다 단기간 내에 이루어낸 가장 성공적 사례"로 기억되고 있다. 이 표현은 한국의 발전 경험을 저개발국에 전수하기 위한 경제발전경험 공유사업(Knowledge Sharing Program, KSP)의 2012년 보고서에서 인용한 것이다.[18] 물론 KSP 보고서는 한국 발전의 성공적인 측면을 강조하는 분명한 경향이 있으므로 이러한 평가를 문자 그대로 받아들이는 것은 물론 위험하다. 한국에서 경운기가 도입된 초기 역사를 살펴보면, 우리는 계획의 차질이 생겨 좌절감에 빠지거나 경운기라는 새로운 기술의 도입이 한국의 사회경제적 환경에 안착할 수 있을지에 대한 심각한 의문이 제기되곤 했다는 사실을 알 수 있다. 정부가 인력과 축력을 대체하기 위해 경운기를 다급하게 보급한다는 결정을 내린 것은 이촌향도(移村向都) 현상으로 농촌 지역에 노동력이 부족해진다는 예측이 본격적으로 실현되기 시작한 이후의 일이었다. 달리 말하면, 1970년 한국에서 경운기가 널리 보급될 수 있었던 것은 당시 정치지도자들이 농업에서 기계화를 진전시키면 보다 적은 인력으로도 생산력을 높일 수 있다는 '산업화 논리'를 받아들였기 때문이다.

이 글은 우선 경운기로 이어지는 글로벌 기술 연결망을 간략하게 살펴보는 것으로 시작한다. 호주와 스위스에서 소규모 트랙터가 등장하게 된 연원을 추적하고, 바퀴가 두 개 달린 보행형 경운기가 일본을 거쳐 한국과 대만을 비롯한 아시아 지역으로 퍼져 나가는 과정을 보게 된다. 한국에서의 경운기는 세계를 아우르는 기술 연결망의 일부로 파악되어야 할 것이다. 이어서 경운기가 1960년대와 1970년대에 한국의 농촌 풍경 속으로 편입되는 과정을 살펴볼 것이다. 아래에서 보겠지만, 농업기계화는 토지 소유 구조를 둘러싼 정치적 논쟁에 휘말렸다. 이는 빠른 속도로 산업화가 진전되고 있던 한국 사회에서 농업이 차지하는 위치에 대한 논쟁이기도 했다. 오랫동안 지속한 이 논쟁의 과정에서 경운기가 갖는 사회적 의미 역시 서서히 변화하기 시작했다.

1. 경운기의 글로벌 기술 연결망

경운기의 기원은 여러 갈래로 추적할 수 있다. 노동집약적인 기경(起耕) 작업을 기계화할 수 있으면서 미국식 트랙터의 거대한 규모보다는 작은 장치에 대한 수요는 세계 여러 곳에 있었고, 몇몇 발명가들이 이에 호응해 바퀴가 두 개 달린 트랙터를 만들어냈다. 그중 한 명은 호주의 농부이자 발명가인 아서 클리포드 하워드(Arthur Clifford Howard)였다. 그는 뉴사우스웨일즈의 가족 농장에서 일하면서 1912년부터 자동 기경 장치에 관심을 두고 실험을 시작했다. 하워드는 괭이로 밀어낸 흙이 옆으로 빠져나가지 않도록 "넓은 테두리 위에 장착한 L자 괭잇날"을 개발했다. 그는 이 아이디어를 바탕으로 '동력 괭이 경작기(rotary hoe cultivator)'를 제조하기 위한 회사를 설립했다. 1930년대가 되자 하워드자동경작기(Howard Auto Cultivators) 회사는 뉴질랜드와 미국, 남아프리카공화국을 넘어 유럽 몇몇 지역에 지사를 둘 정도로 성공을 거두었다.[19] 이 무렵 스위스의 발명가 콘라드 폰 마이엔버그(Konrad von Mayenberg)는 '무쟁기 기경(ploughless tilling)'을 위한 각종 기계를 개발한 것으로 알려졌다. 그는 1918년에 유럽의 몇몇 회사에 자신의 특허 사용권을 팔았는데, 그중 하나가 스위스의 동력 농기계 공업사(Société Industrielle de Machines Agricoles Rotatives, SIMAR)였다. SIMAR는 마이엔버그의 특허를 바탕으로 작은 '보행형 모델'을 제조하기 시작했다.[20] 이러한 기계들은 모두 '가든 트랙터'라는 이름으로 알려졌고, 1920~30년대를 거치면서 유럽 각지와 미국으로 퍼져 나가 대개 소규모 정원과 과수원을 경작하기 위한 용도로 쓰였다.[21]

즉, 1920년대에 일본의 정책결정자들이 농기계 도입을 고려했을 때 유럽과 미국에 이미 다양한 선택지가 있었다. 이후 일어난 일은 메이지유신 이후 일본이 서구 기술을 이전받는 전형적인 모습이었다. "서구로부터 다수의 모범 사례"를 고려한 후 "기술의 문지기(technology gatekeepers)"가 그중에서 적당한 기술을 선택해 받아들이는 방식이었다.[22] 1920년대 초에 농기계에 대해서는 일본 농무성(農務省)이 '문지기' 역할을 맡아 여덟 종의 가든 트랙터를 유럽과 미국으로부터 수입했다.[23] 농무성은 수입한 트랙터를 도쿄 근교의 다치카와(立川) 농업시험소로 보내 성능시험을 실시해 수입한 기계들이 일본의 농업 환경에서 효과적으로 기능할 수 있을지 확인했다. 여덟 종 모두 완벽하게 만족스럽지는 않았으나 SIMAR 트랙터가 그나마 가장 높은 점수를 받았다. 가든 트랙터는 마른 토양에서 작동하도록 설계되었기 때문에 일본의 무논 환경에서 제대로 기능하지 못하는 것이 가장 큰 문제였다.[24] 이를 해결하기 위해서는 어느 정도의 개량 작업이 뒤따를 필요가 있었다.

개량 작업을 주도한 것은 일본의 농부-발명가들이었다. 예를 들어, 1927년 오카야마(岡山)현 코조(興除) 마을의 니시자키 히로시(西崎洋)는 SIMAR 가든 트랙터를 바탕으로 개선된 경운기를 개발했다. 새로운 경운기는 '마루니 식(丸二式)'으로 불렸는데, 독특한 디자인의 쾡잇날과 일본 무논의 무거운 진흙 환경에서 잘 작동할 수 있도록 보다 강력한 엔진을 장착한 것이 특징이었다. 유사하게 이시카와(石川)현 하쿠산(白山) 마을의 히로세 요키치(広瀬興吉)는 1936년에 크랭크식 경운기를 개발해 자신의 이름을 딴 '히로세 S'라고 이름 붙였다. 히로세는 3대째 대장장이 집안으로 어린 시절부터 기계를 다루는 능력이 뛰어난 인물이었다. 그는 경운기 뿐만 아니라 탈곡기와 쌀 선별기 등 다양한 농기계를 개발해 특허를 취득했다.[25] 이렇게 일본식으로 개량된 경운기는 연간 수백 대 정도를 제작할 수 있는 수십 곳의 소규모 공방에서 만들어져 인근의 농촌 지역으로 보급되기 시작했다.[26] 생산량은 적은 편이었지만, 이렇게 만들어진 경운기 중 적어도 몇 대는 당시 일본의 식민지에 소개되었던 것으로 보인다. 식민지 조선의 한 신문은 1938년에 "새로 발명된 자동식경운기"가 "경이적 능력을 발휘"할 수 있을 것이라고 보도했다. 이 기사에서 히로세는 자신의 경운기에 대해 "중량이 경소(輕小)하고 이동이 경편(經便)"될 뿐만 아니라 1단보(段步)를 경운하는 데 드는 비용은 "마경(馬耕)의 삼원오십전 정도에 비하야 이 기계는 육십전 정도라는 소액으로 끝날 것"이라고 자랑했다.[27] 이를 통해 1930년대 식민지 조선에서도 경운기라는 새로운 기계가 등장했다는 것이 알려져 있었음을 알 수 있다.

태평양전쟁 발발 이후 경운기에 관한 관심은 줄어들 수밖에 없었다. 하

지만 전쟁이 끝나자 경운기 생산량은 급격하게 늘어나기 시작했다. 일본 농업사를 연구하는 학자들은 1950년대를 '경운기 붐'이 일어난 시기라고 평가할 정도였다.[28] 이 시기에 농기계 부문을 주도한 회사는 전쟁 물자를 생산하는 '군수기업'으로 활약하다가 전후에 민수용으로 빠르게 전환한 대기업들이었다.[29] 예를 들어 미쓰비시중공업은 0식 함상전투기를 비롯한 군용 기자재를 생산하던 설비를 전환해 1948년부터 경운기 사업에 뛰어들었다. 몇 년 안에 일본의 경운기 시장은 쿠보타(久保田), 얀마(ヤンマ一), 미쓰비시(三菱), 이세키(井関), 사토(佐藤) 등 다섯 개의 대기업이 주도했다. 정밀기계 가공에 풍부한 경험을 갖춘 회사들이 농기계 부문에 진입하자 곧 생산량이 급증해 1968년에는 매년 경운기 500,000대를 생산할 수 있는 능력을 갖추게 되었다.[30] 미국인 지리학자 로버트 홀(Robert B. Hall)이 1954년에 오카야마현의 코조 마을을 방문했을 때 이미 농촌 풍경이 변화하고 있다는 사실을 눈치챌 수 있었다. "일본의 자그마한 농지에 적합하게 개량된 손잡이 달린 트랙터(hand-tractor)"가 널리 이용되고 있다는 점이 홀의 인상에 남았고, 그는 이에 대한 짧은 보고서를 작성했다. 그의 보고에 따르면, 코조 마을에만 700대 이상의 경운기가 돌아다니고 있었는데, 이는 마을 전체 농가의 2/3 이상이 한 대씩 소유하고 있다는 것을 의미했다.[31]

이렇듯 경운기를 둘러싼 글로벌 기술 연결망은 뉴사우스웨일즈와 제네바에서 시작해 미네아폴리스와 도쿄를 거쳐 오카야마현의 시골 마을에까지 도달했다. 전간기(戰間期) 일본의 아마추어 발명가들은 유럽산 가든 트랙터를 개량해 자신의 필요에 맞는 경운기를 만들어냈다. 이어서 전쟁을 통해 기술력을 축적한 대기업들이 경운기 사업에 뛰어들었고, 이는 일본 열도 전역에 경운기가 빠르게 보급될 수 있는 기반이 되었다. 물론 글로벌 기술 연결망의 확장은 여기에 그친 것이 아니라, 이후 벼농사를 많

이 짓는 이웃 나라로 계속해서 퍼져 나갔다. 홀이 1950년대 후반에 지적
했듯이 일본의 경운기는 유사한 영농법을 가진 아시아 국가들로의 "수출
이 늘어날 가능성이 다분했다." 그는 이어서 "인도, 파키스탄, 버마 등에
서 일본을 방문해 경운기에 대해 관심"을 보였고, "일본은 아시아 전역에
농기계에 대해 많은 것을 가르칠 수 있다."고 말했다.[32] 1960년대에 일본
으로부터 가장 많이 배우게 될 학생은 바로 한국이었다.

2. 한국으로 글로벌 기술 연결망의 확장

일본이 '경운기 붐'을 맞았던 1960년 무렵, 한국 사회는 정치적 혼란에 빠
져 있었다. 1948년에 대통령으로 당선돼 십여 년 동안 권좌를 지킨 이승
만 대통령은 그해 4월에 일어난 시민혁명으로 대통령직에서 하야했다. 경
제적 상황도 그리 좋지 못했다. 한국전쟁 이후 재건은 미국으로부터의 경
제원조에 의존하고 있었는데, 이는 1957년 이후 급격하게 줄어들었다. 4
월혁명 이후 수립된 제2공화국의 국무총리인 장면(張勉)은 부흥부에 경
제발전을 위한 5개년 계획을 수립하라고 지시했다.[33] 계획 수립에 도움
을 주기 위해 한국 정부가 초빙한 미국인 자문단 중에는 포레스트 피츠
(Forrest R. Pitts)라는 지리학자가 포함되어 있었다. 피츠는 1960년 5월 "경
제발전위원회 소속의 농업경제학 고문" 자격으로 서울에 도착했다. 그는
서울에 머무르는 동안 농촌 지역을 방문해 농부와 기술 전문가들을 면담
했다. 피츠는 일본의 농업기계화 경험에 대한 지식을 바탕으로 38,000달
러의 예산을 들여 "경운기 도입과 시험을 위한 소규모 시범 사업"을 진행
할 것을 권고했다.[34] 그는 한국 농업에 관한 연구로 한국 "경운기의 아버
지"로 알려져 있기도 하다.[35]

하지만 피츠의 권고를 1960년 당시의 한국 정부가 심각하게 받아들였
던 것 같지는 않다. 이 무렵 한국은 경운기에 대해 거의 모르다시피 했다.

피츠가 보고서에 적었듯이 "최근 하야한 이승만 대통의 반일 정책 때문인지 세관원의 눈을 피한 극소수를 제외하고는 일본제 경운기를 한국에서 전혀 찾아볼 수 없었다."[36] 더구나 정책결정자와 경제학자들은 농업기계화의 가치에 대해 의구심을 품었다. 1960년 8월 어느 일간지에 고려대학교 경제학 교수 이창열(李昌烈)이 실은 칼럼을 보자. "빈곤해방의 기점"이라는 제목의 이 글에서 이창열은 경제발전의 성공을 위해서는 인구의 대다수를 차지하고 있는 농촌 지역에 주목해야 한다고 주장했다. 한편으로 한국의 농민들은 생산성을 높이기 위해 "미국처럼 트랙터를 운전하거나 일본처럼 경운기를 운전"할 필요가 있었다. 반면, "한국의 농민은 트랙터를 운전해서는 안된다는 견해가 있다. 과잉인구 밑에서 가뜩이나 실업자가 많은데, 기계력을 동원해 버리면, 남는 인구는 무엇을 해먹나 하는 걱정"도 있었다.[37] 1960년 무렵 한국 농촌이 취약한 상태에 놓여 있다는 인식은 경운기 도입에 대해 양가적 태도를 갖게 할 수밖에 없었다.

따라서 그로부터 약 18개월 후 박정희(朴正熙)가 농업기계화 추진을 공언한 것은 놀라운 일이었다. 박정희는 장면의 제2공화국을 무너뜨린 1961년 5·16군사쿠데타로 권력을 획득했다. 이듬해인 1962년 2월에 박정희 당시 국가재건최고회의 의장은 전라북도 민정시찰에 나섰다. 목적지는 한국에서 쌀 생산의 중심지인 전주였다. 박정희가 기차에서 내리자마자 기자들이 몰려들었고, 그는 "호남지방은 평야지대인만큼 농업의 기계화를 빨리 추진시켜야" 하며 "농업기계화를 위해 경운기를 많이 도입토록 할 것"이라고 밝혔다.[38] 박정희는 전체 인구의 2/3 이상을 차지하고 있던 농촌 지역 유권자들의 지지를 호소한 것이었다. 실제로 국가재건최고회의의 정책 의제 중 하나는 농어촌 부채를 탕감해주겠다는 것이기도 했다. 한국에 경운기를 대거 도입하겠다는 제안은 한편으로는 명백한 포퓰리즘이었지만, 다른 한편으로는 "농업 발전이 산업화의 전제조건"이라는 박

정희의 믿음을 반영하는 것이기도 했다.[39]

박정희의 발언은 아마도 구체적인 계획까지 염두에 두지는 않았을지도 모르지만, 적어도 앞으로 나아갈 방향을 제시했다. 반일 감정에 경도돼 한국에 일본제 경운기를 들이지 않았던 이승만과는 달리, 박정희는 미국제 트랙터가 아니라 '경운기'를 도입하겠다고 밝혔다는 점에 주목해보라. 이렇게 보면 박정희의 발언은 한국의 기업인들이 일본으로부터 기술 도입을 추진해도 좋다는 암묵적인 허가로 받아들일 수 있었다. 이는 그가 해방 이전에 관동군 장교로 근무한 경력이 있으며, 몇 년 후에는 시민사회의 강력한 저항을 물리치고 한일 국교정상화를 추진할 것이라는 점을 생각했을 때 그리 놀라운 일이 아닐지도 모른다.[40] 이로써 경운기의 글로벌 기술 연결망이 한국으로 연장될 수 있는 길이 열렸다.

1962년이 되자 한국의 몇몇 기업인들이 이미 일본 경운기 제조업체로부터 기술 도입을 받기 위한 준비에 돌입했다. 이들 중 가장 먼저 움직인 곳이 경상남도 진주에 본사를 두고 있던 대동공업(大同工業)이었다. 창업자 김삼만(金三萬)은 어린 시절부터 일본인이 운영하는 철공소에서 일하면서 기계를 다루는 법을 익혔다. 해방 이후 1947년에 그는 대동공업을 설립해 소형 동력기를 수리하고 제작하는 사업을 시작했다. 대동공업이 본격적으로 성장한 계기는 1958년에 미국국제협력처(ICA)로부터 333,084 달러의 차관을 받아 서독에서 다양한 공작기계를 들여오게 된 것이었다.[41] 기본적인 기술력을 확보한 김삼만은 동력기와 탈곡기를 생산하는 주요 농기계 업체로 커나갔다. 1961년에 대동공업은 여섯 종의 동력기를 시판하고 있었는데, 이 중에 5.5마력 등유 엔진이 농촌 지역에서 가장 인기가 있었다.[42] 이 무렵부터 김삼만은 경운기를 눈여겨보기 시작했다.

김삼만이 경운기 시장을 살펴본 결과 미쓰비시, 얀마, 쿠보타 같은 일본 대기업의 도움을 받아야 한다는 사실을 알게 되었다. 기술 도입을 위한 협상 과정은 녹록지 않았다. 김삼만이 일본 측과 접촉을 시작한 것은 1961년 6월의 일이었다. 그해 3월, 그는 서독 기계 제작업체의 초청을 받아 유럽 10개국을 3개월 동안 방문할 기회가 있었다. 김삼만은 유럽의 농부들이 사용하는 거대하고 복잡한 기계에 돌아보면서도, 역시 한국에서는 일본의 경운기처럼 소규모 기계가 적당하리라 생각했다.[43] 그는 유럽으로부터 돌아오는 길에 일본 도쿄에서 15일 동안 머물면서 경운기 제작사들을 찾아갔다. 그는 우선 얀마 디젤 사를 방문했는데, 이곳은 대동공업의 기술제휴 요청을 단호하게 거절했다. 김삼만은 이에 굴하지 않고 이어서 미쓰비시중공업을 찾아가 여러 차례 요청한 끝에 공식적 절차가 정해지면 요청에 응하겠다는 약속을 받아냈다.[44] 두 나라 사이의 국교가 맺어지지 않은 상황에서 일본 대기업들이 적극적으로 나설 이유가 전혀 없었을지도 모른다.

따라서 1962년 2월 박정희 의장의 발언은 대동공업에게는 희소식이었다. 김삼만은 급물살을 타게 된 기술협력 협상을 준비하기 위해 미쓰비시로부터 경운기 한 대를 구매해 진주의 대동공업 공장으로 가져왔다. 그곳에서 대동공업의 기술진은 일본제 경운기를 분해한 후 다시 조립해가면서 조립 방법을 익히는 한편, 국내 조달이 가능한 부품과 수입해야 하는 부품을 나누어 정리하기 시작했다. 기본적인 역설계 작업이 끝나자 대동공업과 미쓰비시는 1961년 12월 10일에 정식으로 기술제휴 계약을 맺었다. 계약서에 따르면, 70%의 부품은 미쓰비시로부터 수입하고, 나머지는 국내 업체에서 조달하게 되어 있었다. 대동공업은 이 부품들을 진주 공장에서 조립할 것이었다. 미쓰비시는 기술 자문단을 진주로 파견해 제조공정을 설치하는 데 도움을 주기로 했다.[45] 그 대가로 대동공업은 권리금으로 3년 동안 16,000달러와 국산 제작 부분품 가격의 2%의 기술사용료를 지불하게 되어 있었다.[46] 그로부터 3개월 안에 양국의 기술진은 일본

제 H6E-CT83 모델의 설계도를 바탕으로 6마력 경운기 150대를 조립하는 데 성공했다.[47] 이것이 한국의 첫 번째 '국산' 경운기였다. 이후 대동공업은 8마력과 10마력 모델도 조립해 판매했다.[48]

일본에서 한국으로의 기술 이전은 성공적이었지만 그 과정이 매끄럽지만은 않았다. 대동공업은 미쓰비시의 설계도면에 따라 만들어진 부품을 이용해 경운기를 조립했기 때문에, 일본제 경운기와 똑같은 복제품을 만들었다고 생각할 수 있다. 하지만 두 기계는 미묘한 차이가 있었다. 이는 몇 년 후 농공이용연구소(農工利用研究所)에서 수행한 성능시험 결과로부터도 확인할 수 있다. 이 연구소가 미쓰비시와 대동공업이 제작한 CT-83 모델을 비교한 결과 몇 가지 면에서 차이가 났다. 우선 대동공업 경운기는 총 중량이 348킬로그램인데 비해 미쓰비시 제품은 320킬로그램이었다. 연구원들은 중량이 차이가 사용된 '주물의 두께' 차이 때문이라고 설명했다. 이는 한국제 경운기에 사용된 철판을 수입한 것이 아니라 국내 업체에서 제작했다는 사실을 방증한다. 또한 견인력(대동공업 견인계수 67.5% 대 미쓰비시 견인계수 80%)과 시간마력당 연료소모량(대동공업 337그램 대 미쓰비시 331그램)도 차이가 나타났다. 농공이용연구소는 두 경운기 모두 이용해 적합한 수준이라고 판단했다.[49] 이러한 시험 결과로부터 알 수 있듯이 대동공업과 미쓰비시 사이의 기술 이전은 두 나라가 보유한 기술 능력의 차이에서 기인하는 약간의 품질 저하를 제외하고는 그럭저럭 성공적이었다고 평가할 수 있다.

이렇게 보면 1960년대 중반 무렵이 되면 경운기의 글로벌 기술 연결망은 한국에까지 연결되었다고 볼 수 있다. 연결망은 곧 한국을 넘어 다른 아시아 지역으로 퍼져 나가게 될 것이었다. 대동공업이 '한국산' 경운기를 수출할 기회는 1967년 한국이 베트남전쟁에 참전을 결정하면서 찾아왔다. 참전을 결정한 것은 이데올로기나 군사적 이유 때문이기도 했지만, 경제적 측면도 중요한 요인이었다. 한국 정부는 베트남으로 전투병 2개 사단을 파병한 대가로 미국으로부터 모종의 혜택을 기대하고 있음을 분명히 했다. 이후 한국은 4억 달러가 넘는 대베트남 수출고를 올리며 역사학자 그렉 브라진스키(Gregg Brazinsky)의 표현에 따르면 "경제적 노다지(economic bonanza)"를 맞게 되었다.[50] 대동공업의 경운기도 한국의 수출품목 가운데 하나였다.[51] 1967년 8월에 대동공업은 남베트남으로 등유식과 디젤식 경운기 100대, 204,000달러어치를 납품했다.[52] 이를 통해 대동공업은 동남아시아 시장으로 진출할 수 있는 교두보를 확보함과 동시에, 해외 사업 경험을 쌓을 수 있었다. 대동공업의 첫 수출품은 사이공에 도착하자마자 불량을 일으키기 시작했는데, 이는 열대 기후에 노출된 부품이 열팽창을 일으켰기 때문이라는 사실을 알게 되었다. 원인을 파악하자 문제는 금세 해결되었다.[53] 베트남에서의 이러한 경험은 대동공업이 1970년대 후반 샴 농업회사(Siam Farming Company)와의 합자를 통해 타이-대동을 설립할 수 있는 중요한 자산이 되었다.[54]

1967년이 되면, 한국의 경운기 산업은 글로벌 기술 연결망의 중요한 중간기착지가 되었다. 대동공업은 1962년 미쓰비시로부터 부품과 기술을 도입한 이래 생산량이 서서히 늘었다. 몇 해 동안은 매년 수백 대를 조립하는 데 그쳤지만, 1967년에는 2천 대를 넘어섰고, 1968년에는 4,500대에 육박했다.[55] 대동공업을 비롯한 몇몇 제조업체에서 만들어낸 수천 대의 경운기가 한국의 농촌 지역에 나타나기 시작했다. 하지만 한국의 농민들이 그것을 어떻게 이용할 것인지, 또는 이용하기는 할 것인지는 여전히 명확하게 알 수 없었다. 기존의 사회경제적 환경은 새로운 기술에 항상 호의적인 것은 아니기 때문이다.

3. 한국 농촌 풍경 속의 경운기

1960년대 한국의 농민들에게 고가의 공산품을 파는 일은 매우 어려운 일이었을 것이다. 그들은 도시 지역 거주자들보다 훨씬 빈곤했고, 따라서 가처분소득이 극히 적었을 뿐만 아니라 영농법의 변화를 수반하는 위험을 감수할 의사가 없다시피 했다. 경운기 제조업체가 이러한 장애물을 극복하고 소비자를 확보하기란 쉬운 일이 아니었다. 더구나 한국의 농민들이 농기계에 무관심한 태도를 보인 구조적 이유도 있었다. 서론에서 간략하게 언급했듯이 당시의 토지 소유 구조는 1949년에 제정된 농지개혁법에 의해 규제받고 있었다. 이 법에 따르면, 3정보 이상의 토지를 소유한 농민은 그 이상의 땅을 정해진 가격에 정부에 양도하도록 했다. 정부는 이렇게 확보한 토지를 "5개년에 걸친 연평균 수확량의 30%"를 받고 분배한다는 계획이었다. 그 결과 소규모 농지를 소유하는 수많은 자영농이 생겨났다. 1953년에 전체 농가의 79.1%는 1정보 이하의 토지를 소유했다.[56] 이것이 대동공업이 한국 농촌 지역에서 경운기를 팔기 시작했을 무렵의 상황이었다.

1950년대에 소규모 자영농이 전체 농가에서 차지하는 비율이 높아진 것은 1960년대에 경운기 보급을 저해하는 요인으로 작용했다. 문제는 경운기의 작업 가능 경지 면적과 한국의 토지 소유 구조가 어긋나 있다는 데 있었다. 앞서 언급한 농공이용연구소에서 수행한 1966년의 성능시험에 따르면, CT-83 경운기가 논농사에 이용될 경우 대당 약 120~160정보를 경작할 수 있었다.[57] 물론 농민들이 경운기의 능력 최대치까지 끌어내 이용할 것이라고 기대할 수는 없었다. 하지만 1963년 가구당 평균 경작 면적이 0.86정보에 불과한 상황에서 경운기는 대단히 강력한 기계였음을 부인할 수는 없다.[58] 더구나 경운기의 가격은 상당히 비싼 편이었다. 1966년에 대동공업 6마력 경운기의 가격은 22만 원이었는데, 이는 그해 농가

평균소득을 훌쩍 뛰어넘는 것이었다. 한 신문기사에서 표현했듯이, 경운기는 빈곤에 시달리는 대부분의 한국 농민들에게는 여전히 '선망의 대상'이자 '그림의 떡'이었다.[59] 경운기의 과도한 성능과 높은 가격은 1960년대 평균적인 한국 농민이 이에 선뜻 투자하기 어렵게 만들었다.

이러한 상황에서 경운기의 성공적 보급을 위해서는 잠재적 구매층에 대한 재정 지원이 필수적이었다. 지원은 두 경로로 이루어졌다. 첫째, 농림부는 예산을 확보해 경운기 구매를 위한 보조금을 지급하기로 했다. 1965년에 농촌기계화 예산은 4.17억 원이었는데, 이는 그 직전 해의 4760만 원과 비교하면 여덟 배 이상 증가한 것이었다. 농림부 예산은 해마다 요동치기는 했지만, 이후 몇 년 동안 수천 명의 경운기 구매자들에게 약 40%의 재정 지원을 제공할 수 있었다.[60] 둘째, 농협을 통해 저리 융자를 제공했다. 통상 이자율보다 훨씬 낮은 이자에 몇 년의 거치기간을 두어 상환하도록 했다. 농림부 보조금과 농협 융자를 통해 농민들은 약 1/3 가격에 경운기를 구매할 수 있게 되었다.[61] 이러한 재정 지원을 통해 판매량은 서서히 증가하기 시작했다. 1966년에 경운기를 소유한 농민의 숫자는 1,555명이었는데, 그 이듬해인 1967년에는 3,819명으로 늘어났다.[62] 하지만 이 정도 속도로 전국 2백만 농가에 경운기를 보급하기란 요원한 일이 아닐 수 없었다.

경운기 보급을 위해 해결해야 하는 문제는 두 가지였다. 하나는 농가 소득 대비 높은 가격이었다. 정부의 재정 지원은 이 문제를 해결하기 위한 것이었다. 다른 하나는 토지 소유 구조 대비 과도한 성능이었다. 이 문제는 해결하기가 더욱 까다로웠다. 농민 대부분에게 경운기는 재정 지원을 받아 부담이 줄더라도 구매하기에 주저할 수밖에 없는 기계였다. 정책 결정자들은 이러한 구조적 딜레마에 대해 잘 알고 있었다. 딜레마에서 벗어나는 방법은 농지개혁법이 규제하고 있는 토지 소유의 상한을 철폐해

농민들이 원하는 만큼 농지를 확장할 수 있게 해주는 것이었다. 이는 농업에서 수익 극대화를 장려함으로써 생산성 증대에 도움을 줄 뿐만 아니라, 점차 늘어나고 있는 경운기를 보다 효율적으로 활용할 수 있게 하는 길이었다. 1965년 초에 이미 집권당인 민주공화당은 농업기본법 초안에 관한 정책보고서에서 '기업농'을 장려한다는 태도를 보였다.[63] 뒤이어 주요 신문사들이 사설과 칼럼을 통해 유사한 주장을 제기했다.[64] 하지만 이러한 내용은 야당의 극심한 반발에 부딪혔다. 이들은 농지개혁법에 깔려 있는 '경자유전(耕者有田)' 원칙이 무너질 것을 우려했기 때문이었다. 일제강점기 소작농 생활에 대한 기억이 생생한 이들에게 경자유전 원칙은 절대적으로 지켜야 하는 것이었다.

이렇듯 농업기계화를 추진하자는 주장은 당시 토지 소유 구조를 둘러싼 논쟁과 긴밀하게 연동되어 있었고, 이는 곧 한국 사회에서 농업이 차지하는 위치에 관한 논쟁이기도 했다. 토지 소유의 상한을 철폐하는 것이 성공적인 농업기계화의 전제조건이 되었다. 경운기가 가진 성능을 효과적으로 이용하기 위해 한국 농민들은 영세적인 영농 방식에서 벗어나 이윤을 추구하는 사업가로 변신할 필요가 있었다. 1969년에 한 신문 기사가 지적했듯이 "동력경운기의 연간 작업량은 5정보"였다. 현행 토지 소유 상한인 3정보를 감안하면 "개개농가는 동력경운기 하나 가질 필요가 없다는 계산이 나온다."는 것이었다. 더구나 "농업 노동력은 점점 줄어들고 있으며 이에 따라 임금도 빠른 '템포'로 상승하고 있다. 인력을 동력으로 바꾸어야 할 필요성은 더할말 나위조차 없으며 따라서 경지규모도 커져야 한다는 것이다."[65] 즉, 1960년대 후반에 경운기 보급의 문제는 한국의 토지 소유 구조를 둘러싼 정치적 논쟁의 핵심 고리로 부상했다.

농업기계화와 토지 소유 구조 사이의 연동은 한국의 미래 비전을 제시한 획기적인 연구 결과에서도 찾아볼 수 있다. 1970년 한국과학기술연구소(KIST)는 새로 설립된 한국미래학회와 공동으로 "서기 2000년의 한국에 관한 조사연구"라는 제목의 보고서를 발간했다. 최첨단 델파이 기법을 이용해 장기적 미래 예측을 목표로 한 연구였다. 결과 보고서의 한 장은 서기 2000년 한국인의 생활을 도시와 농촌으로 나누어 묘사하는 것이었다. 미래 한국의 농촌 생활을 특징지을 수 있는 두 개의 키워드는 '기계화'와 '대규모'였다. 이후 30년 동안 "농촌의 70% 정도가 기계화될 것이다. 우리 국토의 산간 지형을 고려한다면, 이는 사실상 모든 농업이 전면적으로 기계화됨을 의미한다." 또 다른 중요한 변화는 '농업의 기업화'였다. "제조업과 같이 농업에 관리와 자본이 도입될 것이다. 농업생산성은 제조업에 육박하게 된다."[66] 이 연구에 참여한 KIST 연구원들이 사용한 언어는 몇 해 전 공화당 정책보고서의 입장과 대단히 비슷했다. 정치권의 비전이 한국의 미래를 예측하는 연구에 영향을 미쳤을 가능성이 크다.

하지만 정치권력이 원한다고 해서 대규모 기업형 농장이라는 비전이 그대로 실현되는 것은 아니다. 토지 소유 상한을 철폐하려는 집권당의 시도는 야당의 반대에 부딪혀 실패했다. 1960년대 후반 공화당은 3정보 이상을 소유하고자 하는 사람은 정부의 특별 허가를 받아야 한다는 농지법 개정안을 제시했지만, 이조차 농민들의 강력한 저항을 불러일으켰다. 결국, 이 법안은 국회 본회의에 상정되지도 못한 채 1971년에 폐기되었다.[67] 박정희 대통령과 공화당은 권력을 가지고 있었지만, 대통령 선거를 앞두고 농촌 지역 지지층의 이반을 감수하면서까지 토지 소유 상한 철폐를 강행할 수는 없었다. 이후 몇 차례에 걸쳐 법 개정을 추진했지만 번번이 반대에 부딪혔고, 한국의 토지 소유 구조는 1980년대까지 기본적인 형태를 유지하게 되었다.

토지 소유를 둘러싼 구조적 딜레마에서 벗어나기 위한 노력이 무위로 돌아가던 와중에 예기치 못한 현상이 나타나기 시작했다. 농민이 아닌 사람들이 정부 보조금을 이용해 값싸게 경운기를 구매하는 일이 빈번하게 일어났던 것이다. 1967년 《경향신문》은 어느 도시의 길거리에 연탄을 가득 싣고 어디론가 옮기는 경운기의 모습을 담은 사진을 게재했다. 이 사진 아래 설명에 따르면, "농사에 써야 할 경운기가 시중에서 연탄을 나르고" 있었는데, 이는 경운기 본래의 목적에 어긋난 오용이라는 지적이었다.[68] 이 문제는 이듬해 열린 국회 재경위원회 회의장에서도 쟁점으로 등장했다. 야당인 신민당 국회의원 김재광(金在光)은 "경운기 값이 너무 비싸 수요자인 농민들이 이용할 수 없"다며 포문을 열었다. 그는 이어서 시중에 풀린 경운기가 "도시의 연탄공장이자 시장 등의 운반수단으로 쓰여지고 있다."고 지적했다.[69] 그로부터 몇 년 후인 1971년에 출간된 농림부 농업기계화 보고서 역시 유사한 문제를 제기했다. 농협이 "물가 상승률을 하회하는 이자"로 제공하는 융자금 때문에 "동력경운기 구매권의 획득 자체가 이권시"되었다는 것이었다. 이를 노리고 "부락 유지급의 똑똑한 사람"이나 "중소도시 주변"의 사업가들이 불법적으로 경운기를 구매해 실질적인 혜택을 보아야 할 농민들의 기회를 빼앗고 있다는 지적이었다.[70] 엉뚱한 곳에 사용되고 있는 경운기를 둘러싼 논란은 1960년대 말과 1970년대 초에 커졌는데, 이는 경운기가 여전히 한국의 사회경제적 풍경 속에서 제자리를 찾고 있지 못하다는 사실을 보여주는 것이었다.

정부의 기대와는 달리, 1971년 무렵까지 전국에는 불과 16,000여 대의 경운기가 보급되는 데 그쳤다. 경운기 도입이 시작된 지 10년 가까이 지났지만, 한국 농민들은 여전히 경운기를 영농 활동에 적극적으로 활용하지 않았다. 그들은 경운기가 지나치게 고성능에다가 비싸다고 생각했는데, 이는 당시의 소규모 자영농 중심의 토지 소유 구조와 맞지 않았기 때문이었다. 이러한 딜레마가 정치적인 문제로 해소되지 못하고 남아 있는 한

생산량이 점차 증대되고 있던 경운기는 예기치 못한 장소에 나타날 수밖에 없었다. 하지만 이와 같은 교착 상태는 오래가지 않았다. 1960년대의 급속한 공업화로 농촌 지역의 인구가 도시 지역으로 이주하기 시작해 1960년대 후반 정도가 되면 농촌 지역의 노동 부족 문제가 대두되었기 때문이었다. 이제 정부는 경운기 도입에 대한 저항을 서둘러 극복할 방안을 보다 적극적으로 모색할 수밖에 없게 되었다.

4. 농업기계화 계획

1971년 5월 24일 농림부 장관 김보현(金甫炫)과 상공부 장관 이낙선(李洛善)은 경제장관회의에 "농업기계화 계획"이라는 제목의 제안서를 제출했다. 이 문서에서 이들은 농업기계화를 위한 5개년 계획의 일부로 경운기를 비롯한 여러 농기계의 광범위한 보급을 위해 예산 약 185억 원의 배정을 요청했다. 이들은 농업기계화에 박차를 가해야 하는 이유를 다음과 같이 설명했다. 그해 제2차 경제개발 5개년 계획이 성공적으로 마무리되어 공업 부문이 어느 정도 발전하게 되었고, 그 결과 이촌향도 현상이 본격적으로 나타나기 시작했다. 1968년에 농촌 지역 인구는 해방 이후 처음으로 줄어들기 시작했다. 그 이듬해인 1969년에 일자리를 찾아 농촌을 떠난 사람의 숫자는 30만 명을 넘어섰다. 1971년이 되자 농촌 지역의 노동력 부족이 심각한 문제로 대두되었다.[71] 정부가 농업기계화에 다시 관심을 기울이게 된 데에는 이러한 문제에 대응하기 위한 것이었다.

따라서 1971년의 "농업기계화 계획"은 노동력 부족 문제에 초점을 맞추었다. 계획의 목적은 다음과 같았는데, 아마도 중요도 순으로 적은 것으로 보인다.

가. 감소되는 농업 노동력의 기계 대치(代置)

나. 단위 노동 시간의 생산성 증가

　다. 적기적작(適期適作)에 의한 증수(增收)

　라. 토지 이용의 고도화

　마. 토지 개량과 지력 증진

　더 많은 경운기의 보급이 이러한 문제들을 해결해줄 것이었다. 따라서 경운기 제조업체와 소비자에게 재정 지원을 투입해 1976년까지 5년 동안 총 43,740대의 경운기를 보급한다는 계획이 도출되었다. 이 사업을 위한 재원은 "정부의 예산지원과 국제기구 또는 외국으로부터의 차관전대자금(借款轉貸資金)을 총망라하여" 확보하고, "농협에 특별계정을 설치 운영"하여 전국의 수혜자에게 혜택이 돌아갈 수 있게 했다. 계획은 최종 목표로 1976년까지 "450천 ha를 기계화"한다고 잡았는데, 이는 당시 논농사 면적의 약 1/3에 해당하는 것이었다.[72] 이러한 야심 찬 계획은 즉시 시행되었을 뿐만 아니라, 시행되면서 규모가 더욱 늘어났다. 1973년 11월에 청와대 제1경제수석비서관이 농업기계화 계획의 추진 현황을 대통령에게 보고했다. 이 보고서에 따르면, 경운기 보급 목표는 1976년까지 10만 대로 상향되어 있었고, 지원액은 농협을 통해 대당 225,000원의 융자금을 연리 9%에 7년에 걸쳐 상환하도록 하였다.

　공적 지원을 정당화하기 위해 제1경제수석비서관은 경운기를 둘러싼 구조적 딜레마의 인과관계를 뒤집었다. 1970년대 초 냉전 논리를 이용해 당시 한국의 정치경제적 상황 속에서 경운기를 거부할 수 없는 것으로 만들었던 것이다. 이 보고서에 포함된 표를 보면, 한쪽에는 한국, 일본, 대만을, 다른 한쪽에는 북한의 농업기계화 노력을 두어 대비시켰다. 한국, 일본, 대만에서는 '자유농민'이 사유 토지에서 경운기를 '중추(中樞) 기계'로 이용해 소규모 영농을 하는 것이 일반적이었다. 반면, 북한에서는

'농노적 지위'로 전락한 농민들이 대규모 국유농장에서 트랙터를 이용했다.[73] 이렇게 보면, 경운기의 딜레마는 소규모 자영농으로 이루어진 '자유경제' 체제의 한 부분이 된다. 북한의 사례는 농업기계화를 위해 효과적인 모델일 수 있었지만, 아무리 농업생산성을 높일 수 있는 길이라고 해도 한국의 농민이 스스로 '통제경제' 하의 '농노적 지위'를 택하지는 않을 것이었다. 따라서 경운기와 같은 강력한 기계의 비효율적인 이용은 자유경제체제를 유지하고 공산주의의 확산을 막기 위해 한국의 농민들이 지불해야 하는 비용이 되었다.

이렇듯 정부는 경운기를 자유롭고 근대화된 사회를 상징하는 기술로 포장하려 노력했지만, 그것이 곧바로 경운기 이용률이 높이지는 못했다. 1970년대 내내 경운기 생산이 이어졌고 그것은 농촌 지역으로 보급되었으나 농민들의 구매로 곧바로 이어지지는 않았던 것이다. 1974년에 한 신문의 사설은 정부의 농업기계화 사업이 "벽에 부딪"혔다고 평가했다. 경운기 보급이 애초의 계획에 턱없이 미달하고 있었다. 정부 시책에 따라 농기계를 구입한 농민들은 "생산비 부담을 가중시켜… 경제적 손실"을 입고 있다는 지적이었다. 이 사설에 인용된 농협 보고서에 따르면 8마력 경운기의 "농기계 활용 적정 규모"는 5.26정보였는데, 이는 농지 소유 상한을 훌쩍 뛰어넘는 면적이었다.[74] 정부가 성급하게 추진한 농기계 보급 사업으로 소규모 자영농들이 경운기를 구매하고 있었지만, 많은 경우 "경운보다는 운반작업에 더 많이 이용"한다는 문제가 생겨났다. 경운기를 운송수단으로 이용하는 것은 농민들의 투자를 정당화할 수 있는 유일한 방법이었다.[75] 1980년에 농업기계화연구소에서 발간한 보고서에서도 알 수 있듯이, 이러한 경향은 1970년대 후반까지 지속적으로 나타났다. 이 보고서의 필자들은 1979년 4월부터 1980년 3월까지 1년 동안 전국 278개 농가에서 동력경운기 이용 실태를 조사했다. 조사 결과 한국의 농민들은 하루 평균 경운기 작업시간이 "3시간 정도로 극히 저조한 실정"이라는 사실이 밝혀졌다. "이용시간이 저조한 원인을 대면하면 동력경운기의 매년 확대보급에 따른 대수의 증가와 운반수단의 현대화에 따른 이용율의 감소 및 이용범위가 한정되어 있기 때문인 것으로 판단"했다. 결론적으로 이 보고서는 제조업체들이 동력경운기의 "크기를 현재 8~10마력에서 5~6마력으로 줄이고 부착 작업기를 다양화"할 것을 제안했다.[76]

즉, 1970년대 말 무렵 한국에서 경운기의 사회적·정치적 의미가 미묘하게 변화했다고 볼 수 있다. 경운기 도입 초기에 정책결정자들은 경운기는 값비싼 장치이기 때문에 최대치로 활용해야 한다고 생각했다. 성능에 비해 낮은 수준의 이용은 투자금을 낭비하는 것이라고 받아들여졌기 때문에 문제시되었다. 나아가 경운기를 본래의 목적인 '경운' 이외의 용도로 사용하는 것 또한 문제였다. 이러한 행태는 언론에서뿐만 아니라 국회 회의장에서도 강력한 규탄의 대상이 되었다. 하지만 1970년대 말이 되자 농촌 지역에서 경운기를 비교적 가볍게 사용하는 것은 여전히 문제이기는 했지만 그럴 수도 있는 일로 받아들여졌다. 경운기를 운송수단으로 사용하는 것은 공식 보고서에서도 어쩔 수 없는 사실로 기술되기 시작했다. 이렇게 영농에서 경운기의 역할에 대한 엄격한 해석을 완화함으로써 그것의 확대 보급을 정당화할 수 있었던 것이다. 따라서 기술의 의미가 변화한 것은 한국의 농촌 풍경 속에서 경운기가 점차 늘어났기 때문이 아니라, 오히려 정부가 농업기계화 사업을 급속하게 추진하는 과정에서 그것을 정당화하기 위해 나타난 부산물 같은 것이었다고 보아야 할 것이다.

맺음말

정부가 1971년에 제안한 농업기계화 계획은 한국 농민들 사이에서 경운기의 이용을 성공적으로 촉진했다. 이 사업이 마무리된 1976년에 한국의 농촌 지역에는 122,000대의 경운기가 보급되어 있었다. 이 숫자는 1998년까지 지속적으로 증가하다가, 이후 경운기가 트랙터로 대체되면서 서서히 줄어들게 되었다. 그 과정에서 경운기는 한국인의 대중적 정서 속에서 특별한 위치를 차지하게 되었다. 많은 한국인은 1980년대 또는 1990년대 좁은 농로를 따라 털털거리며 다니는 경운기의 정겨운 모습을 기억할 것이다. 시인 김정환(金正煥)이 1982년에 출간한 첫 시집에는 "경운기를 타고"라는 제목의 시가 수록되어 있다. 20대 후반의 젊은 시인은 안타까운 연인의 애틋함을 경운기라는 은유로 표현했다. "사람이 가난하면/ 이렇게 만날 수도 있구나 털털거리는 경운기를 타고/ 너는 그쪽에서/ 나는 이쪽에서/ 오래도록 깊게 패인, 너의 주름살로 건너오는/ 터질 듯한 그리움이여/ 너와 나 사이를 가르는 삼팔선 같은/ 먼지의 일렁임이여."[77] 이 시는 당시 널리 보급된 경운기를 운송수단으로 사용하는 것이 일반화된 모습을 잘 보여준다.

한국에서 경운기의 사례는 혁신 중심의 관점이 아닌 기술의 역사를 서술할 수 있는 좋은 기회를 제공한다. 데이비드 에저튼(David Edgerton)이 『낡고 오래된 것들의 세계사』에서 지적하듯이 혁신과 새로움에만 초점을 맞춘다면 "수많은 지역에는 기술의 역사가 있을 수가 없다."[78] 기술사는 새로운 사물을 만들어내는 것 이상의 이야기를 할 수 있어야 한다. 동아시아에서 경운기의 이야기는 기술의 글로벌 연결망이 점차 넓은 지역으로 퍼져가는 과정에서 개량, 역설계, 땜질(tinkering) 등을 통해 다양한 지역 조건 하에서 기술을 이용하려는 노력의 연속이었다. 유사하게, 한국에서 경운기의 이야기는 "모방에서 혁신"이라는 단순한 선형적 서사로는 포착할 수 없다.[79] 한국의 경운기는 일본의 미쓰비시 CT-83 모델을 모방한 것이었고, 그 기본적인 형태는 오늘날까지 이어지고 있다. 미쓰비시는 전간기 농부-발명가들의 작업을, 그들은 스위스 SIMAR의 가든 트랙터를 자신의 필요에 맞게 개량한 것이었다. 하지만 대동공업의 기술자들은 1963년 최초의 '국산 경운기'를 조립하는 데 성공하고, 1967년에 베트남으로 수출을 시작할 수 있었던 것을 자랑스럽게 생각했다. 이렇듯 경운기라는 비교적 일상적인 기술이 주변부에서 어떤 경로를 거쳤는지를 검토함으로써 우리는 기술이 세계 각지로 이동하는 글로벌 연결망의 형성에 대해 알 수 있게 된다.

한국에서의 경운기는 기술의 적절성이라는 더욱 큰 역사적 질문을 던질 수 있게 해준다. 특정한 기술을 어떻게 사용하는 것이 '적절'한가에 관한 판단은 한 나라의 농업 및 경제 전략을 기획하는 사람들의 생각, 즉 기계화가 자유롭고 발전하는 국가의 척도라는 믿음을 반영한다. 일단 경운기가 한국 농촌에 보급되면 그것은 국가의 미래 비전에 물리적으로, 수사적으로, 문화적으로 끼워 맞춰지게 된다. 경운기의 최종 사용자가 이 비전을 전적으로 공유했던 것은 아니었다. 사용자인 농민들은 주로 소규모 자영농들이었고, 최첨단 기계에 많은 자금을 투자할 이유를 찾지 못했다. 근대화와 기계화를 추진한 정부 관료들은 농민들이 경운기를 예상하지 못한 방식으로 사용하는 것을 받아들임으로써 조국 근대화의 표피를 유지할 수밖에 없었다.

새로운 기술이 사회경제적 환경 속으로 진입하면서 자연스럽게 녹아들어가는 예도 없지는 않다. 하지만 대부분은 어느 정도의 상호조정 과정을 거치게 된다. 경운기의 사례에서 1960년대 한국은 그리 호의적인 환경이 아니었다. 하지만 냉전 개발이라는 이데올로기를 받아들인 박정희 정권의 정책결정자들은 한국 농업의 성격을 탈바꿈시키기 위한 노력의 일부로 경운기를 농업 근대화의 상징으로 내세웠다. 이렇게 해서 기술과 사회 개혁은 순환 논리의 구조를 이루게 되었다. 한편으로 농업기계화는 토지개혁의 필요성을 정당화했고, 다른 한편으로 토지개혁은 농기계를 효율적으로 이용하기 위한 전제조건이 되었다. 이러한 한국의 사회경제적 풍경 속에서 경운기가 무엇이고, 무엇을 하는 기계인지에 대한 개념이 서서히 바뀌었다. 제조업체, 정책결정자, 농민들 사이의 오랜 협상의 과정을 통해 경운기는 한국인의 정서에서 확고한 상징적 의미를 차지했다. 돌이켜보면 한국의 농업기계화 경험을 성공적이라고 평가할 수도 있을 것이다. 하지만 이 글을 통해 알 수 있듯이 사후에 내려진 깔끔한 평가는 복잡한 과정을 은폐하기 마련이다.

3장

좋은 곡식, 나쁜 곡식, 외래 곡식
: 한국 근현대사에서 쌀, 보리, 밀의 엇갈린 운명[80]

1935년 한 신문 기사는 "하얀 이밥은 독이 됩니다"라고 무서운 경고를 던졌다. 흰쌀밥을 선호하는 한국인의 식성이 비타민 B 결핍증인 각기병을 유발할 수 있다는 것이다.[81] 그로부터 정확히 70년이 지난 2005년, 텔레비전에는 "한국인의 에너지, 쌀"이라는 공익광고가 나와 쌀밥 소비를 장려하였다. 이 광고의 마지막 장면은 거부할 수 없을 정도로 식욕을 돋우는, 갓 조리되어 김을 내뿜는 윤기 나는 흰쌀밥 한 그릇을 클로즈업하는 것으로 끝난다.[82] 일제강점기의 신문 기사와 달리 텔레비전 광고는 백미의 잠재적 위험에 대해 전혀 언급하지 않았다. 2005년 공익광고를 만든 이들의 관심은 단지 어떻게 하면 사람들이 백미 현미를 가리지 않고 더 많은 쌀을 소비하도록 할 수 있을 것인가였다.

한국 사람들이 흰쌀밥이라는 똑같은 대상에 대해 70년의 시차를 두고 정반대 반응을 보이게 된 까닭은 무엇일까? 무엇이 1930년대 중반에는 한국인들로 하여금 흰쌀밥을 경계하도록 만들었고, 반대로 2000년대에는 그렇게 경계했다는 사실조차도 완전히 잊게 만들었을까? 한국인의 식생활에는 어떤 문제가 있었다가 사라졌는가? 그 문제는 과연 실재하는 것이었는가? 한국 정부는 그렇게 열심히 흰쌀밥을 먹지 말라고 국민을 설득하다가 180도 태도를 바꾸어 흰쌀밥을 많이 먹으라고 하면서, 그 입장 변화에 대해 합리적인 설명을 했는가?

이 장에서는 이러한 질문에 답하기 위해 한국에서 역사적으로 중요했던 세 가지 곡식인 쌀, 보리, 밀이 걸어온 길을 비교한다. 쌀은 한국인들에게 항상 최고의 음식으로 여겨져왔다. 밀은 과거에는 희귀한 별미에 가까웠지만, 현대 한국에서 수입을 통한 공급량이 늘어나면서 그 수요도 크게 늘어나 오늘날에는 쌀에 버금가는 중요한 곡물의 자리를 차지했다. 한편, 보리는 역사적으로 오랫동안 쌀을 보조하거나 대신하는 중요한 역할을 수행했지만, 시대의 변화에 따라 20세기 말 무렵이면 사실상 그 존재감을 잃게 되었다. 이 장에서는 현대 농업과학기술사의 맥락 안에서 이세 곡식의 엇갈린 궤적을 추적해볼 것이다. 이는 영양학이나 농학 같은 과학기술의 역사이기도 하며, 동시에 국제적 차원과 국내적 차원이 서로를 구성하는 정치와 사회의 역사이기도 하다.

1. 한국 전통사회의 쌀, 보리, 밀

쌀은 한반도에 전래된 이래로 한국인들에게 가장 중요한 곡물 작물이었다. 재배벼(Oryza sativa)는 동남아시아 몬순지대에서 중국을 거쳐 한반도로 전해진 것으로 여겨진다. 하지만 지금까지 발견된 벼 표본 중 가장 오래된 것은 흥미롭게도 한반도에서 출토되었다. 충청북도 소로리에서 1998년 출토된 탄화미는 방사성동위원소 측정 결과 구석기시대 후기(13,000~16,000년 전)에 매장된 것으로 판정되었다. 이는 현존하는 쌀 표본 가운데 가장 오래된 것인데, 쌀알의 특징을 분석한 결과 재배벼가 아니라 야생벼를 순화(domestication)시키는 중간 단계의 벼라는 주장도 있어 그 정체에 대해서는 아직도 연구가 진행 중이다.[83]

그러나 "쌀이 한국인의 주식"이라는 말은 20세기 초까지만 해도 현실보다는 이상을 반영한 바람에 가까웠다. 쌀은 언제나 모자랐으므로, 전근대 한국 사회의 서민들이 윤기가 흐르는 잘 정미한 흰쌀밥을 먹을 수 있는 것은 명절이나 조상에게 제사를 올리는 날 정도였다. 북한 사회주의 정권의 구호가 "이밥에 고깃국"이었다는 것도, 쌀에 대한 한국인의 열망이 어느 정도였는지를 보여준다.[84]

만성적인 쌀 부족에 시달리던 한국인들은 기근의 위험을 피하기 위해 다양한 대체 식량작물을 개발하였다. 보리는 쌀에 대한 가장 중요한 대안재 또는 보완재였다. 첫째, 보리는 밀처럼 가루를 내지 않더라도 낟알 그대로 쌀과 섞어 밥을 지을 수 있어서, 쌀 중심의 한국 음식문화와 잘 호환되었다. 둘째, 보리는 쌀과 돌려짓기(이모작)가 가능했으므로 한정된 땅에서 식량 생산을 높일 수 있는 좋은 보완재였다. 보리의 역사적 중요성을 역설적으로 드러내주는 말이 1970년대까지 흔히 쓰였던 '보릿고개'라는 표현이다. 보릿고개란 지난가을 수확한 쌀은 바닥났지만 아직 봄보리가 수확되지 않은 늦봄의 힘든 시절을 가리켰다. 식량이 끊기지 않고 보릿고개를 무사히 넘긴다면 가을에 햅쌀을 수확하여 다시 1년을 이어갈 수 있겠지만, 매년 이 고개를 넘을 수 있을지는 장담할 수 없었다. 이 말이 함축하는 바와 같이, 보리는 수세기에 걸쳐 한국인이 삶을 이어가는 데 크게 기여하였다.

콩, 기장, 수수 등 다른 '잡곡'들도 한반도 전역에서 널리 재배되었다. 감자와 고구마는 17세기에 한반도에 소개되었고, 곧 일부 지역에서 중요한 작물이 되었다. 콩은 고기가 일반적으로 부족한 농경사회에서 단백질 공급원으로도 중요했다. 이들 작물은 대체로 쌀과 보리와 섞어 밥을 지어 양을 늘릴 수 있었지만, 주식으로 여겨지지는 않았고 주식의 보완재 또는 대체재의 성격을 벗어나지 못했다.

한편, 밀은 전근대 한국 사회에서는 일상적인 식재료의 자리에 들지 못했다. 밀은 한반도 내에서 제한된 지역에서 재배되었으며 쌀과 보리에 비해 생산량이 적었다. 한국의 토종밀이 세계에 의미 있는 기여를 하기는 했다. 한국의 토착밀 중 키 작은 품종 '앉은뱅이 밀'은 근대에 일본 농학자들의 눈에 띄었고, 20세기 초 일본에서 이것을 개량하여 '다루마'라는 반왜성(半矮性) 품종을 개발하였다.[85] 일본에서 다루마를 토대로 개량한 일본 밀 품종 '노린10호'는 제2차 세계대전 종전 후 일본과 협력하게 된 미국 농학자들의 눈길을 끌었다. 노먼 볼로그(Norman Borlaug)는 노린10호를 바탕으로 반왜성 밀 품종을 개발하여 멕시코와 인도 등에 보급, '녹색혁명'의 물꼬를 텄다.

하지만 한국인의 전통적 식생활에서 밀은 쌀이나 보리와는 다른 자리를 차지하고 있었다. 우선 밀은 쌀이나 보리와 달리 낟알 그대로 조리하는 입식(粒食)에는 맞지 않았다. 밀의 소비를 늘리기 위해서는 밀을 주식으로 하는 다른 문명권처럼 가루로 빻고 반죽을 숙성하여 화덕에서 굽는 등, 밥짓기와는 다른 여러 가지 준비 절차가 별도로 필요했다. 쌀밥을 주식으로 하는 문화권에서 화덕(오븐)을 갖추는 것은 어려운 일이었으므로 한국에서 빵 문화는 발달하지 못했다. 빵을 굽는 대신 국수로 만들어 먹는 방법도 있었지만, 이것도 낟알을 도정하여 끓이기만 하면 되는 입식에 비해서는 손이 많이 가는 일이었다. 게다가 한반도의 기후에서 밀 재배지역은 한정되어 있었다. 전근대의 한국 요리책에 밀가루 국수 조리법이 몇 가지 소개되어 있기는 하지만, 이것들은 일상적인 식사보다는 가족 의식이나 중요한 손님맞이 같은 특별한 행사를 위한 특별한 품목으로 묘사되었다. 오늘날에도 한국에서는 결혼식과 같은 잔치 자리에는 밀가루 소면을 따뜻한 육수에 말아 낸 '잔치국수'가 빠지지 않는다. 한국의 결혼식은 오늘날 완전히 서양식이 되었지만, 결혼 피로연에서도 양식 만찬 뒤에는 잔치국수가 한 그릇 나오곤 한다.

2. 근대 영양학과 흰쌀밥의 수난

쌀의 지배적인 지위는 개항과 일제강점기를 거치면서도 도전받지 않았다. 다만 쌀에 대한 인식과 쌀 부족에 대한 서술 방식에는 미묘하지만 중요한 변화가 있었다는 점이 눈에 띈다. 전근대 한국에서 만성적인 쌀 부족은 사회의 고질병으로 여겨졌고, 그 원인으로는 발달하지 않은 농업기술과 지주들의 과도한 착취 등이 거론되었다. 하지만 1920년대 이후 새로운 건강 담론이 주류가 되면서, 쌀 부족은 해결해야 하는 비극이 아닐 수도 있다는 관점이 대두되었다. 현대 생리학에 기반을 둔 새로운 영양학은 흰쌀밥이 건강을 해칠 수도 있다는 사실을 강조했고, 그 연장선상에서 생각하면 쌀 대신 다른 곡식을 먹는 것은 빈곤에 따른 불가피한 선택이 아니라 오히려 개인의 건강을 증진시키기 위한 적극적인 선택일 것이다.

1) 각기병 연구와 비타민의 발견

흰쌀밥이 건강을 해칠 수 있다는 경고는 1900년대 초반부터 나오기 시작하였다. 이는 비타민 B1(티아민)의 결핍증인 각기병에 대한 연구를 바탕으로 한 것이었다. 유럽의 과학자들은 19세기에 각기병의 존재를 알게 되었다. 네덜란드 식민지였던 바타비아(오늘날의 자카르타)에서 '베리베리'라는 이름의 병을 알게 된 네덜란드 의학자들은 이것을 유럽 학계에 쌀을 먹는 아시아 국가들의 풍토병으로 보고하였다.[86] 일본에서는 이 병이 흰쌀밥을 먹는 에도(오늘날의 도쿄)의 부유층이 걸리는 병이라 하여 "에도의

병(에도와즈라이, 江戸煩い)"이라는 별명으로 불리기도 했다.[87] 메이지유신 이후, 유럽에서 훈련받은 일본 의사들이 서양 의학의 관점에서 이 병에 대한 연구를 시작했다. 영국에서 훈련받은 일본인 해군 의사인 다카키 가네히로는 1880년대에 식단을 다변화하면 이 질병의 발생을 줄일 수 있다는 것을 알아챈 선구자 중 한 명이었다. 크리스티안 에이크만(1897년), 프레데릭 홉킨스(1898년), 헤릿 그리인스(1901년)를 비롯한 유럽의 연구자들도 비슷한 연구 결과를 발표했다. 에드워드 브라이트 베더는 1910년대 초에 쌀겨 추출물이 각기병을 치료할 수 있다는 것을 확인했다. 1910년, 독일에서 훈련을 받은 일본의 화학자 스즈키 우메타로는 쌀겨 추출물에서 각기병을 예방하고 치료할 수 있는 물질을 분리하는 데 성공했다. 폴란드의 생화학자 카지미르 풍크도 1912년 같은 물질을 분리하는 데 성공했는데, 그는 이것을 생명에 필수적인 아민(amine) 계열의 물질이라는 뜻으로 '비타민(vitamine)'이라고 이름 붙였고, 이 이름이 곧 널리 받아들여지게 되었다.

비타민이라는 새로운 존재가 알려지자 제약회사와 식품 생산 업체들이 이 신대륙에 앞다투어 뛰어들었다. 스즈키는 자신이 발견한 물질에 벼의 학명 '오리자 사티바(Oryza sativa)'부터 따온 '오리자닌'이라는 이름을 붙여서 일본에서 특허를 받았다. 그는 오리자닌을 상품화하였으며, 쌀겨 추출물을 상품화하여 "각기병, 아이들의 영양실조, 식욕부진"의 예방과 치료약으로 선전하기 시작했다. 뒤이어 여러 가지 비타민들의 존재가 속속 밝혀졌고, 대구 간유(비타민 A), 맥주 효모(비타민 B군) 그리고 구연산(비타민 C) 등 다양한 형태의 비타민 보충제가 시장에 선을 보였다.

그러나 영양 결핍증을 약 또는 보충제로 치료한다는 생각은 곧 한 가지 아이러니에 직면했다. 비타민을 비롯한 미량영양소(micronutrients)들은 매우 적은 양만 섭취해도 되기 때문에, 그 결핍증의 예방과 치료도 매우 쉽다. 대부분의 비타민 결핍은 일상 식단을 조절하는 것만으로 성공적으로 치료되고 예방될 수 있기 때문에, 사실 상품화된 제품을 구매하기 위해 추가 비용을 들일 필요가 거의 없다. 예를 들어 각기병을 예방하기 위해서는 현미나 보리를 소량 섞어 밥을 짓거나 비타민 B가 함유된 채소와 함께 반찬을 준비하면 된다.

그런 아이러니는 '백미 과다 소비'가 사실상 없었던 전근대 한국 같은 사회에서 더욱 뚜렷하게 나타났다. 각기병이 일본에서 '에도 병'으로 불렸던 것에서도 알 수 있다시피, 흰쌀밥을 끼니마다 먹을 수 없었던 농촌에서는 전근대 사회에서도 각기병은 큰 문제가 되지 않았다. 한국에서도 근대와 일제강점기를 거치면서 쌀 공급량은 늘 수요에 미치지 못했기 때문에, 각기병은 전국적인 문제가 된 적이 없었다. 조선 후기에 서양 선교사들이 남긴 기록에서도, 일본과 달리 한국에서는 가장 큰 도시인 서울(한양)에서도 각기병 환자를 거의 확인할 수 없었다고 한다.[88]

따라서 제조 업체와 판매 업체들은 비타민 보충제 상품에 대한 새로운 수요를 창출하고, 나아가 이전에는 존재하지 않았던 시장을 창출할 필요가 있었다. 비록 비타민 결핍증이 한국인들에게 현저한 위협으로 인식된 적이 없었음에도 불구하고, 각종 매체와 광고는 비타민 결핍에 대한 두려움을 부추겼다. 1920년대 무렵이면 한국인들은 뉴스, 광고, 학교 교과서에서 각기병, 괴혈병, 구루병 환자들의 끔찍한 모습을 수시로 접했고, 그 결과 점차 비타민 결핍증과 영양 보충제로서의 비타민 제품의 필요성에 대해 알게 되었다.

2) 전시의 혼분식 강요와 영양학

1930년대 후반부터 비타민에 대한 인식이 확산되면서, 제약 기업들은 비타민 보충제를 상품으로 팔 수 있게 되었다. 한편 비슷한 시기에 식민 당국은 백미 반대 운동을 벌이기 시작했다. 1937년 중일전쟁 개전 이후, 일본 정부는 제국 전역에 엄격한 긴축 정책을 시행했다. 백미 소비는 강력하게 금지되었고, 양조용 쌀의 사용은 금지되었다. 국가의 관점에서 보면, 제국의 모든 민간인과 군인이 현미로 쌀을 소비한다면 그 효과는 전국 쌀 생산량이 무려 3분의 1 증가한 것과 맞먹는다. 현미를 백미로 도정하는 과정에서 부피로 따져 4분의 1가량이 손실되기 때문이다.

일제는 전시 긴축을 위한 혼분식 강제 정책을 영양학의 이름으로 정당화하려 했다. 공식적으로는 현미나 잡곡의 소비를 장려하는 이유는 전선에 보낼 쌀이 부족해서가 아니라 그것이 국민 건강에 좋기 때문이었다. 1920년대 경성의학전문학교와 경성제국대학 의학부 등의 연구진은 보통 학교와 교도소에서 한국인의 식단에 대한 현장 조사를 실시하여 영양 균형을 분석하였다.[89] 비록 이 연구가 직접적으로 혼분식 장려를 주장하지는 않았지만, 혼식이나 분식이 흰쌀밥보다 영양가 면에서 더 나을 수 있다는 주장은 각종 매체를 통해 반복 주입되었다. 관영 언론들은 가정과 학교, 기업 등에서 쌀을 아껴 전방에 기부하고 있다는 소식과 함께 백미의 잠재적 폐해를 경고하는 기사를 전달했다. 전선에 보내는 쌀은 보통 대규모 혼식 캠페인을 통해 '절약'되었고, 사실상 민중들에게 추가로 세금을 거두는 것이나 마찬가지 효과를 내었다.

혼식 캠페인의 한 가지 문제는 사람들에게 그들의 일상 식단을 타협하도록 강요해야 한다는 것이다. 대부분의 아시아 사람들과 마찬가지로 한국인들에게도 흰쌀밥은 입식에 가장 적합했다. 현미밥은 백미밥에 비해 뻑뻑하고 겉껍질이 단단하여 소화하기 어려우며, 보리는 쌀과 섞어 조리하면 양을 늘릴 수는 있었으나 맛으로는 쌀에 견줄 수 없었다. 콩도 종종 쌀과 섞어 밥을 지었으나 부피가 크고 쌀의 쫄깃쫄깃한 식감과 조화를 이루지 못했다. 콩밥은 단백질을 공급하기 위한 가장 경제적이고 효율적인 방법으로 여겨졌기 때문에 주로 군인과 포로들에게 제공되었다. 그러나 "콩밥을 먹는다"는 말이 "감옥 간다"는 뜻으로 통할 정도로 한국에서 콩밥은 미움을 많이 받았다. 식민 당국은 수수와 기장 등 다른 소작물도 홍보했지만, 이 중 어느 것도 환영받지 못했다.

입맛에 대한 문제 제기에 대응하기 위해, 식품공학자들은 다양한 잡곡의 녹말을 추출한 뒤 성형하여 '인조미'를 만들기도 했다.[90] 이 새로운 발명의 정당화를 위해 다시 영양학이 동원되었다. 영양학자들은 인조미가 실제 쌀보다 더 저렴할 뿐 아니라 영양학적으로도 균형 잡힌 쌀이라고 주장했다.

그런 프로파간다를 믿든 믿지 않든, 한반도의 사람들에게는 선택의 여지가 없었다. 1942년 56%, 이듬해 68%의 쌀 생산량이 '수출'되었다. 모자란 쌀 수요를 충당하기 위해 배급제도가 시행되었고, 태평양전쟁 말기에 식민 당국은 콩기름을 짜고 남은 부산물인 콩깻묵을 식량으로 배급하기도 했다.

1945년 전쟁이 끝난 후에도 긴축과 강요된 '식생활의 다양화'에 대한 집단적 기억은 두 가지 면에서 한국인들에게 계속 영향을 미쳤다. 첫째, 한국인들은 그것을 믿든 안 믿든 간에 백미가 건강에 해롭다고 낙인찍는 '과학적' 담론에 노출되어 있었다. 둘째, 강제적인 긴축에 대한 기억은 한국인들에게 정신적 충격을 주었고, 잡곡과 수입 곡물을 더 꺼리게 만들었고 쌀에 대한 열망을 더 강화시켰다.

3. 전후 갑자기 풍부해진 밀가루

1) 미국 공법480(PL480)과 미국산 밀의 유입

일제강점기 때 빵과 과자류의 유통이 약간 늘어나기는 했으나, 미국의 해외 원조 프로그램을 통해 엄청난 양의 밀이 한국에 방출되기 전까지는 밀은 한국인의 일상 식단에서 중요한 부분이 아니었다.

이러한 변화 측면에서 1954년의 공법 480, 즉 '농업무역개발원조법'이 특히 중요하다. 이는 개발도상국들이 미국 달러를 사용하지 않고 자국 통화로 미국산 식품 수입 비용을 결제할 수 있도록 했고, 결국 한국 시장 으로의 미국 밀가루 유입을 가속화했다.[91]

1950년대와 1960년대 미국 밀은 기근의 위기에 처한 한국인들을 지탱 하는 데 크게 기여했지만, 미국 밀의 대량 수입으로 인해 한국의 밀 농사 는 사실상 근절되었다. 국내 소비에서 한국 밀의 비중은 1955년 70%에 서 1958년 25%로 급감했고, 이후 더 낮아졌다. 미국산 밀의 도입 이후 전 반적인 수요가 크게 늘어난 것도 밀 자급률을 더 떨어뜨리는 요인이 되 었다. 이러한 감소는 파격적인 것이었을 뿐 아니라 비가역적인 것이었다. 한편, 값싼 미국 밀이 수입되면서 쌀의 시장 가격 상승을 막았기 때문에 미국 밀의 도입은 벼농사에도 부정적인 영향을 미쳤다.[92]

비록 밀이 그들에게는 아직 이질적인 것이었지만, 한국인들은 한국전 쟁의 폐허 속에서 밀을 받아들일 수밖에 없었다. 대부분의 한국인들에게 빵은 너무 이질적이었기 때문에, 많은 한국인들은 기존의 중국 요리나 일본 요리, 또는 한국식으로 토착화된 요리를 통해 밀가루를 소비하게 되었다. 1950년대 후반 무렵이면 한국의 밥상에 수제비, 국수, 만두 등이 자주 오르게 되었다. 한국화된 중국 요리인 짜장면은 1950년대 중반에 대중화되었고, 1960년대 이후 가장 인기 있는 가족 외식 메뉴가 되었다.

2) 분식의 시대

한국의 급속한 경제성장을 이끈 박정희 정부(1962-1979)는 곡물 가격 통 제가 성공적인 경제발전의 열쇠 중 하나라고 믿고 분식을 장려했다. 1962 년 11월 정부는 '혼분식 장려 운동'을 전국적인 캠페인으로 전개하였다.

모든 쌀 판매상과 음식점은 생쌀이든 밥이든 다른 잡곡을 5분의 1 이상 섞지 않고는 팔 수 없도록 의무화했다. 또한 학교와 관공서의 식당들도 흰쌀밥을 팔 수 없게 되었다.[93] 관공서의 식당에서 점심에는 쌀로 만든 음식을 일절 판매할 수 없게 되면서 이 조치는 더욱 엄격해졌다. 모든 공무원들은 점심으로 구내식당에서 빵을 먹어야 했다. 1969년 1월부터 매주 수요일과 토요일을 '분식의 날'로 지정했는데, 이날은 점심에는 쌀 음식을 전혀 팔 수 없었으며, 저녁 식사에도 4분의 1 이상은 보리나 밀을 섞어야 했다.[94] 정부는 또한 밀로 만든 다양한 요리를 파는 '분식 센터'가 모든 시군구에 설치되어야 한다고 발표했다.[95] 이러한 엄격한 규제를 정당화하기 위해, 국가는 혼식과 분식이 건강에 더 좋다고 주장하는 영양학을 다시 동원했다.

양조업도 쌀 소비를 줄이기 위한 국가 정책을 따를 수밖에 없었다. 정부는 1963년 7월부터 매주 목요일을 "금주의 날"로 정했고, 1964년부터는 양조에 쌀을 사용하는 것을 전면 금지하였다.[96] 이 규제 때문에 쌀을 이용한 전통적 양조기술은 상당 기간 침체를 면할 수 없었다. 반면 감자와 고구마 전분 등을 원료로 삼는 희석식 소주 제조업자들은 규제를 피할 수 있었고 그 덕에 1960년대부터 시장에서 두각을 나타냈다.

한편, 1960년대 중반부터 전혀 새로운 밀 생산품이 나타났다. 이들은 조리의 편리함, 저렴한 가격 그리고 익숙한 맛으로 한국인들을 유혹하기 시작했다. 제2차 세계대전 종전 후 일본에서 발명된 인스턴트 라면은 1963년에 한국에 소개되었다. 삼양식품은 한국 최초의 인스턴트 라면을 생산하기 위해 일본의 묘조(明星) 식품에서 라면 제조 기계 두 대를 수입했다. 그리고 한국 소비자들에게 어필하기 위해 원래의 맑고 짠 닭고기 수프를 진하고 매운 쇠고기 수프로 바꾸었다.[97] 이 변화가 주효하여 삼양라면은 큰 인기를 끌었고, 다른 회사들도 라면 생산에 뛰어들었다.

빵이 한국인의 식탁에 자리를 차지하기까지는 시간이 더 필요했다. 일본에서와 마찬가지로, 한국인이 처음 경험한 빵은 팥소를 채워 넣은 빵이나 달콤한 버터크림빵 같은 서양식 빵과 달콤한 과자가 절충된 모습이었다. 그러나 분식에 대한 국가의 일관된 지원은 점차 한국 제빵 산업에 새로운 공간을 열어주었다. 처음에는 간식으로, 나중에는 점심 식사로 군인과 공무원, 그리고 학생들에게 빵이 제공되었다. 이를 통해 점차 한국인들은 빵의 맛을 알아가게 되었다. 그 결과 1970년대 중반이면 소보로빵이나 크림빵 등 한국화된 빵들이 한 끼 식사로는 조금 부족하지만 간식으로는 어느 정도 자리를 차지할 수 있게 되었다.

밀 소비의 느리지만 꾸준한 증가는 반세기 전과 마찬가지로 영양학으로 뒷받침되었다. 1920년대와 1930년대에 밀 소비를 정당화하기 위해 영양학이 동원된 것처럼, 1960~70년대 한국의 가정학 교과서들에서는 밀이 쌀보다 영양학적으로 우수하다는 이야기들이 되풀이되었다. 광복 후 한국의 가정학은 한편으로는 일제강점기 이식된 일본 가정학의 영향을 이어받았지만, 다른 한편으로는 미국 가정학의 영향 아래 새로운 방향으로 발전해나갔다. 하지만 밀을 선호하는 경향은 두 흐름 모두에 공통되었다는 점이 흥미롭다.

식품영양학은 가정학의 하위 전공으로 한국에서 제도화되었다. 식품영양학자들은 혼식이나 분식이 건강상 흰쌀밥보다 우수하다는 주제의 논문을 다수 발표하였고, 이는 대중 매체와 학교 교과서에 반복적으로 인용되었다. 이와 같은 주장은 "빵을 먹는 서양인이 밥을 먹는 동양인보다 키가 크고 힘이 세다."는 오래된 믿음과 맥을 같이하는 것이었고, 이러한 믿음은 다시 수입 밀 제품의 국내 소비를 정당화하였다.

4. 한국의 녹색혁명 그리고 보리의 퇴조

하지만 정부가 앞장서서 혼분식을 강조했음에도 불구하고, 한국인의 쌀에 대한 뿌리 깊은 열망은 그것이 충분히 만족될 때까지는 진정될 수 없었다. 한국인의 쌀에 대한 욕구는 정점에 다다른 뒤에야 비로소 수그러들 수 있었다.

1) 쌀 자급을 위한 노력과 그 대가

한국(남한) 정부는 1973년부터 '통일'이라는 다수확 품종을 보급하기 시작했다. 이렇게 시작된 한국의 '녹색혁명'의 결과, 한국의 쌀 생산량은 약 10년 만에 두 배 가까이 증가했다. 1977년 가을, 박정희 대통령은 쌀의 국내총생산이 국내 수요를 초과하여 드디어 한국이 쌀 자급을 달성했음을 자랑스럽게 발표했다.[98]

그러나 쌀의 생산량이 늘어났다고 쌀이 남아돌게 된 것은 아니었다. 그동안 다양한 형태의 국가 규제로 인해 억제되었던 수요가 고개를 들었고, 증가된 쌀 생산량은 쉽게 흡수되었다. 녹색혁명이 한창 진행되던 와중에도 쌀 소비의 성장 속도는 생산의 성장 속도를 앞지르기도 했다. 예를 들어 1974년 1인당 연간 쌀 소비 증가율은 6.5%인 반면 국내 쌀 생산 증가율은 5.5%에 머물렀다. 정부는 더욱 엄격한 규제를 시행함으로써 폭발적으로 증가하는 수요를 관리하고자 했다. 1974년에는 간식 재료로 쌀을 사용하는 것을 금지하고, 떡에는 다른 곡물의 함량이 30% 이상이어야 한다는 명령을 반포하기도 했다. 쌀 공급이 늘어나는 효과를 거두기 위해 도정 비율도 규제하여, 완전히 도정한 백미를 팔지 못하게 하고 50%만 도정한 쌀(오분도미)의 판매를 권장했다.[99] 학교에서는 도시락 검사가 일상이 되었다. 교사들이 매일 학생들의 도시락을 열어보고 30% 이상의 잡곡이 섞였는지 확인하는 것은 한국의 교실에서 익숙한 장면이 되

었다.[100]

그러나 녹색혁명의 성공에 대한 자신감이 커지면서 박정희 정부는 점차 규제를 완화했다. 특히 정부가 녹색혁명의 성공을 자축할 상황이 되자, 국민들이 그것을 체감할 수 있도록 하는 조치가 필요하게 되었다. 더욱이 1977년 녹색혁명 성취를 선포한 직후에는 바로 이어서 1978년 봄 총선거가 예정되어 있었다. 유신독재 정권이 민주화운동 진영의 강력한 도전을 받고 있었던 시기이므로 녹색혁명의 성취라는 메시지는 더없이 중요해졌다. 박정희 대통령이 녹색혁명 완수를 대대적으로 축하하면서 1977년 12월에는 쌀막걸리 양조를 다시 허용한 배경에는 이러한 정치적 맥락이 있었다.[101]

2) 무관심 속에 사라져 간 보리농사

녹색혁명의 성공이 초래한 예기치 않은 결과 중 하나는 한국에서 보리농사가 되돌릴 수 없이 퇴조했다는 것이다. 녹색혁명의 주역인 통일벼는 온대성 자포니카와 아열대성 인디카의 잡종이었다. 다수확의 핵심 요인인 키 작은 유전자를 아열대성 인디카에서 물려받았기 때문에, 통일벼는 국내 기존 품종보다 수확량이 상당히 높았지만 추위에 약했고 그 때문에 기존 품종보다 파종과 수확이 늦어졌다. 이것은 그때까지 성행하던 쌀-보리 이모작 관행과 충돌할 여지가 있었다. 통일벼의 수확 시기가 늦어짐에 따라 보리 파종 시기를 놓칠 우려가 생겼기 때문이다.[102] 그러나 흥미롭게도, 이것은 심각한 문제가 되지는 않았다. 대다수 농민들은 다수확 통일벼 재배를 위해 주저 없이 보리농사를 포기했다. 비록 보리는 오랫동안 한국인들에게 두 번째로 중요한 작물로 여겨져왔지만, 한국의 농부들에게 쌀과 보리 중 하나를 선택하라고 하면 답은 너무나 당연한 것이었다. 통일벼를 심어 더 많은 쌀을 생산하고, 이것으로 늘어나는 소득이 보리농사를 포기하여 줄어드는 소득을 웃돌 수만 있다면, 농민들은 보리농사를 포기하는 것을 아쉬워하지 않았다. 도시 소비자들도 시장에서 충분히 쌀을 살 수 있게 됨에 따라 보리를 찾지 않게 되었다. 한마디로 보리는 쌀의 열등한 대용품이라는 위상을 결코 극복하지 못했고, 생산자와 소비자 모두에게 쉽게 버림받았다.

보리 재배는 1980년대 초 통일벼가 퇴조한 뒤에도 그 위상을 회복하지 못했다. 농촌진흥청은 1977년 말 쌀 자급 달성의 다음 목표가 보리와 밀의 자급이라고 야심 차게 발표했지만, 그 목표는 달성될 수 없는 것이 분명했다. 1980년대 중반까지 혼식과 분식 운동이 형식적으로 지속되었지만, 그것도 보리의 인기를 회복하는 데 도움이 되지 못했다. 보리의 수요와 공급 모두 1970년대 후반 이후 급격히 감소하였다. 보리는 두 번째로 중요한 식량작물이라는 위상을 잃어버렸고, 저개발 시대의 향수를 불러일으키는 이색적 식재료로 여겨지게 되었다. 현재 한국에서 소비되는 식용 보리의 대부분은 중국에서 수입되고 있다. 맥주용 보리 수요 또한 유럽에서 수입된 보리로 충당된다.

5. 새로운 '제2의 주곡'이 된 밀

보리가 인기를 잃는 동안, 밀은 반대로 점점 더 중요해졌다. 최근 통계에 따르면, 한국의 1인당 연간 밀 소비량은 2011년에는 쌀 소비량(69.8㎏)의 절반인 35㎏에 이르렀다. 쌀 소비량은 1982년 정점(156.2㎏)에 도달한 뒤 약 한 세대 만에 절반 아래로 내려갔다. 한국인은 전반적으로 곡물을 덜 먹게 된 대신 고기와 낙농품, 과일 등을 더 먹게 되었고, 곡물 안에서는 밀의 비중이 지속적으로 높아졌다.[103] 이제는 밀을 한국인의 '제2의 주곡' 이라고 불러도 어색하지 않을 지경이다.

1) 서구식 식생활에 대한 동경과 분식의 확산

밀의 지위가 올라간 과정을 설명하기 위해서는 두 가지 질문을 생각해볼 필요가 있다. 왜 쌀에 대한 수요가 감소했을까? 그리고 어떻게 다른 곡식이 아닌 밀이 그로 인한 공백을 채울 수 있었을까?

첫째, 정부 주도로 녹색혁명을 추진한 결과 쌀에 대한 오래 묵은 갈증이 어느 정도 해소되었다. 인디카 유전자를 도입한 통일쌀의 밥맛에 대해서는 다소 논란이 있었지만, 쌀 생산이 급증하는 동안에는 품질의 문제는 이차적인 것으로 밀렸다. 그 결과 1982년 쌀 소비가 최고조에 달했다. 그러나 1980년 중반 이후 한국의 인구 성장 속도가 느려지고, 경제적으로 풍족해진 사람들이 채소, 과일, 유제품 소비를 늘려 식단을 다양화하면서 쌀 소비가 줄기 시작했다. 그리고 경제성장과 도시화의 여파로 외식이 늘어났는데, 양식 위주의 외식이 늘면서 쌀 소비의 기회가 그만큼 줄어들었다. 이런 요인들이 종합적으로 작용하여, 국내 쌀 소비량은 1980년대 초부터 급격히 감소해 1982년 156kg(1인당 연간)에서 1990년 120kg, 2000년 94kg, 2012년 70kg 이하로 떨어졌다.

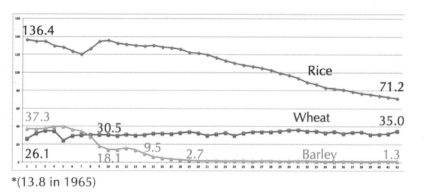

*(13.8 in 1965)

〈그림 2-1〉 쌀, 보리, 밀의 1인당 연간 평균 소비량(1970~2016)

둘째, 양식의 대중화가 밀 소비 촉진을 주도하였다. 정부가 분식을 권장함으로써 1970년대까지 밀 소비가 조금씩 늘어나기는 했으나, 인스턴트 라면과 짜장면 같은 '제1세대' 분식은 여전히 밥과 반찬이라는 '진짜' 끼니에 비하면 뭔가 부족한 대체품으로 받아들여졌다. 분식은 밥에 비해 가격이 싼 것이 당연하게 여겨졌으며, 열량 면에서는 밥에 뒤지지 않음에도 불구하고 충분한 한 끼가 되지 못하는 가벼운 간식으로 여겨졌다. 오늘날에도 한국인들은 빵이나 국수로 식사를 하고 나면 밥을 먹었을 때에 비해 더 빨리 "속이 꺼지고" 배고픔을 느낀다고 믿는 경향이 있다.

이러한 값싼 대체품이라는 분식의 이미지는 제2세대 분식의 도입과 함께 바뀌기 시작했다. 피자, 파스타, 햄버거 등은 밥의 값싼 대체품이 아니라 '양식'으로 소비자들에게 다가왔고, 소비자들은 때로는 밥보다 비싼 가격을 기꺼이 지불하기도 했다. 이들은 '분식'이라는 열등한 이름 대신 각각의 이름으로 불리면서 밀가루 음식의 지위를 끌어올렸다.

1980년대 중반까지는 유학 등 제한된 기회를 통해 서양의 삶을 경험할 수 있는 특권을 가진 소수의 사람들만이 서양 음식에 대한 취향을 기를 수 있었다. 미군기지 주변과 외국인들을 위한 고급 호텔들은 서양식 음식을 구할 수 있는 몇 안 되는 곳 중 하나였다. 한국 최초의 피자헛 매장은 1985년 용산 미군부대 주변의 이태원에 문을 열었다.[104] 1988년 서울올림픽은 한국에 더 많은 양식을 소개하였다. 올림픽 때문에 서울을 찾을 외국인들을 위해, 정부는 맥도날드(1989년 서울 압구정동에 첫 매장을 염)와 같은 다국적 식품 프랜차이즈에 한국 시장을 개방했다. 또한 1989년 한국인의 해외여행이 자유화되면서 젊은 세대들이 어려서부터 미국과 유럽의 다양한 음식을 접할 수 있게 되었다.

이렇게 '서구식 분식'에 대한 수요가 증가하면서 밀의 총 소비량은 1965년 14kg(1인당 연간)에서 1970년 26kg, 2011년 35kg으로 빠르게 증가했다. 국수나 수제비 같은 제1세대 분식이 한식의 범주 안에서 밥의 열등한 대체품으로 여겨졌던 것과는 달리, 이들 제2세대 밀가루 음식들은 처음부터 '서양 요리'로 받아들여졌다. 이러한 위상의 차이는 오늘날까지도 이어지고 있다. 오늘날 한국의 보통 소비자들은 칼국수 한 그릇이 백반 1인분보다 비싸다면 위화감을 느낄 테지만, 파스타 한 접시에 백반 두 배의 가격을 매기는 것은 그다지 큰 문제라고 생각하지 않을 것이다.

2) '외래 곡물'에 대한 양가감정

밀이 전통적인 식생활이 아니라 외국의 신기한 음식과 연결된다는 것이 늘 긍정적으로 다가오는 것은 아니다. '외래의 식재료'라는 인식은 쉽게 두려움과도 연결된다. 특히 위험과 안전의 문제에 관한 한, 식재료의 이질성은 두려움의 원천이 된다. 소비자가 생산자에 대해 충분한 정보를 가질 수 없으며, 생산자를 통제할 수도 없기 때문이다. 이렇게 수입 곡물에 대해 갖고 있는 회의적인 시각은 완전히 불식시킬 수 없는 것이며, 이는 다시 쌀이야말로 한국인의 주요 주식이라는 위계적 인식을 다시 강화한다.

1980년대 초반부터, 한국에서는 대도시의 소비자 협동조합 운동과 결합한 유기농 운동이 탄력을 받기 시작했다. 협동조합의 활동가들은 새로운 멤버를 모집할 때 수입 식품이나 산업화된 대량생산 식품이 믿을 수 없다는 것을 강조하였다. 수입 농산물은 위험하고 국산 유기농 제품은 믿을 수 있다는 주장을 뒷받침하기 위해 널리 이루어졌던 시연 중 하나가 수입 밀가루의 '독성'을 보여주는 것이었다. 전형적인 실험은 다음과 같다. 유리병 두 개를 준비하여 하나에는 수입 밀가루를, 다른 하나에는 국산 유기농 밀가루를 채운다. 두 병에 각각 애벌레를 넣고, 며칠 뒤 수입 밀가루 병에 넣은 애벌레들은 잔류 농약 때문에 죽어 있지만 유기농 밀가루 병에 들어 있는 애벌레는 활기차게 살아 있음을 보여주고, 가족의 건강을 위해서는 유기농을 선택해야 한다고 설득하는 것이다.

이와 같은 사례들은 밀의 '이국성'이 쉽게 믿지 못할 위험성으로 읽힐 수 있다는 것을 보여준다. 이런 시연들은 1980년대 후반 소비자 협동조합 운동과 유기농 운동의 저변을 넓히는 데 크게 기여했다. 도시의 교육받은 중산층 소비자들이 농약 문제에 관심을 갖게 되었고, 유기농 운동과 나아가서 환경운동의 지지자가 되었다.[105] 지금도 한국의 소비자들은 수입 식품의 안전 문제에 대해 대단히 민감하며, 수입 밀가루는 언제나 안전 문제에서 주요한 감시의 대상이 되고 있다. 글리포세이트와 같은 잔류농약 문제, 나아가 '글루텐 프리' 식단 등에 대해서도 관심이 높다.

하지만 소비자들이 수입 밀을 경계하게 된다고 해도, 이미 밀 음식에 맛을 들이게 된 이상 그 수요를 다른 방식으로 채워줄 필요가 있었다. 이를 위해 한국의 일부 농가와 농업 활동가들은 '우리밀 살리기 운동'을 전개했다. 토종 밀 품종을 탐색하고 그 종자를 보존하며, 이를 재배하여 국산 밀가루를 보급하는 것이었다. 이 운동은 지금까지도 열성적인 일부 소비자의 지지를 얻고 있지만, 그것의 궁극적인 목표는 사실 명확하지 않다. 무엇을 부활시킬 것이며, 어느 정도까지 부활시킬 것인가? 우리밀 재배로 밀의 국내 수요를 모두 충족할 수 있는가? 앞서 살펴보았듯 한국의 밀 소비가 엄청나게 늘어났다는 점을 감안하면, 이는 현실적으로 도달하기 어려운 목표임을 인정해야 한다. 밀 소비가 미미했던 전근대의 한국 사회였다면 '우리밀'만으로 모든 수요를 충당할 수 있겠지만, 밀 소비가 크게 늘어난 오늘날의 한국 사회에서는 밀 재배 면적을 아무리 넓히더라도 한국의 기후에서 국산 밀로 모든 수요를 충당하는 것은 불가능하다. 2010년대 말 현재 한국의 밀 자급률은 여러 개인과 단체의 노력에도 불구하고 약 2% 안팎에서 크게 늘어나지 않고 있다.[106]

이렇게 '외래 곡물'에 대해 갖는 불편한 감정은 밀에만 해당하는 것은 아니다. 수입 쌀에 대해서도 비슷한 양상의 불편함과 불안함을 관찰할 수 있다. 수입 쌀에 대한 국민의 공포와 분노를 완화하기 위해, 한국 정부는 지금까지 외국산 쌀을 개별 소비자가 아닌 식품 제조 기업을 대상으로 판매해왔다. 그러나 수입량은 조만간 기업의 수요를 초과할 것이고, 소비자들은 수입 쌀과 국산 쌀을 나란히 놓고 고민하게 될 것이다.[107] 한국인이 가장 중요한 곡식이라고 여겨온 쌀을 외국에서 수입하는 것에 대해 어떻게 받아들일 것인지, 이에 대한 한국인의 인식은 수입 밀에 대한 인식과는 어떻게 다를 것인지, 향후 추이를 지켜볼 일이다.

3) (눈에 띄지 않는) 또 하나의 주곡

현대 한국 사회에는 쌀, 보리, 밀 외에 눈에 잘 띄지 않는 또 하나의 중요한 곡물이 있다. 바로 옥수수다. 중남미 사람들과는 달리 한국인은 옥수수를 주식으로 삼지 않으며, 심지어 식량용 곡물로 인식하지도 않는다. 대다수 한국인은 옥수수를 간식거리 정도로 여길 것이다. 그러나 한국의 옥수수 총 소비량은 밀의 두 배가 넘으며, 쌀보다도 많다. 실제로 한국에서 가장 많이 소비되는 곡물은 쌀도 밀도 아닌 옥수수다.

하지만 우리가 옥수수를 식량작물로 인식하지 않는 것은 한국에서 소비하는 옥수수의 대부분이 가축 사료용이기 때문이다. 이 "숨은 곡물의 왕"의 중요성을 깨닫기 위해서는 한국에서 고기와 유제품 소비가 얼마나 늘어났는지 따져보면 된다. 1980년부터 2010년까지, 1인당 고기 제품의 연간 소비량은 13,9킬로그램에서 38,8킬로그램으로 세 배가 되었다.

1970년대 농업의 역설 중 하나는 '자급'의 구호와 현실이 일치하지 않는 것이었다. 정부가 쌀 자급을 달성했다고 열광적으로 축하하던 바로 그 시대에 쌀, 보리, 밀, 옥수수, 콩을 합친 모든 곡물의 자급률은 지속적으로 떨어졌다. 한국의 곡물 자급률(식량용과 사료용, 산업용 등을 모두 합친)

은 2013년 23%까지 떨어졌다.[108] 이렇게 곡물 자급률이 떨어진 것도 옥수수로 설명할 수 있다. 경제성장과 국민들의 소득증대에 따라 육류와 유제품 수요가 끊임없이 증가하였고, 이 수요를 충족시키기 위해 옥수수의 수입이 계속 늘어나면서 전체 곡물 자급률은 계속 떨어지고 있었던 것이다.

현재 국제 식품시장에서 한국은 일본에 이어 두 번째로 많은 옥수수를 수입하고 있다.[109] 옥수수 국내 생산량은 총 수요의 1% 안팎에 불과하므로 앞으로도 이 상황은 크게 바뀌지 않을 것이다.

6. '좋은 곡식'과 '나쁜 곡식'?

비록 쌀이 여전히 한국인들에게 가장 중요한 곡식으로 여겨지지만, 실제로 식생활에서 쌀의 비중은 1980년대 초부터 현저하게 줄어들었다. 1970년대 후반 녹색혁명과 혼분식 운동의 열기를 생각하면 이러한 하락세는 더욱 놀랍다. 이에 비해 20세기 초까지만 해도 한반도의 주요 식량작물이 아니었던 외국산 밀은 결국 한국 음식문화에서 두 번째로 중요한 곡물이 될 수 있었다. 지속적인 경제성장과 서구 문화의 영향력 증대에 따라 밀 제품의 새로운 시장이 계속 열린 것이다. 한편 한국인들에게 두 번째로 중요한 작물이었던 보리는 쌀의 대체품이라는 인식을 벗어나지 못하고, 결국 한국인의 일상 식단에서 점차 자리를 잃게 되었다.

쌀 소비가 지속적으로 줄면서 1990년대 후반부터는 쌀의 재고가 쌓이는 것이 문제가 되기에 이르렀다. 한국 정부는 쌀 소비를 촉진하기 위해 쌀의 영양 가치를 광고해야 했다. 이는 영양학적으로는 1980년대까지 정부가 했던 이야기와 완전히 반대되는 메시지를 전하는 것이지만, 이 모순에 주목하는 이는 많지 않다.

한국에서 1980년대 초까지는 아무도 쌀의 우수성을 '증명'할 필요가 없었다. 어차피 누구나 더 많은 쌀을 먹기 원했기 때문이다. 쌀의 효능을 강조하는 담론은 쌀의 소비가 크게 줄어들어 재고가 쌓이는 것을 걱정하게 된 이후에야 부각되었다. 그사이 밀은 서양식 생활 방식에 대한 동경에 힘입어 위상이 계속해서 높아졌다. 그 와중에 한국인들에게 두 번째로 중요한 곡식이었던 보리는 새로운 가치와 연관된 매력적인 식품으로 변모하는 데 실패하면서 조용히 잊혀져갔다. 이 과정에서 영양학은 국가적 목표에 따라 때로는 상반되는 메시지를 전하기도 했다. 쌀이 모자랄 때는 흰쌀밥이 몸에 해롭다는 이야기를, 쌀이 남을 때는 쌀이 다른 곡식보다 우수하다는 이야기를 모두 과학의 이름을 내걸고 선전했던 것이다. 이런 사례들을 통해 볼 때, 과거 영양학의 권장 사항들은 '순수한' 과학적 연구의 결과라기보다는 당대의 사회경제적 필요와 문화적 정체성과 같은 가치에 의해 결정되었다는 점은 부인할 수 없을 것이다.

4장

영양학과 새로운 한국인의 몸

머리말

개인 또는 집단의 식단을 조사하여 그들이 충분한 영양을 공급받고 있는지 파악하고 그 개선 방안을 내놓는 것은 오늘날에는 보편화된 연구 방식이다. 그러나 이런 연구는 신체에 투입되는 각종 영양소의 양을 계산하여 인간의 건강 여부를 판단할 수 있다는 환원주의적 사고방식이 20세기 초에 받아들여짐으로써 비로소 시작된 것이다. 비타민과 같은 미량영양소(micronutrients)가 발견되고 인간이 하루에 소모하는 에너지를 칼로리(calories) 단위로 계산할 수 있게 되면서 각종 영양소의 '일일 권장량'과 같은 개념들이 구성되고 정착되었고, 이렇게 구성된 개념들은 다시 사람들의 일상을 규정하는 힘으로 작용했다.

어떤 영양소를 얼마나 섭취해야 하는지 기준을 정하기 위해서는 우선 실제로 사람들이 무엇을 먹는지 조사해야 한다. 따라서 20세기 초반 영양학이 학문으로 정립되는 과정에서는 동질적인 인구집단(cohorts)에 대한 영양 조사 연구가 대단히 중요했다.

그런데 인구집단에 대한 영양 조사 연구는 다른 모든 조사 연구와 마찬가지로 조사하는 사람의 시선을 반영한다. 무엇을 어떻게 조사할 것인가, 그 조사를 위해 인구집단을 어떻게 나눌 것인가, 조사 결과를 어떻게 해석할 것인가 등에 대해 결정하는 과정에서 조사하는 사람의 가치관과 선입견이 영향력을 미치기 때문이다. 식민 본국과 식민지처럼 대등하지 않은 권력관계라면 그 영향력은 더욱 눈에 띈다.

이 장에서는 한반도에서 활동한 일본인 과학자들의 영양 조사 연구를 분석하고, 거기에 반영되어 있는 당시 일본인들의 조선반도와 조선인에 대한 인식을 살펴보고자 한다. 일제 시기 한반도에 순수 생물학 연구 기관은 없었으므로, 영양 조사 연구는 의과대학의 생화학 연구자들이 주로 담당했다. 아래에서는 경성의과전문학교(이하 경의전) 의화학교실의 연구 성과를 중심으로 일본인 연구자들이 한반도 식생활과 식재료를 어떤 관점에서 바라보았는지 재구성해보고자 한다.

1. 인간을 지배하게 된 칼로리라는 숫자[110]

고대 그리스의 갈레노스는 인간이 먹은 음식물이 정맥을 따라 간에서 "자연의 영"으로 바뀌고, 이것이 심장에서 깨끗한 공기와 만나 "생명의 영"이 된다고 생각했다. 그리고 동맥을 따라 뇌로 간 생명의 영은 다시 정화되어 "운동의 영"이 되고, 신경계를 따라 흐르며 우리 몸 각 부분에 명령을 내려준다고 했다.

한편, 동아시아 전통의학에서는 인간이 음식을 먹으면 그 안에 담겨 있던 정(精)과 기(氣)가 우리 몸으로 들어오고, 그

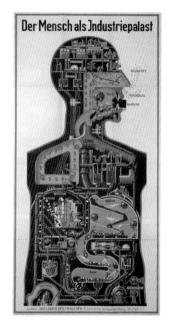

〈그림 2-2〉 프리츠 칸, 〈인체라는 산업 궁전〉(1926). 1920년대 무렵이면 서구에서는 인간의 몸을 기계 또는 기계의 집합인 공장으로, 인간이 섭취하는 음식물은 그 기계를 돌리는 연료로 여기는 사고방식이 널리 퍼졌다. 칼로리 등 숫자로 음식의 영양가를 따지는 생각도 이때 확고하게 뿌리를 내렸다. (출처: 위키피디아)

것을 토대로 혈액이나 진액 같은 물질적 구성 성분과 신(神) 등 비물질적 작용이 나타난다고 설명해왔다. 동양이든 서양이든, 형체 있는 음식이 우리 몸 안에 들어가면 형체 없는 뭔가로 바뀌고, 거기에서 나오는 힘이 우리를 지탱해준다는 것은 알고 있었다. 다만 그것을 표현할 적절한 개념은 한참 뒤에야 예상치 못한 영역으로부터 등장했다.

1) 열과 에너지, 그리고 영양

건강이나 몸매에 신경을 쓰는 이들의 뇌리를 떠나지 않는 낱말 가운데 하나가 바로 '칼로리'일 것이다. "백미밥 한 공기는 280*kcal*, 콜라 한 캔은 130*kcal*,…" 등의 숫자를 외우다시피 하는 이들도 적지 않다.

'칼로리(calorie)'라는 말은 라틴어로 열을 뜻하는 '칼로르(calor)'에 프랑스어 어미 '-ie'를 붙여 만든 낱말로, 오늘날 열의 단위로 쓰인다. 구체적으로는 1그램의 물의 온도를 섭씨 1도 높일 만큼의 열을 뜻한다. 학교 수업 시간에 칼로리라는 말은 물리학, 생물학, 체육, 가정/가사 등 여러 과목의 교과서에 뿔뿔이 흩어져 등장한다. 하지만 그 역사는 사실 하나로 연결되어 있다.

칼로리라는 말이 생겨나기 전에 먼저 생겨난 말이 '칼로릭(caloric)'이라는 말이다. 아마도 '열소(열의 원소)'라는 이름으로 번역할 수 있을 텐데, 근대 화학의 기초를 닦은 라부아지에(1743-1794)가 만들어낸 말이다. 그는 『화학원론』(1789)에서 서양에서 예부터 내려온 4원소설을 거부하고, 모두 33개의 원소를 새롭게 이름 지었다. 그중에서 산소, 수소, 질소 등은 오늘날까지 원소로 인정받고 있지만, 빛(lumiere)과 열소(caloric)는 뒷날 원소가 아니라는 것이 판명되었다.

열이 물질의 한 갈래라는 라부아지에의 가설은 곧 기각되었지만, 칼로릭이라는 이름은 후대의 학자들에게 여러 갈래로 영감을 주었다. 프랑스의 니콜라 클레망은 1824년 '칼로리'라는 단위로 열을 측정하자고 제안했다. 칼로리는 역시 프랑스에서 만든 미터법과 깊이 결부된 단위였으므로('물 1그램' 또는 '가로, 세로, 높이 1센티미터 부피의 물'은 모두 미터법을 기반으로 정한 양이다) 미터법과 더불어 점점 널리 보급되었다. 1860년대 무렵이면 유럽 대륙과 영국의 사전들에 칼로리라는 신조어가 추가되었다.

한편, 바다 건너 영국에서는 물리학자 제임스 프레스콧 줄(1818-1889)이 운동과 열을 하나로 묶을 수 있는 연결고리를 찾기 위해 까다로운 실험을 반복하고 있었다. 줄은 1840년대 초반, 무거운 추가 낙하하는 운동을 이용하여 단열된 통 안의 물을 휘젓고 그 물의 온도가 얼마나 올라가는지 측정하는 실험을 설계했다. 반복된 실험을 통해 그는 물 1그램의 온도를 섭씨 1도 올리기 위해서는 "1뉴턴(N)의 힘을 받은 물체가 1미터 움직일 때 필요한 에너지"(이것은 훗날 줄의 이름을 따서 '1줄(J)'로 명명되었다)의 약 4.2배가 필요하다는 것을 알아냈다. 중고등학교 시간에 억지로 외우곤 하는 '열의 일당량', 즉 '1cal=4.2J'이라는 공식이 이렇게 유래한 것이다.

줄의 실험은 물리학뿐 아니라 인간이 세계를 이해하는 데 매우 중요한 전환점이 되었다. 운동, 열, 전기와 자기, 화학반응 등은 수천 년 동안 별개의 범주로 이해되어왔다. 하지만 '에너지'라는 큰 틀 안에서 이제 이 모든 현상을 하나로 묶어 생각할 수 있게 되었다. 예를 들어 보일러는 석유나 석탄 속에 숨어 있던 화학에너지를 열에너지로 변환하고, 증기기관이나 가솔린엔진은 열에너지를 운동에너지로 변환한다. 전동기는 전기에너지를 운동에너지로, 발전기는 운동에너지를 전기에너지로 바꿔준다. 이제 이 모든 반응을 줄 또는 칼로리라는 하나의 물리량으로 설명할 수 있게 된 것이다.

생명체가 음식을 먹으면, 음식에 담겨 있던 화학에너지는 소화기관에서 잘게 쪼개져 흡수되고, 순환기관(혈관)을 타고 온몸 구석구석의 세포까지 전해진다. 세포의 소기관들은 영양소들을 열에너지 또는 운동에너지로 바꾸어 근육을 움직이고, 체온을 높이며, 신경세포 사이에 신호를 주고받는다. 칼로리로 표현되는 에너지 개념을 적용하면, 우리의 몸은 기계와 다를 것이 없다. 대단히 복잡하고 정교하지만, 결국은 땔감(영양소)을 공급받아 그것을 운동 또는 열의 형태로 변환하여 각 기관에서 필요한 일을 하는 것이다.

2) 칼로리가 알려주는 것, 알려주지 않는 것

그렇다면 줄이 물을 휘젓는 실험을 거듭했듯이, 인간이라는 기계의 열효율도 측정할 수 있지 않을까?

미국의 화학자 윌버 애트워터(1844-1907)는 인간 기계의 에너지 대사를 측정하기 위해 폭 4피트, 높이 8피트의 단열된 방을 만들었다. 그 안의 실험자가 들이마시는 산소의 양과 섭취한 음식의 양을 측정하고, 내놓는 이산화탄소와 땀과 배설물의 양과 온도를 측정하여, 인간이 음식물로 받아들인 화학적 에너지의 양과 체온으로 내놓는 열에너지의 양 사이의 관계를 알기 위해서였다. 애트워터는 수백 건의 실험을 거듭한 결과 오늘날 우리에게도 매우 친숙한 통계를 얻었다. 인체의 소화 흡수를 거쳐 탄수화물과 단백질은 1그램이 4kcal의 열량을, 지방은 9kcal의 열량을 낸다는 이른바 '4-9-4 법칙' 또는 '애트워터 시스템'이 바로 이때 탄생한 것이다. 칼로리는 이제 열의 단위일 뿐 아니라 영양의 지표가 되었다.

음식물의 가치를 숫자로 잴 수 있다는 생각은 당시 사람들에게 큰 충격을 주었다. 1900년대가 되면 미국의 영양학 교과서들은 무게나 부피가 아니라 "100칼로리를 얻을 수 있는 분량" 같은 식으로 여러 가지 식품을 비교하기 시작했다. 그리고 몸무게를 줄이려면 얼마나 적은 칼로리를 섭취해야 한다든가, 몸무게를 늘이려면 칼로리 섭취를 얼마나 늘려야 한다든가 등의 지침이 대중 매체에 범람하기 시작했다.

그리고 백여 년 후, 현대인들은 각자 하루에 먹은 음식들을 검색해보고 칼로리를 계산한다거나, 편의점에서 음료수를 집어들다가 칼로리를 확인하는 등의 일에 익숙해졌다. 칼로리라는 개념은 인간이 자연을 더 잘 이해하기 위해 만들어낸 것이지만, 이제는 그 개념이 인간의 행동과 생각을 지배하게 된 것이다.

칼로리 개념이 크게 유행한 데 따른 부작용도 있었다. 식품의 가치를 모두 칼로리로 환원해버리자, 부피나 무게에 비해 열량이 적은 채소나 과일은 먹을 필요가 없다는 인식이 대중들 사이에 퍼지게 된 것이다. 이런 위험한 편향은 비타민의 존재가 알려지면서 비로소 바로잡을 수 있게 되었다. 이른바 '3대 영양소'가 우리 몸에 열량을 공급하기 때문에 중요하다면, 열량 면에서는 보잘것없지만 신체의 균형을 유지하기 위해서는 적은 양의 비타민과 무기질 등이 꼭 필요하다는 것이 20세기 중반에는 새로운 상식으로 자리잡았고, 이후 필수영양소의 개념은 탄수화물, 단백질, 지방에 더하여 비타민과 무기질을 아우르는 '5대 영양소'로 확장되었다.

2. 동아시아의 근대화와 영양학

음식을 성분과 그에 따른 열량으로 환산하는 새로운 문화는 곧 전 세계 사람들의 생각과 행동을 지배하기 시작했다. 서양의 근대과학을 받아들이기 위해 필사적으로 노력하고 있던 동아시아도 예외가 아니었다.

한국은 물론 동아시아 여러 나라들에서 근대로 접어들면서 큰 신체는 매우 중요한 의미를 갖게 되었다. 단순히 키가 큰 사람이 인기가 많다는 차원의 문제가 아니라, 국민 하나하나의 신체가 크고 건장해야 국가가 주권을 지키며 근대화를 달성할 수 있다는 일종의 위기감 같은 것이 이들

나라에 만연했기 때문이다. 덩치 큰 서양인들이 크고 강력한 무기를 들고 나타난 새로운 시대를 맞아, 동아시아 나라들은 정치, 경제, 법률 등 각종 제도를 서양식으로 고치는 한편 국민 개개인의 몸도 서구화 또는 근대화하고자 했다.

1) 서양인의 몸, 서양인의 음식

서양인의 몸을 갖기 위해 가장 먼저 시도해볼 수 있는 것은 당연하게도 서양 음식을 받아들이는 것이었다. 메이지유신(1868)을 통해 서구화의 기틀을 닦은 일본은 '양식'을 받아들이는 데에도 가장 열성적이었다. 메이지천황은 1872년 공식 석상에서 고기 요리를 먹음으로써 불교문화에 길들어 있던 일본인들에게 충격을 주었고, 그 이후 일본인들은 일종의 사명감을 갖고 고기와 우유를 열심히 먹기 시작했다. 스키야키를 비롯하여 고로케, 카레라이스, 함박스테이크, 돈가스 등 일식풍을 가미하여 고기를 먹는 다양한 방법이 개발되었다.[111]

우유도 근대화를 위해 숙제처럼 마셔야 하는 시대가 되었다. 낙농업을 진흥하고 우유 소비를 촉진하는 것은 국민 개인의 건강을 위한 일일 뿐 아니라 20세기 초 일본의 홋카이도나 20세기 중반 한국의 강원도처럼 상대적으로 낙후한 지역의 경제를 발전시키는 일로도 여겨졌다. 일본의 홋카이도청 장관 미야오 슌지(宮尾舜治)는 1921년 "홋카이도를 일본의 덴마크로 만들 것"이라고 주장했고, 그렇게 대량으로 생산된 우유는 일본 전역에 공급되어 학교의 의무 급식으로 소비되었다.

그런데 예상치 못한 문제가 불거졌다. 고기와 우유를 권장하면 국민들의 키가 쑥쑥 커져서 서양인과 어깨를 나란히 하리라는 정치지도자들의 바람과는 달리, 하루아침에 식단을 바꾼 동아시아의 민중들은 소화불량과 배탈 등 여러 가지 문제를 호소하기 시작했다. 애써 비싼 돈을 내고 고기와 유제품을 열심히 사 먹었건만 소화가 잘 되지 않다니, 이런 아까운 일이 있는가?

2) 몸이라는 기계의 엔진을 청소하자?

이렇게 속이 더부룩하고 소화가 잘 안 되는 느낌이 들거나 신트림이 자주 나는 따위 증상은 실은 의학적으로는 특정한 질환이라고 규정하기 어려운 경우가 많다. 그럼에도 이런 증상을 호소하는 환자들이 많기 때문에 이들 증상을 '기능성 위장장애'라고 통칭하기도 한다. 다시 말해 기능성 위장장애란 의사가 보기에는 위나 장에 특별한 이상이 없지만 환자가 느끼기에는 음식물을 소화하는 능력이 떨어진 상태라고 대략 설명할 수 있다.

의사가 보기에는 특별한 질환도 아닌 듯하고 특별히 쓸 약도 없는 듯하지만 환자는 엄연히 불편하다고 느끼는 상황. 이것이야말로 사실 상업적 블루오션이다. 병인 듯 아닌 듯한 회색지대를 노리고 갖가지 약인 듯 아닌 듯한 제품들이 쏟아져 나오고, 소비자들은 반신반의하면서도 눈앞에 보이는 제품들을 이것저것 시도해본다. 질환의 정체가 모호할수록 그에 대한 약이나 건강보조제의 효과를 판별하는 것도 어려워지고, 소비자들은 그 모호한 효과를 자신의 바람대로 해석하고 특정 제품을 계속 소비하게 된다.

바라던 만큼 고기와 유제품을 소화하기가 어렵다는 것을 알게 된 이들은 이를 설명하고 해결하기 위해 다양한 시도를 했다. 그 결과 20세기 초반 일본과 뒤이어 20세기 중반 한국에서 장(腸) 관련 제품의 시장이 엄청나게 크게 열리게 되었다.

몸을 자동차에 비유하면, 음식물은 가솔린이고, 위와 장은 그 연료를 태워 에너지를 얻는 엔진이다. 양질의 원료를 넣는 것도 중요하지만 엔진에 기름때와 찌꺼기가 끼어 있으면 질 좋은 휘발유를 넣어도 제 몫을 다하지 못한다. 따라서 자동차 연료에 엔진을 세척해주는 첨가제를 넣듯, 위와 장의 활동을 돕고 노폐물을 제거해주는 보조제를 먹으면 애써 먹은 고기와 우유의 효율을 높일 수 있으리라는 것이 동아시아 사람들이 근대 의학과 생리학을 받아들인 뒤 하게 된 생각이다.

이런 생각의 연장선상에서 출현한 것이 '소화제' 또는 '위장약'이라는 범주의 약품이다. 물론 소화를 돕는 약품이 다른 나라에 없는 것은 아니다. 하지만 동아시아 바깥에서는 이들 약품을 대체로 '제산제'라든가 '가스제거제'와 같이 구체적인 작용에 따라 분류하고 있는 데 비해, 동아시아에서는 위와 장에 여러 가지 다른 작용을 하는 약품을 효과에 따라 뭉뚱그려 '소화제'라고 부르는 것은 흥미로운 차이점이다. 오늘날 일본과 한국 등 동아시아의 약국에는 다른 지역 사람들이 보면 놀랄 만큼 많은 종류의 소화제가 진열되어 있고, 그 소비량도 높은 편이다.

이 맥락에서 소화제 못지않게 중요한 범주의 약품이 '정장제(整腸劑)'일 것이다. 장을 깨끗이 해야 하는 이유는 위에서 설명한 대로다. 정장제는 소극적으로는 설사를 막는 것에서부터, 적극적으로는 장 속의 노폐물을 비우고 새로운 영양분을 흡수하기 좋은 상태로 만드는 것까지 여러 가지 역할을 한다고 알려져 있다. 이 또한 구체적인 작용보다는 결과적인 효과에 따른 분류이므로, 정장제도 식이섬유나 효모 등등 여러 가지로 나눌 수 있다.

3) 유목민의 문화가 동아시아 농경민의 일상이 되다

약은 아니지만 정장제로 동아시아에 소개된 것 중 가장 성공한 제품은 실은 유산균이라고 할 수 있다. 동아시아 인구의 대다수가 생우유를 제대로 소화하지 못한다는 사실이 알려지자, 발효유가 대안으로 떠올랐다.

러시아의 생리학자 일리야 메치니코프(1845-1916)는 유산균이 인간의 노화를 늦추는 효과가 있다고 주장했고, 이에 주목한 일본인 과학자들은 중앙아시아의 유목민족을 찾아가 발효유의 제조 기술을 배우고 그 특징을 연구했다. 그 결과 미야이리 치카지(宮入近治, 1896-1963)는 일본인의 몸속에서 추출한 유산균주(株)를 분리하는 데 성공했고, 그것을 1933년 '미야리산'이라는 이름의 유산균 보충 식품으로 시판하기에 이르렀다.[112] 그리고 시로타 미노루(代田稔, 1899-1982)는 탈지분유와 당과 유산균 등을 혼합하여 마시기 편한 새콤달콤한 음료를 만들고, 1935년 '야쿠르트'라는 이름으로 시장에 내놓았다.[113] 미야리산과 야쿠르트는 일본뿐 아니라 아시아 전역에서 오늘날까지도 큰 인기를 끌고 있다.

결국 성장을 향한 욕구는 식생활의 변화를 추동했고, 그것은 다시 소화제, 정장제, 유산균음료 등 20세기 전까지는 동아시아 사람들이 전혀 알지 못했던 제품들이 생산되고 소비되는 거대한 시장을 낳았다. 사실 우리는 무슨 물질이 우리 몸 안에서 무슨 작용을 하는지는 큰 관심이 없을지도 모른다. 우리를 이끌어가는 것은 성장을 향한 욕망이고, 우리는 반신반의하면서도 손해 볼 것 없다는 마음으로 그 욕망에 기꺼이 돈을 투자할 뿐이다. 그것이 20세기 이후 형성된 동아시아 사람의 몸과, 그 몸을 형성하지만 동시에 그 몸에 의해 움직이는 마음이다.

3. 비타민과 한국 근대사[114]

1) 일본의 각기병 연구

옛날 사람들은 감염병이 독한 기운이나 오염된 공기 같은 것이 특정한 장소에 퍼져 일으키는 것이라고 믿어왔다. 감염병의 원인이 사실은 아주 작은 다른 생명체라는 것이 알려진 것은 1880년대가 되어서였다. 독일의 로베르트 코흐(1843-1910)는 콜레라와 결핵을 일으키는 미생물을 분리해

내었고, 이 병원체가 몸속에 들어가야만 병에 걸린다는 것을 실험으로 보여주었다. 비슷한 시기 프랑스의 루이 파스퇴르(1822-1895)는 미생물과 접촉을 막으면 유기물의 부패도 일어나지 않는다는 것을 보여주었다. 네덜란드의 레이우엔훅(1632-1723)이 현미경을 만들고 조그만 생명체를 눈으로 본 지 2백여 년이 지나서, 인류는 감염병을 이해할 수 있는 실마리를 쥐게 되었다.

이 소식을 들은 전 세계의 과학자들은 앞다퉈 미생물 사냥에 나섰다. 세상의 모든 감염병에는 저마다 원인이 되는 미생물이 있을 것 같다는 믿음이 과학계를 휩쓸었다. 그 경쟁에는 독일에 유학하여 세계 과학의 최첨단을 경험한 일본 학자들도 뛰어들었다. 기타사토 시바사부로(北里柴三郎, 1853-1931)는 코흐의 결핵균 분리 실험과 항디프테리아 혈청 연구에 함께 참여했고, 하타 사하치로(秦佐八郎, 1873-1938)는 폴 에를리히(1854-1915)와 함께 페스트의 예방법을 연구했다. 이들은 모두 노벨상 후보로도 선정되어, 비록 수상에는 이르지 못했지만 일본 과학계의 자신감을 높여주었다.

그런데 일본 과학자들의 관심을 끌기 딱 좋은 병이 나타났다. 군대에 만연한 각기(脚氣)라는 병이었다. 각기병 환자는 다리가 붓고 심하게 아프며, 근육이 허약해져 걷기 어려워진다. 병이 심해지면 심장 기능이 떨어져 죽음에 이를 수도 있다. 오늘날 우리는 각기병이 비타민 B1(티아민)의 결핍증이라는 것을 잘 알고 있지만, 당시 사람들은 이를 알지 못했다. 아니, 각기병에 대한 연구가 비타민의 존재를 세상에 알리는 계기가 되었다.

각기병이 아시아에서 쌀을 주식으로 하던 사회에서는 예부터 드물지 않게 나타나는 병이었다. 다만 19세기 말 일본 과학자들이 각기병에 새삼 관심을 갖게 된 것은 그 발병 양상이 달라졌기 때문이었다. 근대 이전에는 민중은 흰쌀밥을 좀처럼 먹을 수 없었던 탓에, 전체 칼로리는 모자랄

지언정 비타민 부족은 겪지 않았다. 삼시세끼 흰쌀밥을 먹을 수 있었던 부자들이 오히려 다리가 붓고 힘이 없어지는 이상한 병에 걸리곤 했다. 이 때문에 각기병은 에도의 부자들이나 걸리는 병이라 하여 '에도병'이라는 별명으로 불리기도 했다.

에도병이 전국적인 문제가 된 것은 메이지유신(1868) 이후 징병제를 실시하면서부터였다. 군대에 들어간 농촌 청년들은 평소에는 잘 먹지 못했던 흰쌀밥을 급식에서 배불리 먹을 수 있게 되었다. 그런데 이상하게도 흰쌀밥을 양껏 먹은 장병들이 각기병에 걸리면서 군대의 전력이 뚝 떨어지고 말았다.

일본 과학자들은 이를 해결하기 위해 각기병에 대한 다양한 이론들을 제시했다. 규율이 심한 집단생활에서 비롯된 스트레스라는 정신과적 설명도 있었고, 심지어 군대 내 동성애나 지나친 자위행위가 원인일 것이라는 근거 없는 주장도 있었다. 하지만 일본 과학계의 주류들은 집단생활에서 나타나는 병이니 각기병도 당연히 감염병일 것이라고 생각하고, 다른 감염병을 연구하던 방법을 그대로 적용하여 '각기균'을 찾아내고 백신을 만들고자 했다.

심지어 연구 성과도 있는 것처럼 보였다. 각기병 환자의 혈액을 분석하여 각기균을 현미경으로 확인했다는 논문도 출판되었고, 각기병이 만연한 인도네시아의 실태를 조사하러 다녀온 연구팀은 "각기병을 일으키는 무언가"를 찾은 것 같다는 보고서를 내기도 했다.

하지만 각기병 세균설을 믿던 과학자들의 흥분이 무색하게도 해결책은 뜻밖의 곳에서 나타났다. 해군 군의총감이었던 다카키 가네히로(高木兼寬, 1849-1920)는 장병의 식단을 바꾸면 각기병을 예방할 수 있음을 깨닫게 되었고, 이유는 알지 못했지만 일단 급식을 보리밥으로 바꾸고 야채 반찬을 늘렸다. 야채를 싫어하는 젊은 장병들에게 야채를 많이 먹이기 위해 카레라이스를 급식에 넣기도 했다. 다카키는 '보리밥 남작'이라는 달갑지 않은 별명을 얻기도 했지만, 그의 조치 덕분에 러일전쟁 당시 육군의 각기병 환자가 약 20여만 명에 이르렀던 데 비해 해군에서는 백 명에도 미치지 않았다.

음식 속의 어떤 물질이 각기병과 관련이 있는지 밝혀낸 것은 1910년 스즈키 우메타로(鈴木梅太郎, 1874-1943)의 연구였다. 그는 쌀눈과 쌀겨의 추출물 속의 성분 하나가 각기병을 예방하거나 치료할 수 있다는 것을 알아냈다. 스즈키는 벼의 학명인 '오리자 사티바(Oryza sativa)'에서 따서 이 물질을 '오리자닌'이라고 이름 짓고, 약으로 만들어 팔기 시작했다. 국제적으로는 오리자닌 대신 카지미르 풍크(1884-1967)가 제안한 '비타민 B'라는 이름이 널리 쓰이기는 했지만, 이로써 비타민이라는 존재가 세상에 알려지게 되었다.

2) 각기병 치료제에서 "위와 장의 약"으로

각기병의 원인이 밝혀지자, 그것을 치료하고 예방할 수 있는 비타민 B 보충제에 대한 관심도 높아졌다. 그런데 비타민 B 보충제의 시장은 각기병 예방과 치료에만 국한되지 않았다. 보충제 제조사들은 정장(整腸), 성장 발육 등 예상치 못했던 효능들을 광고하기 시작했다.

새로운 시장을 열기 위해서는 비타민에 대한 소비자들의 인식을 바꿀 필요가 있었다. 밥에 현미를 조금 섞는 것만으로도 각기병은 걱정할 필요가 없어지는 마당에, 결핍증을 예방하겠다는 소극적인 이유에서가 아니라, 비타민을 먹으면 뭔가 더 좋은 일이 생긴다고 소비자들을 설득해야 했던 것이다.

비타민 연구가 계속되다 보니, 비타민이 지닌 여러 가지 효능들이 새롭게 알려지게 되었다. 특히 소화 보조 작용이 많은 주목을 받았다. 비타민

B군에 속하는 화합물들은 모두 보효소(coenzyme) 또는 보효소의 선구체로서 세포의 물질대사에 관여하기 때문에, 영양소의 소화 흡수 효율을 높여준다는 사실이 알려졌다. 그러나 이를 위해 반드시 보충제를 먹어야 하는 것은 아니다. 특히 음식물을 적게 먹는 것보다는 과하게 먹는 것이 문제인 현대 선진국의 사람들은 대부분의 비타민을 일상적인 식사를 통해 충분히 얻을 수 있다.

그럼에도 일본과 미국 등 선진국의 제약회사들은 소화 흡수에 이바지한다는 논리로 비타민 보충제를 맹렬하게 광고하기 시작했다. 특히 육아에 신경을 쓸 수밖에 없는 주부들을 겨냥한 광고가 쏟아져 나왔다. 성장기 어린이의 비타민 결핍증을 예방하는 것도 주부의 의무가 되었고, 더 키 크고 건장한 아이로 키우기 위해서는 식사로 섭취할 수 있는 것 이상으로 비타민 보충제를 넉넉히 챙겨주는 것이 현명한 주부의 선택이라고 광고들은 주장했다.

이런 맥락에서 각광받기 시작한 것이 맥주 효모였다. 맥주 효모를 배양하면 효모뿐 아니라 효모의 작용으로 만들어진 매우 많은 종류의 화합물들을 함께 얻게 된다. 그래서 효모를 건강보조식품으로 이용하는 연구가 활발히 이루어졌는데, 비타민 발견 이후 효모를 먹으면 여러 가지 비타민도 함께 섭취할 수 있다는 것이 알려졌다.

맥주 효모를 건강식품으로 응용하는 시도를 시작한 나라는 역시 맥주의 나라 독일이었다. 곧 다른 서구 나라들과 일본도 이를 받아들였다. 일본에서는 거대 맥주 회사인 아사히맥주가 '에비오스'라는 이름으로 맥주 효모 건강식품을 출시했고, '와카모토'라는 회사도 회사 이름을 상표로 한 효모 제제를 선보였다. 에비오스와 와카모토는 구 일본제국 전역에서 상당히 인기를 끌어서, 두 회사 모두 한반도에도 공장을 세우고 제품을 만들어냈다.

〈그림 2-3〉 '오리자닌'의 광고. 오리자닌은 1920년대 신문에는 각기병 예방약 또는 치료약으로 광고되었지만, 1930년대에는 이미 '영양제'라는 이름으로 광고되기에 이르렀다. 위 광고는 소화제(다카디아스타제)와 '영양제' 오리자닌을 묶어서 '후생보건'이라는 이름 아래 홍보하고 있다. (출처: 《조선일보》 1939. 3. 22., 4면)

광복 후 일본인들이 철수하자 한반도의 공장 설비들은 한국인의 손에 접수되었다. 주인은 바뀌었지만 공장에서 만드는 물건은 크게 달라지지 않았다. 서울약품은 와카모토 공장을 인수하여 '원기소'를, 삼일제약은 에비오스 공장을 인수하여 '에비오제'를 만들기 시작했다. 맥주 효모로 만든 이들 쌉싸래한 알약은 전후 복구와 고도성장을 겪은 세대의 한국인들에게 '귀한 영양제'의 대명사로 여겨졌다. 이제는 비타민제보다는 '소화보조제'로 근근이 명맥을 유지하고 있지만, 이들 추억의 알약에는 이렇게 긴 역사가 스며들어 있다. 이런 과정을 거쳐 맥주 효모를 원료로 한 비타민 제제가 정장제로 인기를 끌게 된 것이다.

3) 비타민 E 연구와 김양하[115]

한편, 이렇게 일본에서 비타민 연구가 활발하게 이루어지던 시절, 거기서 두각을 나타낸 한국인 과학자도 있었다.

1939년 1월 10일자 《동아일보》는 일본이 그토록 바라던 노벨상을 가져올 후보가 다름 아닌 한국인이라는 주장을 폈다. 한국인 과학자와 기술자의 활동을 소개하는 연재 기사 중 하나에서 "일본 학계에서 '노벨상'의 후보자로 추천한다면 단연 우리의 김씨를 꼽지 않을 수 없다."는 자신감 넘치는 논평을 실은 것이다. 지금까지 확인하기로는 이것이 한국 언론이 한국인을 노벨상 후보로 지칭한 가장 이른 예다.

여기서 김씨는 화학자 김양하(1901-?)를 가리킨다. 그리고 노벨상까지 거론하며 김양하의 주요 업적으로 소개한 "킴즈 메소드", 즉 '김씨 방법'이란 그가 고안한 비타민 E의 결정을 분리하는 공정을 일컫는다.

김양하는 함경남도 출신으로, 함흥고등보통학교를 졸업하고 일본 유학길에 올라 도쿄제국대학 화학과에 진학했다. 대학을 졸업하고 1929년 일본 과학계의 핵심 기관 중 하나인 이화학연구소(리켄)의 스즈키연구실에 연구원으로 취직하였다. 스즈키 우메타로(1874-1943)는 비타민 연구에 큰 업적을 남긴 인물이다. 그는 1910년 쌀눈 추출물이 각기병을 치료하는 데 효과가 있다는 것을 알아내고, 유효성분을 분리하여 '오리자닌'이라는 이름을 붙였다. 오리자닌은 서양의 과학자들이 발견한 다른 미량영양소들과 함께 뒷날 '비타민'이라는 갈래로 묶이면서 '비타민 B'라는 이름을 얻었다. 즉, 스즈키는 오늘날의 비타민 B(티아민)를 세계 최초로 발견한 사람 중 하나였으며, 리켄의 스즈키연구실은 세계에서 가장 뛰어난 비타민 연구 집단 중 하나였다.

김양하는 스즈키연구실의 일원으로 여러 가지 비타민에 대해 연구하기 시작했다. 특히 바야흐로 존재가 알려지기 시작한 비타민 E의 정체를 밝히고 그 순수한 결정을 분리해내는 작업에 착수했다. 그는 1935년 리켄에서 발행하는 학술지에 쌀눈에서 비타민 E 결정을 추출하는 독창적인 방법을 발표했다. 이것이 일본 학계의 인정을 받았다는 소식이 한반도에도 전해졌고, 《조선일보》와 《동아일보》 등 한국계 언론들은 1935년 말부터 김양하에 대한 기사를 실었다. 《동아일보》는 김양하의 연구논문을 한국어로 번역하여 네 번에 걸쳐 연재하기도 했는데, 일간지에서 전문적인 학술논문을 그대로 싣는 것은 드문 일이라는 것을 생각하면 《동아일보》가 김양하의 연구를 매우 높이 평가했음을 짐작할 수 있다.

비타민 연구는 20세기 초반 노벨상이 쏟아져 나온 분야다. 서양에서 각종 비타민을 최초로 발견하고 분리해낸 이들은 대부분 노벨상을 받았다. 더욱이 스즈키 우메타로는 비타민 B에 해당하는 물질을 서양보다 먼저 발견하고도 그 연구 결과가 서양에 알려지지 않았다는 이유로 노벨상 공동 수상에서는 빠졌고, 많은 일본인들이 그것을 아쉽게 기억하고 있었다. 이런 상황에서 김양하가 비타민 연구에서 중요한 성과를 내자 다시 일본이 비타민 연구로 노벨상에 도전할 수 있으리라는 기대가 일었던 것으로 보인다.

김양하를 '노벨상 후보'로 거명한 《동아일보》의 바람에도 불구하고, 당시 비타민 연구를 둘러싼 세계 생물학계의 경쟁은 너무도 치열하여 김양하의 연구를 넘어서는 연구들이 속속 발표되었다. 비타민의 가짓수도 점점 늘어나면서 한 종류에 대한 연구로 노벨상을 기대하기도 어렵게 되었다. 하지만 실제로 노벨상을 받지는 못했다고 해도, 한국인 과학자가 세계적으로 경쟁이 치열한 첨단 분야에서 전 세계의 과학자들과 어깨를 나란히 하고 있다는 소식은 매우 반가운 것이었다. 김양하는 이태규나 리승기 등과 함께 "과학조선의 파이오니어"로 이름을 높였다. 한편 그동안의 연구 업적을 인정받아 1943년 도쿄제국대학에서 농학박사(농화학 전공) 학위를 받기도 했다.

그러나 김양하라는 이름은 우리에게 매우 낯설다. 남한에서는 이태규를, 북한에서는 리승기를 화학계의 원조로 기리고 있지만 김양하는 남에서도 북에서도 기억하는 이들이 별로 없다. 물론 그의 과학 연구가 모자라기 때문은 아닐 것이다.

김양하는 한국 현대사의 굴곡에 가린 수많은 이름들 가운데 하나다. 그는 리켄을 떠나 한반도로 돌아와 세브란스의학전문학교에서 생화학을 가르치다가 광복을 맞았다. 한국을 대표하는 과학자였으므로 조선학술

원의 서기장과 부산수산전문학교의 교장 등 조국 재건을 위한 여러 임무를 맡았다. 그러나 미군정의 고등교육 개편안이 서울에서 이른바 '국대안 파동'으로 이어지던 와중에, 부산에서도 국립부산대학교 설치에 반대하는 '부산국대안 파동'이 일어났다. 부산수산전문학교는 통폐합의 대상 중 하나였으므로 김양하는 부산대학교 설립에 반대하는 입장에 섰고, 학교에서 파면되기에 이르렀다.

조선학술원 활동 또한 결과적으로는 김양하의 입지를 좁히고 말았다. 국대안 파동을 계기로 미군정과 지식인사회의 관계가 악화되면서 조선학술원 원장이었던 백남운을 비롯한 학술원 주도 인사들은 하나둘씩 월북길에 오르고 말았다. 김양하는 여운형과도 교분이 깊었고 김성수의 한국민주당에 발기인으로 이름을 올렸을 정도로 정치적으로는 유연했지만 결국 북으로 떠났다(월북과 납북 여부에 대해서는 기록들이 엇갈리고 있다).

그러나 북에서도 그에 대한 기록은 갑자기 끊기고 만다. 1952년 북한 과학원 창립 기록 등에서 김양하의 이름이 보이지만, 1950년대 후반 숙청의 바람이 불면서 김양하의 이름도 북한의 공식 기록에서 사라졌고, 우리는 그의 생몰연도를 물음표로 끝낼 수밖에 없다.

4. 조선인의 식품과 식재료의 영양가 평가

지금까지 살펴본 바와 같이, 식품과 영양소에 대한 과학적 연구는 20세기 초 전 세계적으로 새롭게 각광받는 분야로 떠올랐다. 또한 그 과정에서 동아시아인 식생활의 특징에 대한 연구도 활발히 이루어졌고, 한국인 과학자가 그 연구 과정에 활발히 참여하여 성과를 내기도 했다.

이와 같은 시대적 분위기에서, 일제강점기에 한반도에서 활동하던 일본인 과학자와 의학자들이 조선인의 식생활을 연구한 것은 놀라운 일이 아닐 것이다. 경성제국대학이나 경성의학전문학교 등에서 활동하던 일본인 과학자들의 연구는 몇 가지 특징을 드러낸다.

1) 조선과 일본의 차이?

일본인 과학자들이 드러내는 첫 번째 연구 경향은 조선에 고유한 식재료와 식품에 대한 관심이다. 서구 제국주의 국가들은 일반적으로 식민 본국과 식민지가 멀리 떨어져 있고 기후와 풍토가 전혀 달랐다. 이에 비해 조선과 일본은 풍토와 식생이 매우 비슷하여 눈에 띄는 큰 차이가 별로 없었다는 점이 특이했다. 하지만 식민 본국이 차이를 발견하거나 심지어 발명함으로써 식민주의 체제 안의 위계를 형성한다. 일본인 관찰자들은 한반도의 식생활에 대해 조사할 때에도 일본과 무엇이 같고 무엇이 다른지 우선 알고자 했으며, 그렇게 알아낸 '사실'들은 다시 일본의 식민 지배 정책에 여러 가지 형태로 활용되었다.

일본인 과학자들은 조선인과 일본인의 식생활을 비교하여 무엇이 같고 무엇이 다른지, 차이를 만들어내는 요인은 무엇인지, 영양학적으로 각각의 장단점은 무엇인지 파악하고자 했다. 다만 그 비교가 중립적으로 이루어졌다고는 말할 수 없다. 한반도에서 활동한 일본인 과학자들은 모두 조선총독부의 지휘를 받는 관원이었기 때문에, 이들의 연구도 총독부의 통치 정책과 관련을 맺을 수밖에 없었다. 조선총독부는 조선인의 식생활을 개선하여 건강을 유지하는 임무를 맡고 있었지만, 동시에 낯선 풍토에서 살아가야 하는 재조(在朝)일본인의 건강을 유지하는 임무도 맡고 있었다. 따라서 재조일본인들에게 조선산 식품을 어떻게 소비해야 하는지 정보를 제공하는 것도 총독부가 할 일 중 하나였다. 이런 점에서 조선인에 대한 영양 조사 연구는 근본적으로는 일본인을 위한 연구였고, 일본인의 식생활을 기본 전제로 삼고 그것과의 차이, 구체적으로는 일본 본토의 식생활과 비교하여 보완해야 할 단점을 부각시키는 연구가 될 수밖에 없었다.

한국과 일본은 풍토와 식재료가 비슷하므로 사실 두 나라의 식생활은 차이점보다는 유사점이 많다. 그럼에도 불구하고 일본인들이 가장 큰 차이라고 느낀 것은 역시 "한국음식은 맵다."는 점이었다. 따라서 한국인에의 식생활을 연구할 때도 고추에 관심을 기울인 일본인 연구자들이 있었다. 특히 경의전 의화학교실의 히로카와 고자부로(廣川幸三郞) 교수가 조선인의 영양 연구에 주력했고, 그의 지도를 받은 학생들도 영양 조사에 대한 다수의 연구를 발표했다. 히로카와는 1896년 니가타현 미시마(三島)군에서 태어나, 1926년 경성의전 조교수로 임용되어 줄곧 한반도에서 활동했다. 도한한 뒤인 1928년 교토제국대학에서 의학박사학위를 받았는데, 논문 제목은 "조선에서 수형자의 영양과 신진대사에 관한 연구(朝鮮に於ける受刑者の栄養並新陳代謝に関する研究)"였다. 이 내용에 대해서는 뒤에서 다시 소개하겠지만, 히로카와의 연구 방향이 이때부터 확립되어 있었다는 것은 주목할 필요가 있다.

경의전 의화학교실에서 히로카와의 지도를 받던 나리타 후지오(成田不二生)는 고추를 비롯하여 한국 고유의 식재료에 대한 여러 편의 논문을 『경성의학전문학교기요』 등에 발표했다. 그는 고추가 "조선인 한 명이 연간 3킬로그램이나 소비하는" 중요한 식재료이므로 그 성분을 규명하는 것이 필요하다고 생각하여 조선산 고추의 비타민 C 함량을 분석하기도 했다. 또한 이 비타민 C가 생체 안에서 어떻게 대사되는지 알기 위해 고추 추출물을 모르모트에게 3~6주간 투여하여 체중 등 발육 상태를 조사하고 해부하여 조직 내의 잔류 농도를 조사하였다.[116] 고추에 함유된 유기산의 종류와 양을 조사하여 주석산, 구연산, 능금산 등과 소량의 호박산이 들어 있음을 밝히기도 했다.[117] 또 다른 연구에서 나리타는 고추씨기름의 영양가를 분석하기도 했다. 고추씨기름을 쥐에게 투여하고, 올리브유나 참기름을 투여한 쥐를 대조군으로 삼아 그 성장 효과를 비교하였다.[118] 나리타의 고추에 대한 관심은 고춧가루, 건고추, 고추장 등 고추를 이용한 식료품을 조사하고 그 품위를 판별하는 데까지 이어졌다.[119]

나리타는 고추 이외의 식재료에 대해서도 조사했다. 감귤류의 비타민 C 함유량에 대한 연구에서는 조선산으로 특정한 것은 아니지만 "경성시내의 M과물상으로부터 구입한" 16종의 과일의 비타민 C를 조사하였다. 분석한 재료는 다르지만 비타민에 대한 관심이라는 점에서 연속성을 찾을 수 있다. 흥미로운 점은 실험에서 사용한 과일의 종류가 다양하다는 사실이다. 나리타가 분석한 대상은 레몬, 오렌지, 운슈(溫州) 밀감, 이요(伊豫) 밀감, 네이블 오렌지, 유자 등 10종의 감귤류와 4종의 사과(국광, 홍옥, 츠루노타마고 鶴ノ卵, 야마토니시키), 그리고 배와 파인애플 등 매우 다양하다. 일본 품종의 도래로 인해 서구 한반도의 과수 농업이 크게 바뀌었음을 알 수 있다.[120] 나리타는 고추 연구에 몰두하기 전에는 조선인들이 기근을 면하기 위해 먹는 나무껍질의 영양 성분을 조사하기도 했다.[121]

한편, 일반적인 식품은 아니지만 일본인들이 대단히 큰 관심을 기울였던 것은 약용작물, 특히 인삼이었다. 인삼을 비롯한 한국산 약용식물에 대한 연구는 한의학을 그 자체로 인정하기보다는 한방약의 유효성분을 추출하여 양의학의 요소로 활용하려는 기본 구도 안에서 이루어진 활동이었다.[122] 이는 뒷날 경성제대 의학부와 서울대학교 의과대학의 '천연물(天然物) 과학' 연구 전통으로 이어진다는 점에서 주목할 만하다.

2) 다중 급식에 대한 조사와 실험

일본인 과학자들의 연구에서 드러나는 두 번째 특징은 조선인 식생활에 대한 집단적 조사 연구, 나아가 실험이다. 이들은 입원 환자, 학생, 수형자 등 비교적 동질성이 높은 인구집단의 식사를 분석함으로써 조선인 식생활의 특징을 찾아내고자 했다. 나아가 관립학교의 지위를 이용하여, 수형자와 같이 인위적으로 식사를 조절할 수 있는 집단에 대해서는 제한적인 실험을 벌이기도 했다.

앞서 언급한 히로카와 고자부로가 이와 같은 연구의 중심인물로 활약했다. 히로카와의 1928년 박사학위논문은 수형자의 영양과 신진대사에 대한 것인데, 그 학위논문의 바탕이 된 연구는 경성의전에 임용된 뒤 실시한 것으로 보인다. 1929년 『조선의학회잡지』에 실린 논문 "여름철 동일 영양에 따른 조선인 수형자의 영양 및 신진대사에 대한 연구"에는 히로카와가 경성의학전문학교 교원 신분이며 동시에 경성제국대학 의학부 사토 고조(佐藤剛藏)의 지도를 받고 있는 것으로 표시되어 있다.[123]

그는 이에 대한 후속 연구로 1931년에는 조선인 수형자의 급식을 잡곡식에서 백미식으로 바꾸어보고 신진대사를 측정하여 그 결과를 발표했다. 원래 교도소의 급식은 쌀, 콩, 조가 1:2:7로 섞여 잡곡의 비중이 대단히 높은 혼식이었다. 히로카와는 두 조선인 수형자에게 일주일 동안 잡곡식 대신 백미식을 공급하고, 각각의 식단의 구성 성분을 분석하고 그것을 먹은 뒤 신진대사가 어떻게 일어나는지 알기 위해 수형자의 배설물 성분을 분석하였다. 분석 결과, 잡곡식을 먹었을 때는 질소와 염류의 균형이 높은 수준으로 유지되지만 백미식으로는 그 균형의 수준이 낮아지므로 "잡곡식이 건강에 유익하다."고 히로카와는 결론지었다.

두 명의 실험자에게 각각 한 번씩만 실시한 '실험'이므로, 이것이 과학적으로 확실한 결론이라고 내세우기는 무리가 따른다. 그러나 이러한 연구가 이루어진 배경이 중요하다. 히로카와는 잡곡 혼식을 옹호하고 백미식을 경계하는 총독부의 논리에 과학적 기반을 제공하고 있다. 총독부는 국민 건강을 명분으로 내세웠지만 사실은 쌀 수급을 원활히 하기 위해 혼식을 권장했던 것인데, 히로카와 같은 과학자가 혼식의 우위성을 보여준다면 총독부의 정책이 과학적 근거를 얻게 되는 것이다. 히로카와의 계몽적 의도는 논문의 서론에도 명백히 드러나 있다. 그는 백미식이 일본에서 "겐로쿠(元祿) 시대(1688-1707, 일본이 근대 이전 최고의 풍요를 누렸던 시기로 일컬어진다) 이후로 유행하기 시작한" 결과 현재는 "새하얀 밥이 아니면 목구멍으로 넘어가지도 않는다."는 생각이 팽배하였고, 보리나 조와 같은 잡곡은 "가축의 사료 또는 새의 모이"라는 식의 생각마저 만연하게 되었다고 개탄하고 있다. 그는 잡곡이 "영양소의 양에 있어서 또 그 질에 있어서 결코 백미에 뒤지지 않는다는 것은 주지의 사실"이라고 주장하며, 인체 밖에서 곡식의 성분을 분석하는 것을 넘어서 인체 안에서 어떻게 대사되는지 확인하고자 이 실험을 설계했다고 밝히고 있다.[124]

히로카와는 학생들의 도시락을 조사하기도 했다. 학생들은 수형자처럼 모두 동일한 식단을 공급받는 것은 아니지만, 한 학교의 학생들은 같은 나이의 집단이고 지리적 사회경제적으로 유사성이 크기 때문에 조사의 의의가 있다. 히로카와는 경성부 내 어의동보통학교의 협조를 얻어 100개의 도시락을 조사하고, 식료품의 구성 성분을 분석하고 칼로리[溫量]를 계산하는 방식으로 영양가를 평가했다.[125] 열량의 과잉보다 부족이 문제였던 시대였으므로 주로 학생들이 필요한 칼로리를 충분히 얻고 있는가, 그리고 칼로리의 원천이 탄수화물인가 단백질인가 등이 주요 관심사였다. 히로카와는 이 밖에도 당분이 흰쥐의 생장에 미치는 영향 등 동물을 이용한 기초적인 영양 연구도 수행했다.[126]

히로카와의 제자들도 이와 비슷한 조사를 자주 했다. 이토 후미오(伊東文雄)는 1938년 논문에서 조사 대상을 넓혀서 경의전 학생, 소사(小使), 급사(給仕), 건설노동자 등이 집에서 싸 오는 도시락을 분석하고, 이것을 시판하는 도시락과 비교 분석하여 영양가를 평가했다.[127] 또한 이에 앞서 1934년 발표한 논문에서는 경의전 부속의원의 급식 식단을 조사하기도 했다. 그는 1932년 7월, 열흘 동안 경의전 부속의원 특등, 1등, 2등, 병

등(並等) 병실의 급식 식단을 조사하여 하루 평균 2,520.62칼로리를 섭취하고 있음을 분석하고, "중등도의 노동에 종사하는 사람들에게 대해서도 완전한 보건식이 된다고 믿는다."고 결론 내리고 있다.[128]

이런 조사를 하기 위한 전제는 영양소 섭취의 기준이 정해져 있어야 한다는 것이다. 확립된 기준이 있어야 무엇을 얼마나 모자라거나 남게 먹고 있는지 비로소 비교할 수 있기 때문이다. 일본에서는 '영양학의 아버지'로 불리는 사이키 타다스(佐伯矩, 1876-1959)가 1931년 1,045가지 식품의 영양소를 분석하여 『일본식품성분총람(日本食品成分総覧)』을 펴냈다. 비슷한 시기에 식민지에서 이렇게 활발히 식품 영양가 분석이 이루어졌다는 사실은 영양학의 기본이 되는 지식체계가 이 무렵 일본 제국주의 세력권 전체에 보급되어 뿌리내렸음을 보여준다.

그리고 앞서 지적했듯이, 이와 같은 연구는 조선총독부의 식량정책을 정당화하기 위한 방편으로 이용되는 경우가 많았다. 잡곡 급식이 영양학적으로 우수하다는 주장 외에도, 히로카와는 '식생활 개선'을 위한 '대용식품'의 연구에도 참여했다. 그는 이토 타다오와 함께 쓴 1935년의 논문 "경성에서 학교 아동 도시락의 대용식품에 대하여"에서, 각종 빵으로 점심 도시락을 대신하더라도 영양상 문제가 없음을 보이고자 했다. 그는 "식생활 개선을 위해서는 아동의 세 끼 식사를 모두 개선해야 하지만", 기숙형 학교가 아니라면 점심을 급식으로 바꾸는 것 이상은 기대하기가 어렵다고 전제하였다. 다만 모든 학교에서 전통적인 식단으로 급식을 실시할 여건이 안 되기 때문에 빵과 같은 서구식 식품을 공급하는 것이 바람직하므로 이것의 영양학적 가치를 평가하겠다고 연구 의도를 밝히고 있다. 특히 서구에서 빵에 곁들여 먹는 버터나 치즈 등은 아시아에서 공급이 원활하지 않으므로, 서구식 빵보다는 동아시아 사람들에게 친숙한 찐빵과 같은 것들을 연구 대상으로 삼았다. 이를 위해 찐빵(로겐만토, 勞研

饅頭), 유산만두(乳酸饅頭), 피스빵(ピース 麵麭), 중국식 흰 빵(白麵麭), 만주빵(満州パン), 중국식 검은 빵(黑麵麭), 건빵 등 다양한 재료의 성분을 분석하고, 크림빵이나 잼빵 등 다른 재료와 섞어 가미한 빵도 영양소를 분석하였다. 히로카와와 이토는 영양소 분석의 결과 "찐빵과 피스빵… 등은 각 4개, 식빵 반 근, 중국빵 각각 1개, 포자 5개,…" 등의 대용품을 섭취하면 점심 식사를 대신할 수 있다고 결론을 내렸다.

한편, 경성 시내에서 이들 빵의 시판 가격도 조사하여, "10전(錢) 당 단백질 함유량과 발생 칼로리"를 계산하기도 하였다. 이는 "내지인과 조선인 일반이 점심식사로 먹는" 설렁탕, 냉면, 장국밥, 비빔밥, 오야코동, 니쿠동, 소바, 완탕 등과 비교하기 위해서였다. 실제로 운니옥(雲泥屋), 이문옥(里門屋), 대동루(大同楼) 등 유명 식당에서 조사한 가격으로 해당 식품의 영양소 함량을 나누어 '10전당 영양가'를 비교하면 비슷한 값이 나왔다. 빵으로 점심 식사를 대용하자는 국가적 시책은 이렇게 영양학적으로 '입증'된 것이다. 그럼에도 불구하고 이들 빵을 시종일관 '식사'가 아니라 '점심식사 대용품(晝食代用品)'이라는 용어로 지칭하는 것도 흥미로운데, 대중이 당시에도 빵을 온전한 식사로 인정하지 않고 있었음을 보여준다.[129]

흥미로운 점은, 이와 같이 점심 한 끼라도 빵으로 대신하자는 것이 이른바 '식생활 개선'의 세부 목표 중 하나가 되었고, 해방 후의 한국에서 1960~70년대에 정부가 강력한 혼분식 강제 정책을 시행할 때에도 이와 똑같은 일을 했다는 사실이다. 박정희 정부는 쌀 소비를 억제하기 위해 공공기관의 구내식당에서 점심에는 밀가루 음식만 팔도록 한 적이 있는데, 이와 같은 '점심식사 대용품(晝食代用品)'의 역사도 일제강점기까지 그 뿌리가 닿아 있다고도 볼 수 있을 것이다.

맺음말

식민지 영양 조사는 식민지의 몸을 분석하고 통제하려는 제국주의의 시선을 보여준다. 식민지 영양 조사는 순수 과학 연구를 표방했지만, 식민지라는 불평등한 권력관계를 반영할 수밖에 없었고 제국의 정치적 목표에 따라 동원될 수밖에 없었다. 그럼에도 불구하고 식민지 영양 조사는 제국주의의 의도에 전적으로 부합하는 결과를 낳지는 못했다. 제국주의 권력은 본국과 식민지의 차이를 찾아내고 그것을 차별의 근거로 해석하고자 하는 욕망을 품고 있었지만, 일본과 한반도의 풍토와 식생활은 그 욕망을 충족시킬 정도로 큰 차이를 보이지 않았기 때문이다.

디자인 신재용

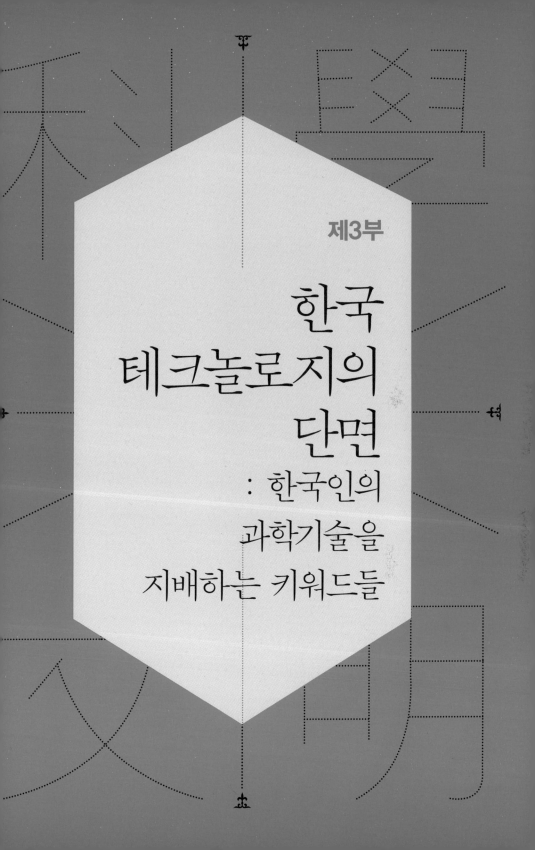

제3부

한국
테크놀로지의
단면
: 한국인의
과학기술을
지배하는 키워드들

1장

이미지와 키워드로 읽는 한국 과학기술사

머리말: 이미지라는 거울

세대마다 공유하는 경험이 있고, 그 경험들을 대표하는 지배적인 이미지
가 있다. 과학기술을 대표하는 이미지도 시대별로 조금씩 차이가 있다.
이들 이미지의 변천을 살펴보는 것은 그때 그곳의 사람들이 과학기술에
대해 어떤 기대를 걸고 있었는지 되짚어보는 과정이기도 하다.

시각적 이미지 못지않게 시대상을 반영하는 것이 과학기술을 대표하
는 유행어 또는 키워드(keyword)들이다. 특정 시대에 유행한 과학기술의
키워드들은 당대 사람들의 과학기술에 대한 기대를 반영하기도 하고, 다
른 한편으로는 과학기술정책이나 자라나는 세대들의 장래 희망 등의 형
태로 미래에 영향을 미치기도 한다.

한국에서 과학기술의 이미지를 돌아볼 때 역사적으로 또 하나 흥미로
운 점은 이미지를 만들고 전파하는 데에 국가의 역할이 크다는 것이다.
이는 현대 한국에서 과학기술이 국가 주도로 발전해왔다는 점과 무관하

지 않다. 그런 점에서 한국인의 의식을 지배했던 과학기술의 이미지와 키워드를 돌아보는 것은 한국 과학기술 발전사에서 국가와 시민사회의 관계를 이해하는 데에도 하나의 실마리가 될 수 있다.

1. 시대를 풍미한 이미지들[1]

1) 20세기의 상징, 원자 모형

과학기술 또는 산업기술의 구체적 상징으로 가장 먼저 떠올릴 수 있는 것 중 하나가 톱니바퀴일 것이다. 톱니바퀴는 산업혁명 이후 새롭게 등장한 기계 문명과, 그 기계 문명을 떠받치는 것은 노동 또는 노동자 계급을 상징하기도 한다. 이 때문에 톱니바퀴는 주로 사회주의 국가나 사회주의의 영향이 강한 나라들의 국장(國章)에 자주 등장하곤 한다.

하지만 19세기 산업혁명의 상징인 톱니바퀴는 오늘날에는 미래의 진보보다는 오래된 '굴뚝산업'의 상징으로 보일 수도 있다. 기계공업과 화학공업 등이 지배했던 19세기와 비교하여, 20세기의 새로운 과학기술을 상징하는 이미지는 어떤 것이 있을까? 대표적인 것 중 하나가 원자 모형일 것이다. 원자와 그 내부를 이해하는 데서부터 오늘날의 전자공학과 전자산업이 태동했기 때문이다. 실제로 원자 궤도 모형은 20세기에 설립된 과학기술 관련 기관의 휘장에 단골로 등장하는 상징 중 하나이기도 하다. 특히 원자 궤도 모형은 버섯구름이 상징하는 죽음과 파괴의 공포를 대신하여 원자력의 긍정적인 면을 대변하는 이미지로 많이 사용되었다.

예를 들어 1953년 미국이 주창한 '평화를 위한 원자력(Atoms for Peace)' 사업의 휘장 한가운데에는 원자 궤도 모형이 있고, 그 주변을 현미경(기초과학), 아스클레피오스의 지팡이(의학), 톱니바퀴(산업), 밀단(농업)이 둘러싸고 있다. 또한 1957년 창설된 국제원자력기구(IAEA)의 휘장은 평화를 상징하는 올리브 가지가 원자 궤도 모형을 둘러싼 모습이다. 원자 궤도

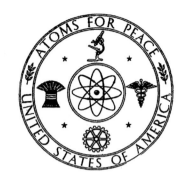

IAEA
International Atomic Energy Agency

〈그림 3-1〉 '평화를 위한 원자력' 휘장.　　　〈그림 3-2〉 IAEA 휘장.

모형은 온 세계의 과학교과서에 실려 있던 가치중립적인 이미지였지만, 이런 휘장들이 반복적으로 대중 매체에 소개되면서 차츰 원자력의 긍정적 활용을 상징하는 이미지로 자리잡게 되었다.

한국에도 '평화를 위한 원자력' 사업의 일환으로 실험용 원자로 '트리가 마크 투(TRIGA-Mk II)'가 건설되었고, 그것을 관리하며 연구에 활용하기 위한 기관으로 1959년 원자력원이 설립되었다.[2] 원자로 기공식장의 사진에는 초창기 원자력원의 휘장이 보이는데, 첨성대 위에 원자 궤도 모형이 별처럼 떠 있는 모양이 눈길을 끈다.[3] 미국의 원조로 짓는 원자로이지만 우리에게도 과학의 전통이 있었음을 애써 강조하고 싶은 마음이 드러나는 듯하다. 이후 한국에서 원자 궤도 모형은 원자력을 넘어서 첨단 과학기술 전체를 대표하는 상징이 되었다. 한국을 대표하는 과학 특구라 할 수 있는 대전광역시 유성구의 로고에 전통적 명물인 온천과 원자 궤도 모형이 함께 들어가 있는 것도 그런 맥락일 것이다.

원자 모형이 1950년대 가장 영향력이 큰 이미지였다면, 1960년대는 경제개발 5개년 계획의 영향으로 고속도로와 공장 등 산업의 이미지가 지배하였다. 좀더 좁은 의미의 과학기술의 이미지라고 할 만한 것은 1960년

〈그림 3-3〉 원자로 기공식. (출처: 국가기록원)

〈그림 3-4〉 대전시 유성구 휘장.

대 말의 '아폴로 우주선'을 꼽을 수 있을 것이다. 미국과 소련의 우주 개발 경쟁 끝에 1969년 미국의 아폴로 11호가 달 표면에 착륙하여 인간이 달에 발을 디디게 되었다. 한국에서도 이 광경은 텔레비전으로 생중계되었고, 텔레비전의 보급이 더디던 시대였지만 여러 매체를 통해 많은 이들이 이 소식을 접했다. '아폴로'라는 이름은 여러 가지 상품명에도 원용되는 등 시대를 대표하는 유행어가 되었다.

이어지는 1970년대에는 '발명'과 '계몽'이라는 키워드에 국가가 힘을 실었다. 유신 정부가 1973년 '전국민의 과학화 운동'을 전면적으로 추진하면서 전국적으로 여러 가지 과학 전시와 교육 프로그램이 줄을 이었다. 다만 그 내용은 대체로 "과학이 중요하다."거나 "우리 생활 속에 미신과 비과학적 요소가 이렇게 많으니 개선해나가자."는 계몽에 머물렀다. 1970년대 말 국제기능올림픽 입상자들에 대한 거국적 환영 행사와 1979년 시작된 전국학생과학발명품경진대회 등의 행사에서도 비슷한 분위기를 읽어낼 수 있다. 과학기술이 개인의 성장과 국가의 발전에 중요하다는 인식은 사회적으로 확산되기 시작했으나, 정작 각종 사업에서 강조한 것은 과학기술의 탐구 자체보다는 그것의 응용이었다.

2) '포마토'와 유전공학의 시대

1980년대는 구체적인 이미지가 풍성해졌다는 점에서 이전 시기와 구별된다. 한국방송공사(KBS)는 1983년에만 '우주박람회'와 '83로보트과학전' 등 두 개의 대형 전시를 열었다. 우주박람회는 아폴로와 제미니 계획에서 실제 사용한 우주선 캡슐 등을 전시했고, 83로보트과학전은 악기를 연주하거나 춤을 추는 로봇 등 다양한 볼거리로 관람객의 상상력을 자극했다. 대체로 일본 전시를 들여온 것이고 운영의 부실함으로 말도 많았지만, 이런 대형 전시는 우주나 로봇 등이 막연한 구호가 아니라 실체를 갖춘 기술이라는 인식을 심어주는 데 기여했다.

또한 미래학자 앨빈 토플러의 『제3의 물결』도 1980년 출간과 동시에 한국에 소개되었다. 토플러를 통해 한국에 '정보화 사회'라는 개념이 알려졌고 미래를 위해 컴퓨터를 배워야 한다는 인식이 퍼져 나갔다. 아직은 놀랄 만큼 비싼 가격에도 불구하고 개인용 컴퓨터가 조금씩 팔리기 시작했고, 전국의 타자학원들은 하나둘씩 컴퓨터학원으로 탈바꿈했다.

1980년대를 풍미한 또 하나의 이미지 중 '포마토(pomato)'가 있다. 뿌리에는 감자가, 열매로는 토마토가 열리는 이 신기한 작물은 1978년 독일에서 개발한 것인데, 전두환 정부가 '유전공학'을 국가적으로 진흥하기로 결정한 무렵인 1981년부터 국내 언론에 대대적으로 소개되었고 이윽고 1980년대 내내 초등학교(당시 국민학교) 과학의 달 포스터 그리기의 단골 소재가 되었다. 신문과 잡지들은 "첨단 유전공학 기술을 이용하여 포마토와 같은 새로운 작물을 만들어내면 인구 폭발에 따른 식량 위기를 해결할 수 있다."는 장밋빛 미래를 그리곤 했다.

그런데 생명체의 물질대사에는 한계가 있기 때문에 한 그루의 식물에서 토마토와 감자가 같이 열린다고 해서 생산량이 두 배로 늘어날 수는 없다. 과채 농사를 지으면서 큰 열매를 얻기 위해 작은 열매를 솎아 개수를 조절해본 적이 있다면 쉽게 이해할 수 있을 것이다. 사실 포마토를 개발한 이들도 새로운 기술을 응용하면 어떤 일을 할 수 있는가 보여주고자 한 것이지, 이것으로 세계의 기아 문제를 해결할 수 있다는 허황된 주장을 하려던 것은 아니었을 것이다.

그럼에도 불구하고 포마토의 이미지가 계속 유행했던 것은 그것을 원하는 사람이 있었기 때문이다. 앞서 말했듯 유전공학 진흥은 정부의 과학기술정책의 핵심으로 결정되어 있었고, 포마토는 유전공학의 중요성을 국민들에게 알리는 선봉장 역할을 했다. 전자공학과 컴퓨터 관련 산업의 육성도 정부의 과학기술 청사진의 중요한 부분을 차지했다. 주요 언론들이 토플러의 『제3의 물결』이 번역도 되기 전부터 그 내용을 앞다퉈 소개한 것도 마찬가지로 미래에 대한 이미지를 선점하기 위한 것이었다.

이렇게 1980년대에 형성된 과학기술의 이미지들은 사실 조금씩 모습을 다듬어가면서 오늘날까지도 살아남아 있다. 포마토가 상징했던 유전공학은 수정란에 피펫을 찔러 넣는 모습으로 대표되는 '바이오테크놀로지'로 조금 세련되어졌고, '정보화사회'는 '테크노피아'와 '인터넷 코리아'를 거쳐 바야흐로 '4차산업혁명'이라는 희대의 유행어로 진화했다.

물론 국민들에게 미래에 대한 비전을 제시하는 것은 국가가 응당 해야 할 일 중 하나다. 하지만 이렇게 국가가 앞장서서 과학기술의 이미지를 형성한 결과 한국에서는 과학기술의 한 가지 측면만 지나치게 부각되어온 것도 사실이다. 과학기술을 부국강병의 도구로 여기고, 군사작전처럼 국가가 설정한 목표를 향해 돌진함으로써 과학기술을 발전시킬 수 있다고 믿어온 것이 20세기 한국의 과학기술 발전의 비결이기도 하지만 동시에 한계이기도 하다.

3) 4차산업혁명, 번역 속에서 길을 잃다

한편, 2010년대 후반부터 강력하게 유행하기 시작한 시대의 키워드로 '4차산업혁명'을 꼽을 수 있다. 전현직 대통령부터 동네 학원에 이르기까지

너 나 할 것 없이 4차산업혁명을 거론하며, 서둘러 여기에 대비하지 않으면 시대에 뒤처져 큰 낭패를 볼 것 같은 분위기를 만들고 있다. 대전광역시는 대덕연구단지가 자리잡은 이점을 살려 "4차산업혁명 특별시"를 자처하고 나서기도 했다. 사설 학원은 물론 지방자치단체나 관공서의 공식 문서에서도 "4차산업 전문가 양성 과정" 같은 문구를 어렵지 않게 볼 수 있다. 심지어 '4차혁명'이라는 말을 쓰는 곳도 종종 보인다.

'4차산업혁명', '4차산업', '4차혁명', 비슷하지만 달라 보이는 이 낱말들은 같은 것인가, 다른 것인가? 서로 섞어 써도 괜찮은 것인가?

우선 '4차혁명'부터 따져보자. 이 낱말은 간간이 앞의 둘과 섞어 쓰긴 하지만 자주 눈에 띄지는 않는다. 그도 그럴 것이 아무 뿌리가 없는 말이기 때문이다. '4차혁명'이라는 말은 한국 안팎에서 이론적 토대를 갖추고 쓴 적이 없는 말로서, 단지 '4차산업혁명'이라고 쓰기가 귀찮아서 또는 실수로 줄여 쓴 것에 지나지 않는다.

그렇다면 '4차산업혁명'과 '4차산업'은 어떤 관계인가? 4차산업혁명이라는 말이 처음으로 등장한 것은 의외로 오래전 일이다. 멀리 거슬러 올라가면 1940년대부터, 뭔가 새로운 기술적 변화가 눈에 띄면 "이것이 바로 네 번째 산업혁명이다."라고 부르짖는 이들이 있었다. 하지만 요즘 회자되는 제4차산업혁명이라는 말은 잘 알려져 있다시피 클라우스 슈밥이 2016년 다보스 포럼에서 제안한 개념이다.[4] 지금도 확실하게 합의된 개념은 없지만, 요즘 이 말을 쓰는 사람들은 대체로 인공지능의 발달로 지금까지와는 다른 차원으로 생산성이 도약하리라는 전망을 공유하고 있다. 이것은 18세기 증기기관과 기계화, 19세기 전기와 화학, 20세기 정보화에 이은 네 번째(fourth) 산업혁명이라는 뜻이므로, 엄밀하게 번역하자면 '제4차산업혁명'이라고 해야 맞다.

한편 4차산업에서 '4'라는 숫자는 '네 번째'를 뜻하는 것이 아니다. 1차

(primary)산업은 자연의 산물을 얻는 농림수산업을 말하고, 2차(secondary) 산업은 1차산업의 산물을 활용하여 더 부가가치를 높이는 생산업(광업, 공업, 건설업 등)을 뜻하며, 3차(tertiary)산업은 1차산업과 2차산업의 결과를 필요한 곳에 공급하여 새로운 부가가치를 창출하는 운수업, 상업, 서비스업 등을 의미한다. 즉 여기서 '-차'라는 것은 단순히 시간적 또는 공간적 순서를 뜻하는 것이 아니라 무엇이 기본이고 무엇이 그 위에 쌓아 올린 것인가라는 추상적인 차원을 뜻한다.

4차산업(Quaternary Industry)이란 선진 산업국가에서 3차산업이 경제의 대부분을 차지할 만큼 비중이 커져서 더 이상 하나의 분류군으로서의 효용을 잃게 되자 3차산업을 세분화하자는 취지로 제안된 개념이다.[5] 기존의 3차산업 중에서도 지식 또는 정보와 관련된 산업을 따로 떼어 '4차 산업'으로, 인간의 정서와 관련된 휴양이나 치유 관련 산업을 '5차산업'으로 분류하자고 몇몇 학자들이 제안했으나, 아직까지 일반적으로 받아들여진 개념이라고 보기는 어렵다. 한국에서 4차산업이 사람들의 귀에 익게 된 것은 실은 제4차산업혁명과 혼용된 덕분이라고 할 수 있다.

제4차산업혁명과 4차산업이라는 말은 결과적으로는 정보산업이라든가 인공지능과 같이 비슷한 대상에 대해 이야기하고 있다. 하지만 두 말의 뿌리도 다를 뿐 아니라, 번역하기 전의 영어 단어도 다르다. 제4차산업혁명의 '제4차'와 4차산업의 '4차'는 각각 영어로는 fourth와 quaternary 라는 분명히 다른 단어다. 하지만 한국어로는 둘 다 '4차'라고 옮기는 바람에 같은 말인 것인 양 헷갈리게 되는 것이다.

'4차산업'이 은근슬쩍 '제4차산업혁명'과 혼용되면서 사람들을 의아하게 만드는 또 다른 낱말이 '6차산업'이다. 6차산업은 농수산업을 부흥하자는 기획에 요즘 단골로 등장하는 말로, 현재 일본 도쿄대학 명예교수인 농업경제학자 이나무라 나라오미(今村奈良臣)가 2009년 무렵 제안한 개

넘이다. 이나무라는 침체된 일본의 1차산업을 일으켜 세우려면 농어촌에서 식품가공업(2차산업)과 운송 및 판매업(3차산업)을 함께 병행하여 그 과정에서 발생하는 부가가치를 농어촌에 되돌려주어야 한다고 주장했다. 그렇게 하면 농업은 종래의 1차산업을 뛰어넘어 1차, 2차, 3차를 합한 '6차산업'으로 거듭날 수 있다는 것이다.[6]

그렇다면 '6차산업'에서 말하는 '6차'는 순서인가 차원인가? 1차, 2차, 3차산업이라 할 때 숫자들을 차원의 뜻으로 쓴 것이므로 6차산업도 산업의 차원을 뜻하는 이름일 것이다. 굳이 번역한다면 'Senary Industry'가 될 테지만, 사실 이것은 일본과 한국 밖에서는 전혀 통용되지 않는 개념이므로 번역할 이유도 별로 없다. (실제로 'senary industry'를 영문으로 구글 검색하여 나오는 결과들은 거의 다 일본과 한국에서 만든 웹문서들이며, 오히려 한국에서 만든 것이 그 수가 훨씬 많다.)

말은 생각을 규정한다. 뭔가를 진흥하려고, 살리려고 달려들기 전에 우리가 진흥하려는 것, 살리려는 것이 무엇인지는 똑똑히 알아야 하지 않는가? 당장 수많은 보고서와 계획서를 쓰면서 "제4차산업혁명에 대비"할 것인지, "4차산업을 진흥"할 것인지, "4차혁명을 선도"할 것인지, 어휘 선택에 고심하는 연구자들이 전국에 적지 않다. 현재 한국의 분위기에서 실제 연구의 내용이 무엇이든 이런 낱말을 앞 장에 넣지 않는다면 연구 계획서나 보고서를 받아줄 곳이 없기 때문이다. '6차산업'이나 '4차산업혁명' 같은 듣기 좋은 말들이, 과거의 원자 궤도 모형이나 포마토와 같은 이미지로 소비되지 않고 성과를 낳으려면 무엇이 필요한지, 정책가와 연구자들의 더 많은 고민과 소통이 따라야 할 것이다.

2. 나라가 '인증한' 선현의 초상[7]

추상적으로 과학기술의 효용을 상징하는 이미지뿐 아니라, 과학기술 인물을 직접 묘사한 그림들도 대중의 과학기술 인식에 영향을 미친다. 예를 들어 유럽과 북미 등에는 성공한 과학자들의 초상화가 많이 남아 있다. 우리가 오늘날 갈릴레오, 데카르트, 뉴턴, 라부아지에, 다윈과 같은 이름을 들으면 마치 텔레비전에서 본 연예인처럼 친근하게 그들의 얼굴을 떠올리게 되는 것도 이들이 남긴 초상화 덕분이다. 19세기까지 서구에서 과학을 업으로 삼은 이들은 대부분 경제적 여유가 있는 집안 출신이었으므로 초상화를 남기는 것은 이들에게 자연스러운 문화의 일부였다. 그리고 19세기 중반 이후로는 사진 기술이 발달하면서 유명 과학자의 초상은 다른 유명인과 마찬가지로 더 많이 전해지게 되었다.

한국의 과학자의 초상은 어떠한가? 사진이 보급된 20세기 이후를 제외하고, 전근대의 과학자 중에 우리가 이름을 들으면 얼굴을 떠올릴 수 있는 이는 누가 있는가? 물론 얼굴은 고사하고 이름을 떠올릴 수 있는 과학자도 많지 않다는 것이 첫 번째 난관이겠지만, 골똘히 생각하다 보면 허준이나 장영실의 초상, 또는 조선 전기 과학기술 제도의 기획자이자 지도자였던 세종대왕의 얼굴 등이 어렴풋이나마 머릿속에 떠오를 것이다.

그런데 이들 초상과 서구 과학자들의 초상을 비교하면 한 가지 큰 차이점이 있다. 한국의 전근대 과학기술 인물의 초상 중 실제 얼굴을 보고 그린 것은 하나도 없다. 세종대왕은 임금이었으므로 어진(御眞)이 남아 있을 법도 하지만, 공교롭게도 한국전쟁 중 부산의 보관 장소에 화재가 일어나 소실되고 말았다. (이때 화재를 피해 오늘날까지 전해지는 것은 태조, 영조, 철종, 고종, 순종 어진 등 5점뿐이다.) 그 밖에 장영실과 허준 등 우리가 친숙하게 느끼는 얼굴들은 실은 순전히 현대의 창작이다. 우리나라에도 초상화의 전통이 탄탄했고, 조선시대 초상화들 가운데는 서양의 인물 초상보다도 사실적인 묘사를 자랑하는 것들도 있지만, 과학기술 관련 인물 가운데는 초상화가 남아 있는 이들이 아쉽게도 거의 없다. 더러 초상이 소실된 경우도 있겠지만, 대다수는 사회경제적 지위가 초상을 남길 정도로 높지 않았던 것으로 보인다.

1) '표준영정' 제도와 선현의 이미지

그러면 우리 머릿속에 떠오르는 그 친숙한 이미지들은 무엇을 근거로 누가 만든 것인가? 사실 그 이미지들은 대부분 나라가 공인한 초상, 이른바 '표준영정'이다. 위인들의 초상은 문화체육관광부에서 지정한 '정부표준영정'을 사용하도록 훈령으로 정해놓았다. 2017년 2월 현재 97인의 역사 위인의 표준영정이 지정되어 있는데, 이 가운데 넓은 의미의 과학기술 관련 인물로 간주할 수 있는 이들은 김기창이 1973년 영정을 그린 세종대왕을 비롯하여 정약용(장우성 작, 1974), 우륵(이종상, 1975), 김정호(김기창, 1975), 김대성(김창락, 1986), 최무선(신영상, 1987), 허준(최광수, 1989), 김육(오낭자, 1991), 왕산악(김영철, 1994), 이익(손연칠, 1996), 장영실(박영길, 2000), 류방택(조용진, 2012) 등 12명이다.

이 정부표준영정이라는 제도가 1970년대 중반 생겨난 것은 유신정권이 '문예 중흥'과 '민족문화 창달'을 내세웠던 것과 무관하지 않다. 특히 이순신을 '성웅'으로 추앙하여 국민적 상징으로 삼으려던 박정희는 1973년 4월 28일 이순신 현양 사업의 일환으로 "충무공 영정의 통일"을 지시했고, 그에 따라 정부가 역사 인물의 초상을 심의하는 제도가 일사천리로 수립되었다. 이에 따라 정부 각 부처와 유관 단체들이 당대의 저명한 한국화가들에게 역사 인물의 초상 작업을 의뢰했다.[8] 예를 들어 한국은행은 1972년 영국에 원판을 맡겨 새로 만든 5천 원권 지폐에 실린 율곡 이이의 초상이 서양인 같다는 비판에 골치를 앓던 참에 표준영정 제도가 시행되자 바로 장우성이 그린 이순신 초상을 5백 원권 지폐에 사용하는 등 지폐 도안을 표준영정에 따라 바꾸어나갔다. 당시의 열악한 화

단 사정을 생각하면, 유명 역사 인물의 초상을 그리는 것은 화가들에게
명예로운 일이었을 뿐 아니라 경제적으로도 도움이 되는 일이었다. 문예
중흥의 기치 아래 표준영정이나 크게는 1,000호에 이르는 대형 '민족기록
화' 등을 시시때때로 발주해주는 국가의 영향력은 커질 수밖에 없었다.
이 때문인지 민족기록화 사업을 주도한 김종필은 1999년 한국미술협회로
부터 "제1회 자랑스러운 미술인"으로 선정되기도 했다.[9]

2) 우리 조상이 좀더 근대적이었으면 좋겠다?

하지만 표준영정의 세세한 내용까지 국가가 간섭했던 것은 아니다. 오히
려 화가 개인의 미감이나 의지가 크게 작용했고(실제로 세종대왕 영정을 처
음 발표했을 당시에는 "화가 자신과 비슷하게 그렸다."는 뒷말이 돌기도 했다), 그
와 딱 떨어지게 구분하기는 어렵지만 대상 인물에 대한 당대의 지배적인
역사적 해석도 영향을 미쳐왔다. 용모를 알려주는 다른 자료가 없는 경
우에는 성품이나 용모를 묘사한 글귀를 바탕으로 용모를 상상할 수밖에
없는데, 가령 "키가 크고 귀가 길었다."는 말은 구체적인 묘사가 가능한
반면 "사람됨이 온후하고 인자하였다."는 말을 초상에 어떻게 담아낼 것
인지는 지극히 주관적인 선택이 될 수밖에 없는 것이다.

　표준영정을 만드는 과정은 이와 같이 자의적이라는 비판을 면하기 어
려운 부분이 있다. 그러다 보니 어쩔 수 없이 현대에 제작된 역사 인물의
초상에는 현대인들이 그들에게 기대하는 바가 강하게 녹아들어 있다. 그
중에서도 과학기술 위인의 초상에 주목하는 것은 여기에서 근대성에 대
한 강박이 뚜렷이 드러나기 때문이다. 표준영정 가운데 장군의 초상은
용맹해 보이게 그리면 되고, 대학자의 초상은 현자의 풍모를 담으면 크게
문제될 것이 없다. 여성 위인은 대체로 인자한 어머니의 모습으로 그리면
무난할 것이다. 하지만 '과학기술 선현'은 어떻게 표현할 것인가? 똑똑해

보이는 얼굴, 더욱이 요즘 말로는 '이과적으로' 똑똑해 보이는 얼굴이란 어떤 것인가? 결국 과학기술 위인의 초상은 "우리가 생각하는 뛰어난 과학자의 스테레오타입"에 가까운 것이 될 수밖에 없고, 그런 까닭에 우리의 자화상이 될 수밖에 없다.

가장 전형적인 방법은, 옛날 5백 원권 지폐의 이순신 초상의 배경에 거북선을 집어넣듯, 인물의 속성을 직접적으로 가리키는 지물(attribute)을 그림에 넣는 것이다. 천안아산역이나 과학기술한림원에 있는 장영실의 동상이 구리 자를 들고 측우기 옆에 서 있는 것이 좋은 예다.

하지만 이 방법을 모든 과학기술 위인에 쓸 수 있는 것은 아니다. 이론 분야(가령 천문학 계산)나 과학 사상에 업적을 남긴 이들은 지물을 통한 형상화가 불가능하다. 더욱이 구체적인 업적을 남겼다고 흔히 여기는 이들도 무엇을 대표적 지물로 뽑을 것인지 합의가 어려울 수도 있다. 예컨대 형상화가 쉽다는 이유로 정약용의 대표 지물로 거중기를 배치하는 것은 정약용이라는 인물에 대한 총체적 이해를 오히려 가로막을 수도 있다. 사실 장영실 옆에 측우기를 놓은 것 또한 과학사학계에서는 비판을 받기도 했다. 세종대에 측우기 제작 사업을 고안하고 지휘한 것은 세자, 즉 뒷날의 문종이었으며, 장영실의 대표 업적은 간의와 같은 다른 의기의 제작으로 보아야 한다는 견해도 있기 때문이다.

3) '과학적으로' 그린 초상?

한편 초상을 그리는 방법론에서 '과학성'을 추구하는 경우도 있다. 장영실의 표준영정은 2000년 지정되었는데, 그 제작을 주도한 사단법인 '과학선현 장영실 선생 기념사업회'는 기존 표준영정과는 달리 장영실의 영정은 '과학적으로' 만들어야 한다는 믿음을 갖고, 장영실의 후손이라고 전해지는 아산 장씨 100명의 얼굴을 촬영한 뒤 그 공통적 특징을 추출하여 영정 도안을 결정했다.

수백 년 동안 수많은 통혼을 거치며 남아 있는 특징이라는 것이 어떤 것일지, 더욱이 조선 후기 족보의 난맥상을 어떻게 설명할 것인지 등의 의문이 들 테지만, 중요한 것은 '과학적'이라는 말을 사용했다는 점 그 자체일 것이다. 과학기술 위인이라면 그 초상도 과학적이어야 한다는 믿음이, 역사학의 관점에서는 다소 기괴해 보일 수도 있는 방법론을 과감하게 채택하게 한 원동력이 된 것은 아닐까?

3. 우표 속의 과학자들[10]

과학 또는 과학자의 이미지가 대중적으로 유통되는 또 하나의 공간은 우표다. 영국에서 1840년 발행한 최초의 우표는 빅토리아 여왕의 얼굴을 그렸다. 이후 여러 나라에서 왕과 영웅들의 얼굴로 우표를 만들다가, 20세기에 넘어오면서 유명한 과학자와 발명가들을 주인공으로 삼기 시작했다. 폴란드는 1923년 코페르니쿠스를, 미국은 1926년 발명가 존 에릭슨을, 프랑스와 독일은 1934년 각각 발명가 조제프 마리 자카드와 페르디난트 폰 제펠린 등을 기념하는 우표를 내었다. 20세기 중반 이후로는 자기 나라의 유명한 과학자들을 우표에 실어 국가의 자존심을 높이는 것이 흔한 일이 되었다. 근대과학을 주도한 유럽과 미국뿐 아니라 전통과학에 자부심을 지닌 중국, 인도, 아랍, 페르시아, 그리고 비서구 국가로서 근대과학에서 두각을 나타낸 일본 등이 앞다퉈 과학자 우표를 발행했다.

그러면 한국에서 우표에 나온 과학자는 누가 있는가? 약간 뜻밖이지만 최초의 과학기술자 우표는 2015년에야 나왔다. 2015년 4월 과학의 달을 기념하여 이론물리학자 이휘소(1935-1977), 동물분류학자 석주명(1908-1950), 전기공학자 한만춘(1921-1984) 세 사람을 묶어 "한국을 빛낸 명예로운 과학기술인" 우표가 발행되었다. 이듬해인 2016년에는 두 번째 묶음으로 장영실, 허준, 이태규 세 사람의 초상이 우표로 나왔다. 조선 말인 1884년 우정총국이 우리나라 최초의 우표를 발행한 뒤 130여 년 지난 뒤의 일이다.[11]

물론 과학기술을 주제로 한 우표가 전혀 없었던 것은 아니다. 한국의 우표에는 과학기술을 담당한 사람은 잘 보이지 않지만, 사람이 지워진 과학기술의 상징들은 상당히 자주 등장한다. 충주비료공장(1961 준공) 건설을 기념하여 충주우체국에서 1958년 제작한 관광우편 날짜 도장은 당시 고장의 주산물이었던 담배와 함께 미래의 산업화를 기약하는 상징으로서 거대한(사실 국제적으로는 규모가 크지 않은 편이었다) 공업 설비를 보여주고 있다. 박정희 정부는 경제개발 5개년 계획을 추진하면서 1962년부터 기념우표를 매년 2종씩 발행했는데, 이들은 댐이나 변압기처럼 국민의 생활을 바꿀 수 있는 기술들을 경제개발계획이 약속하는 미래상으로서 보여주었다.

과학기술처가 발족하고 과학기술진흥 5개년 계획이 수립된 1967년에는 "과학기술의 진흥"을 주제로 한 우표가 발행되었는데, 여기에서도 산업 생산을 통한 물질적 풍요를 과학기술과 등치시키는 당시의 관념이 그대로 드러난다. 과학기술의 진흥은 원자 구조와 같은 자연의 이치를 탐구하는 데서 출발하지만, 그 귀결은 기계공업, 농업, 수산업 등의 실질적인 산업 발전으로 이어질 것이라는 바람이 그 시대를 지배했다.

이렇게 과학기술을 그 효과(구체적으로는 물질적 풍요 또는 효용)로 번역해서 이해하는 한국 특유의 과학문화는 사실 오늘날까지도 튼튼하게 살아남아 있다. 효용 중심의 과학관이 가장 노골적으로 드러난 것은 2005년 황우석 연구팀의 복제 배아줄기세포 연구 성공(좀더 정확하게는 『네이처』 출판)을 기념하는 우표일 것이다. 뒷날 황우석 연구팀의 연구 부정 행위가 드러나면서 이 우표는 전량 회수되었고, 그 바람에 희소성이 높아져 우표 수집가들 사이에서는 액면가보다 비싼 가격에 거래되고 있다는 이야기도 있지만, 이 우표가 전달하는 메시지는 과학기술은 나라를 부강하게 해줄 때 의미가 있다는 개발독재시기의 과학관을 답습하고 있다. 일어서서 가족의 품에 안기는 난치병 환자의 모습은 이른바 "수백조 원의 국익"에 대한 허황된 기대감을 인도주의적 포장지로 감싼 것에 불과하다.

이런 역사를 거쳐, 2015년에 드디어 과학기술의 결과나 효용이 아니라 그것을 하는 사람이 우표에 등장했다. 한국 사회는 많은 대가를 치른 뒤 비로소 과학기술이 약속하는 열매만 쳐다보는 것이 아니라 사람에 눈을 돌린 것인지도 모른다. 물론 누구의 얼굴을 실을 것인가, 그것은 또 누가 어떻게 결정하는가, 과학자의 얼굴을 우표에 싣는 이들이 전달하고자 하는 메시지는 무엇인가 등의 문제들은 그와는 별개로 따져보아야 할 것이다.

4. 대중문화 속 이미지를 통해 읽어낼 수 있는 과학기술에 대한 기대[12]

이런 이미지들을 통해 우리가 한국인의 과학기술 인식에 대해 읽어낼 수 있는 메시지는 무엇일까? 결국 당대 또는 현재의 한국인들이 과학기술에 대해 무엇을 기대하는지를 알 수 있을 것이다. 이는 다시 대중문화에서 과학기술 또는 과학기술자가 어떻게 묘사되는지에 영향을 미치기도 한다.

1) '위인'이 되어야 하는 과학기술자

대중문화에 등장하는 과학기술자는 대부분 정치나 경제에는 관심이 없이 자신의 일에만 몰두하는 인물로 그려진다. 좋게 말하면 순수하고 외로 보자면 단순하고 평면적이다. 현대의 과학기술자뿐 아니라 허준이나 장영실 같은 전근대의 과학기술자도 그려내는 방식이 크게 다르지 않다. 시대를 막론하고 한국 대중문화에 등장하는 과학기술자는 경험을 통해 성장하는 입체적인 캐릭터보다는 이미 완성된 특징을 그대로 간직하는 평면적인 캐릭터로 등장한다. 어릴 때부터 손재주가 좋다거나 관찰력이 남다르다거나 빼어난 자질을 갖추고 있으며, 한결같이 성실하고 진지하다. 이와 같은 특징들은 오늘날 한국 사회가 과학기술자에 대해 가지고 있는 고정관념과 다르지 않다. 일반적인 과학기술자의 덕목이라고 생각하는 것들을 시대를 초월하여 전통시대의 인물에게도 일방적으로 기대하고 있는 것이다.

이렇게 평면적인 성격으로 표현되다 보니 캐릭터의 극적 매력은 떨어질 수밖에 없다. 평면적인 캐릭터라는 약점을 가리기 위해 작가들은 외부의 속박과 제약, 그리고 그로 인한 갈등을 강조하게 된다. 전통시대를 다룬 작품에서는 신분제가 그 외부 요인으로 자주 동원된다. 장영실과 허준의 아동용 전기 중 어린 시절을 다룬 부분은 이름을 가려놓으면 누구의 것인지 구별할 수 없을 정도로 비슷하다. 주인공의 과학적 또는 의학적 자질은 이미 두각을 나타내어 주변 사람들의 인정을 받았지만, 신분제라는 당대의 사회적 모순 때문에 주인공이 재주를 펴지 못하고 괴로워한다는 전형적인 내용이다. 성인용 소설이나 방송극에서 이들을 묘사할 때도 마찬가지다. 전통사회의 신분제와는 다르지만 우장춘의 전기도 비슷한 갈등을 중심으로 구성되는 것이 보통이다. 아버지 우범선이 조선 왕실을 배신하여 일본으로 건너갔으나 일찍 세상을 떠난 탓에, 우장춘은 조국과의 단절과 일본에서의 차별이라는 이중의 사회적 굴레 안에서 성장할 수밖에 없었다는 것이다. 이처럼 타고난 자질이 그것을 받아들이지 못하는 시대와 갈등을 일으킨다는 구조는 일반적인 영웅 서사의 구조이기도 하다. 즉, 대부분의 과학기술자는 대중문화 상품에서 갈등을 통해 변화하는 입체적인 인간이라기보다는 이미 완성되어 바뀌지 않는 일차원적인 영웅으로 그려진다.

그런데 영웅 서사의 한계는 바로 영웅은 늘 선하고 옳아야 한다는 데에 있다. 영웅으로 그려지는 과학기술자는 지적으로 뛰어날 뿐 아니라 불굴의 의지를 품고 세속적 가치와 타협하지 않는 고결한 인품도 갖추고 있다. 하지만 과학기술자의 전문적 역량은 사실 그의 인품과는 인과 관계가 없다. 과학사에서도 인품은 훌륭하지 않으나 중요한 과학적 성취를 거둔 이들을 많이 찾아볼 수 있고, 역사가 발전해온 방향과 반대되는 선택을 한 과학기술자도 적지 않다. 과학기술자를 시대 속에서 살아 있는 입체적 인간으로 묘사한다면 이러한 한계와 약점도 제대로 그려낼 수 있을 것이다. 그러나 시대를 초월한 천재적 영웅으로 그려낸다면 그의 장점과 미덕을 열거하는 데 머물 뿐 비판, 풍자, 해학 등을 용납할 여지는 사라지고 만다.

물론 서양에서도 뉴턴, 다윈, 아인슈타인처럼 '과학 영웅'이라고 부를 수 있는 인물이 있다. 하지만 흠모와 찬양 못지않게 과학기술과 과학기술자에 대한 풍자와 해학도 일상적으로 받아들여지고 있다. 미국의 인기 방송극 *The Big Bang Theory*(빅뱅이론)는 전 세계적으로 큰 인기를 누리며 한국에도 적지 않은 시청자를 확보하고 있다.[13] 이 시트콤이 인기를 끄는 이유 중 하나는 과학기술자를 약점과 한계를 가진 존재로 해학적으로 그려내고 있다는 점이다. 등장인물들은 지적으로는 탁월하지만 정서적 공감 능력이나 일상생활을 운영하는 능력에서는 보통 사람들에도 미치지 못하는 면을 보여주는데, 이런 모습을 보는 시청자들은 과학기술자를 폄하하게 되는 것이 아니라 오히려 그들도 자신들과 마찬가지로 강점과 약점을 고루 갖춘 인간이라는 사실을 받아들이고 친근감을 갖게 된다. 미국의 과학기술자들도 이 방송극이 과학기술자를 해학의 대상으로 삼는 것을 불쾌하게 받아들이지 않고, 스티븐 호킹(Stephen Hawking)이나 브라이언 그린(Brian Greene)과 같은 저명한 과학자들이 카메오로 출연하기도 하는 등 우호적으로 방송에 협력하고 있다.[14] 기획과 각본의 책임을 맡은 척 로리(Chuck Lorre)와 빌 프래디(Bill Prady)는 과학자 출신이 아니지만, 물리학 박사인 샐츠버그(David Saltzberg)가 제6기까지 각본의 감수를 맡았으며 극 중에 에이미 파울러(Amy Fowler) 역으로 출연하는 마임 비알릭(Mayim Bialik)은 신경과학 박사이기도 하다.[15]

그러나 한국에서 과연 *The Big Bang Theory* 같은 작품을 볼 수 있을까? 우선 과학기술자를 소재로 한 대중문화 상품 자체가 거의 없었다. 비록 〈카이스트〉처럼 과학기술자를 소재로 삼은 작품이 있기는 했으나,[16] 이 드라마도 "한국판 '하버드 대학의 공부벌레들'"이라는 수식어가 보여주듯 과학도의 꿈과 열정을 진지하게 부각시키는 데 초점을 맞추고 있다. 군데군데 괴짜 학생들의 재미있는 에피소드가 삽입되기도 하지만, 전체적으로 과학기술자를 소재로 한 드라마가 "과학기술 분야가 새롭게 힘을 얻는 계기가 될" 것으로 기대하는 분위기에서 과학기술자를 가벼운 희극의 소재로 삼는 일은 쉽지 않았다.[17] 이처럼 과학기술자가 등장하는 드라마가 '과학기술 진흥'이라는 부담까지 짊어져야 하는 상황은 지금도 크게 바뀌지 않았다. 오히려 과학기술을 다룬 드라마가 〈카이스트〉 이후 오랫동안 만들어지지 않았기 때문에 지금은 그 부담이 더 커졌을지도 모른다.

과학기술자를 희화화하는 것만 문제가 되는 것은 아니다. 과학기술자를 영웅으로 묘사해야 하는 분위기에서는 '모범적'이지 않은 개인사를 겪은 이들을 어떻게 그려내야 할지에 대한 합의가 존재하지 않으므로 이들을 소재로 한 작품을 만들기가 쉽지 않다. 예를 들어 앨런 튜링(Alan Mathison Turing, 1912-1954)은 그 과학적 업적뿐 아니라 비극적인 개인사 때문에 그의 고향인 영국과 유럽에서 문화 작품의 소재로 주목을 받아왔다. 휴 화이트모어(Hugh Whitemore)의 희곡 *Breaking the Code*(1986)를 비롯하여 튜링의 수학적 업적, 동성애로 인한 개인적 고뇌와 그 때문에 영국 사회로부터 받은 억압 등을 다룬 작품이 다수 선을 보였다. 영국 국영방송 BBC는 희곡 *Breaking the Code*를 1996년 동명의 영화로 다시 만들었고, 튜링 탄생 100주년이 되는 2012년을 앞두고는 드라마를 가미한 다큐멘터리 *Codebreaker*(2011)를 방영하기도 했다.[18] 핀란드의 오페라 스칼라(Ooppera Skaala)는 음악, 영상, 연기를 결합한 *The Turing Machine*이라는 멀티미디어 오페라를 2008년 제작하였고, 2013년에는 영국 맨체스터에서 열린 제24회 국제과학·기술·의학사회의(International Congress of History of Science, Technology, and Medicine)에서도 상연하였다.[19] 그 밖에도 *The Turing Opera*와 *The Turing Project* 등 튜링의 생애를 주제로 삼은 오페라가 현재 제작 중이다.[20] 또한 영화 *The Imitation Game*이 베네딕트 컴버배치(Benedict Cumberbatch)를 주연으로 2014년 개봉하였다.[21] 이들 작품은 튜링의 동성애와 그것이 당시 영국 사회와 충돌하여 빚어낸 갈등을 정면으로 다루고 있다. 영웅의 삶이라고 제시하기는 어려운 부분도 있고 당대의 영국 사회를 비판하는 내용도 있지만, 민감한 부분이라고 하여 피해 가거나 돌아 가지는 않고 있다.

한국에서 이렇게 논쟁적인 인물을 다룬 대중문화 상품이 나올 수 있을까? 전쟁 중의 과학 연구, 순탄치 않은 사생활, 개인에 대한 국가와 사회의 억압, 그리고 그 억압에서 벗어나기 위한 자살까지, 튜링의 일생은 영웅담을 기대하는 독자들을 불편하게 만들 이야기로 가득 차 있다. 비록 한국의 과학기술자 중에서 그에 비할 만한 인생 역정을 가진 이는 없지만, 과학기술자를 영웅으로 그려내야 한다는 요구가 엄연히 존재하는 사회에서 설령 그런 이가 있다 해도 문화 상품의 소재가 될 수 있을지는 회의적이다. 튜링과는 좀 다른 경우지만, 우장춘의 전기에서 가족사를 다루는 방식을 보면 그를 짐작할 수 있다. 몇 종 되지 않는 성인용 전기 가운데 츠노다 후사코(角田房子)의 책은 우장춘의 아버지 우범선이 을미사변에서 어떤 위치였는지, 그리하여 그가 왜 조선을 떠나 일본에 정착하여 일본인과 결혼할 수밖에 없었는지, 어떻게 어린 우장춘을 남기고 세상에 떠났는지, 그와 같은 가족사가 우장춘에게 어떤 영향을 미쳤는지 등을 나름 소상히 소개하고 있다.[22] 하지만 한국인이 쓴 전기, 특히 어린이와 청소년을 위한 전기는 우장춘의 가족사에 대해 거의 다루지 않고 있다. 대부분 책의 첫머리에 우범선은 이미 세상을 떠나고 없으며, 그가 어떻게 하여 일본에 가게 되었는지에 대한 설명도 없다. 우장춘은 처음부터 아버지 없이 일본인 어머니와 힘겹게 살아가면서 일본 어린이들에게 괴롭힘을 당하는 조선인 어린이로 등장한다. 우장춘의 가족사가 성인 독자에게는 그 자체로 흥미를 유발하는 소재가 될 수 있지만(실제로 츠노다는 우장춘의 과학적 성취보다도 그의 기구한 가족사에 초점을 맞추고 있다), 복잡한 역사적 사건도 선악의 구도에 맞춰 받아들이기 쉬운 어린이와 청소년 독자에게는 설명하기가 곤란하기 때문에 다루지 않는 것으로 보인다.

이렇게 '과학 영웅'을 갈구하게 된 것은 민족주의적 집착 때문일 수도 있고, "과학기술계의 사기 진작"이라는 정치적 이해관계 때문일 수도 있다. 실제로는 이러한 요인들이 복합적으로 작용하겠지만, 이처럼 과학기술자를 '위인' 또는 '영웅'이라는 틀에 끼워 맞추면 그 인물을 둘러싼 역사적 맥락이나 그의 인간적 조건들은 탈색되고, 결국 주인공이 누구이건 "시대를 초월한 영웅"의 이야기밖에 남지 않는다.[23]

2) '부국강병'을 위한 과학기술

과학기술 가운데 대중문화에서 소재로 삼기 쉬운 또 다른 분야는 군사기술이다. 전쟁을 소재로 삼으면 민족주의를 필연적으로 자극하게 되어 많은 호응을 얻을 수 있으며, 다른 주제에 비해 영상으로 담아냈을 때 장관을 연출할 수 있기 때문이다.

전통 군사기술 가운데는 화약무기가 자주 방송극 또는 영화의 소재가 되었다. 화약무기를 이용한 전쟁 장면이 시각적인 효과가 크기 때문이기도 하지만, 화약무기를 이용한 말기의 고려나 조선이 그것을 갖지 못한 적(여진족, 왜구, 또는 임진왜란의 일본 해군)을 일방적으로 무찌르는 것이 민족적 우월감을 북돋워주기 때문이기도 하다. 조선 초기에는 이러한 해석이 역사적 사실과 부합하는 사례도 있었다. 주변 이민족을 '정벌'할 때 군사적 필요성이 적은 경우에도 화약무기가 빈번하게 사용되었고, 이는 중화 질서 안에서 조선의 우월성을 과시하는 의례적 성격도 가지고 있었다고 해석되기도 한다.[24]

임진왜란에서 화약무기의 이용에 대한 강조는 또 다른 맥락에서 이해해야 한다. 최근의 군사사 또는 기술사 연구 가운데는 임진왜란 당시 조선군이 상당한 수준의 무기와 운용 체계를 갖추고 있었다고 주장하는 것들이 있는데, 이는 "육상에서는 일본군의 조총 앞에 조선군이 속수무책이었다."는 익숙한 역사 인식을 부분적으로나마 수정하고자 하는 것으로 보인다. 이러한 경향은 차츰 대중서와 방송 작품에도 반영되었다.[25] 조선의 육군도 조총은 없었지만 각종 총통을 갖추고 있었고, 해군은 우수한 총통에 더하여 견고하고 한반도 주변 해역에 잘 적응된 배로 무장하고 있었다는 점이 강조되기 시작한 것이다. 이후의 연구들은 이순신의 지휘력과 거북선만을 강조하던 과거의 서술에서 한 단계 나아가 판옥선이 장갑을 덮지 않고도 일본 전선보다 우수했으며, 조선의 총통이 사정거리에서 일본을 압도했기 때문에 해전에서 조선이 우위를 점할 수 있었다는 점을 강조했다. 이후 한국방송공사의 〈역사스페셜〉 등을 통해 최무선의 화통도감에서 조선의 총통으로 이어지는 고려 말-조선 초 화약무기의 계통이 확립되었다.[26] 이는 대중문화에도 반영되어 방송극 〈불멸의 이순신〉에서는 해전 장면의 대부분이 컴퓨터 그래픽을 이용한 포격 모습으로 구성되기도 했다.[27] 당시 조선의 화약이나 주물 생산 능력을 고려하면 과연 드라마에서 그려내는 것처럼 전투마다 대규모 포격전을 벌일 수 있었겠는가는 흥미로운 탐구의 대상이지만, 애초에 조선시대 화약무기에 대한 강조가 일종의 보상심리에서 시작되었다는 것을 감안한다면 그와 같은 장면들은 역사적 사실보다는 제작진과 시청자의 바람을 담고 있는 것으로 보아야 할 것이다.

한편 2008년 개봉한 영화 〈신기전〉은 조선과 중화 질서의 중심인 명이 화약무기를 둘러싸고 무력 충돌을 불사한다는 허구적 설정에서 출발한다. 조선이 화약무기를 갖는 것을 원치 않았던 명이 자객을 보내 화약 연구와 관련된 이들을 해치고 『총통등록』을 빼앗아가려 하지만, 결국 조선은 화약무기를 갖는 데 성공하고 로켓추진 화살인 신기전(神機箭)으로 여진족과 명나라의 연합군을 섬멸한다. 신기전의 위력을 확인한 명은 조선의 화약무기를 인정하는 것으로 영화의 갈등은 해소된다.[28] 이 영화의 줄거리는 물론 허구이지만, 역사가에게 흥미로운 지점은 무엇이 얼마나 허구인지보다 무엇 때문에 이 허구를 많은 사람들이 기꺼이 받아들이게 되었는지일 것이다. 영화 〈신기전〉은 화약무기를 다룬 다른 작품들과는 한 가지 흥미로운 차이점이 있다. 화약무기를 둘러싼 갈등의 주체가 중화 질서의 중심인 명이라는 점이다. 앞서 언급했듯이 조선 전기 화약무기의 사용이 조선이 중화 질서에서 상대적으로 높은 위치를 차지하고 있음을 이른바 '오랑캐'에게 과시하는 의례적 성격도 가지고 있었다는 주장을 받아들인다면, 조선이 명보다 우수한 화약무기를 만들고 그것을 명에게 사용한다는 이 영화의 설정을 어떻게 이해해야 할 것인가? 그것은 결국 역사적 국가로서의 명이 아니라 현재의 중국에 대한 우월감을 주장하고자 하는 마음의 발로일 것이다. "대륙이 두려워한 조선의 비밀"이라는 포스터의 광고 문구가 말해주듯, 〈신기전〉은 조선(한국)이 명(중국)이 갖지 못한 첨단 무기를 갖고 있었다고, 그래서 명(중국)이 조선(한국)을 얕잡아볼 수 없었고 두려워했다고 주장하는 영화다. 그렇다면 영화를 만들고 보는 이들에게 15세기 명과 조선이 실제 어떤 관계를 맺고 있었는지보다 중요한 것은 2008년 현재 새로운 초강대국으로 떠오른 중국과 한국이 어떤 관계를 맺을지였을 것이다.

이렇게 가상의 역사에 의탁해서 현실의 민족주의를 자극하는 〈신기전〉의 전략은 부분적으로 성공했다. 비록 상업적으로는 300만을 상회하는 관객으로 손익분기점을 간신히 넘기는 정도의 실적밖에는 거두지 못했지만, 2009년 대종상 작품상을 수상하여 '훌륭한 영화'라는 인정을 받은 것이다. 대종상의 결정이 과연 적절한 것이었는지에 대해 여러 평론가들의 비판이 있었다. 대종상 연예지 기자도 '이변'이라는 표현을 쓸 정도로 논란이 많은 결정이었다.[29]

'부국강병'을 위한 군사기술로서 과학기술을 그려낸 작품 중 가장 많이 알려지고 가장 많은 논란을 야기한 것은 역시 김진명의 『무궁화 꽃이 피었습니다』(해냄, 1993)일 것이다. 이 소설이 허구를 사실인 양 묘사하여 이휘소의 유족과 제자의 강력한 반발을 불러일으켰으며 그 허구의 줄거리조차도 다른 작품의 표절이라는 점은 여기서 재론할 필요가 없을 것이다.[30] 하지만 그 많은 논란과 비판에도 불구하고 이 소설은 수백만 부가 팔려 나갔으며, 현재까지도 출판사를 바꿔가며 판을 거듭하여 인쇄되고 있다. 과격한 민족주의에 호소한다는 점을 빼면 허술하고 통속적인 이 소설이 이십 년 가까이 살아남을 수 있었다는 사실을 설명하기는 어렵다. 원자폭탄이라는 궁극의 무기를 가질 기회가 있었다는, 그리고 가까운 장래에 가질 수 있다는 기대, 거기에 더하여 일본에 군사적으로 타격을 입힌다는 상상 속에서의 승리 등이 과격한 민족주의와 결합하여 이 소설에 생명력을 주입하고 있다. 영화 〈신기전〉의 세계관과 『무궁화 꽃이 피었습니다』의 세계관은 그다지 멀리 떨어져 있지 않다. 과학기술을 다른 나라를 무력으로 제압할 수 있게 해주는 원동력으로 인식하는 것 자체에 대한 반성이 없이는 이러한 유사역사는 계속해서 만들어질 것이다.

3) 역사를 초월하여 강조되는 '자주성'과 민족주의

대중문화에서 과학기술을 다룰 때 빠지지 않는 또 하나의 핵심어가 '자주성'이다. 특히 최근 조선시대 과학기술을 다루는 대중문화 상품에서는 '자주성'이라는 말이 빠지지 않는다고 해도 과언이 아니다. 명에 대한 형식적 사대는 불가피한 것이었으나 조선의 왕실과 유학자들은 조선이 자주국이라는 의식을 명확히 가지고 있었고, 그 자주의식이 과학기술에도 반영되어 있었다는 것이다. 즉, 조선시대의 과학기술 가운데 중국과 구별되는 조선의 특수성에 주목하거나 그것을 부각시키는 것은 예외 없이 '자주적 과학기술'이라는 테두리 안으로 포섭되곤 한다.

세종과 장영실은 '자주적 과학기술'을 이야기할 때 단골로 동원되는 인물이다. 천문 관측과 한글 창제 등을 아우르는 세종의 예악 정비 사업은 중화와 구별되는 조선만의 문물제도를 세우겠다는 시도였고, 그것은 바로 명에 대한 형식적인 사대 이면에 숨은 세종의 본심을 드러낸다는 것이 '자주적 과학기술'을 일컫는 작품들이 공통으로 전제하고 있는 해석이다.

세종이 중화 질서 안에서 '자주적 과학기술'을 추구한 것이 사실이라면, 이는 나라 안팎으로 여러 가지 갈등을 야기할 수밖에 없는 일이었다. 그런데 훈민정음 창제를 둘러싼 논란을 제외하면 공식적인 사서에서는 이렇게 해석할 수 있는 갈등이 눈에 띄게 드러나지는 않는다. 그렇다면 '자주적 과학기술'을 추구했다는 증거를 어디서 찾을 수 있는가? 여기서 여러 작가들은 장영실의 '가마 파손 사건'에 주목하게 된다. 빼어난 재주로 수십 년간 세종의 총애를 받았던 장영실이 가마를 허술하게 만들었다는 한 가지 과실로 무거운 벌을 받고 역사에서 자취를 감추었다는 사실은 많은 이들에게 쉽게 납득이 가지 않는 수수께끼로 받아들여졌다. 따라서 사료에 기록되지 않은 숨은 배경이 있으리라는 상상은 쉽게 역사가와 대중들의 호기심을 자극해왔다. 또한 장영실이라는 인물에 대한 당대의 사료 자체가 적었기 때문에 장영실에 대해 어떤 글을 쓰건 다소간의 상상력을 가미할 수밖에 없었다. 그 결과 대중 작가와 전문 연구자를 막론하고 장영실의 집안 내력, 그가 수준 높은 기술을 보유하게 된 배경, 가마 파손 사건의 내막 등에 대해 이런저런 해석을 내놓게 되었다.

예를 들어 한문학자 김성진은 당시의 다른 사료들을 통해, 고려 말에서 조선 초에 걸쳐서 한중일 세 나라가 유능한 기술자들을 이웃 나라에서 데려오거나 이웃 나라로부터 지키기 위해 치열한 경쟁을 벌였다고 주장하고, 그에 비추어보아 장영실의 아버지가 조선에 정착하게 된 것은 "명의 건국 이후 은거하고 있던 원 치하의 기술 관료를 조선 조정에서 몰래 빼돌려 데려왔"기 때문일 것이라고 주장하였다. 또한 가마 파손 사건도 "장영실의 기술에 허점이 많다는 것을 대내외에 널리 알림으로써 장영실을 세인의 관심에서 멀어지게 함과 동시에 중국으로부터의 소환 요청을 사전에 차단하려"는 세종의 계책이었다는 대담한 주장을 내었다. 장영실에 대한 직접적인 사료가 부족하므로 이를 직접 확증할 수 있는 근거는 없지만, 김성진은 『조선왕조실록』에서 조선 초기 중국, 일본, 이슬람 출신의 기술자가 귀화한 일이 있으며 때로는 중국에서 귀화 기술자를 돌려줄 것을 요청하기도 했다는 등의 기록을 찾아내고, 이것이 장영실을 둘러싼 수수께끼를 풀 수 있는 근거라고 주장하고 있다.[31]

같은 해 방영된 한국방송공사의 드라마 〈대왕세종〉도 이와 같은 해석을 채택하여 전국의 시청자에게 방영함으로써 이를 기정사실로 만들었다.[32] 이 드라마에 따르면 세종은 조선만의 독자적인 역법을 만들고자 했고 그의 뜻을 헤아린 장영실은 중국에 뒤지지 않는 정밀한 천문의기를 만들어 조선의 하늘을 관찰하였다. 그러나 천자의 나라가 아닌 조선이 독자적으로 의기를 만들어 천문을 관측하고 역법을 정비하는 것에 불만을 느낀 명이 이를 견제하였고, 세종은 결국 천문 관측 사업을 접고 장영실을 공식석상에서 은퇴시킬 수밖에 없었다는 것이다. 가마 파손 사건이 장영실을 공적 무대에서 퇴장시키고 명과의 갈등을 해소하는 구실로 이용되었다는 해석도 역시 드라마에 고스란히 담겨 방영되었다. 한국방송공사는 비슷한 내용을 뼈대로 하여 장영실을 집중적으로 다룬 별도의 교양 프로그램을 편성하기도 했다.[33] 〈한국사傳〉은 드라마가 아니라 재연을 가미한 다큐멘터리였으므로, 이 가설은 허구가 아니라 역사적 사실인 양 받아들여지게 되었다.

소설가 김종록은 〈대왕세종〉이 장영실의 퇴장을 다룬 부분의 이야기 구조가 자신이 2005년 출간한 소설 『장영실은 하늘을 보았다』[34]의 핵심 서사를 표절한 것이라며 방영금지 가처분신청을 내기도 했다.[35] 이에 대해 법원은 "소설가 김종록의 저작물과 KBS 대하드라마 '대왕세종'은 내용상 명나라와의 대립과 갈등을 타개하기 위해 장영실의 가마 훼손 사건을 이용한다는 가설을 적용한다는 점에서는 유사하지만, 구체적으로 개별 사건의 구성과 전개 과정, 결말 등에 있어서 상당한 차이가 존재하므로 저작권 침해라 볼 수 없다고 판단하여" 신청을 기각하였다.[36]

법리적 판단은 사법부의 몫이겠지만, 김종록이 이러한 주장을 처음으로 한 이도 아니다.[37] 그러나 장영실의 가마 파손 사건을 그와 관련지어 해석할 수 있는 근거는 현재까지 밝혀진 사료 가운데는 존재하지 않는다.

세종대의 천문 관측이 명과의 갈등을 무릅쓰고라도 추진하려 했던 '자주적' 프로젝트였고, 장영실이 그 핵심 인물이었으며, 세종은 계책을 써서라도 장영실을 보호하려 했다는 등의 전제가 모두 사실이어야 이와 같은 가설이 성립할 가능성이 생기는데, 이렇게 무리한 추론을 역사학적으로 지지하기는 매우 어렵다. 무엇보다 장영실이 세종대의 천문 사업에서 차지하는 위치에 대해서도 과학사학자들의 의견과 대중의 기대 사이에는 큰 차이가 있다. 과학사학자들이 이론적 계산을 담당했던 이순지(李純之, 1406-1465)나 실제 기구 제작을 총괄한 이천(李蕆, 1375-1451)의 역할에 주목하고 있는 데 반해 대중들에게는 장영실이 독보적으로 널리 알려져 있고, 따라서 장영실 개인의 거취를 두고 세종이 계책을 꾸몄다는 있을 법하지 않은 이야기도 대중적 차원에서는 쉽게 받아들여졌던 것이다.

여기서 주목할 점은 가설의 사실 여부보다도 어째서 이 가설이 허다한 약점에도 불구하고 별다른 비판을 받지 않고 계속해서 확대 재생산되었는가 하는 점이다. 장영실의 이야기는 전형적인 영웅 서사의 요소를 갖추고 있다. 주인공은 역경을 딛고 성장하여 천부적 자질을 꽃피우고, 시대를 앞서가는 꿈을 품고 놀라운 업적을 이루어내지만 그것을 이해하지 못하거나 시샘하는 주변 상황에 의해 결국 뜻을 이루지 못한다. 거기에 "자주성의 추구와 좌절"이라는 근대적인 민족주의가 가미됨으로써 장영실의 영웅 서사는 한층 상품성이 높아졌다. 세종과 장영실이 뜻을 펼쳤다면 조선은 한 발 더 근대적인 과학기술에 가까이 다가갔겠지만, 명이라는 외부의 적은 물론이고 자신의 뜻을 이해하지 못하는 고루한 관료들과도 갈등을 겪은 결과 조선은 절호의 기회를 놓치게 되었다는 것이다.[38] 즉, 장영실 신화는 단순한 천재적 영웅에 대한 동경뿐만 아니라, 민족주의를 자양분으로 삼아 지금과 같은 힘을 얻게 된 것이다.

근대적 민족주의를 전근대에 투사하면, 그것이 정치적으로 건전한가의 여부를 떠나서 당대의 역사적 사실을 이해하는 것을 저해할 수 있다. 세종이 보여주었던 당대 과학기술의 특징을 오늘날 민족 국가라는 틀을 전제로 이야기하는 '자주성'에 끼워 맞춘다면, 그 틀에서 벗어나는 요소들은 축소하거나 무시하게 될 수밖에 없다. 문중양이 지적하듯 세종의 문물제도 확립 사업에서 드러나는 차이와 특수성에 대한 강조는 오히려 "유교적 보편성을 추구하는 노력의 과정"으로서 "조선의 개별성이 충분히 고려되어야 한다는 사실을 인식"한 것이다.[39] 조선이 목표로 했던 사회가 보편적 진리로서의 성리학적 이념이 관철되는 사회였음을 감안하면, 조선의 특수성에 대한 탐구 또한 유교적 보편성에 도달하기 위한 과정으로 받아들여졌을 것이다.[40] 이것을 중화 문명에서 벗어나 조선만의 독자적인 문화를 갖겠다는 의지의 표현이라고까지 해석하는 것은, 한국사가 중국사와 구별되는 민족사적 실체를 지녀야 한다는 근대적 민족주의의 신념에 지나치게 치우친 것으로 보인다.

세종대 과학기술의 독자적 성취를 평가하는 데에 인색할 이유는 전혀 없다. 그러나 그것을 근대적 민족 국가에 대해서나 적용할 수 있는 '민족주의'나 '자주성'과 같은 개념을 동원하여 평가하는 것은 특정한 과학기술적 개념과 실천이 역사의 산물이라는 점을 도외시하고 과학기술을 물신화하는 결과를 낳는다. 나아가 이러한 해석은 세종대 과학기술의 풍부한 성과를 자주성이라는 잣대로 재단하여 그 일면만을 평가하게 만든다는 점에서도 바람직하지 않다.

맺음말: 과학기술의 이미지는 결국 우리의 자화상

대중문화의 커다란 영향력을 생각하면 전통 과학기술에 대한 오해가 대부분 대중문화 상품을 통해 생겨난다고 비판하는 것도 지나친 일은 아닙니다. 예를 들어 허준이 (실존 인물이 아닌) 스승 유의태의 시신을 해부하여 의학의 이치를 깨우쳤다는 이야기는 이은성이 『소설 동의보감』(창작과비평사, 1990)에서 처음 지어낸 것이지만, 문화방송의 드라마 〈허준〉이 엄청난 성공을 거두면서 전 국민들에게 극중 허구가 아닌 사실인 것처럼 받아들여졌다.[41] 이후 과학사학자와 의학사학자들이 여러 지면을 통해 그 허구성을 지적했을 뿐 아니라 그와 같은 가공의 신화가 전통의학에 대한 올바른 이해에 오히려 걸림돌이 될 수 있음을 지적했지만,[42] 이 이야기는 2013년 새로 제작된 드라마 〈구암 허준〉에도 여전히 '명장면'으로 살아남아 있다.[43] 심지어 일부 지방자치단체는 유의태가 자신의 몸을 해부하도록 내어주었다는 '얼음골'이 자신들의 고장에 있다며 홍보에 이용하기도 한다. 경상남도 밀양시 인근의 산내면은 마을 이름을 '얼음골'로 짓고 허준과의 연관성을 홍보하고 있다. 마을 웹사이트에는 "조선 중기 선조 때 명의" 유의태가 "동의굴에서 자신의 배를 할복, 허준에게 시술용으로 제공하였"고, 이를 기리기 위해 "매년 8월이면 동의축제를 개최하고 있다."는 등의 이야기들이 쓰여 있다.[44] 이 정도로 현실의 이해관계가 덧붙게 되면 앞으로 유의태 이야기가 허구라고 지적해도 그것을 바로잡을 가능성은 매우 낮아진다.

대중이 허구를 사실로 받아들이는 것이 절대적으로 잘못된 문제라고 하기는 어려운 것 또한 사실이다. 하지만 과학사에 대한 허구적 믿음은 모든 과학이 근대과학을 지향하고 있었으나 그것이 되지 못했을 뿐이라는, 사실과 다른 전제에 바탕을 두고 있기 때문에 문제가 된다. 이러한 과학관은 옛날의 과학 가운데 오늘날의 과학과 비슷한 것만 취하고 나머지는 버리는 기형적인 이해를 조장한다. 세종과 장영실의 예에서 살펴보았듯 이렇게 과거의 유산을 선택적으로 받아들인다면 역사의 풍성함은 사라지고, 남는 것은 오늘을 살아가는 우리의 바람과 욕망이 투사된 앙상한 뼈대일 뿐이다.

이런 점에서 과학기술의 이미지와 과학자의 초상은 사실 우리의 자화상이다. 우리는 아직 역사 속의 과학기술인을 어떻게 이해할지에 대해 본격적으로 논쟁해본 경험이 적다. 과학기술 위인은 어떻게 생겼으면 좋겠다는 흐릿한 바람을 안고 있을 뿐이지만, 그 바람은 결국 주체적 근대화에 대한 미련과 강박의 또 다른 표현일지도 모른다.

2장

'천재민족'을 향한 인정투쟁
: 기능올림픽과 '한국인의 손재주' 신화 [45]

머리말

1976년 8월 1일, 한국의 양정모는 몬트리올 올림픽 레슬링 자유형 62킬로그램급 경기에서 한국(남한)에 최초의 올림픽 금메달을 안겼다. 한국인이 딴 최초의 금메달은 1936년 베를린 올림픽 마라톤에서 손기정이 딴 것이지만, 일제강점기였으므로 메달의 국적은 일본으로 기록되었다. 양정모의 금메달은 '대한민국'이라는 이름으로 처음 따낸 것이었기에, 8월 3일 귀국한 그를 위해서 김포공항에서 서울시청까지 대대적인 차량 행진이 마련되었다.

이듬해인 1977년 7월 17일, 다시 수만 명의 인파가 김포공항에서 서울시청에 이르는 길을 메웠다. 스물한 대의 무개 차량에 올라타고 이 인파의 환영을 받은 사람들은 이번에도 '올림픽 금메달리스트'라고 불렸지만, 이들이 참가했던 것은 다른 종류의 올림픽이었다. 이들은 네덜란드 위트레흐트에서 열린 '국제기능경기대회(International Vocational Training Competition)'에서 종합 1위를 차지하고 돌아온 '선수단'이었다.[46] 한국 선수단은 17개국이 참가한 이 대회에서 금메달 12개, 은메달 4개, 동메달 5개로 첫 종합우승을 차지했다. 현지에서 우승이 결정된 7월 11일부터 국내 언론은 이들을 영웅으로 묘사했으며, 17일 귀국한 참가자들은 김포공항에서 신촌을 거쳐 시청 앞까지 차량행진을 벌이고, 중앙청과 용산을 지나 국립묘지까지 참배했다.[47] 이들은 다음 날 청와대를 찾아 대통령 박정희에게 직접 훈장을 받고, "기술을 배워… 자신을 개발만 하면 대학을 나온 사람보다 사회를 위해 더 훌륭한 봉사를 할 수 있다는 긍지를 갖고 일하라."는 격려도 받았다.[48]

〈그림 3-5〉 제17차 국제기능올림필 출전 선수단 개선 카퍼레이드(1968). (출처: 국가기록원)

박정희 정부는 산업 진흥을 위해 고급 기능인력 양성이 필요하다고 판단하고 1960년대 후반부터 기능교육에 많은 지원을 했다. 특히 세칭 '기능올림픽'이라는 별명으로도 불리던 국제기능경기대회는 기능교육에 대한 국민적 관심을 높이기에 적절한 소재라고 인식되었으므로, 정부는 여기에 참여하는 선수들에게 지원을 아끼지 않았다. 또한 대회에서 좋은 성과를 거둔 참가자들을 국민적 영웅으로 묘사하여 젊은이들의 모범으로 삼고자 하였다. 정부의 전폭적인 지원에 힘입어 한국은 국제기능경기대회에서 뛰어난 성과를 거두었다. 1977년 위트레흐트 대회에서 처음으로 종합우승을 한 이래, 최근의 2015년 상파울루 대회까지 한국은 단 두 차례를 빼고는 종합우승을 놓치지 않았다.[49]

그러나 국제기능경기대회에 대한 사회적 열기는 1980년대 중반 무렵

서서히 식어갔다. 위에서 보았듯 한국의 성적은 줄곧 수위를 놓치지 않았지만 대중의 관심만 다른 곳으로 옮겨간 것이다. 국제기능경기대회뿐 아니라 기능교육 전반에 대한 관심도 약해져서, 실업계 학교들은 신입생을 모집하는 데 어려움을 겪을 지경이 되었다. 일부 (주로 박정희 시대를 긍정적으로 평가하며 그에 대한 향수를 자극하는) 언론은 이렇게 바뀐 세태에 대해 개탄하며 국제기능경기대회에 대한 관심을 촉구하는 기사를 싣기도 했다.[50]

국제기능경기대회 또는 기능올림픽이 이렇게 갑자기 전 국민적 관심사가 되었다가 또 이렇게 관심을 잃어버리게 된 것은 1970년대부터 1980년대 사이에 한국 사회가 겪은 급격한 변화와 맥을 같이한다. 국제기능경기대회는 기능교육의 성과를 겨루는 이벤트이므로, 기능인력정책의 원인 또는 동기라기보다는 결과 또는 특정한 재현의 방식이라고 할 수 있다. 하지만 1970년대 한국 정부가 국제기능경기대회에 각별한 관심을 기울였던 것을 감안하면, 이 이벤트는 당시 국가가 구상하고 있었던 기능인력정책의 핵심 요소들을 충실히 반영했다. 국제기능경기대회는 국가의 구상을 국민에게 알리는 쇼윈도의 역할을 했고, 국민들은 이 쇼윈도에 재현된 국가의 의도에 저마다의 방식으로 반응했다. 이 글은 국제기능경기대회라는 쇼윈도 너머를 들여다봄으로써 1970-80년대에 한국 사회에서 '기능'이라는 개념과 기능공의 지위가 어떻게 달라져왔는지 살펴보고자 한다.

당대 언론의 각광을 받았던 것에 비해서는 국제기능경기대회라는 이벤트 자체를 집중적으로 다룬 선행 연구는 의외로 많지 않다. 국제기능경기대회를 언급한 연구들도 국제기능경기대회라는 현상보다는 그 배경이 되는 정책과 제도의 변화를 다룬 연구들이 많다. 김근배와 문만용은 일련의 연구를 통해 한국의 과학기술인력이 형성되고 과학기술 교육과

연구가 학교와 연구소 등 다양한 공간에서 제도화되는 과정을 재구성했다.[51] 홍성주는 한국 과학기술정책의 역사를 정리하면서 인력정책을 중요한 부분으로 다루었다.[52] 한경희와 다우니는 한국에서 '엔지니어'라는 집단이 형성되는 과정을 추적하면서 기능인력 양성 정책의 변천을 다루었다.[53] 또한 김형아와 박영구 등은 1970년대 정부가 중화학공업화 정책을 추진하는 과정에서 기능을 익힌 고숙련 노동자 집단이 형성되는 데 주목했다.[54] 지민우와 임소정도 금오공업고등학교의 역사를 통해 국가의 후원 아래 고급 기능인력이 양성되는 과정을 재조명했다.[55] 황병주는 국제기능경기대회 자체에 초점을 맞추어, 국가 주도의 성장 담론이 지배하던 시절 청소년들이 '기능올림픽'이라는 좁은 문을 향해 경쟁적으로 동원되는 과정을 '패자부활전'으로 묘사하였다.[56]

이 글은 이들 선행 연구와 같은 주제를 다루고 있으나 조금 다른 방향에서 접근하고자 한다. 우선 국제기능경기대회 자체의 역사를 살펴볼 것이다. 흔히 '기능올림픽'이라는 이름으로 불려오기는 했으나, 초창기의 국제기능경기대회는 그 역사와 위상이 올림픽에 비할 만한 행사는 아니었다. 오히려 한국을 비롯한 동아시아 국가들의 참가를 통해 국제기능경기대회가 '기능올림픽'이라는 별명이 무색하지 않도록 성장했다고 할 수 있다. 기존 연구들이 주로 국제기능경기대회를 둘러싼 국내의 정책과 담론 등에 주목했던 데 비해, 이 글은 국제적 맥락에서 이 대회의 기원과 성장 과정을 요약하고, 한국 정부가 이 이벤트가 지닌 상징성을 어떻게 전유했는지 살펴봄으로써 국제기능경기대회를 이해하는 데 새로운 시각을 제공하고자 한다. 또한 이 글은 '기능'과 '기술'이라는 낱말의 쓰임새의 변천 과정에 주목할 것이다. 기능올림픽 신화가 부침을 겪었던 과정은 '기술자'라는 말을 둘러싼 힘겨루기의 과정이기도 하기 때문이다. 서로 다른 배경과 역할을 가진 전문 인력들이 기능교육의 주도권을 둘러싸고 보여준 엇갈린 행보를 복원하는 것은 한국 사회의 거시적 변화라는 맥락 안에서 기능인력의 위치를 파악하는 데 중요한 단서가 될 것이다.

1. 국제기능경기대회(IVTC)와 한국

1) 국제기능경기대회가 '기능올림픽'이 되기까지

국제기능경기대회는 1950년 스페인에서 시작되었다. 한국인들이 '기능'이라는 말에 쉽게 연상하는 나라들인 중북부 유럽의 독일이나 스위스 등과는 여러모로 다른 곳인데, 스페인에서 이 대회가 비롯되고 국제 대회로 성장한 것은 냉전이라는 맥락을 감안해야 이해할 수 있다. 내전(1936-1939)을 거치며 스페인은 전국의 산업 기반이 황폐해졌고 지역과 계급에 따른 분열도 심각했다. 스페인청년기구(Organización de Juventud Española)는 전국적인 직업교육 운동으로 이 상황을 타개하고자 1946년 전국 협의체를 결성하고, 지역과 전국 규모의 직업교육 경연대회를 열기로 합의하였다. 직업교육을 통해 "청소년의 불량화와 사상 악화를 방지하고 근로정신을 북돋우"자는[57] 구상을 프랑코 정부가 지지하면서 가톨릭교회와 기업들도 후원에 가세하였다. 이듬해인 1947년 약 4천 명의 젊은이들이 참석한 가운데 첫 번째 전국기능경기대회가 열렸다. 1950년에는 옆 나라 포르투갈이 동참하면서 국제 대회로 확장할 가능성을 보여주었다.[58] 1953년 대회는 서독, 영국, 프랑스, 모로코, 스위스 등이 참가하면서 국제 대회의 모습을 갖추기 시작했다. 이듬해인 1954년에는 대회의 이름을 국제직업훈련경연대회(IVTC: International Vocational Training Competition)로, 대회 주관기구의 이름을 국제직업훈련기구(IVTO: International Vocational Training Organization)로 정하여 제도적 기반을 다졌다.

프랑코 정권은 반란으로 공화국을 전복하고 내전이 끝난 뒤에도 공화주의자와 사회주의자에 대한 대규모 학살을 자행했기 때문에 제2차 세계대전이 끝날 때까지 국제사회에서 고립되었다. 그러나 전후 냉전체제가 수립되면서 스페인은 미국 주도의 반공 진영에 합세하여 서서히 국제사회에 재진입할 수 있었다. 국제기능경기대회는 소위 서방세계의 청년들이 스페인을 방문하게끔 함으로써 스페인이 국제사회의 일원으로 위상을 다지는 계기로 이용되었다. 제6회 대회(1957)까지는 모두 스페인의 마드리드에서 열렸고, 그 뒤로도 1970년대 중반까지는 두세 번에 한 번꼴로 스페인에서 대회가 열렸다.

하지만 프랑코 정권의 독재정치가 지속되는 동안에는 사회주의 국가들은 당연하게도 전혀 참여하지 않았고, 서방세계 국가들도 미온적인 태도를 보였다. 서유럽의 선진 산업국들 가운데 대회 초기부터 활발히 참여한 것은 서독뿐이었고, 영국과 벨기에는 약간의 인원을 보내는 데 그쳤다. 프랑스는 1950년대에 소수의 참가자를 보냈으나 1961년부터 1975년까지는 참여하지 않았다. 선진 산업국들은 이미 산업화의 성숙 단계에 들어섰고 산업인력정책의 틀이 잡혔으므로 이와 같은 전시성 행사가 딱히 필요하지 않았다. 더욱이 프랑코 독재정권이 주관하는 행사에 참여한다는 정치적 부담도 있었기 때문에, 프랑코가 건재했던 동안에는 유럽에서 참가 규모가 크게 늘지 않았다.

이렇게 스페인의 관제 행사로 끝나버릴 수도 있었던 국제기능경기대회가 '올림픽'이라는 별명이 무색하지 않은 규모로 확장될 수 있었던 것은 1960년대 이후 동아시아 국가들이 국가적인 관심 아래 대거 참여했기 때문이다. 같은 자본주의 진영이라도 서유럽 국가들이 자신들보다 산업화가 뒤처진 스페인이 주도하는 행사에 적극적으로 참여할 동기가 부족했던 데 비해, 전후 강력한 국가 주도의 공업 진흥 정책을 펴던 일본, 남한, 타이완은 국제기능경기대회를 자국의 기능교육 진흥을 위한 방편으로 이용하고자 하였다. 이 세 나라는 기능인력 양성 정책은 조금씩 달랐지만, 모두 국내 기능경연대회를 국제기능경기대회의 예선 성격으로 치름으로써 기능교육에 대한 국내의 관심을 높였다. 일본이 1962년, 한국이 1967년, 타이완이 1970년부터 웬만한 서유럽 국가들을 능가하는 규모의 선수단을 파견함으로써 국제기능경기대회는 1960-70년대에 걸쳐 외연이 크게 확장되었다. 1961년 200명을 밑돌던 참가자 수가 일본과 한국이 참가한 뒤로 250명 전후로 늘어났고, 타이완까지 참가한 1970년 이후로는 300명에 근접하였다.[59] 그리고 1990년대 들어 냉전이 종식되면서, 참가국과 참가자 수가 다시금 크게 늘어서 각각 20개국과 400명을 넘어섰다.[60]

동아시아 3국은 그저 참가자 수를 늘리는 데만 기여한 것이 아니라, 타국을 압도하는 성적을 거두었다. 일본은 1962년 첫 참가부터 1975년까지 12개 대회에서 1위를 6번, 2위를 4번(금메달 수 기준) 차지함으로써 유럽 위주로 진행되던 국제기능경기대회의 판도를 뒤흔들어놓았다.[61] 그 뒤로는 한국과 타이완이 두각을 나타냈다. 1977년부터 2015년까지 21회의 대회에서 한국은 종합 1위 19회와 2위 2회, 타이완은 종합 1위 1회와 2위 3회를 차지했다. 요컨대 1962년 일본의 첫 참가 이후 2015년까지 33차례의 대회에서 일본, 한국, 타이완 중 한 나라가 27번 우승을 차지했다. 그 이외의 국가가 종합우승을 한 것은 6회 중 4번은 개최국이 우승한 것이고, 개최국의 이점 없이도 동아시아 3국 이외의 국가가 우승한 것은 1975년과 2005년의 스위스뿐이다.[62]

이렇게 국제기능경기대회가 명실상부한 국제 경연으로 자리잡아가면서, 스페인의 독점적 지위는 점차 허물어졌다. 대회 초창기에 우승을 도맡아 하던 스페인은 참가국이 늘어나고 경쟁이 치열해지면서 좀처럼 입상자를 내지 못하는 처지가 되었다. 스페인이 대회를 개최한 것도 프랑코 사망 직전인 1975년 마드리드 대회가 마지막이었다. 국제직업훈련기구(IVTO)가 창설될 때부터 사무총장(1950-1983)과 회장(1984-1992)을 맡았던 알베르 비달(Francisco Albert-Vidal)이 1993 사망한 뒤에는 회장 자리도 네덜란드의 뵈크(Cees H. Beuk, 1992-1999 재임)와 뒤셀도르프(Tjerk Dussel-dorp, 1999-2011 재임) 등에게 넘어갔다. 주도권을 잃은 스페인은 1993년 타이페이 대회부터 2005년 헬싱키 대회까지 참가하지 않았다가, 2007년 시즈오카 대회부터 다시 참가하기 시작했지만 더 이상 특별한 위상을 누리지는 못했다. 네덜란드가 조직의 주도권을 잡으면서 1999년부터 행사와 기구의 이름도 각각 'WorldSkills Competition'과 'WorldSkills International'로 바뀌었고, 조직 사무국도 네덜란드 암스테르담으로 옮겼다.[63]

　동아시아 국가들이 참가하면서 촉발된 변화는 대회의 명칭에서도 감지할 수 있다. 대회의 공식 명칭은 1999년까지는 'International Vocational Training Competition'이었고 1999년 이후로는 'WorldSkills Competition'이지만, 대회 개최국의 사정에 맞게 유연하게 번역 또는 번안하는 것이 용인되었다. 이에 따라 나라마다 서로 다른 이름들을 써왔는데, 우리에게 친숙한 '기능올림픽'이라는 이름은 사실 그다지 일반적인 번안은 아니었다. 발상지인 스페인에서는 처음부터 'Concurso Internacional de Formación Profesional', 독일어권인 서독과 스위스 등에서는 'Internationaler Berufs wettbewerb', 영국에서는 'International Apprentice Competition' 등 개인의 직업훈련에 초점을 맞춘 이름을 써왔다. 이에 비해 올림픽이라는 이름은 사실 일본과 한국이 선호하면서 널리 퍼진 측면이 있다. 일본은 대회를 개최할 때 영문으로는 공식 명칭인 IVTC를 사용했지만 국내에서는 '國際技能オリンピック' 또는 '國際技能五輪'이라는 이름을 통용하고 있다. 한국은 국내에서 '국제기능올림픽'이라는 이름을 통용한 것은 물론 1978년 부산에서 개최한 대회의 공식 이름으로도 'International Youth Skill Olympics'을 썼다. 이것이 서구어 공식 명칭에 '올림픽'이라는 말이 공식적으로 들어간 첫 사례인데, 오히려 그 이후로 1980년대 들어 서구

에서 열린 대회명에도 '올림픽'이라는 낱말이 들어가는 경우가 조금씩 늘어났다.[64]

이처럼 국제기능경기대회의 역사를 자세히 살펴본 것은 한국 밖의 시선으로 되돌아볼 때 비로소 이 대회의 성격이 어떻게 변화해왔는지, 그리고 동아시아 국가들이 어떻게 그 변화를 능동적으로 추동해왔는지 잘 드러나기 때문이다. 국제기능경기대회는 처음부터 명실상부한 국제 행사는 아니었지만 국가 주도의 공업화에 매진하던 동아시아 3국이 그 상징적 가치를 발견하고 전유함으로써 국제 행사로 성장할 수 있었다. 특히 첫 출전부터 국가가 깊숙이 개입하여 기획했던 한국은 국제기능경기대회를 처음부터 '올림픽'으로 규정하고 참가함으로써 그것을 올림픽으로 "만들면서 동시에 제패"했다고까지 말할 수 있을 것이다.

2) 한국의 기능인력 양성 정책과 국제기능경기대회 참가

동아시아 3국은 국내 대회를 국제 대회와 연동시킨다는 점에서는 서로 비슷했지만, 대회에 참가할 '선수'를 양성하는 과정에서는 조금씩 달랐다. 일본은 상대적으로 기업의 역할이 큰 데 비해 타이완과 한국은 국가가 인력 양성 과정에도 더 넓고 깊게 개입했다.

일본은 기업이 청소년을 견습공으로 채용한 뒤 사내에서 교육과 실습을 시켜 숙련공으로 키워내는 '양성공(養成工)'의 전통이 일찍부터 이어져왔다. 양성공 제도는 1899년 설립된 미쓰비시(三菱) 나가사키조선소의 미쓰비시 공업예비학교, 1910년 설립된 히타치 광산의 도제양성소, 야하타(八幡)제철소의 유년직공양성소 등까지 거슬러 올라간다. 1910년대에는 국민교육이 확산되면서 (구제)소학교를 졸업한 이들을 견습공으로 채용하여 양성하는 관행이 정착되었고, 1939년에는 '공장사업장기능자양성령'이 제정되어 일정 규모 이상의 사업장에서는 일정 비율의 양성공의 육성

이 의무화되었다.[65] 이러한 전통이 있었으므로 1960년대 이후 국제기능 경기대회에 참가하는 기능공도 양성공 가운데서 선발할 수 있었다. 일본 정부는 1963년부터 '기능오륜전국대회'를 매년 개최하여, 격년으로 열리는 세계 대회의 예선으로 삼았다. 일본 경제가 급속도로 성장하던 1960 년대에 기업 양성공들이 예선을 통과하고 국제 대회에서 좋은 성적을 거 두자 이것은 "제조(ものづくり)의 대국이 되었다는 자신감으로 이어졌다."[66] 히타치(日立)공업전수학교를 비롯하여 덴소(デンソウ), 도요타(豊田), 닛산(日産), 마쓰다(松田), 세이코-엡손 등 6개 회사의 양성공들이 지금까지도 일본이 획득한 메달의 대부분을 차지하고 있다.[67]

타이완은 1965년 단기 직업교육기관을 설립하면서 적극적인 기능인력 양성 정책을 펴기 시작했다. 특히 일본과 비교하면 국영기업의 비중이 높 았으므로, 정부 정책의 변화가 그대로 고용 방침에 반영되어 노동시장에 영향을 줄 수 있었다.[68] 공업고등학교를 대거 설립하고, 일반 중학교 졸업 생을 위한 5년제 실업고등전문학교와 공업고등학교 졸업생을 위한 2년제 전문학교를 1960년대 후반 신설하였다. 그 결과 1960년대 후반에는 중 학교를 졸업하고 실업계 고등학교로 가는 학생이 일반 고등학교로 진학 하는 학생보다 많아졌다. 이렇게 기능인력의 저변이 넓어짐에 따라 1968 년부터는 전국 기능경연대회를 실시하였다.[69] 중화인민공화국과의 외교 문제 때문에 국제기능경기대회에 참가하는 데 약간의 진통이 있었으나, 1971년 히혼 대회부터 정식으로 참가할 수 있게 되어 국내 대회와 국제 대회의 연계 구조를 확립하였다.[70]

한국은 기업 대신 국가가 관장하는 교육시스템을 통해 기능인력 양성 을 도모했다는 점에서 일본보다는 타이완에 가까운 길을 택했다. 산업자 본도 함께 형성되어가는 중이었으므로 불가피한 선택이었을 터이나, 기업 이 인력 양성 과정에서 '무임승차'하는 관행이 이때 비롯되었다는 비판도 있다.[71] 그럼에도 불구하고, 적어도 외견상으로는, 한국 정부의 집중적인 투자는 대단히 성공적인 결실로 되돌아왔다. 정권의 실세가 진두지휘하고 최고 권력자가 적극적으로 후원한 사업이었기 때문이다.

수출 증대를 통해 경제성장을 도모하던 박정희 정부에게 숙련 노동자의 부족은 심각한 문제였다. 1966년 현재 기술공과 기능공의 3분의 2가 '무학 또는 국졸'이며, 기술계 전문학교를 졸업한 이들은 6.5퍼센트에 불과할 정도로 노동력의 전문성이 취약한 것이 현실이었다.[72] 이를 타개하기 위해 정부는 산업화 과정에서 늘어나는 고등교육에 대한 수요를 인문계보다는 실업계로 흡수하고자 했다. 1963년의 '산업교육진흥법'은 중등교육에서 인문계와 실업계의 비율이 당시 6 대 4 정도였던 것을, 궁극적으로는 3 대 7까지 역전시키는 것을 목표로 하였다.[73] 그리고 1967년 1월 공포된 '직업훈련법'은 그 구체적인 방안을 담고 있다. 이 법안에 따르면 직업훈련공단 직영 공공직업훈련소, 노동청의 허가를 받아 비영리기관이 운영하는 훈련소, 노동청의 인정 또는 위탁을 받은 사업체 내 훈련소 등에서 기능교육을 받으면 그 비용을 국가가 일부 또는 전부 보조한다. 또한 교육 수료 후 기능검정을 통과하면 기능사의 자격을 얻으며 "노동청장은 기능사를 우선적으로 채용하도록 알선하여야" 한다(제24조).[74] 처음 법안을 성안하였을 때에는 기능훈련 수료자에게 더 많은 혜택을 주고 인문계 진학을 장려하지 않겠다는 취지가 한층 더 노골적으로 드러나 있었다. 예를 들어 초안에는 "기능사에 대하여는 사업주는 보수에 있어서 우대하도록 노력하여야 한다."거나 "사업주는 기능사인 구직자는 이를 우선적으로 채용하도록 노력하여야 한다."(이상 제23조)는 등 더 강도 높은 표현이 포함되어 있었지만, 법안 검토 과정에서 사기업에 이를 강제할 수단이 없어서 완화되었다.[75] 또한 법안이 국회에 제출된 직후의 신문 보도에 따르면, 직업훈련소의 입소 자격은 "일반 학력을 전혀 무시, 기술훈련 경력만을 인정"하고, 교육 후에는 "일체의 해외 파견 기술자는 직업훈련을 마친 사람에 한하기로" 하는 특혜도 줄 뿐 아니라, 장차 직업훈련소를 점차 확대하여 "의무교육 수료 후 진학 않는 모든 청소년을 직업훈련소에 수용할 방침"이라는 다소 과격한 구상까지 검토되기도 했다.[76]

이렇게 박정희 정부가 실업교육 진흥 정책을 본격적으로 추진하던 시점에, 초대 중앙정보부장이자 박정희 정권의 실력자였던 김종필은 일본에서 일명 '국제기능올림픽'이라고 불리던 국제기능경기대회에 주목하고 한국의 참가를 기획하였다. 그는 1966년 1월 29일 스스로 회장을 맡아 '국제기능경기대회 한국위원회'를 설립하여, 산업계와 학계와 정부 각 부처의 주요 인사들을 대회 준비에 참여시켰다.[77] 다음의 설립공고에 드러나듯 위원회에는 정치인, 언론인, 학자, 기업인, 군부 또는 군 출신 요인 등이 대거 이름을 올렸으며, 상공부장관, 문교부장관, 건설부장관, 보사부장관, 경제기획원 차관, 국립공업연구소장 등이 당연직 이사로 참여했다.

국제기능경기대회 한국위원회는 설립 즉시 본 대회에 참가하기 위한 준비에 착수했다. 이듬해인 1967년 마드리드 대회부터 참가하는 것을 목표로 하고, 1966년 제15회 위트레흐트 대회에는 김재순(국회 상공분과위원장 겸 한국위원회 부회장)을 단장으로 한 11인의 참관단을 파견하여 대회 운영 방식을 익히고 국내 통용 기술과의 차이점 등을 파악하였다.[78] 그리고 9월 2일부터 6일까지 경인, 대구, 부산에서 지방기능경기대회를, 10월 22일 전국기능경기대회를 개최하였다. 사전에 대회를 소개한 신문 기사에 따르면 이 국내 대회는 "말만으로 믿어온 우리나라 각 분야 기술자들의 기술 수준을 측정하고 형편없는 청소년 기능자들의 사회 지위 향상에 크게 도움을 줄 것"을 목표로 하였다. 총 30종목에 이르는 다양한 종목은 "청년들이 전담하는 기계 분야"와 "여성들이 많이 하는 수공예 부문"

〈그림 3-6〉 "과학적으로 측정될 젊은 기술공들의 손재주", 《동아일보》 1966. 8. 4., 6면.

으로 성별화하여 인식되고 있었고, "동양의 유일한 참가국인 일본은… 1등을 차지하여 선진공업국임을 자랑하기에 이르렀다."는 것을 강조하여 국제기능경기대회가 한국이 도전할 만한 목표로 제시되고 있다. (그림 3-7 참조).[79]

이 기사에서도, 그리고 이후의 문헌에서도 거듭 나타나는 용어의 혼선은 주목할 만하다. 한국에서 통용되는 정책 또는 법률상의 용어로는 '기술자', '기술공', '기능공'은 서로 다른 대상을 말한다. 엄밀히 말하면 기술자는 이공계 대학 이상의 학력으로 전공 부문에 종사하는 이들을, 기술공은 전문학교 이상을 졸업한 중간급 인력을, 기능공은 그 이하의 학력이지만 숙련된 노동을 할 수 있는 이들을 가리킨다.[80] 제1차 기술진흥 5개년 계획은 기술자, 기술공, 기능공의 구성비를 1961년에는 1 대 1.3 대 33이었던 것을 1966년에는 1 대 5 대 25가 되도록 조정하는 것을 목표로 하였다. 즉, 상대적으로 전문성이 떨어지는 기능공에 비해 기술자와 기술공이 이들을 추가 양성하여 피라미드 형태를 바로잡겠다는 것이다. 특히 기술공의 부족이 더 심각한 문제라고 인식하고 있었으므로 전문학교(초급대학), 공업고등학교, 직업훈련소, 그리고 군 등 가능한 경로를 총동원하여 숙련된 기술공을 양성하겠다는 것을 목표로 하였다.[81] 하지만 정부가 목표한 수준의 기술공을 양성할 수 있는 여건은 기대만큼 빨리 갖추어지지 않았다. "실기 면에서 능숙하고 기술적 이론을 이해하는" 기술공을 양성할 수 있는 수준의 공업고등학교는, 뒤에서 다루겠지만, 1970년대가 되어야 제 틀을 갖추게 되었다. 이렇게 기표에 상응하는 기의가 현실 세계에서 찾아보기 어려운 상황이었으므로 '기술자', '기술공', '기능공'이라는 말은 정부 보고서를 벗어난 공간에서는 뚜렷한 구분 없이 섞여 쓰이게 되었다. 위의 기사에서도 기술공과 기능공이 혼용되고 있으며, '기술자'라는 말이 일상생활에서는 오늘날까지도 공식 문서에서 지칭하는 고도의 전문 지식을 갖춘 고급 인력보다는 오히려 '기능공'에 가까운 뜻으로 쓰이고 있는 것은 그 흔적으로 볼수 있다. 하지만 "싸우면서 건설한다."는 구호로 내달리던 고도성장의 시대에, 이런 불명료함은 명쾌하게 해결하기보다는 당장은 안고 갈 수밖에 없는 짐이기도 했다.

2. 한국의 기능올림픽 성적과 그 여파

1) 정부의 전폭적 지원과 그 결과

첫 번째 국제기능경기대회 '선수단'의 결단식은 1967년 6월 28일 공화당 의장실에서 열렸다.[82] 이들은 7월 4일부터 17일까지 스페인 마드리드에서 열린 제16회 대회에 참가하여, 실망스럽지 않은 성과를 내고 돌아왔다. 제화의 배진효(칠성양화점)와 양복의 홍진삼(이성우양복점)이 금메달, 목형의 김성동(중앙목형제작소)이 은메달, 판금의 전경선(일신산업주식회사)과 도장의 김순성(경기공업전문학교)이 동메달, 선반의 정만용(동양특수기계제작소)이 장려상을 받았다.[83] 금메달을 우선으로 세는 올림픽식 메달 집계로는 종합 6위의 성적이었다. 입상자의 종목과 소속에서도 알 수 있듯이 1970년대와는 달리 경공업에 해당하는 종목들이 좋은 성적을 거두었으며, 학생 참가자보다는 산업 현장에서 경력을 쌓은 이들이 많았다.

당시까지 한국 선수가 올림픽에서 금메달을 딴 적이 없었으므로, 이 또 하나의 '올림픽' 금메달도 정부의 대대적인 홍보와 함께 귀하게 받아들여졌다. 7월 26일 귀국한 '선수단'을 위해 공항 영접, 차량행진, 환영대회와 리셉션, 청와대 방문, 언론 인터뷰가 마련되었고, 그 뒤에는 각자 소속된 지방위원회별 환영대회까지 이어지는 거창한 환영식이 열렸다.[84] 이

〈그림 3-7〉 1967년 7월 27일 국제기능경기대회 입상자를 환영하는 칵테일파티에서 '선수단'과 악수하는 김종필. (출처: 문서철 "제16회 국제기능올림픽 개선자를 위한 만찬 참석", 국가기록원 관리번호 CET0031476)

후 국제기능경기대회에서 돌아온 이들이 차량행진을 거쳐 청와대를 방문하고 박정희에게 격려금을 받는 것은 연중행사가 되었다. 박정희는 선수단이 귀국하면 "한 번도 빠지지 않고 청와대로 불러 격려를 했다."고 한다.[85] 김종필은 1969년까지 한국위원회 회장을 지내면서 지역별 대회와 전국대회를 거쳐 선발한 선수들을 집중적으로 훈련시키고 국제 대회에 보내는 패턴을 확립하였다. 전폭적인 지원에 힘입어 한국 대표단은 1971년까지 이어지는 네 차례의 대회에서 3위 두 번, 4위 두 번을 기록했고, 그다음 1973년 뮌헨 대회에서는 2위로 올라섰다.[86]

국제기능경기대회의 성과를 대대적으로 홍보하는 것과 동시에, 한국 정부는 기술공 양성을 위한 학교 설립에도 박차를 가했다. 인천에는 1955년 설립된 단기 교육기관인 직업보도학교가 있었는데, 이것이 1958년 인하대 부설 중앙종합직업학교로 계승되었다가 박정희가 독일을 방문한 이듬해인 1965년 독일의 기술 원조를 받아 '한독실업학교'로 이름을 바꾸었다. 1967년 뤼브케 서독 대통령의 한국 답방을 계기로 인천 한독실업학교 외에 추가로 실업계 학교를 지원하기로 한독 양국이 합의했고, 그에 따라 서독이 지원한 50만 달러 상당의 기자재를 이용하여 1967년 3월 해운대의 부산수산대학 임시 교사 자리에 '부산한독직업학교'가 문을 열었다. 같은 해 이른바 '동백림사건'이 일어나면서 한독 관계가 악화되고 서독의 지원이 끊기기는 했으나, 부산한독직업학교는 국립부산기계공고로 개편된 뒤 박정희가 1970년대 다섯 차례 방문할 정도로 각별한 관심을 기울여서 엘리트 기능인의 산실로 명성을 얻었다. 이들 학교는 수업료와 기숙사비 면제 등의 혜택을 내걸었고, 당시로서는 웬만한 대학보다도 나은 실험 및 실습 설비를 갖추고 있었다. 게다가 재학 중 전공 관련 자격증을 따면 군 단기복무의 특혜를 주기도 했다. 그에 따라 부산기계공고는 전국 중학교에서 성적 상위 5퍼센트 이내인 학생을 교장이 추천하고, 그 안에서 다시 3퍼센트 안팎을 선발해야 할 정도로 경쟁이 치열했다.[87]

유신정권이 중화학공업화를 전면에 내세운 1970년대에는 이와 같은 엘리트 공업고등학교들이 더 생겼다. 이들 학교는 정권의 강력한 지지 아래 해외 원조를 독식할 수 있었기 때문에 당시로서는 파격적인 설비와 특전을 갖출 수 있었다. 위에서 보았듯 한독직업학교는 독일의 원조에 힘입어 문을 열었고, 1972년 문을 연 금오공고(구미)는 일본 차관으로, 1973년 문을 연 정수직업훈련원(서울 용산구)은 미국 원조 자금으로 각각 초기 설비를 갖추었다. 이 밖에도 마산의 경남대 부속 공업전문학교를 기계공고로 개편하였고, 구미의 구미농고를 구미공고로 전환하기도 하는 등 공고 설립이 잇따랐다.[88] 1970년대 중반에는 중화학공업기지 안에 공업교육기관을 설립하여 산업 현장과의 연계를 도모하기도 하였다. 1977년에는 창원기계공업기지 안에 창원기계공고와 한백직업훈련원이, 1981년에는 구미공단 안에 구미전자공고가 문을 열었다.[89]

정부는 기능인 양성을 촉진하고자 병역 혜택도 약속하였다. 1973년 제정된 「병역의무의 특례규제에 관한 법률」은 "특수한 기술분야 등에 종사하는 병역의무자에게는 당해 분야에서 국가에 공헌할 기회를 보장하여 이로써 병역의무를 마친 것으로 보게 함으로써 국토방위와 경제자립의 국가적 목적을 균형있게 달성하게 하려는 것"을 목표로 하고 있다. 여기에서 "특수한 기술분야 등에 종사하는 병역의무자"는 한국과학원(KIST) 학생과 같은 고급 과학기술자부터 기간산업체 근무자, 나아가 "학술, 예술 또는 체능의 특기를 가진 자"에 이르기까지 폭넓게 정의되었는데, 기술공과 기능공도 군수업체 소속이거나 국가 자격검정을 통과한 뒤 기간

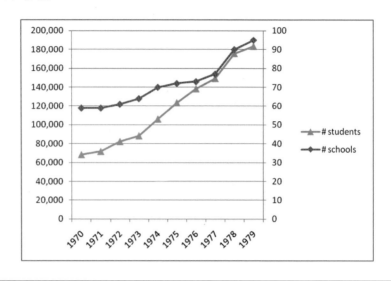

〈그림 3-8〉 1970년대 공업고등학교의 숫자(오른쪽 세로축)와 학생 수(왼쪽 세로축)의 증가. (출처: 『금오공과대학 5년사』, 41쪽 표1의 내용을 바탕으로 글쓴이가 작성)

산업체(범위는 시행령으로 규정)에 근무하는 경우 보충역 신분으로 해당 기업에 5년간 근무함으로써 병역을 마칠 수 있었다(제3조). 또한 해당 업체에 근무하는 실업계 고등학교 졸업자가 기능검정을 아직 취득하지 못한 경우, 입영 연기를 허락하여 그사이 기술검정을 받을 수 있도록 편의를 봐주기도 했다(제4조).[90] 이 법이 특별히 기능교육 진흥을 위해 제정된 것은 아니었지만, 시행령에 따라 병역 특례의 범위가 달라지는 것이었으므로 실제로는 상황에 따라 유연하게 적용될 수 있었다. 일례로 1977년 국제기능경기대회에서 처음으로 종합우승을 거둔 직후에는 국회에서 "예능·학술·체육을 통한 국위선양자"에 대한 규정을 대회 입상자에게 적용하자는 논의가 이루어지기도 했다.[91] 이 밖에도 금오공고의 예에서 보이듯 뒷날 굴절된 형태로 시행되기는 하지만, 사병이 아닌 기술부사관으로 복무하는 것도 정부가 제시한 '특전' 중의 하나였다.[92]

그에 따라 〈그림 3-8〉과 같이 공업고등학교의 숫자는 1970년 59곳에서 1979년 95곳으로 절반 이상 늘어났으며, 학생 수는 1970년 68,367명에서 1979년 188,373명으로 거의 세 배가 되었다.[93] 공업고등학교가 전체 실업계 고등학교에서 차지하는 비중은 15퍼센트 내외이기는 하지만,[94] 이 시기 급격하게 늘어난 2차, 3차 교육에 대한 수요를 흡수하는 데 공업고등학교도 상당한 기여를 한 것으로 볼 수 있다.

2) 국제기능경기대회에 대한 국내의 관심

이렇게 기능교육에 대한 관심이 조성되는 가운데, 국제기능경기대회에서 한국 대표단의 성적은 점점 좋아졌다. 그리고 입상하는 종목도 초기에는 "제화, 양복 등 '손재주' 부문에서만 금메달을 타 후진성을 면치 못했으나" 점차 공업기술 분야로 확장되었다.[95] 그에 상응하여 대표단의 규모도 점점 커졌다. 1973년과 1975년 대회에서는 각각 독일과 일본에 이어 2위를 차지했고, 1977년 위트레흐트 대회에서는 이윽고 종합우승을 거두었다. 다음 1978년 대회가 다름 아닌 한국의 부산에서 열릴 예정이었으므로, 1977년 대회의 성적은 초미의 관심사가 되었다. 결국 금메달 12, 은메달 4, 동메달 5개로 종합우승을 차지하자 국내 언론은 일제히 "국위선양"의 낭보를 전했다. 이 해의 환영식은 한층 더 성대하게 벌어져서, '개선'한 선수단은 영부인 고 육영수의 묘소를 비롯하여 국립묘지 곳곳에 헌화하였다.[96]

제24회 대회는 한국에서 열렸다. 1971년 스페인 히혼(Gijón) 대회에서 IVTC는 한국에서 1975년 대회를 열 것을 권유하였고, 한국 정부가 국내 사정으로 1년 뒤인 1976년 열겠다고 화답하여 성사되었다. 그 뒤 앞선 두 대회들이 주최 측의 사정으로 격년으로 열리게 되면서 개최 시기가 1978년으로 연기되었고, 장소도 부산으로 변경되었다.[97] 첫 대회였던 1967년 마드리드 대회에 9명이 참가했던 것에 비해, 부산 대회에는 세 배가 넘는

31명의 한국 대표단이 참가했다. 그중 무려 22명이 금메달, 6명이 은메달, 3명이 동메달을 따서 전원 입상하는 놀라운 성적을 거두며 지난 대회에 이어 2연패, 그 뒤로 1991년 대회까지 9연패하는 기틀을 닦았다. 당시 성적은 "일본이 세운 17개의 [금메달]기록을 훨씬 앞서는 것이며 16회 대회 이후 우리나라가 따낸 금메달 총수 41개의 절반을 넘는 대기록"으로 칭송되었다.[98] 특히 그때까지 국내의 중화학공업화 정책에도 불구하고 금메달이 양복과 같은 경공업에 편중되어 있었는데, 중공업 분야(프레스 공구 제작, 선반 밀링, 정밀기계 제작, 기계 제도 등)에서 처음으로 금메달을 따냄으로써, 1970년대 내내 중화학공업화에 매진했던 정부에게 모범 사례를 만들어주었다. 중화학공업화가 한창 진행 중이었으므로, 이들 직종에서 새롭게 입상한 이들은 직장에서 경험을 쌓은 숙련공보다 엘리트 기능교육 기관에서 최신 설비로 훈련한 학생들이 많았다. 전체 금메달 22개 중에 금오공고가 금메달 4개, 은메달 2개, 정수직업훈련원이 금메달 4개, 은메달 1개, 부산기계공고가 금메달 4개, 성동기계공고가 금메달 2개, 한양공고와 전주공고가 각 금메달 1개 등 모두 16개의 금메달을 공업고등학교 재학 중인 학생들이 따냈다.[99] 최신 설비를 갖춘 학교에서 올림픽 선수촌처럼 집중 훈련을 거듭한 것이 성과를 내기 시작한 것이다. 또한 주최국의 국산 자재를 가지고 대회를 치름으로써 국산 자재의 수준을 평가받을 기회를 얻은 것도 부수적인 소득이었다.[100]

국제기능경기대회의 입상자들은 각종 혜택을 받았다. 앞서 언급했듯 보충역 복무 등의 병역 혜택이 있었고, 직장에 소속된 이들은 포상금을 받거나 직급이 올라갔다. 박정희 대통령은 입상자들의 환영식에서 따로 포상금을 주었는데, 그 금액이 높을 때는 1백만 원에 이르렀다. 이것은 "서울에 집 한 채를 살 수 있을 정도"의 거금이었다고 한다. 기능을 익힘으로써 명예를 얻을 수 있을 뿐 아니라 실제 사회경제적 지위도 중산층으로 올라갈 수 있는 길이 열린 것이다. 이와 같은 여러 가지 특전은 다시 대중적으로 홍보되어 기능교육에 대한 사회적 관심을 높였고, 재능과 야망을 갖춘 우수한 학생들이 엘리트 공업고등학교로 대거 진학하기에 이르렀다. 일례로 1970년대의 금오공고는 출신 중학교 졸업성적 5퍼센트 안에 들어야 합격을 바라볼 수 있었다.[101]

하지만 이와 같은 환호와 열기는 당시 노동 현장의 현실을 호도하는 것이기도 했다. 한국이 국제기능경기대회에 참가한 초창기에는 불우했던 청년들이 학교, 군, 또는 소년원 등에서 기능을 익혀 자립하고 재사회화할 수 있었다는 사연들이 미담으로 소개되곤 했다.[102] 그러나 1970년대 말이 되면 국제기능경기대회에서 상을 타고 돌아와 차량행진으로 개선했던 이들은 대부분 인문계 고등학교로 진학할 수 있는 우수한 성적으로 엘리트 공업고등학교에 진학한 인재들이었다. 그리고 "제화, 양복 등 '손재주' 부문"을 제외하면 거의 전원 남성이었다. 이렇게 고숙련, 엘리트, 남성 '기술공'들이 언론의 각광과 사회 각 부문의 지원을 받으며 중산층으로 진입하고 있던 바로 그 시기에, 저숙련, 저학력, (대부분) 여성 제조업 노동자들은 개선의 기미가 보이지 않는 열악한 환경에서 생존을 위한 노동을 하고 있었다. 전태일이 청계천 봉제 노동자의 현실을 고발하며 자결한 것이 1970년이지만, 국제기능경기대회에서 계속해서 좋은 성적을 거두던 1970년대 내내 봉제와 제화로 대표되는 저임금 노동의 여건은 크게 나아지지 않았다. 그러나 극도의 언론 탄압이 자행되던 유신 시기에 이 부분은 제대로 보도되지 않았다. 1979년 8월, 한쪽에서는 국제기능경기대회 3연패를 목표로 훈련에 박차를 가하고 있을 무렵, 다른 한쪽에서는 YH무역의 여성 노동자들이 신민당사를 점거하고 경찰과 대치하고 있었다. 이처럼 생산노동자 집단이 분화되고 국가 권력이 이들을 구분하고 선별하여 분할 통치하는 과정에서 국제기능경기대회는 성공적인 소수에게 사회적 관심을 돌림으로써 노동 현장의 모순을 은폐하는 수단으로 이용되기도 했다.

3. 쇠퇴 없는 망각?

1) 1980년대 한국 사회와 경제의 변화

1970년대 말의 환호가 무색하리만치, 국제기능경기대회에 대한 사회적 관심은 1980년대 들어 빠르게 식었다. 서울 도심의 차량행진은 1980년대 중반 이후 사라졌고, 국제 대회마다 종합우승을 도맡아 하게 되면서 언론 보도도 점차 뜸해졌다. 1970년대에 최고 권력자가 매년 꼬박꼬박 입상자를 청와대로 불러 챙길 정도로 중요한 행사였던 것에 비하면 큰 변화를 보인다. 더욱이 앞서 살펴보았듯 1980년대 들어 한국 팀의 성적이 떨어졌다거나 한 것이 아니기 때문에, 이와 같은 변화의 원인을 여러 각도에서 따져볼 필요가 있다.

가장 먼저 생각해볼 수 있는 이유는 최고의 후원자였던 박정희의 사망과 그에 따른 정권의 교대다. 박정희 사후 집권한 전두환은 이 대회의 명분을 부정하지는 않았지만, 이미 국제기능경기대회가 박정희 개인과 지나치게 강하게 결부되어 있었기 때문에 이것을 적극적으로 지원할 동기도 강하지 않았다. 김종필도 1980년대에는 정책에 영향을 미칠 수 없는 처지였다. 그 결과 박정희 사후 국제기능경기대회에 대한 지원은 사라지지는 않았지만, 실제로는 서서히 줄어든 것과 다름없는 결과를 낳았다.

두 번째로 공업교육 현장에도 피로감이 누적되었다. 국제기능경기대회 준비를 위해 막대한 인력과 자원을 투입했던 명분은 기능교육에 대한 관심을 높이고 기능인 전반의 역량을 강화한다는 것이었다. 그러나 현실에서는 거꾸로 공업고등학교의 교육과정이 대회 준비에 초점을 맞추는 바람에 정규 교육에 차질을 빚는 일이 벌어졌다. 그에 따라 "일부 공고교사들이나 기업체에선 실습자원을 몇몇 특정 선수들에게 집중 투자해야 하는 대회 출전을 기피하는 현상마저 나타나"기도 했다.[103]

세 번째로, 국제기능경기대회에 참가하여 입상한다고 해도 기대할 수 있는 실익이 점점 줄어들었다는 점을 들 수 있다. 국제 경연에서 상을 탄다는 것은 분명 영예로운 일이기는 하지만, 훈장과 같은 명예를 빼고 실제적인 이익은 그렇게 크지 않았다. 예를 들어 입상자들에게 지급하는 '기능장려금'의 문제가 있다. 정부는 1981년에 기능장려금 10억 원을 조성하였고, 이 재원을 운용하여 1982년부터 입상자들에게 포상금을 지급하였다. 1986년에는 기능장려기금이 입법화되었고 1989년에는 기능장려법이 공포되었다. 대통령의 '금일봉'이 법에 기반한 기능장려금으로 제도화된 것은 진전된 조치로 평가할 수 있지만, 문제는 그것이 1980년대 물가와 부동산 가격이 올라가는 것을 따라잡지 못했다는 사실이다. 1978년 처음 기능장려금 제도를 검토할 당시에는 "최고 연 30만 원의 기능장려금을 15년간 지급"하는 계획이었는데,[104] 15년이 지난 1994년에 그 액수는 세후 연간 80만 원에 불과했다. 1980년과 1990년의 소비자물가 상승률이 각각 28.7퍼센트와 8.6퍼센트였으며, 연간 주택매매가격 변동률은 낮게는 36.8퍼센트에서 높게는 61.9퍼센트였다는 것을 감안하면[105] 국제기능경기대회의 금메달리스트가 "그것을 받을 때마다 자괴감을 느끼는 사람이 자신뿐만은 아닐 것이라며 말끝을 흐렸"던 것은 납득할 수 있는 일이다.[106] 게다가 생산직 노동자의 임금이 전체적으로 매우 낮게 형성되어 있었기 때문에, 일회성 포상금의 액수를 조금 높인다고 해도 결정적인 유인이 될 수는 없었다.[107]

이것은 네 번째 요인인 공고 교육의 침체와도 깊이 연결된다. 우선 공고 교육에 대해 살펴보자. 국제기능경기대회가 전국적 관심을 끌면서 공고와 학생 수가 모두 큰 폭으로 늘어난 것은 앞서 살펴본 바와 같다. 그러나 이렇게 늘어난 공고 가운데 절반가량은 사립이었는데, 사립 공고들은 외자를 독점적으로 몰아준 국공립 공고만큼 시설을 갖출 수는 없었으므로 교육 시설과 교육 내용이 상대적으로 부실하였다. 학교의 내부 시설을 금액으로 환산해보면, 1984년 현재 국공립의 설비 총액은 약 580억 원이었던 데 비해 사립은 약 248억 원에 그쳐 절반에도 미치지 못하였다.[108] 문교부는 공고의 전반적인 시설 수준을 개선하기 위해 1977년 '공업고등학교 중점육성 5개년 방안'을 통해 전국 82곳의 공고를 기계공고(방위산업을 위한 정밀가공사 양성), 시범공고(해외 진출 기능사 양성), 특성화공고(전기, 화공, 제철 등 특정 산업 분야의 기능사 양성), 그리고 일반 공고로 나누어 각각의 수요에 맞게 지원하겠다는 구상을 발표했다.[109] 하지만 공고의 남설은 계속되어, 문교부는 1977년의 두 배가 넘는 197곳으로 늘어난 공고를 1980년 통폐합하여 100곳으로 정리했다.[110] 그러나 1984년의 보고서에 따르면 "중학교 졸업생들은 실업계 고등학교로의 진학을 기피하고 있어 대다수의 실업계 고등학교가 입학정원조차 확보하지 못하는 실정"이었다. 공고를 포함한 실업계 고등학교가 인문계 고등학교에 진학하지 못할 경우 차선으로 가는 곳으로 인식되면서, "학생의 적성과 능력, 흥미 등을 고려한 진학이 아니기 때문에 입학생의 대부분이 기초학력 미달로 교육과정에 의한 정상적인 수업운영이 곤란한 실정"이 되었다는 것이다.[111]

경제성장과 함께 교육의 기회가 확대된 것도 공고 교육에는 부정적인 영향을 미쳤다. 중학교와 고등학교 교육이 보편화되면서 인문계 고등학교에 대한 선호가 더욱 강해졌기 때문이다. 1965년에는 초등학교를 졸업한 이들 가운데 54.3퍼센트만 중학교로 진학했고, 이들 중 69.1퍼센트가 고등학교로 진학했다. 즉, 동년배 가운데 고등학교를 졸업하는 것은 대략 3분의 1에 지나지 않았다. 이들 중 많은 수는 고등학교가 교육의 최종 단계였으므로 취업을 위해 실업계 고등학교를 선택하였다. 그런데 15년 뒤인 1980년에는 상급학교 진학률이 큰 폭으로 높아져서, 초등학교 졸업생의 95.8퍼센트가 중학교로, 중학교 졸업생의 84.5퍼센트가 고등학교에 진학하게 되었다. 게다가 대학 입학정원도 1970년 약 3만6천 명이었던 것이 1980년에는 11만6천 명으로, 십 년 사이 세 배가 넘게 늘어났다.[112] 이에 따라 공고 졸업장의 사회적 가치는 한층 더 떨어졌다.

다섯 번째이자 가장 근본적인 원인은, 급격한 산업화에 성공했음에도 불구하고 한국 사회에서 생산직 노동자에 대한 처우가 오히려 상대적으로 악화되었다는 것이다. 〈표 3-1〉에서 알 수 있듯이, 1980년대 중반 한국에서 학력에 따른 임금 격차는 일본과 비교할 때 심각한 수준이었다. 정부는 줄곧 인문계 진학만을 희망하는 '한민족의 교육열'을 탓하며 실업 교육으로 교육 수요를 흡수하려고 했지만, 개인의 입장에서는 대학 졸업장만 있으면 두 배 이상의 소득을 기대할 수 있는 상황에서 고등학교를 마치고 산업 현장에서 경력을 쌓아 숙련 노동자가 되겠다는 인생 설계는 무모한 것이었다. 특히 누구도 예상하지 못한 급속한 경제성장의 결과로, 1980년대에는 양질의 사무직 일자리가 급증했다. 노동 강도와 임금 격차, 사회적 대우 등을 종합해보면, 개인이 인생을 설계하는 입장에서는 생산직을 기피하는 것은 불가피한 일이었다.

〈표 3-1〉 한국과 일본의 학력별 임금 격차. 이정근 외 (1987), 48쪽에서 인용.

구분	중졸 이하		고졸		전문대졸		대졸 이상	
한국(1985)	204.0(천원)	79.3(%)	257.3	100.0	333.3	129.5	552.5	214.7
일본(1984)	170.9(천엔)	92.7	184.3	100.0	193.4	104.9	233.4	126.6

국제기능경기대회에서 1970년대 금메달을 딴 이들의 인터뷰에서도 이와 같은 갈등이 드러난다.[113] 프레스금형에서 금메달을 받았던 한 전문가

는 국제기능경기대회 입상 후 회사에서 "기능직 사원 신분에서 사무기술직"으로 직간 전환을 시켜주었다. 그렇게 사무직으로 편입되었지만, 공고 출신이라는 선입견 때문인지 이후에 진급에서 매번 밀려나 9년 만에 대졸 초급직급에 해당하는 4급 사원으로 승진하였다고 한다. 그는 이 일을 비롯하여 "국제기능올림픽 입상자에 걸맞은 대우를 받았다고 한 번도 느끼지 못하였다." 또 다른 기계조립 금메달리스트는 일시 포상금으로 회사에서 50만 원, 국가에서 250만 원을 받았고 그 뒤 매년 기능장려금을 받고 있지만, 만족할 만한 대우는 아니라고 토로하고 있다. 회사의 '포상'도 역시 "입상 후에 기능직 사원에서 사무직 사원으로 직간 전환을 시켜"준 것이었다. 또 다른 밀링 전문가도 뒷날 야간대학을 다니면서 교사 자격증을 따서 공업고등학교 교사로 취직하였다.[114] 국제기능경기대회까지 나가 입상하고 돌아온 직원에게 회사가 해줄 수 있는 최고의 배려 중 하나가 기능직을 벗어나게 해주는 것이었다는 사실은 매우 역설적이다.

국가도 이들 인력을 관리하는 데 일관성 없는 조치들을 내놓았기 때문에, 이러한 상황을 단지 세간의 학벌 중시 풍조 탓으로만 돌릴 수는 없다. 입상자들에 대한 지원 대책 가운데 하나로 국민주택 분양에서 선순위를 보장하는 방안이 몇 차례 논의되었으나, 시행되다가 뚜렷한 이유 없이 중단하기도 하는 등 정책의 일관성이 보장되지 않았다.[115] 그 바람에 분양 자격을 얻기 위해 일부러 집을 팔았다가 허탕을 친 입상자도 있었다.[116]

또한 병역 문제에 대한 정부의 방침도 오락가락했다. 특히 금오공고는 설립 당시에는 엘리트 공고를 표방하여 졸업 후 대학 진학을 꿈꾸는 우수한 학생들을 끌어모았으나, 정작 개교 후에는 '기술하사관 양성학교'로 정체성을 천명하고, 군사교육을 강화하고 졸업 후 5년간의 기술하사관 복무를 강제함으로써 학생들을 혼란에 빠트렸다. 심지어 이에 반발하여 자퇴하는 경우에도 '탈영'으로 간주되어 다시 학교로 징집되곤 했다. 그러다 보니 금오공고 학생들은 국제기능경기대회에 더욱 매달리게 되었다. 기술하사관 장기 복무를 피할 수 있는 유일한 방법이 '기능올림픽 금메달'이었기 때문이다.[117]

이처럼 변화하는 환경 아래서 정책의 혼선까지 가세하면서, 1970년대 초중반 짧게 각광받았던 공업고등학교는 1980년대 이후 침체의 길을 걷게 되었다. 그리고 이것은 기능과 기능인에 대한 인식 저하와 맥을 같이 했다.

2) '기술자'와 '엔지니어'

한편 국제기능경기대회에 참가했던 숙련 노동자 계층, 즉 인력정책상으로 '기술공(technician)'이라고 불리는 계층이 비교되었던 대상은 인문계 교육을 받은 사무직만이 아니었다. '기술자(engineer)', 즉 전문 지식과 학력을 갖춘 고급 이공계 인력들이 1970년대를 거치면서 집단으로서 모습을 갖추게 되었다. 1960년대까지는 이공계 고등교육의 기반이 확립되지 않아 상당수의 인력이 미국 등으로 유학을 떠났고, 그들 중 많은 수는 해외에 정착하여 두뇌 유출(brain drain)에 대한 우려를 낳기도 했다. 하지만 1966년 한국과학기술원(KIST)의 설립을 계기로 정부는 적극적인 해외 인력 귀국 정책을 펼쳤고 그에 부응하여 많은 수의 과학기술자들이 귀국하였다.[118] 매년 귀국하는 박사급 인력의 수는 1968년 5명에서 1972년 13명, 1977년 32명, 1979년 54명 등으로 점점 늘어나서, 1979년이면 재미 한국인 과학자와 공학자의 약 10분의 1에 상당하는 238명이 한국에 돌아와 있었다.[119]

그런데 고급 공학 지식을 쌓은 이들, 특히 그 가운데서도 학계보다는 산업계에서 활동하여 '공학자'라는 호칭이 익숙지 않은 이들은 자신들을 가리킬 말이 마땅치 않다는 것을 알게 되었다. 행정적 구분에 따르면 '기술자'가 맞겠으나, 앞서 살펴보았듯 한국의 언어생활에서 기술자, 기술공, 기능공의 구별은 의미가 없었다. 오히려 기술자는 이 셋을 모두 아우르는 가장 넓은 의미로 쓰였다. 가장 널리 쓰이는 낱말이다 보니 때로는 이웃 전파상도, 배관공도 '기술자'라고 부르는 등, 셋 가운데 가장 전문성이 없는 호칭이 되어버렸다. 과학기술처는 1969년 '과학기술자'라는 용어로 '기술-국가적 학자(techno-national scholar)'라는 정체성을 부여하려 시도했으나, 과학자와 기술자라는 낱말이 각각 쓰이고 있었으므로 이 또한 일상의 언어생활을 바꾸지는 못했다.[120]

전문 기술자 집단은 이미 그 쓰임새가 너무나 넓어져버린 기술자라는 말을 새로 규정하고 홍보하는 것보다는 아예 '기술자'로 번역하던 영어 낱말 '엔지니어(engineer)'를 그대로 들여와 사용하는 쪽을 택했다. 1974년 10월 '사단법인 한국엔지니어클럽'이 설립되었고, 이후 행정 서류상의 '기술자, 기술공, 기능공'의 구분과는 별개로 일상생활에서는 고급 공학 지식을 쌓은 전문가를 가리키는 말로 '엔지니어'가 정착되어갔다.

그리고 엔지니어라는 기표가 기의를 갖출수록 '기술자'라는 기표의 기의는 점점 실체를 잃어갔다. 존중의 의미를 담아 기술자라고 불리기를 원하는 개인 또는 집단이 없어진 것이다. 기술자뿐 아니라 기술공과 기능공도 일상의 언어 세계에서는 기의를 상실했다. 행정적으로는 아직도 '기술자, 기술공, 기능공'의 범주는 쓰이고 있지만, 현실에서는 고급 교육을 받은 고학력의 '엔지니어'가 한편에, '기술자' 또는 '기능인'으로 뭉뚱그려 불리는 집단이 다른 한편에 있을 뿐이다.

한편으로는 '사무직'과 대비되고, 다른 한편으로는 '과학기술자' 또는 '엔지니어'와 대비되면서, '기능' 또는 '기능인'이라는 말은 긍정적이라기보다는 부정적인 느낌을 갖게 되었다. 한국노동연구원이 2006년에 실시한 설문조사에서, "'기능'이라는 용어는 사회적 열위계층을 의미하고 기능인에 대한 인식이 3D 업종 종사자라는 이미지가 고착되어 있다고 생각하는데 이에 대하여 어떻게 생각하는가?"라는 질문에 대해 일반인 1,000명 중 52.9퍼센트, 기능인 200명 중 65.5퍼센트가 "전반적으로 그렇다" 또는 "그런 편이다"라고 답했다.[121] 부정적인 답변의 비율이 일반인보다 기능인 사이에서 오히려 높게 나타난 것은, 1960년대 이후 국가의 기능인력 양성 정책이 기능인들이 만족하지 못하는 방향으로 흘러왔음을 짐작케 한다.

맺음말

앞서 밝혔듯 2010년대에도 한국은 국제기능경기대회에서 탁월한 성적을 거두고 있다. 대회에 대한 세간의 관심도, 기능인력에 대한 사회적 대우도 1970년대에 높았던 기대에는 미치지 못하지만, 제조업이 세계적 수준으로 성숙함에 따라 고숙련 노동자 집단이 형성되어 있고 이들이 좋은 성적을 거두고 있다. 오늘날 '선수단'의 양성과 훈련에는 현대나 삼성과 같은 거대 기업이 점점 더 중요한 역할을 맡고 있다. 대회에서 한국 대표단이 좋은 성적을 거두면 기업 광고의 형태로 그 성과를 홍보하기도 하는데, 대개 '기능올림픽 우승'을 보도하는 기사가 단신으로 처리되는 것에 비해 기업 광고가 훨씬 크게 실리곤 한다. 현대중공업, 현대자동차, 삼성전자, 삼성중공업, 삼성테크윈 등에서 전국기능대회 입상자들을 채용하고 국제 대회 참가 선수들을 후원하고 있다. 삼성은 현재 WorldSkills International의 주 후원사 가운데 한 곳이기도 하다. 입상자를 위한 차량 행진도 서울에서는 더 이상 하지 않고 있지만, 창원과 같은 기업도시에서는 지방자치단체 차원에서 소박한 환영 행사를 열기도 한다. 또한 국가의 지원도 다소 늘어났다. 2011년부터는 국제기능경기대회 입상자는 동탑산업훈장을 받고, 체육 올림픽 금메달 수상자와 형평을 맞추어 일시포상금 6,700만 원과 연금 1,200만 원을 받게 되었다.[122]

국제기능경기대회에 대한 기억은 1970년대와 1980년대를 살았던 이들에게는 상당히 강하게 남아 있다. 고등교육의 공급 과잉에 대해 우려할 때, 청년의 취업난에 대한 대책을 이야기할 때, 또는 1970년대를 "땀 흘려 일한 만큼 성취했던 좋았던 옛날"로 소환할 때 등 어떤 맥락에서 국제기능경기대회를 이야기하느냐에 따라 그 기억은 조금씩 다른 모습으로 변주되어 나타난다. 위기에 빠진 실업계 고등학교 교육을 개편하자는 논의가 나올 때에도 '좋았던 시절'의 공업고등학교들이 모델로 제시되곤 한다.

한국이 국제기능경기대회에 참가하게 된 것은 정치적 동기에 의한 것이지만, 국제기능경기대회를 단순한 선전용 이벤트로만 치부하기는 어렵다. 이 대회에 참여함으로써 실제로 한국의 과학기술과 산업 역량이 성장한 부분이 있다. 사회적으로 기능교육에 대한 관심을 높이는 데 성공했고, 엘리트 공업고등학교의 설립과 맞물려 우수한 젊은이들이 기능인으로 성장하도록 유인하는 데에도 짧게나마 성공했다. 또한 체육이나 문화 분야보다 훨씬 앞서서 국제 행사에서 우승하는 경험을 국내에 전함으로써, 경제성장의 분위기에 고무되어 있던 대중들에게 실제로 국가 역량이 성장하고 있다는 느낌을 심어 주는 데에도 기여했다.

하지만 이 글에서 지금까지 보였듯, 한국의 국제기능경기대회 참가의 이면을 들여다보면 그 한계와 부작용도 드러난다. 최고 권력자의 개인적 의지에 힘입어 극소수 기관에 자원을 집중하여 육성하는 방식은 단기간에 눈에 보이는 성과를 낼 수는 있었지만 장기적으로 지속할 수는 없는 것이었다. 한국이 국제 대회를 석권함에도 불구하고 "메달만 따는 기능

강국이라는 비난을 받을 때도 있"다는 자기반성의 목소리도 들려온다.[123] 또한 국가에 협조하여 국가가 원하는 성과를 내는 이들에게만 특혜를 주고 이들의 성과만 선전함으로써, 해결해야 하는 구조적 문제를 논의할 기회를 놓치는 부작용도 있었다. 그리고 정책의 일관성을 유지하지 못함으로써 정작 국가에 협조하며 자신의 미래를 의탁했던 개인들에게는 실망과 상처를 안겨주기도 했다.[124]

오늘날 박정희 시대를 높이 평가하는 이들이 국제기능경기대회를 향수에 젖어 회상하는 것은 사실 공허한 이야기에 지나지 않는다. 1970년 대와 2010년대의 한국 사회가 크게 다른 사회라는 것을 전제하지 않고 시간을 뛰어넘어 '좋았던 시절'의 추억을 들이밀기 때문이다. 막연한 향수에서 벗어나 당시 국제기능경기대회를 선전에 이용할 수 있었던 배경과 요인들이 지금은 더 이상 존재하지 않는다는 것을 인정하고, 2010년 대에 한국 사회에 맞는 기능교육과 기술 진흥의 방책은 무엇인지 새로운 출발선에서 생각해야 1970년대의 경험은 비로소 가치 있는 재료가 될 것이다.

3장

'과학'이라는 말의 여러 얼굴
: '과학영농' 담론을 통해 살펴본 한국인의 과학기술관[125]

머리말

농사는 자연 속에서 생명을 돌보며 키우는 일이다. 그러다 보니 농사를 지어보지 않은 사람은 농사란 그저 자연에 맡기면 되는 일이라고 착각하기도 한다. 하지만 농사는 자연을 무대 삼은 인간의 노동이다. 때로는 자연과 맞서기도 하면서 인간이 원하는 것을 얻어내려는 지난한 과정이다.

농민이 키우는 작물은 생명이지만, 모든 생명이 작물은 아니다. 농민이 특정한 시간과 공간에서 선택한 특정한 생명만이 작물로서 의미가 있다. 밭에 백 가지 꽃이 만발했다면 지나가는 구경꾼은 그 다채로운 아름다움에 감탄하겠지만, 농민의 속은 까맣게 타 들어갈 것이다. 여러 가지 생명이 두루두루 어울려 자라고 있다면 그 밭의 농사는 망친 것이나 다름없기 때문이다. 논에서는 벼를 제외한 모든 식물을 제거하고, 옥수수

밭에서는 옥수수를 제외한 모든 식물을 절멸시키는 것이 농민의 일이다. '작물'과 '잡초'란 어디까지나 인간의 선택에 따른 구분이고, 둘 사이에 본질적인 차이는 없다. 예컨대 밀밭에 나는 쑥은 잡초지만, 약쑥을 키우는 농민은 쑥 사이에 움튼 밀싹을 발견하면 그 '잡초'를 뽑아야 한다. 이런 면에서 농사는 특정한 시간과 공간의 엔트로피를 극단적으로 낮추는 일이기도 하다.

이렇게 원하는 작물만 잘 키워내기 위해서, 농민들은 수천 년 동안 대물림된 경험과 시행착오에 의존해왔다. 여기에 과학 지식이 본격적으로 응용된 것은 백 년 남짓밖에 되지 않은 일이지만, 그 백여 년 사이 농사는 과거의 모든 변화를 합친 것보다도 더 많이 바뀌었다. 산업혁명은 농업이 사회에서 차지하는 지위를 바꾸었을 뿐 아니라, 농사를 짓는 방식과 작물을 보는 관점을 근본적으로 바꾸어놓았다.

산업혁명 이전의 농민은 자원을 최소한으로 투입하여 생존을 도모하는 것이 가장 중요한 목표였다. 자기 땅이 없는 소작농이나 농노가 대부분이었으므로 잉여생산을 축적하여 부유해지는 것은 바라기 어려운 목표였고, 생존에 필요한 곡물을 소비하고 나면 다음 해의 농경을 위해 투자할 수 있는 자원도 거의 남지 않았기 때문이다. 하지만 산업혁명 이후 과거의 농업은 낡은 것으로 간주되고, 기계의 힘을 빌려 최대한의 투입으로 최대한의 산출을 얻는 공장제 공업의 모습이 농업이 따라가야 할 모델이 되었다.

한국도 그 흐름을 벗어날 수 없었다. 다만 농업이 '과학화'되었다고할 때, 그 '과학'이 무엇을 말하는 것인지는 시대적 상황에 따라 적잖게 달라져왔다. 과학기술에 대한 사람들의 인식과 기대가 시대에 따라 달라지기 때문에, '과학기술'이라는 낱말이 뜻하는 바도 시대 상황에 따라 조금씩 달라져왔다.

심지어 '과학기술'이라고 붙여서 한 낱말로 쓰는 나라도 한국과 일본 외에는 찾아보기 어려운데 이 또한 이 낱말이 시대의 산물임을 보여준다. 일본에서 20세기 초 '과학기술'이라는 말이 태어난 배경에는, 지식인들 사이에 만연한 사회주의적 성향을 경계하고 실용적으로 국가에 복무하는 방향으로 과학과 기술을 발전시키고자 했던 일본 기술관료(technocrat)들의 바람이 깔려 있었다.[126] 이렇게 형성된 과학기술이라는 신조어가 일제강점기 한국에 소개되었고, 광복 후에도 국가 주도의 발전 전략 등과 들어맞는 면이 있어 오늘날까지도 널리 쓰이게 된 것이다. 이에 비해 현대 중국에서는 과학과 기술을 합쳐서 '과기(科技)'라고 표현하는 경우가 종종 있으나 일본이나 한국처럼 하나의 낱말로 구별되는 의미를 지니지는 않는다. 서구권 언어에도 한 낱말로 '과학기술'에 대응하는 개념은 사실상 없다. 따라서 과학기술정책이나 과학기술의 역사에 대한 한글 문헌을 영어 등으로 번역할 때는 'science and technology'와 같은 표현을 쓸수밖에 없고, 한 낱말로 된 '과학기술'이 지니는 미묘한 의미의 차이는 사라지게 된다.

한국에서 '과학', '기술', '과학기술'이라는 낱말들, 그리고 더 잘게 나누면 '순수과학', '응용과학', '공학', '산업기술', '기능' 등의 하위개념들이 서로 경쟁하면서 구획을 조정해왔다. 그 모든 과정을 한 편의 글에서 추적하는 일은 불가능하겠으나, 여기에서는 우선 '과학'이라는 단어가 박정희 시대 농촌에서 어떻게 받아들여졌는지 추적하고자 한다. '과학'을 우선 살펴보는 까닭은 그것이 위에 열거한 모든 낱말과 바꿔 쓸 수 있는 가장 유연한 개념이기 때문이다. 논리적으로는 과학이 기술이나 과학기술보다 상위 개념은 아니지만, 대중의 언어생활에서는 과학이라는 낱말로 과학과 기술의 모든 영역을 포괄하는 것이 큰 문제가 되지 않았다. 다만 과학이라는 커다란 우산 아래 무엇이 들어가는지는 시대적 상황에 따라 달라지고, 그것이야말로 당대의 대중이 과학에 대해 어떻게 인식하고 무엇을 기대했는지를 보여준다. 그리고 도시가 아닌 농촌을 살펴보는 까닭은 일견 과학과 멀어 보이지만 실제로는 박정희 시대에 과학이라는 말이 도시 못지않게 활발히 쓰였던 장소가 농촌이었기 때문이다. 박정희 정부 초기의 도시와 농촌의 발전 수준의 격차를 감안하면 도시에서 이야기하는 과학과 농촌에서 이야기하는 과학이 같은 것을 의미할 수는 없었다. 동시에 그럼에도 불구하고 가장 낙후된 지역에서 과학을 이야기하지 않을 수도 없었던 것이 국가의 입장이었다. 결과적으로 박정희 시대의 농촌에서 '과학'이라는 말은 농촌 개발의 거의 모든 의제를 정당화해주는 만능열쇠가 되었다.

따라서 농촌에서 과학의 의미를 추적하는 것은 한편으로는 과학과 인접 개념들의 변천사, 또 다른 한편으로는 농촌 개발 담론의 변천사를 그 교차점에서 함께 보여줄 수 있다. 이 글은 박정희 시대 농촌에서 과학 개념의 의미 변화를 살펴보기 위해 특히 '과학(적)영농'이라는 말에 집중할 것이다. '과학(적)영농'이 언제 어떤 맥락에서 본격적으로 등장하는가, 그리고 그 말의 의미와 용법이 농촌의 상황에 따라, 그리고 정부 정책의 변화에 따라 어떻게 미묘하게 달라졌는지, 당시의 언론 기사를 중심으로 추적할 것이다.

1. 농업 담론을 지배하기 시작한 '과학'

1) 일제강점기 농업에서 '과학'의 의미

일제강점기에도 농업을 이야기할 때 '과학'이라는 말이 가끔 등장하기는 한다. 하지만 이때 '과학' 또는 '과학적'이란 구체적인 내용이 있는 말이라기보다는 '근대' 또는 '근대적'과 마찬가지로 막연하게 쓰였다고 할 수 있다. 그 자체가 특정한 뜻을 담고 있다기보다는 '재래' 또는 '관행'이라는 말과 짝을 이루어서 대비되는 개념으로 쓰는 것이 일반적인 용례였기 때문이다. 즉, 이 시기에 농업에서 '과학'을 이야기할 경우, 그것은 적극적으로 어떤 가치를 담아내기보다는 '재래'로 표상되는 기존의 삶과 일의 방식으로부터 벗어나라고 촉구하는 소극적인 의미로 쓰이곤 했다. 이광수의 소설 『무정』(1917)의 끝부분에 다음과 같이 돌연 '과학'이 튀어나오는 것도 같은 맥락에서 이해할 수 있다.[127]

> … 그래서 그네는 영원히 더 부하여짐 없이 점점 더 가난하여진다. 그래서 (몸은 점점 더 약하여지고 머리는 점점 더) 미련하여진다. 저대로 내어버려 두면 마침내 북해도의 '아이누'나 다름없는 종자가 되고 말 것 같다. 저들에게 힘을 주어야 하겠다. 지식을 주어야 하겠다. 그리해서 생활의 근거를 안전하게 하여 주어야 하겠다.
> "과학! 과학!"
> 하고 형식은 여관에 돌아와 앉아서 혼자 부르짖었다. 세 처녀는 형식을 본다.
> "조선 사람에게 무엇보다 먼저 과학을 주어야겠어요. 지식을 주어야겠어요."…

사실 오늘날 '과학'과 자연스럽게 짝을 이루는 '영농'이라는 말도 전근대의 한자문화권에는 없었던 말이다. 일단 농업을 '경영'한다는 말 자체가 근대적인 생각을 반영한 것이다. 서구로부터 '경영'과 '경영학' 따위의 개념을 번역해 들여온 뒤 이것을 농업에 적용한 것이다. 영농이라는 낱말은 1920년대부터 신문에 드물게 보이기 시작하지만, 일본식 용어를 그대로 들여다 쓴 것이지 그 용어에 담긴 함의를 고민하거나 논쟁한 흔적은 보이지 않는다. '영농자금'이나 '영농이민' 같은 일본의 정책 용어를 그대로 쓰다 보니 자연스럽게 용어가 따라 들어온 것으로 보인다.

비록 처음에는 그 의미가 매우 모호했지만, 식민권력이 한반도 농업에 대한 장악력을 높여가면서 농업에서 '과학'이라는 말도 점차 구체적인 의미를 획득하기 시작했다. 특히 권업모범장(1929년 농사시험장으로 개편)이 1915년을 전후하여 일본에서 도입한 '우량종'을 본격적으로 권장하고, 1920년부터 조선총독부가 산미증식계획을 시행하면서, 농업에서 '과학'이란 총독부와 권업모범장이 권장하는 특정한 농업기술을 채택하는 것을 의미하게 되었다. 구체적으로는 질소비료에 반응성이 좋은 개량 품종을 재배하고 그에 맞추어 질소비료를 다량 사용하는 것이 근대적이고 과학적인 영농으로 규정되었다. 이러한 담론에서 발화의 주체는 언제나 총독부와 지도기관 등의 국가기구였고, 농민은 인습과 관행에 얽매여 있으므로 국가가 공급하는 '과학'을 통해 계도해야 하는 대상이 되었다.[128] 이런 점에서 당시 농업의 '과학성'이란 해당 영농기술의 특정한 내용보다는 오히려 발화의 주체에 따라 결정되는 것이었다고도 할 수 있다.

그러나 그와 같은 권고를 따를 수 있는 '과학적' 농민은 당시 한반도에 많지 않았다. 기아를 면하는 것이 당면 과제였던 대다수의 소작농들에게 돈을 들여 질소비료를 사라는 권고는 전혀 현실적이지 않았다. 더욱이 당시 한반도의 수리 설비도 대체로 열악한 수준이어서 대부분의 논은 천수답(天水畓)이었다. 따라서 식민권력이 권장한 '과학적' 품종도 실제 농촌에서는 열악한 환경에 적응해온 재래종보다 나쁜 결과를 거두는 일도 잦았다. 그럼에도 불구하고 개량 품종과 금비(金肥)의 사용은 투자 여력이 있는 일본인 대지주를 중심으로 확산되어갔다.[129] 조선인 농민의 반발이나 비협조는 '공연한' 반감 또는 "농민이 기술 개량에 대해 의욕이 없는" 탓으로 폄하되었다.[130]

2) 광복 이후 소득증대의 '과학'으로서 축산의 강조

광복 후에는 일본의 영향력이 약해지고 미국의 영향력이 커진 것을 반영하여, 농업에서 '과학'을 이야기하는 맥락에도 변화가 보인다. 한편으로는 일본 농학과의 연결이 끊어지면서 일본식 품종과 농법은 과학적이고 재래식 품종과 농법은 낙후된 것이라는 식의 이분법을 고수할 근거도 필요도 약해졌다. 광복 후의 주요 벼 품종들도 근원을 따지면 일제강점기 농사시험장에서 육성을 시작한 것이기는 하지만, 처음부터 한반도에서 육성된 이들 품종을 외래종이라고 인식하는 이는 거의 없었으므로 일본 품종 대 한국 품종 같은 식의 구도는 성립하지 않았다.[131]

다른 한편으로는 미국의 농촌 개발 담론이 수입되면서, '과학(적)영농'이나 '영농의 과학화'라는 말에 새로운 의미가 추가되었다. 일례로 1947년의 《동아일보》 기사에서는 미군정의 농정 개편 구상을 소개하면서 '영농의 과학화'라는 표현을 쓰고 있다. 농업개량연구소와 농업진흥협회 등 미국식의 농촌지도기관을 설치하는 목적이 영농의 과학화라는 것이다.[132] 또한 1953년의 《동아일보》 사설에서는 UNKRA의 모범부락 사업을 소개하면서, 이것이 "영농의 과학 합리화 및 농민 생활의 과학화를 기도한 것"이라고 평가하고, 다음과 같이 그 필요성을 소개하고 있다.

> …우리나라의 농지 수확이 일본의 그것의 절반도 안 된다는 사실은… 우리 농민이 일본 농민보다 게으르다는 것과 농업경영을 합리화하려는 노력이 없으며 **옛날부터 해오던 영농방법을 해마다 반복하고** 있는 데에 있을 것이다.… 과거 일정 때에도 농민 계몽을 위해서는 개량종자를 보급시켰고 방방곡곡에서 양계강습회 양돈강습회도 열었고 농민들에게 '농사시험장' 견학도 장려하였고 모범부락을 건설할려고 노력하였으며 소위 '독농가 표창' 같은 것도 하느라고 하였다. 운크라

만이 애를 써보았자 우리 정부가 이미 호흡을 맞추지 않으면 모든 일은 허사다.[133]

광복 후 10년도 지나지 않은 시점에서 "일정 때에도" 했던 일을 제대로 하지 않는다고 정부를 비판하는 것은 상당히 놀라운 일이지만, 결국 이 사설이 주장하는 '영농의 과학 합리화'는 "옛날부터 해오던 영농방법"에서 벗어나 새로운 종자와 농법을 받아들이는 것이었다.

이렇게 '과학적 영농'이나 '영농법 과학화'와 같은 생소한 표현들이 1950년대 중후반까지 서서히 입지를 다져갔다. 특히 미국에서 수입한 농업기술이나 농민단체 등을 소개할 때 이러한 표현이 자주 쓰였는데, 이것은 미국에서 농학이 자연과학(생물학, 화학 등)과 사회과학(경제학, 사회학, 인류학 등)을 아우르는 '농업과학'으로 위상을 다진 것의 영향으로 볼 수 있다. 미국에서 농업은 자연 속에서 이루어지는 자급자족적 활동이 아니라 이미 "자연의 의존성에서 탈피"한 산업이자 기술로 변모해 있었다.[134] 점차 커져가는 미국의 영향력 아래서 한국도 농업을 바라보는 관점을 그와 같이 바꿔야 한다는 생각이 이러한 표현의 이면에 깔려 있었던 것이다.

농업을 '과학'으로 바꾸려면 과거와 결별해야 하므로, 과학적 영농이나 영농법의 과학화는 사실상 과거의 부정을 촉구하는 구호의 역할을 했다. 과거와 단절하고 새로운 농촌을 건설하는 것이 목표였으므로 과학은 젊은 세대와 결부되기도 하였다. 일례로 1955년의 4H운동에 대한 소개글에서는 "과학지식의 명령에 따르는 농촌청소년의 두 팔 앞에서는 무식도 빈곤도 질병도 운산무소(雲散霧消)하게 만드는" 것이라는 포부가 표현되어 있는데, 이처럼 과학은 계몽과 사실상 동의어로 쓰이기도 했다.[135] 이 기사가 소개한 4H운동 또한 미군정기 미국의 제안에 의해 도입되어 미국식의 농촌 개발의 이념을 전파하는 창구 역할을 했다. 과학으로 무장한 젊은 세대가 "지방에 뿌리박힌 인습과 비과학적인 영농방법 등을 계몽 개선하여 농촌민의 생활을 개선"해야 한다는 당대의 사명감은 농촌 재건 사업에 관한 각종 기사에서 빈번히 등장한다.[136]

즉, 과학이라는 말이 소환되는 맥락은 한편에는 '낙후한 인습'을, 다른 한편에는 그로부터 탈피하는 계기를 마련해주는 '계몽'을 상정하고 있다. 그리고 계몽은 국가와 같은 주체가 위로부터 수행하는 것이다. 따라서 국가 주도로 새로운 기구나 제도가 도입될 때에는 그 명분으로 '과학성'이 특히 강조되었다. 이때 '과학적'이라는 말은 사실상 '선진적' '진보적' '우월적'이라는 말과 동의어였다. 미국 공보원(USIS)에서 한국 농민을 대상으로 발간한 잡지 『새힘』을 분석한 정은정의 연구에 잘 드러나듯, 미국의 '과학적' 농업의 위력에 강한 인상을 받은 한국의 농민들은 "우리 한국의 영농방식이 얼마나 어처구니없는 주먹구구 방식이었던가"라는 고백을 하게 되고, 그를 바탕으로 "낡은 생활습관을 탈피하지 않으면 아무런 발전이나 생활의 개선도 바랄 수 없다."는 결의를 다지게 되었다.[137]

이렇게 종래의 영농 방식을 탈피하고 미국식의 과학적 영농을 받아들인 논리적 귀결은 소득증대를 추구하는 산업으로서의 농업이 된다. 그리고 그 방편으로 특히 강조된 것은 축산이었다. 당시 '과학'의 이름 아래 소개된 각종 농업기술이나 농촌 경영의 원리들이 현실에서 의미하는 것은 벼농사 중심의 자급자족형 농업에서 벗어나서 상품작물의 재배와 축산을 중심으로 하는 시장지향형 농업으로 방향을 전환하는 것이었다. 특히 『새힘』에는 축산과 벼농사를 대립 구도로 놓는 글이 많이 실렸는데, 이는 한편으로는 사료 수출의 확대라는 미국의 경제적 이해관계와도 연결되는 것이었다. 예컨대 "축산을 하는 농부들은 일반적으로 더욱 많은 고기, 달걀, 우유 등을 먹게 되기 때문에 보통 농부들보다 건강하다."든가,

"식량으로서의 쌀의 중요성이 감퇴되어가고 있"다는 주장들이 빈번하게 소개되어 농민들에게 새로운 시대의 농업이 지향해야 하는 목표로 제시되었다.[138]

그러나 1960년대 초반 농촌과 농민의 실상을 감안하면 축산과 상품작물의 재배를 통해 시장지향적인 농업으로 전환하자는 주장은 지극히 비현실적인 것이었다. 농지개혁의 결과 자작농 계층이 형성되기는 했으나, 농가당 경지 규모는 대단히 작았고 절대다수의 농민들은 여전히 생존을 위한 농업 이외의 선택을 할 여력이 없었다. 축산에 뛰어들려면 가축과 시설 등을 갖추고 사료를 구입하기 위해 상당한 투자가 필요하고, 그 자금을 회수하는 데도 긴 시간이 걸린다. 당시 농촌의 상황에서 미국처럼 축산으로 돈을 버는 선진적 농업을 추구하자는 것은 현실성이 없는 남의 나라 이야기에 지나지 않았다. 그럼에도 불구하고 이런 이야기들이 농촌에 유포되어 일정한 영향을 미치고 있었다는 것은, 그 실체가 무엇이건 '과학'이 농촌에 접목되었으면 하는 기대가 잠재되어 있었음을 보여준다.

2. 전 국민적 동원체제 아래의 '과학영농'

1) 농협과 '과학하는 농민'

이에 비해 1960년대 후반이 되면 '과학(적)영농'이라는 표현이 한국적 맥락에 좀더 긴밀하게 결합하면서 독자적인 생명을 얻게 된다. 축산과 상품작물 재배 등 미국의 농업을 그대로 이식하는 것과는 결이 다른 이야기들이 '과학영농' 안에 포함되기 시작했고, '과학영농'은 일반명사라기보다는 특정한 용법을 지닌 한 단어의 고유명사로 쓰이기 시작했다.

고유명사처럼 쓰이게 된 '과학영농'의 뜻은 "국가기구(농촌지도소와 농협 등)가 권장하는 영농" 또는 "자본주의 시장경제의 원리에 따라 적극적인 소득증대를 추구하는 영농"으로 풀이할 수 있다. 이것은 큰 틀에서는 일본 식민권력이나 미국 원조기관이 이야기한 '과학적' 농업이 뜻하는 바와도 다르지 않다. 하지만 1960년대 이전의 '과학영농' 담론이 주체와 내용 모두 모호한 상태에 머물러 있었던 데 비해, 1960년대 중후반 이후로는 적극적으로 과학영농 개념을 주창하며 국민을 동원하는 주체가 형성되었고 그 내용도 구체성을 띠게 되었다.

먼저 주체의 측면을 살펴보면, 1960년대 중후반에는 농협의 '새농민운동'이 눈에 띈다. 농협은 1961년 농업협동조합법에 의해 구 농업협동조합과 농업은행을 합병하면서 새롭게 출범하였다. 조직 개편을 거치면서 농협중앙회장은 정부가 임명하고, 각 지역 조합장은 중앙회장이 임명하는 구조가 확립되었다. 이에 따라 농협은 농민의 자생적 협동조합의 성격보다는 사실상 정부의 농정 방침을 농업 현장에서 관철시키는 준정부조직과 같은 성격을 강하게 띠게 되었다.

이런 상황에서 1964년 제4대 농협중앙회장으로 취임한 문방흠(1921-2013)은 1965년부터 '새농민운동'을 시작했다. 새농민운동은 일차적으로는 새롭게 출범한 농협이 농민들에게 스스로의 존재를 각인하고 농촌 사회에 뿌리내리기 위한 사업이었다. 농협 측 자료에 따르면 "당시 농민들은 협동조합의 필요성을 제대로 인식하지 못했을 뿐만 아니라… 조합원으로서의 의무보다는 권리만 주장하기 일쑤"였으므로, "농민 자신의 안으로부터의 개혁을 유도함으로써 이 땅에 새로운 기풍을 일으키고자" 새로운 농민의 상(像)을 농협이 앞장서서 제시했다는 것이다. 농협은 각 면에 '개척원 센터'를 설치하고 개척원을 주재시켜 새농민운동의 거점으로 삼고, 이를 통해 지역 농민과의 접촉을 넓히고자 했다. 새농민운동이 주창한 '새농민상(像)'은 "자립하는 농민, 과학하는 농민, 협동하는 농민" 세 가지의 구호로 표현되었다. 자립은 "인습적 타성에서 벗어나 진취적이고 희망에 찬" 농민을, 과학은 "부지런히 배우고 꾸준히 연구하고 영농과 생활을 개선"하는 농민을, 협동은 "공동의 이익을 위하여 돕고 힘을 뭉쳐 살기 좋은 고장을 만드는" 농민을 대표하는 덕목이었다.[139] 농협은 새농민 운동에 대한 호응을 이끌어내기 위해 이듬해인 1966년부터 '새농민像'을 선정하고 그에 맞는 모범 농민을 선정하여 표창하기 시작했다.

1966년 첫 번째 새농민상(像)으로 선정된 수상자는 모두 11명이었는데, 대상에 해당하는 '종합像' 아래 '자립像', '과학像', '협동像'과 '여성像'이 있었고, 여기에 더해 6인의 '노력像'이 선정되었다. 다만 상의 이름이 달라도 언론에 공개된 수상자 공로는 비슷한 경우가 많았다. 애초에 '자립, 과학, 협동'의 세 가지 구호가 상호배타적으로 구분되는 것이 아니었고, 농협이 밝힌 시상의 취지도 "전국 조합원 중에서 개척심이 강하며 새로운 영농기술을 조합원들에게 보급시켜 살기 좋은 내 고장을 만든 농민들에게" 준다는 매우 포괄적인 것이었다.[140] 상금 액수를 감안하면 사실상 종합상 (1966년 당시 3만 원)이 1등상, 새농민운동의 세 구호인 자립, 과학, 협동이 여성과 더불어 2등상(각 2만 원), 나머지 노력상은 3등상(각 1만 원)의 의미가 있었다.

과학상 수상자들의 면면을 살펴보면 비록 자립상이나 협동상과 뚜렷이 구별되는 '과학적' 업적이 두드러지는 것은 아니지만, 그래도 새로운 영농기술을 받아들이고 보급하고자 노력한 이들이 많았다. 1966년의 첫 번째 '새농민 과학상'으로 선정된 경북 청도군 화양면 합천동의 장복주는 직접 전시포(展示圃)를 만들어 마을 사람들에게 종자 소독을 비롯한 표본 영농법을 설파하고 개량종자를 권장했다.[141] 이듬해의 수상자는 경북 영주군 영주읍 상망리의 이춘직이었다. 그는 서울대 농대를 졸업하고 영주군 농협 감사로 재직하던 지역 엘리트로, 그의 업적은 토마토와 수박 등 과수 재배로 소득을 높이고, 양계를 시작하여 소득증대와 비료 자급을 동시에 도모했으며, 양계를 이웃에 보급하고 계란 판매장을 만든 것 등이다.[142] 1968년의 수상자인 충북 음성군 소이면 갑산리의 정기혁은 논에 양파, 감자, 마늘 등을 벼와 돌려짓는 이모작 기술을 연구 보급한 점, 양어장과 도정공장, 비육우 축사를 건립한 점 등을 공로로 인정받았다.[143]

이처럼 구체적인 업적은 조금씩 다르지만, 농협이 '과학하는 농민'으로 인정한 이들의 공통점을 추출하자면 소득증대를 위해 새로운 기술을 익히는 농민, 나아가 그것을 위해 국가가 보급하는 새로운 지식을 적극적으로 습득하며 국가의 지도에 협조하는 농민이라고 할 수 있다. 과거의 작목이나 농법을 고수하기보다는 소득을 높일 수 있는 방법을 고민하고 새로운 가능성에 도전하는 농민, 그리고 자신이 해보고 좋은 것은 주변에도 적극적으로 권하는 농민이, 농협이 나아가 국가가 생각하는 이상적인 '과학하는 농민'이었다. 1967년 대통령 연두교서에도 "영농기술의 향상에 의한 증산"을 중요하게 언급하고 있으며, 나아가 "생계 위주의 농업으로부터 소득과 영리를 목표로 한 농업으로 발전"시키는 것을 목표로 천명하고 있다.[144]

이처럼 '과학하는 농민'의 뜻이 생존을 위한 농업을 벗어나 이윤을 위한 농업을 지향하는 농민이라면, 그것이 전혀 새로운 것은 아니다. 수사만 놓고 본다면 일제강점기 식민권력과 미군정도 똑같은 메시지를 전달했다. 다만 1960년대 초반까지는 그 수사를 현실에서 추구할 수 있는 물적 기반이 없었기 때문에 수사가 수사로 그쳤던 데 비해, 1960년대 중반 이후로는 농협과 같은 외곽 조직이 확충되면서 '과학하는 농민'이 공허한 선언에 머물지 않고 실제로 농민을 동원할 수 있는 정치적 구호가 되었다.

농협이 시작한 새농민운동은 1970년대의 새마을운동에도 영향을 주었다. 새농민운동의 구호였던 '자립, 과학, 협동' 중 '과학'을 '근면'으로 바꾸면 새마을운동이 내세운 '근면, 자조, 협동'이 된다. 당시 과학이라는 낱말이 뜻했던 것이 "소득증대를 위한 새로운 지식 습득에 적극적인 자세"였다는 점을 생각하면 근면이라는 구호가 과학을 포괄하는 상위 개념이라고 볼 여지도 있다. 새마을운동의 영웅으로 각광 받은 농민 하사용이 말했듯 새마을운동의 정수가 "목구녕만 살기 위한 농사가 아니라 돈을 벌기 위한 농업으로의 대전환"이었다면, 이것은 새농민운동이 그렸던 새농민의 상과 일치한다.[145] 즉, 새마을운동이 대통령의 적극적 후원 아래 전국적 동원체제를 갖추기 전까지, 사실상의 준정부조직이었던 농협이 "자립하는 농민, 과학하는 농민, 협동하는 농민"의 구호로 농민 동원의 첫 단계를 떠맡은 것이라고도 할 수 있다.

새농민상의 표창은 2017년 현재까지도 이어지고 있다. 표창을 시작한 지 5년째인 1971년에는 수상자를 회원으로 하는 '새농민회'가 결성되었다. 1981년부터는 이전까지는 별도의 '여성상'을 제외하면 농가 세대주였던 남성 농민이 상을 독점했던 것을 개선하여, 여성상을 폐지하고 부부 공동 시상으로 바꾸었다. 그리고 1991년부터는 매달 최대 20쌍의 '이달의 새농민' 부부를 선정하고 매년 그 가운데 20쌍의 본상 수상자를 따로 시상하는 방식으로 바꾸어 수상자의 수가 크게 늘어났다. 그에 따라 새농민회의 회원도 급증하여 1999년에는 사단법인 '전국새농민회'로 발전하였다.[146] 수상자 수가 크게 늘어남에 따라 자립상, 과학상, 협동상과 같은 종래의 구분은 의미가 없어졌다. 하지만 막연하게 떠돌던 '과학영농'이라는 수사에 구체적으로 살을 붙이기 시작했다는 점에서 농협의 새농민운동은 역사적 의미가 있다.

한편 '과학영농'이라는 구호는 종래의 문자 매체뿐 아니라 라디오와 같은 새로운 매체를 통해서도 농민들에게 전달되기 시작했다. 농가를 대상으로 한 대중매체의 영농 정보 프로그램은 1958년부터 시작되었다. 특히 1962년 공보부가 '농어촌 라디오 보내기 운동'을 시작한 것을 계기로 라디오는 국가의 메시지를 농가에 직접 전달하는 중요한 창구가 되었다.[147] 같은 해 한국방송공사(KBS)에서 〈라디오 농업학교〉가 시작되었고, 그 뒤를 이어 동양방송(TBC)은 1963년, 문화방송(MBC)는 1964년, 동아방송(DBS)은 1965년부터 매회 20분에서 30분 정도를 할애하여 영농 정보를 방송하였다.[148] 농촌 보급이 한층 더뎠던 텔레비전의 농업 방송은 1970년대 들어서 전국적인 새마을운동의 열기에 힘입어 비로소 시작되었다. 1972년 한국방송공사가 〈밝아오는 새농촌〉, 1973년 문화방송이 〈새마을 새아침〉, 1975년 동양방송이 〈푸른 광장〉 등의 프로그램을 각각 아침 시간에 정규 편성하여 농업과 농촌 정보를 제공하였다.[149] 그리고 1981년부터는 한국방송공사에서 〈앞서가는 농어촌〉을 방영하여 매일 아침 날씨 정보 등을 알리고 그날 필요한 영농 작업을 권고하는 등, 본격적으로 전파 매체를 통한 영농 지도를 시도하였다.[150] 〈앞서가는 농어촌〉은 이후 2002년 편성 폐지될 때까지 20년 동안 꾸준히 방영되며 방송을 통한 영농 지도라는 새로운 농촌 지도 방식이 정착되는 데 크게 기여했다.[151]

이렇게 전파 매체를 통해 전달된 내용이 그 자체로 크게 새로운 것은 아니었다. 대체로 축산과 상품작물의 재배를 권유하고 거기에 필요한 실제적 지식을 때맞춰 알려주는 것이 대부분이었다. 하지만 정보를 지체 없이 실시간으로 전달한다는 전파 매체의 특성 덕에, 지속적으로 영농 정보 방송에 노출된 농민들은 부지불식간에 시장지향적인 근대적 농업의 사이클을 몸에 익히게 되었다. 또한 농민들이 방송을 통해 일단 인지한 새로운 작목이나 영농법은, 실제 영농 현장에서 더 순탄하게 수용될 수 있었다.

2) '과학영농'이 내장된 품종, 통일벼

이렇게 '과학영농'이라는 말은 여러 가지 장치를 통해 국가에 독점되었고, 그 뜻도 사실상 "농업의 변화를 추구하며 국가의 지도에 협조하는 농민"과 마찬가지가 되었다. 하지만 과학영농이라는 말이 포괄하는 작목이나 영농기술이 너무 다양했기 때문에, 모든 농민이 공유할 수 있는 보편적인 과학영농의 보편적인 이미지는 형성되지 않았다.

여기에 전환의 계기를 마련한 것이 1970년대 전국에 폭발적으로 보급되었던 다수확 신품종 벼 '통일'과 그 후계 품종들이었다. 통일벼('통일'과 후계 품종의 통칭)가 '과학영농'이라는 개념의 보편적인 상을 농민들에게 심어주게 된 것은 다음과 같은 특징들 때문이었다. 첫째, 벼는 전국의 모든 농가가 재배하는 가장 중요한 작물이었으므로 파급 효과가 컸다. 특별한 가축이나 상품작물의 영농법을 지도하는 것과는 달리, 벼의 장려 품종을 바꾸고 새로운 재배법을 보급하는 것은 전국의 농민에게 영향을 미칠 수 있는 큰 변화였다. 둘째, 통일벼 재배로 소기의 성과를 거두기 위해서는 국가의 영농 지도가 더없이 중요했다. 통일벼는 동남아시아에서 재배되는 인디카(Indica) 계열의 유전자를 도입한 품종이었기 때문에 종래 한반도에서 재배하던 품종들과는 생태적으로 크게 달랐다. 통일벼에 맞춰 개발한 농법을 충실히 적용하지 않으면 오히려 재래 품종보다도 수확이 줄어들 수도 있었다. 따라서 통일벼를 재배하는 농민들은 전에 없이 국가에 의존적인 관계를 맺게 되었다. 모 키우기, 모내기, 물대기, 병충해 방제, 수확 후 처리에 이르기까지 통일벼만의 독특한 재배기술이 필요했고, 그것들을 익히기 위해서는 연중 농촌지도사의 조언에 따라 '과학적 영농법'을 익혀야 했기 때문이다. 셋째, 통일벼는 '과학영농'이 추구한 시장지향적 농업의 전도사 역할을 했다. 축산 또는 상품작물을 재배하여 시장지향적 농업으로 전환하는 것은 영농 규모가 크고 투자를 감행할 수 있는 일부 농민에게만 가능한 일이었다. 이에 비해 통일벼는 거의 전량 국가가 추곡수매를 통해 사들였으므로, 아직 화폐경제에 충분히 편입되지 못했던 중소농들도 통일벼 재배를 통해 현금 수입을 얻을 수 있었다.[152] 이 밖에도 통일벼는 보급 초기부터 "필리핀에서 해외 과학자들과 협력하여 개발한 과학적인 품종"임을 강조하는 등 국민들에게 농업에서도 '과학'이 중요하다는 인식을 심어주는 데 여러 가지로 기여했다.

이른바 '증산왕'들은 통일벼 재배에 가장 적극적으로 협조했던 농민이라고 볼 수 있을 것이다. 그들은 또한 당시에 '과학영농'의 힘을 과시한 산 증인이기도 했다. 통일벼를 통한 쌀 증산 운동이 고조되자 정부는 일정 기준 이상의 수확을 얻은 농민들을 시상하여 본보기로 삼고자 했다. 통일벼를 전국적으로 확대 보급한 두 번째 해인 1973년 봄, 농림부는 10 아르당 600킬로그램 이상의 단위 수확고를 올린 농민들에게 10만 원의 상금을 주겠다고 발표했다. 농림부와 농촌진흥청은 당시 평균의 두 배에 가까운 이 기준을 맞출 수 있는 농가는 많아야 1백여 호 정도밖에 되지 않을 것으로 생각하고 그에 맞춰 예산을 짰다. 하지만 가을에 농가 실적을 조사한 결과, 여름이 따뜻했던 덕에 통일벼가 대단히 좋은 성적을 거두어 전국적으로 3,765 농가가 수상 기준을 충족했다. 충남 서천군 한산면의 조권구가 거둔 다수확 최고 기록은 무려 10아르당 780.8킬로그램이었다. 이후 증산왕으로 상금을 받은 농가의 수는 1974년에는 29,418호, 1975년에는 53,603호, 1976년에는 53,808호에 이르러, 비용에 부담을 느낀 정부가 개인 다수확 농가에 대한 시상을 폐지하기에 이르렀다.[153]

정부는 통일벼 보급을 더욱 확대하기 위해 증산왕들의 수기를 책자로 엮어 전국에 보급하였다. 증산왕들의 지역과 영농 환경, 영농 규모 등은 저마다 달랐지만, 이들은 하나같이 정부가 권장하는 통일벼를 재배했고 통일벼 경작에 필요한 정부 지침을 꼼꼼히 따라 '과학영농'을 실천했기 때문이다. 농촌진흥청에서는 갖가지 '표준영농교본'을 발행하여 전국에 보급했는데, 증산왕 수기는 『성공사례』와 같은 제목의 소책자로 묶여 배포되었다. 이들을 살펴보면 대체로 영농 규모 1헥타르 미만의 중소농이었으며, 상대적으로 나이가 젊어서 성취 동기가 강하고 정보 습득도 빠른 편이었다. 따라서 정부 시책에 적극적으로 협조함으로써 국가기관의 자원을 활용하겠다는 적극적 자세를 보일 수 있었으며, 국가가 권장하는 새로운 영농기술을 습득하는 데에도 거부감이 적었다.[154] 이처럼 정부 시책에 협조적이며 열린 자세로 무엇이든 배우려 하는 농민은 농사에 '과학'이라는 말이 처음 등장한 이래로 국가가 늘 원해왔던 농민의 모습에 가깝다. 증산왕에 도전하려는 농민은 농촌지도관서에 다수확 농가에 응모하겠다는 뜻을 밝히고, 지도관서는 종래의 통일벼 재배 실적을 감안하여 지원 농가를 선정한다. 그리고 시기별로 싹 틔우기, 모판 관리, 방제 시기와 방법, 관개, 추수 등 재배의 모든 단계에 걸쳐서 한 명의 농촌지도사가 몇 곳의 농가를 책임지고 관리하였다.

이렇게 '관행'을 버리고 국가의 지도에 따라 '과학'을 받아들이는 농민이 늘어난 것 또한 통일벼라는 품종의 힘으로 설명할 수 있다. 통일벼는 전례 없는 다수확과 추곡수매를 통한 현금 수입을 약속하는 기적과 같은 품종이었지만, 그 약속이 현실로 이루어지려면 농민은 경작의 모든 단계에서 국가의 지도에 귀의해야만 했다. 때로 약속한 성과를 거두지 못했을 경우에는 그 책임은 생소한 품종을 권장한 국가에 돌아가는 것이 아니라, '과학영농'을 제대로 이해하지 못하고 국가의 지도를 충실히 이행하지 않은 농민에게 돌아가곤 했다. 농민들의 수기에도 '증산왕'에 오르기까지 여러 차례 시행착오를 겪고, 그때마다 통일벼의 재배법을 제대로 숙지하지 못한 자신을 책망하는 이야기가 빈번하게 등장한다.[155]

이처럼 통일벼라는 기술적 인공물은 그것을 받아들이는 사람들이 특정한 행위를 할 수밖에 없도록 유도하는 역할을 했다. 마치 '과학영농'이라는 구호가 통일벼에 내장되어 있던 양, 통일벼를 재배한 이들은 국가가

기대하는 과학영농의 상에 자신들을 맞춰갔다. 동시에 통일벼가 전국으로 확대 보급되면서[156] 통일벼를 재배해본 이들은 과학영농이라는 구호의 내용을 자신들의 통일벼 경작 경험에 비추어 채워 넣게 되었다. 듣는 사람마다 다른 것을 의미했던 과학영농의 구호가, 통일벼 보급 이후에는 보온못자리에서 모를 키운다든가 추수 후 탈곡 전 볏단을 논에 세워서 말린다든가 등 구체적인 내용을 담게 된 것이다. 즉, 1970년대 국가가 이야기한 과학영농은 사실상 통일벼 재배를 의미했고, 반대로 통일벼 재배에 필요한 기술들은 모두 과학적이고 새로운 영농기술로 인식되어 정당성을 획득했다. 통일벼의 역사적 의미는 이처럼 과학영농의 구호가 모든 농민에게 통용되는 공통의 의미를 갖게 함으로써 그것이 실제적인 힘을 갖고 회자될 수 있게끔 한 데서도 찾을 수 있을 것이다.

3) 관행 타파를 부르짖던 '과학영농'이라는 관행

1970년대에 농민을 동원한 사업은 통일벼 재배 외에도 여러 가지가 있었다. 그리고 그 동원 기제들은 모두 유신 정권을 지탱하는 구성요소들이었으므로 서로 중첩되는 일이 잦았다. 특히 1970년부터 정부가 강력하게 추진한 '새마을운동'은 농촌의 환경 개선 사업으로 출발하여 곧 전국의 모든 동원 사업을 아우르는 거대한 동원체제로 성장하였다.[157] 새마을운동이 시작하기 전까지 따로 진행되어왔던 여러 가지 동원 사업들도 새마을이라는 거대한 우산 아래로 들어갔다. 농협이 '자립, 과학, 협동'의 이름 아래 주도했던 새농민운동도 1970년대에는 '근면, 자조, 협동'을 내세운 새마을운동으로 사실상 흡수되다시피 했다. 심지어 1970년대 박정희 정부의 농업정책 가운데 가장 우선순위가 높았던 통일벼 보급 사업도 새마을운동의 '농가소득증대' 사업의 하위 항목으로 소개하는 경우도 있었다.[158]

새농민운동이나 통일벼 보급 사업에서 핵심적인 구호였던 '과학영농'도 자연스럽게 새마을운동의 의제 가운데 하나로 포섭되었다. 일례로 1974년 농협중앙회에서 대통령에게 보고서로 제출한 "우리 농촌은 어떻게 달라지고 있는가"에는 "과학하는 농민"이라는 소제목 아래 식량 증산을 위한 통일벼 재배 교육, 채소 작목반 교육, 경운기 조작 교육 등의 사진이 실려 있으며, 양송이나 감귤과 같은 상품작물의 "팔기 위한 생산"도 달라진 농촌의 모습으로 소개되고 있다.[159] 대중매체에서 지역 새마을운동의 사례를 소개할 때도 '영농기술 과학화' 또는 '과학적인 영농'이 주요 항목으로 반드시 포함되었다. 그 실제 내용은 1960년대에 그러했듯 사실상 소득증대를 가로막는 요인들을 분석하고 해결책을 찾는 데 초점이 맞춰져 있었다.[160]

여기에 중첩된 또 하나의 동원 사업이 과총(과학기술단체총연합회)이 과학기술계를 대표하여 새마을운동에 협조하는 차원에서 1972년부터 시작한 '새마을기술봉사단' 운동이다. 이듬해인 1973년부터 '전국민의 과학화운동'이 범정부 차원에서 개시된 뒤로는 새마을기술봉사단 운동도 명목상 전국민의 과학화 운동의 일부인 양 서술되기도 하였지만, 새마을기술봉사단 운동은 엄연히 전국민의 과학화 운동보다 먼저 시작한 과총의 주력사업이었다. 새마을기술봉사단은 대학이나 연구소의 과학기술 전문가들이 집단적으로 농어촌을 찾아다니며 구체적인 기술적 문제들을 파악하고 개선책을 제시하는 것을 목표로 하는 동원 운동이었다. 다만 그 구체적인 문제들은 대체로 간단한 기술들을 조합하여 적용하면 해결할 수 있는 것이어서, 실제로는 일선 연구자들의 전문성을 제대로 활용했다기보다는 도시와 농촌이 연결되어 있고 과학기술자들도 전국적 동원 사업에 참여하고 있다는 것을 선언적으로 보여주는 전시용 행사의 성격이 강했다.[161]

과학기술계는 새마을운동의 기세가 드높던 1979년에는 전국민의 과학화 운동이 "새마을운동 제2단계"라고 주장하며 두 운동을 하나로 묶고자 했다. 근면, 자조, 협동을 내세운 종래의 새마을운동이 농촌을 중심으로 진행된 "잘살기 운동"이었다면 제2단계의 새마을운동으로 승화될 전국민의 과학화 운동은 합리, 능률, 창조를 지향하며 도시에서 시작하는 "슬기롭게 살기 운동"이라는 것이다. 또한 도시의 지식인, 특히 과학기술인을 추진 주체로 삼아 '사고의 합리화', '생활의 과학화', '기술의 대중화'를 목표로 해야 한다고 주장했다.[162] 이는 1979년 4월 13일의 종합과학기술심의회에서 "전국민 과학화운동 기본계획"을 확정한 데 따른 후속 조치라 할 수 있다. 이 기본계획은 종래의 기술봉사단 활동과 같은 전문가 위주의 동원 사업에 더하여 특히 생활과학 분야를 지원 육성하는 것을 골자로 하였다. 구체적으로는 생활과학 책자 발간, 과학신문 발간, 대학에 '생활과학과' 및 '농업기계과' 설치, 과학고등학교 설립, 학생 발명 경진대회의 실시 등이 포함되었다.[163] 유신 정권이 1979년 10월 예상보다 일찍 종식되는 바람에 여기에 열거한 사업들은 여름에 이미 접수가 끝난 '전국학생과학발명품경진대회' 정도를 제외하면 대부분 현실화되지 못하고 말았다. 그러나 과학과 기술이라는 어휘가 대중의 생활 속에 이만큼 여러 방면으로 깊이 들어왔다는 하나의 지표로서 주목할 필요가 있다.

하지만 농촌의 새마을운동을 모범 삼아 도시 대중을 전국민의 과학화 운동으로 동원해내고자 했던 과학기술계의 바람은 별다른 성과를 거두지 못했다. 물론 가장 큰 이유는 '새마을운동 제2단계'가 제대로 시작도 하기 전에 유신 정권이 종식된 것이다. 또 하나의 이유라고 한다면 당시 '과학'이라는 말에 담긴 상징자본을 전국민의 과학화 운동이 독점할 수 없었다는 것이다. 농촌에는 정부 주도의 동원 사업들을 제외하고는 '과학'이라는 말을 쓸 수 있는 기회가 사실상 없었다. 농민은 과학의 시혜

를 입고 계몽되는 대상으로서 동원되기는 했으나, 농
촌의 '과학'이란 사실상 정부가 독점적으로 내려보내
는 것이었다. 농민이 '과학영농'을 할 수는 있으나, 농
민의 업은 결국 농업이기에 농민이 '과학'을 업으로
삼을 수는 없었다. 이에 비해 기능과 발명을 강조하던
시기 도시의 제조업 노동자는, 이미 기능올림픽 등의
이벤트를 경험함으로써 자신들의 업을 통해 국가 과
학기술 발전에 이바지할 수 있다는 생각을 할 기회를
얻었다.[164] 이런 차이를 무시하고 새마을운동의 경험
을 그대로 적용하여 과학의 이름으로 도시의 노동자
나 학생을 동원하려던 기획은 결국 과학이라는 구호
의 특성을 살리지 못한 채 또 하나의 군대식 동원 사
업에 머무르고 말았다.[165]

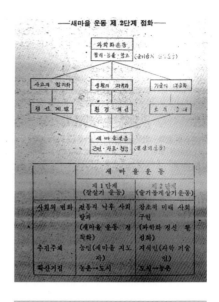

<그림 3-9> "새마을운동 제2단계 점화".

　농업에서 '과학'이라는 단어는 그 의미가 인접 개념들과 중첩되면서 국
지적으로 충돌하기도 하면서 계속 쓰임새를 넓혀갔다. 하지만 영농 현장
의 실제적 필요에 의해 아래로부터 형성된 개념이 아니라 위로부터 주
입된 개념이었기 때문에, 국가의 농정 기조가 바뀌면 그 강조점도 갑자
기 바뀌는 등의 한계로부터 자유로울 수 없었다. 예를 들어 1970년대 중
반 이후 '과학영농'이라는 말이 지닌 기존의 의미에 '영농 집단화'가 추가
된 것을 지적할 수 있다. 새마을기술봉사단 등 농촌을 직접 방문하는 전
문가가 늘어나면서, 농가당 경작 규모가 지나치게 작아서 기계화 등 영농
비용을 절감할 수 있는 조치를 시도하기 어렵다는 의견들이 신문 지면들
을 통해 나오기 시작했다. 이는 "영농 규모를 합리화"하여 효율을 높이자
는 주장으로 이어졌다.[166] 이것이 과연 과학기술 전문가들이 농촌을 방문
하여 새롭게 알아낸 사실인지는 의문의 여지가 있다. 농가당 경작 규모가

작아서 영농 효율이 떨어진다는 주장은 이미 농지개혁이 완료된 지 얼마 지나지 않은 1950년대부터 제기되어왔기 때문이다. 다만 제3공화국이 농지개혁의 기존 성과를 계승하는 데서 한 발 더 나아가 헌법으로 소작을 금지한 상황에서, 개인이 주체가 되어 영농 규모를 확대하는 것은 경자유전의 원칙과 충돌하는 것으로 여겨질 우려가 있었다.[167] 따라서 소작이냐 자작이냐와 같은 정치적 논쟁의 여지를 줄이면서 영농 규모를 확대할 수 있는 방안으로 집단재배가 권장되었다. 이에 따라 과학영농 옆에 슬그머니 '협동영농' 같은 단어들이 보이기 시작한다.[168]

통일벼는 여기에서도 효과적인 매개로 이용되었다. 어차피 통일벼를 경작하려면 새로운 농경 지식을 습득해야 하는데, 넓은 면적에서 집단적으로 재배할 경우 기술 보급이나 생육 상태의 관리가 훨씬 수월해졌다. "품종과 재배기술을 통일함으로써 필지간의 격차 없이 모두 다수확할 수 있고 동일한 작업을 동시에 하게 되기" 때문이다.[169] 따라서 통일벼를 권장하는 국가나 통일벼를 선택한 농민이나 여건이 맞는다면 집단 재배를 선호했다. 특정 지역의 농민들이 '계약 재배단지'를 결성하고 통일벼 경작을 약속하면, 정부는 기술 지도와 영농 자재 지원 등을 책임지는 것이 보통이었다.[170] 이와 같은 계약 재배단지 운영을 통해 정부는 통일벼 경작 면적을 쉽게 넓힐 수 있었을 뿐 아니라, 농민들이 영농의 집단화에 대한 경험을 축적하도록 유도할 수 있었다.

그러나 1970년대 말 농정 기조가 바뀌고 통일벼가 퇴조하면서 그동안 '과학영농'이라는 구호 안에 축적되어왔던 의미들은 그 타당성을 잃고 말았다. 정부가 통일벼 보급에 매진한 결과 쌀의 생산량은 급격히 증가하여 1977년에는 국내 생산량이 수요량을 넘어섰다. 정부는 "녹색혁명 성취"를 선언하고 각종 기념행사를 벌였지만,[171] 다른 한편으로는 이듬해부터 추곡수매를 통한 통일벼 위주의 증산 정책을 완화하는 방향으로 정책의 기조를 바꿈으로써 누적된 재정 부담을 줄이고자 하였다.[172] 또한 1978년에는 통일벼가 새로운 돌연변이 도열병에 대한 취약성을 드러냄으로써 통일벼의 수확량도 급감했고 통일벼를 강제적으로 권장하는 정책에 대한 농민의 반발도 표면화되었다.[173] 그 결과 한편으로는 정부가 더 이상 권장하지 않아서, 다른 한편으로는 농민들이 외면해서, 과학영농의 이름 아래 정부가 줄곧 권장해왔던 영농 행위 중 많은 것들이 농업 현장에서 설 자리를 잃어버렸다.

1980년대 들어 통일벼 중시 정책은 공식적으로 폐기되었고, 상당 부분 통일벼 재배와 결부되었던 과학영농이라는 구호는 다시 기의를 잃고 모호한 상태로 돌아갔다. 그러나 과학영농이라는 말은 사라지지 않았고, 사실상 '소득증대'를 위한 모든 영농 행위를 뜻하게 되면서 오히려 1980년대와 1990년대를 거치면서 일종의 상투어로 정착되었다. 1980년대에는 작목 다각화를 통해 소득증대를 도모하는 것이 과학영농으로 포장되었고, 1990년대 중반 이후 농산물 시장이 본격적으로 개방되자 새로운 작목이나 기술을 도입하여 수입 농산물과의 경쟁을 이겨내고 고수익을 올리는 것이 과학영농으로 묘사되었다.

이렇게 과학영농이라는 말이 사실상 소득증대, 나아가 성공적인 농가 경영과 같은 뜻으로 쓰이게 되면서 구체적인 의미는 오히려 점점 모호해지고 말았다. 오늘날 과학영농이라는 단어는 농업 관련 문서 어디에서도 쉽게 찾을 수 있지만, 효과적인 영농 또는 성공한 영농이라는 동어반복적인 의미 외에는 사실상 가리키는 바가 없는 것이나 마찬가지인 말이 되었다. 관행적 영농을 비판하면서 자기 자리를 확보했던 과학영농이라는 구호가 지금은 또 하나의 관행이 되었다고도 할 수 있다.[174]

맺음말: 과학기술이라는 개념의 역사성

이상과 같이 과학이라는 말은 농업이라는 한 분야 안에서도 여러 사람이 서로 다른 맥락에서 서로 다른 의미로 사용하곤 했다. 이러한 모호함과 유동성에 대해 과학의 뜻을 제대로 이해하지 못하고 개념을 오용한 것이라고 비판하는 시각도 있었다. 전국민의 과학화 운동이 '새마을운동 제2단계'를 자처하며 야심 찬 계획을 내놓았던 1979년에도 이미 이 운동에서 이야기하는 '과학화'의 상이 적절한 것인지에 대한 비판의 목소리가 있었다. 특히 대학에서 순수과학을 전공하거나, 과학의 본질에 대해 탐구하는 과학사학자 또는 과학철학자들은 '과학' 또는 '과학화'라는 말이 자의적으로 쓰이는 데 대해 우려하기도 했다. 과학사학자 박성래는 종합과학기술심의회가 "전국민 과학화운동 기본계획"을 발표하고 얼마 지나지 않아 다음과 같은 비판적 의견을 냈다.

> …물론 과학상식의 보급은 미신의 타파 정도에는 효과가 조금 있겠지만, 과학에 내재하는 합리적 정신이 우리 사회의 부조리를 제거하는 데 도움을 주리라는 것은 지나친 기대인 것이다. 이런 목표에서라는 차라리 잘 쓴 소설 한 편을 읽히는 것이 훨씬 나을 것이다.
> …여기 특히 주의해야 할 것은 지나친 '생활과학'의 강조는 자칫하면 본래의 목표에 역행할 수도 있다는 것이다. 청소년이 과학자를 지망하는 것은 '아인슈타인'이나 '파스퇴르'같이 인류에 공헌하겠다는 꿈 때문이지 자기 집 전기밥솥을 고쳐보겠다는 현실 때문은 아니기 때문이다.[175]

이와 비슷한 맥락에서 동료 과학사학자이자 과학철학자인 송상용도

"운전 교육이나 실시하고 텔레비전 수리법을 가르치는 것이 과학화인 줄 착각하는" 풍조를 경계해야 한다고 지적하기도 했다.[176] 그가 지적했듯 "과학화라고 해서 국민 전체가 과학을 깊이 이해하고 기술의 세부까지 습득해야 한다는… 그것은 실제로 가능하지 않을 뿐 아니라 그럴 필요도 없는 것이다." 과학 또는 과학화라는 이름과 실제가 부합하지 않았고 거기에 대해 진지한 토론과 반성이 없었던 당시의 상황은 결국 독재정권이 대중을 동원하는 명분으로 과학의 이름을 빌려다 쓰는 결과를 낳았다. 당시에 적게나마 존재했던 비판의 목소리를 다시 새겨보는 것은 그에 대한 역사적 반성의 의미에서도 필요한 일이다.

그러나 현재 시점에서 역사를 쓰는 입장에서는, 당시 대중 동원을 하는 쪽에서 과학을 '옳게' 이해하고 있었느냐는 가치판단 못지않게, 당시 낮은 수준에서나마 공유되었던 과학의 상이라는 것이 있었는지, 있었다면 그것은 어떤 모습이었고 무엇을 매개로 형성되었는지 정리해보는 것도 흥미로운 일일 것이다. 과학 또는 과학기술이라는 낱말이 특정한 의미를 가리키지 않으면 '오해' 또는 '오용'이라고 단정하기보다는, 각 역사적 시기에 따라 그 낱말이 어떤 의미를 획득하고 어떻게 유통되었는지 구성주의적으로 접근하면 그 시대의 지배적인 과학관을 읽어낼 수 있기 때문이다.

그런 관점에서 정리해보면, 일반명사로서의 '과학'은 사실 1960년대 초반까지는 농업과 관련해서 눈에 띄는 변화를 만들어내지 못했다. 심지어 구호의 차원에서도 일제강점기 이래 반복된 '미신타파'와 별다른 차별성을 보여주지 못했다. 1960년대 중반에는 농협을 비롯하여 담론을 생산하고 유포할 주체가 형성되고, '과학영농'은 축산을 수단으로 삼아 시장 지향적 농업으로 이행하자는 뜻으로 통용되었다. 그 의미가 한층 구체화된 계기는 1970년대 통일벼의 본격 보급이었다. 통일벼가 퇴장한 뒤에도 과학영농이라는 말이 살아남아 쓰이고는 있으나, 그 구체성과 설득력이 절정에 달했던 것은 1970년대 후반의 일로 평가할 수 있다.

이런 맥락에서, '과학영농'의 구호가 확산되어가는 과정은 농민과 농촌에 국가의 지도가 침투해가는 과정과도 일치한다. 여기서 '과학'이란 국가가 개발하고 보급하는 지식과 실천이라는 점에서 주체가 분명한 개념이다. 따라서 '과학영농'이라는 말의 역사는 한편으로는 농업의 주도권을 둘러싼 국가와 개인의 힘겨루기의 역사이기도 하다. 그 역사를 살펴보는 것은 일견 중립적으로 보이는 과학영농이라는 수사 뒤에 숨어 있는 국가의 모습을 다시 드러내 보이는 일이기도 하다.

박정희를 '과학 대통령'으로 추억하는 정서의 저변에는 오늘날 세계적으로 높은 수준에 도달한 한국의 과학기술의 씨앗을 박정희가 뿌렸다는 평가가 깔려 있다. 물론 박정희가 과학기술의 발달에 많은 관심을 기울였고 그 목표를 위해 때로는 전폭적인 지원을 아끼지 않았던 것은 사실이며, 그가 과학기술에 관련된 여러 기관을 방문하여 나눠준 붓글씨들을 보면 그 스스로도 과학기술을 진흥한 대통령으로 기억되고자 하는 바람을 갖고 있었던 것으로 보인다. 그러나 박정희를 '과학 대통령'이라고 추앙하는 이들이 생각하는 '과학'과 당대의 사람들이 접하고 향유했던 '과학'은 같은 것인가? 지금까지 살펴본 농촌의 사례를 보면, 박정희 정권기 농촌 지역의 과학 담론은 사실상 외피만 바꿔 쓴 근대화 담론이었다. 그 담론을 효과적으로 구현할 수 있는 통일벼라는 인공물이 성공적이었던 시기에는 구체성을 잠시 얻은 것처럼 보이기는 했으나, 통일벼의 쇠퇴와 함께 그 일시적인 효과도 사라졌다. 과학 내부의 복잡함에 대한 성찰, 과학 발전이 시민사회와 어떤 관계를 맺어야 하는지에 대한 고민, 농민을 동원의 대상이 아닌 주체로 세우기 위한 장기적 계획 등이 결여된 농촌의 과학 담론은 1980년대 이후 결국 공허한 관용구가 되고 말았다.

이 책에서는 열 가지 사례를 통해 과학기술이 20세기 한국인의 일상을 어떻게 구성해왔는지 보이고자 했다. 제1부에서는 한국 사회에 없었던 새로운 기술이 들어오면서 사회의 기존 요소들과 어떻게 새로운 관계망을 형성해나가는지에 주목하였다. 타자기가 한국인의 문자생활과, 냉장고가 한국인의 식생활과, 온수 순환 바닥 난방이 한국인의 주거와 어떻게 충돌하고 경계를 조정하며 최종적으로는 새로운 시스템의 일부로 자리잡아왔는지 살펴보았다. 제2부에서는 급격한 산업화를 거치면서 달라진 한국 기술 환경이 보통 사람들의 일상생활과 만나게 되는 접점들을 다루었다. 화학공업이 농업(남한)과 의생활(북한)을 어떻게 바꾸었는지, 미국과 일본의 영향을 받은 농기계공업이 한국의 농업 현실에 어떻게 적응해갔는지, '녹색혁명'의 여파가 한국인의 식생활에 어떻게 반영되었는지, 영양학이 한국인의 자기인식과 실천에 어떤 영향을 주었는지 등을 살펴보았다. 제3부에서는 한국인의 과학기술에 대한 인식, 그리고 과학기술을 일종의 근대성의 기준으로 여기고 거기에 비추어본 자기인식이 어떻게 변화해왔는지 비판적으로 되돌아보았다. 과학기술을 상징하는 이미지 또는 키워드들이 시대에 따라 어떻게 달라져왔는지, 당대의 과학기술 또는 기능 분야의 성취가 어떻게 역사를 거슬러 올라가 민족의 자기인식을 다시 쓰는 데까지 영향을 주었는지, 그리고 어떤 맥락에서 '과학'이라는 말이 무언가를 정당화하는 장치로 쓰였는지 등을 살펴보았다.

이와 같은 사례연구를 통해, 이 책은 궁극적으로 20세기 한국이 겪은 격변의 과정을 관통할 수 있는 설명의 틀을 과학기술 쪽에서도 하나 찾아보고자 하였다. 책을 마무리하며 요약하자면, 그 틀은 "기대와 가능성의 변증법"이라고 표현할 수 있을 것이다. 새로운 기술은 새로운 기대를 불러일으키고, 반대로 새로운 기대가 새로운 기술을 낳거나 기존 기술의 새로운 해석과 적용을 촉발시키기도 한다. 다만 모든 기대가 실현되는 것은 아니며, 현실에서 충족될 수 있는 가능성이 높은 기대들이 먼저 기술의 형태로 실현되곤 한다. 하지만 특정한 기술적 기대가 임계점을 넘어서면 그 기대에 부응하는 방향으로 기술이 창출되거나 변용되면서 가능성의 경계가 무너지고 새롭게 확장되기도 한다.

이러한 기대와 가능성의 변증법은 다양한 사례를 통해 확인할 수 있다. 냉장고의 한국적 수용, 아파트의 확산과 전통적 바닥 난방의 재해석, 녹색혁명과 식생활의 변화 등이 모두 이러한 틀로 해석할 수 있는 사례들이다. 본 연구는 이를 통해 급격한 경제성장, 산업화, 도시화 등으로 특징지을 수 있는 한국의 경제발전 시기의 삶의 변화를 기술이라는 틀로 풀어내고자 하였다. 특히 한국 현대사에서 과학은 (서구적)보편성을 추구하며 발전해왔기 때문에 과학과 사회의 공생성(co-production)을 보여주기가 쉽지 않았던 면이 있는데, 이에 비해 기술은 보편성 못지않게 한국적 특수성을 반영하며 발전해왔으므로 공생성의 과정을 더 생생하게 보여줄 수 있었다. 향후 연구에서도 이와 같이 일상에 밀착한 기술들을 통해 기술이 '한국화'되는 과정을 살펴보고, 나아가 기술과 사회 양쪽에서 '한국적'인 것이 무엇인지 반성적으로 검토해볼 수 있을 것이다.

제1부 한국 테크놀로지의 단면: 옛것과 새것

1. 김태호, "'가장 과학적인 문자'와 근대 기술의 충돌: 초기 기계식 한글 타자기 개발 과
정의 문제들, 1914-1968", 『한국과학사학회지』 33 (2011), 395-436쪽에서 이 문제를
집중적으로 다루고 있다.

2. J. Frank Allard, "Type-writing Machine," U.S. Patent 1,169,739, filed April 12, 1913, and
issued Jan 25, 1916.

3. 알라드와 언더우드타자기회사는 한글 외에도 히라가나와 한자 등 각종 아시아 문자
의 타자기 특허도 출원했다. 언더우드타자기회사가 전 세계 시장을 공략하고자 했기
때문이다. 또한 회사의 설립자이자 사장인 존 토마스 언더우드가 한반도에서 '원두
우'라는 이름으로 선교를 하던 호레이스 그랜트 언더우드의 형이었던 인연도 영향을
미쳤을 것으로 보인다.

4. 예를 들어 최현배가 주시경에게 받은 한글학교의 졸업장(외솔기념관 소장)은 풀어쓰
기로 써 있다. 음가가 없는 초성 이응-(ㅇ)을 아예 빼고 쓰는 것이 특징적이다.

5. 칠행식 타자기란 19세기 말에서 20세기 초 사이 생산되었던 타자기로, 오늘날의 로마
자 타자기와 비슷하지만 대문자와 소문자가 별도의 글쇠에 배당되어 있어서 로마자
여섯 줄과 기호 한 줄을 합하여 모두 일곱 줄의 글쇠를 가지고 있다.

6. "문자문화의 신기축 우리글 언문타자기: 완전하고 경편 신속한 것이라고, 재미동포
송기주씨 발명", 《조선일보》 1934. 1. 24., 2면.

7. "우리글 타자기를 완성한 발명가 송기주씨 입경", 《동아일보》, 1934. 3. 1. 조간, 2면.

8. "우리글 타자기 기계 전부 진열", 《동아일보》 1934. 10. 20. 조간, 2면.

9. "우리글 타자기 조선어학회에 기부", 《동아일보》 1935. 10. 25. 석간, 2면.

10. "한글 타자기 모집", 《동아일보》 1949. 3. 13., 2면 "타자기 당선자", 《조선일보》 1949.

7. 11., 2면.

11. 의사로서 공병우의 행적에 대한 더 상세한 정보는 다음 논문을 참조할 수 있다: 김
태호, "'독학 의학박사'의 자수성가기: 안과의사 공병우(1907-1995)를 통해 살펴 본
일제강점기 의료계의 단면", 『의사학』 22 (2013), 759-800쪽.

12. Pyung Woo Gong, "Korean Typewriter," U.S. Patent 2,625,251, filed July 8, 1949 and
issued January 13, 1953.

13. 공병우, 『나는 내 식대로 살아왔다』 (대원사, 1989). 특히 1~3장에 타자기 개발 과정
의 에피소드가 상세히 실려 있다.

14. 공병우, "내가 고안한 쌍촛점(雙焦點) 한글 타자기(打字機)", 『한글』 107호 (1949. 7),
51-52쪽.

15. 공병우는 미국인이 "미군정청 문교부 편수국장 스미드(Simth)씨"라고 기억하고 있으
나 그 직함은 정확하지 않은 것으로 보인다. 군정청 문교부 편수국장은 1945년 9월
부터 1948년 9월까지 최현배가 맡고 있었기 때문이다. 스미드는 군정청 문교부에서
김준성(재미교포 목사)이 개발한 풀어쓰기 한글 타자기 200대를 들여와 배포했지
만 실용성이 없어서 다시 영문 타자기로 개조하여 사용 중이라는 소식을 전하고, 공
병우의 발명에 큰 관심을 보여 매주 그를 찾아왔다고 한다. 공병우, 『나는 내 식대로
살아왔다』, 90-92쪽.

16. 공병우, 『나는 내 식대로 살아왔다』, 93-95쪽.

17. 오진근·임성채, 『해군창설의 주역 손원일 제독: 가슴 넓은 사나이의 해군사랑 이야
기』 (한국해양전략연구소, 2006), 480쪽; 공병우, 『나는 내 식대로 살아왔다』, 124-
125쪽. 손원일은 임시의정원 의장을 지낸 독립운동가 손정도 목사의 아들로, 평양
광성고보를 졸업한 뒤 중국 상하이로 이주하여 상하이 국립중앙대학 항해과를 졸
업하고 영국에서 항해술을 연구하였다.

18. "한국의 유아독존(6): 공병우씨(의학박사)", 《한국일보》 1965. 4. 11., 6면.

19. 공병우, 『나는 내 식대로 살아왔다』, 144-145쪽; 139쪽.

20. 황해용, "한글 기계화와 표준자판", 37-38쪽 〈표 1〉.

21. '공문서 언어'의 변화에 대해서는 다음 논문을 참조할 것. 이영남, "1950-60년대 새
로운 정부 공문서의 도입과 근대화의 문제: '공문서 언어'를 중심으로", 『고문서연구』
33호 (한국고문서학회, 2008), 383-407쪽.

22. 공병우는 일찍이 타자기 사업의 편의를 도모하고자 김재규가 설립한 중경재단에 공병우타자기주식회사의 지분을 양도한 일이 있었다. 그런데 1969년 정부가 표준자판을 발표하고 공병우가 이를 따르기를 거부하자 중경재단과 공병우의 관계가 틀어지게 되었고, 중경재단은 산하의 사무용품 기업이었던 새한사무기기'를 움직여 공병우타자기주식회사를 인수해버렸다. "타자기 수급현황과 생산계획", 《매일경제》, 1970. 10. 6., 3면. 공병우의 주장에 따르면, 중경재단이 공병우의 부동산을 담보로 은행 융자를 받았는데, 표준자판 제정 이후 그것을 고의로 갚지 않음으로써 은행이 공병우의 부동산을 차압하고 공병우타자기주식회사의 경영권을 빼앗도록 술책을 썼다고 한다. 공병우, 『나는 내 식대로 살아왔다』, 153-155쪽.

23. 세종대왕기념관에 소장된 공병우 한영 타자기는 표준 두벌식 자판을 한 칸씩 오른쪽으로 옮기고, 맨 왼쪽 세로줄에 받침을 배열한 독특한 형태다. 사람들이 기억하는 공병우 타자기와는 매우 다른 형태지만, "오른손이 초성, 왼손이 중성과 종성"이라는 공병우 타자기의 대원칙까지도 바꿀 수 있다는 유연성을 보여주었다는 점에서 주목할 만하다.

24. 한편 일본에서도 쓰기 문화의 근대화를 위해 한자를 철폐하자는 주장을 편 이들이 있었다. 일본의 실업가이자 외교관이자 언어운동가였던 야마시타 요시타로(山下芳太郎, 1871-1923)는 1914년부터 '가나 문자 운동(仮名文字運動)'을 주창하고, 한자 없이 가타카나만으로 일본어를 쓰자고 주장했다. 야마시타는 가타카나만으로 의미를 전달하기 위해 가로쓰기와 띄어쓰기 등 로마자의 글쓰기 방식을 적극적으로 받아들여야 한다고 주장했고, 이를 위한 전용 글꼴까지 만들었다. 야마시타가 1923년 사망한 뒤로 가나 문자 운동은 힘을 잃었지만, 일본에서도 한국처럼 한자 철폐 운동이 있었다는 점, 그리고 한자 철폐의 조건으로 띄어쓰기와 글꼴의 개혁 등이 고려되었다는 점은 주목할 만하다. 야스오카 코이치(安岡孝一), "山下芳太郎(1)", タイプライターに魅せられた男たち. 第146回, http://dictionary.sanseido-publ.co. jp/wp/2014/09/04/yamashita1, 2014(2017. 10. 1. 접속) 참조.

25. 유니코드에서 한글 코딩 문제의 해결 과정에 대해서는 Dongoh Park, "The Korean Character Code: A National Controversy, 1987-1995," IEEE Annals of the History of Computing Volume 38, Issue 2, 2016, pp. 40-53을 참조.

26. 《한겨레》 2005. 5. 16.; 《한겨레》 2005. 10. 10. 등 참조.

27. 『전자산업 40년사』, 59쪽; 『LG전자 50년사』, 218-219쪽.

28. "온돌과 아파트의 장단점", 《경향신문》 1962. 11. 1.

29. "'장독대 없애기'에 박차: 5000만원 들여 장유공장", 《매일경제》 1969. 5. 12.

30. 『LG전자 50년사』, 224쪽.

31. 《경향신문》, 1975. 6. 30., 6면.

32. 『삼성전자 40년사』, 34쪽.

33. 니죠 기요이치, "냉장고의 제상항온(除霜恒溫) 장치", 특허 번호 KR101980000001166B1 (1974).

34. "전자산업의 어제와 오늘", 121쪽 (미발간 간행물).

35. 《매일경제》, 1980. 5. 6., 8면.

36. 『LG전자 50년사』 2권, 218-220쪽.

37. 딤채 사이트 브랜드스토리, http://www.dimchae.com/

38. The monthly economic magazine of Asia, http://past.yonhapmidas.com/04_11/eco/04_004.html

39. 《아이티투데이》 2010. 2. 9., "김치냉장고 탄생 15년".

40. 이근성, "한국 현대 아파트 온돌의 형성"(서울대학교 대학원 석사학위논문, 2011)의 내용을 바탕으로 이근성과 김태호가 수정 보완하였다.

41. http://www.britannica.com/EBchecked/topic/429008/ondol

42. 김준봉 외, 『온돌 그 찬란한 구들문화』 (청홍, 2006); 송기호, 『한국 고대의 온돌』 (서울대 출판부, 2006); 김남응, 『문헌과 유적으로 본 구들 이야기 온돌이야기』 (단국대학교 출판부, 2004); 여명석 외, "전통온돌의 시대적 변천과 형성과정에 관한 연구", 『대한건축학회지』 제11권 1호 (1995), 93-103쪽 등을 참조할 것.

43. 신영훈, 『한국의 살림집』 (열화당, 1983).

44. "영세민에 장작 헐값으로 분배", 《동아일보》 1948. 11. 12.; "서울시민의 과동 장작 입수 계획", 《동아일보》 1951. 10. 16.

45. 대한석탄공사, 『대한석탄공사 50년사: 1950-2000』 (대한석탄공사, 2001), 67쪽.

46. 경제기획원, 『인구주택조사보고서』 (1960). 조사에 따르면 60년대에는 90퍼센트가 온돌의 연료로 연탄 아궁이 온돌을 사용하기 시작했다.

47. 최병택, "일제하 전시체제기(1937-1945) 임업 동원책과 산림자원공출", 『한국사학보』

32권 (2008), 267-305쪽에 따르면 1930년 1정보당 축적량은 15.0제곱미터에서 1946년에는 8.8제곱미터로 절반으로 감소하였다.

48. 최병택, "해방 직후-1960년대 초 산림계 설립논의의 전개와 그 성격", 『사학연구』 제90호 (2008), 291-336쪽. 최병택은 한국전쟁뿐만 아니라 해방 직후의 어려운 경제 사정으로 인하여 당시의 많은 사람들이 생계를 위해서 산림을 훼손하였음을 지적하고 있다.

49. 같은 논문, 298쪽. 1정보당 축적량이 전쟁 이전에는 8.8제곱미터였으나 전쟁 이후에는 5.6제곱미터로 감소하였다.

50. 같은 논문, 301쪽. 장작의 양이 1940년대에 비하여 1/10로 줄어들었다

51. 최병택, "해방 직후-1960년대 초 산림계 설립논의의 전개와 그 성격", 302쪽. 참고로 당시 가정에서 한 해 겨울에 사용한 장작의 양은 2,000관에서 4,000관 정도였다. 강태원, 『서울에 살어리랏다』 (무수막, 1993); 어효선·한영수, 『내가 자란 서울』 (대원사, 1990).

52. 조명제 외, 『한국의 에너지 동력기술발달사』, 275쪽. 1958년에는 전국 20개 도시를 임산 연료 반입금지지역으로 지정하였다.

53. "경제기구 개편안을 성안, 경제기획원, 국토건설청, 농상공부 강화 박정희 의장 산림녹화전담부 신설연구를 지시", 《동아일보》 1965. 4. 25. "박정희 대통령 기념사업회, "http://www.parkchunghee.co.kr/ (2009. 4. 13 접속). 이 사이트에서도 알 수 있듯이 산림녹화는 박정희의 중요한 사업 가운데 하나였다. 산림녹화에 대해서는 한국임정연구회, 『치산녹화30년사』 (1975) 참조.

54. 배재수 외, "해방 이후 가정용 연료재의 대체가 산림녹화에 미친 영향", 『한국 임학회지』 95권 1호 (2006), 60-72쪽; 김성희, 『한국 여성의 가사노동과 경제활동의 역사』 (신정, 2002).

55. 오원철, 『한국형 경제건설 6』 (기아경제연구소, 1995), 34쪽. 연탄 바께스라는 단어는 표준어가 아니다. 그러나 당시 사람들이 이 장치를 그렇게 불렀기 때문에 표준어가 아님에도 불구하고 사용하였다.

56. 같은 책, 36쪽.

57. 같은 책, 34쪽.

58. 송태윤, 『한국석탄산업사』 (석탄사업합리화사업단, 1990), 307쪽. 수타식은 하루에

700개인 반면에 이 제탄기로는 하루에 2,500개를 생산할 수 있었다.

59. 서윤영, 『(세상에서 가장 아름다운) 집』 (궁리, 2003) 45-49쪽.

60. 이관·차종희, 『재래식난방의 Geometry에 따른 유체역학적 특성연구』 (과학기술처, 1968).

61. 손장열, "주거 건물의 온돌난방시스템," 『설비저널』 제34권 제8호 (2005), 10쪽.

62. 이옥휘, "한국에 있어서 연탄가스 중독에 관한 역학적 조사," 『한국환경위생학회지』 제5권 1호 (1978), 25-39쪽. 이 연구에 따르면 연탄가스 중독의 치사율은 50퍼센트 가까이 되었고 사망자 수도 1965년에서 1970년 사이에 1,000명이 사망한 것으로 나타나 있다.

63. 대한주택공사, 『주택공사 20년사』 (대한주택공사, 1979), 390쪽.

64. 대한주택공사, 『온돌 개량에 대하여』 (대한주택공사, 1967), 6쪽.

65. 홍사천, "주택문제 잡감," 『건축』 제8권 제1호 (1964), 7-11쪽.

66. 대한주택공사, 『온돌 개량에 대하여』 (대한주택공사, 1967), 6쪽.

67. "연탄가스 중독 미리 막아내자", 《매일경제》 1972. 10. 23., 7면.

68. 박원훈 외, "특허를 중심으로 본 연탄에 관한 문헌 고찰", 『에너지』 Vol 3 No 2 (1980). 다양한 연탄가스 제거 장치에 대한 특허를 살펴볼 수 있다.

69. 민만기, "온돌난방의 개요" 『설비기술』 3월호 (1991), 24쪽.

70. 대체 조리기구에는 석유곤로, 가스렌지 등이 쓰였다.

71. 한국보일러공업협동조합, 『보일러협동조합50년사』 (한국보일러공업협동조합, 1998), 52-53쪽.

72. 대한석탄협회, 『석탄소비실태조사보고서』 (대한석탄협회, 1993).

73. 한국보일러공업협동조합, 『보일러협동조합50년사』』 (한국보일러공업협동조합, 1998), 59쪽.

74. 미국 기계학회 기계 관련 역사 연표http://www.asme.org/Communities/History/Resources/Fluid_Distribution.cfm

75. A. H. Barker "Methods of Radiant Heating", Royal Society of Arts (1928: Feb 24), pp. 356-377.

76. 김남응, "프랭크 로이드 라이트의 온돌 체험과 그의 건축 작품에 적용과정 및 의미에 대한 고찰", 『대한건축학회 논문집』 21권 9호 (2005), 155-166쪽.

77. 《매일경제》, 1977. 5. 9.

78. 이훈, "아파트 주거환경과 생활양식에 관한 연구" (연세대학교 석사학위논문, 1979).

79. 『현대여성생활전서』(여원사, 1960).

80. 국학자료원, 『현대여성생활문화』(국학자료원, 2005), 189-193쪽.

81. 장상옥, 신경주, 『한일 기거 양식의 변천』.

82. 국학자료원, 『현대여성생활문화』(국학자료원, 2005), 327-328쪽.

83. 대한주택공사, 『주택』(대한주택공사, 1957).

84. 보일러는 온수를 40~60도로 만들어서 각 방의 방열기에 공급하는 방식이었다. 난
    방주관은 40, 방열기 밸브는 60밀리미터의 크기였다. 이 보일러로서 난방, 취사, 급
    탕 공급이 모두 가능하였다. 취사를 위해서 연탄보일러 덮개가 설치되었다. 최진민,
    『알기쉬운 난방』(기다리, 1991), 15쪽; 한국보일러협동조합, 『보일러협동조합 50년사』
    (한국보일러협동조합, 1998), 23쪽.

85. 조명제 외, 『한국의 에너지 동력기술발달사』(학연문화사, 1996), 293쪽.

86. 윤은순, "서울시 CBD내 상가 아파트의 직주 근린관계", (연세대학교 석사학위논문,
    1979).

87. 서울특별시, 『20세기 생활문화 변천사』(서울시정개발연구원, 2001), 495쪽.

88. 대한주택공사, "해방 이후 공사주택평면 발전과정", 『주택』 12호 (1964).

89. 한국보일러협동조합, 『보일러협동조합 50년사』(한국보일러협동조합, 1998).

90. 김성희, 『한국 여성의 가사노동과 경제활동의 역사』(신정, 2002), 156쪽.

91. 홍사천, "주택문제 잡감", 『대한건축학회지』 제8권 1호 (1964), 7-12쪽.

92. 대한주택공사, 『주택공사 30년사』(대한주택공사, 1992), 579쪽.

93. 대한주택공사, 『온돌 개량에 대하여』(대한주택공사, 1967).

94. 대한주택공사, 『공동주택생산기술변천사』(대한주택공사, 1995), 79쪽.

95. 같은 책, 259쪽.

96. 박윤성, "연탄사용이 주거건축에 미치는 영향," 4쪽.

97. 대한주택공사, 『주택공사 20년사』(대한주택공사, 1979), 369쪽.

98. "연료선택 고민 안은 주부의 난방 작전", 《경향신문》 1971. 11. 5., 4면.대한주택공사,
    『주택공사 20년사』(대한주택공사, 1979), 468쪽.

99. 대한주택공사, 『주택공사 20년사』(대한주택공사, 1979), 468쪽.

100.대한주택공사, 「81년 아파트 입주자 실태조사 보고서」 (대한주택공사, 1981); 대한주택공사, 「82년 아파트 입주자 실태조사 보고서」 (대한주택공사, 1982); 대한주택공사, 「83년 아파트 입주자 실태조사 보고서」 (대한주택공사, 1983).

101. 전봉희, 권용찬, "원형적 공간 요소로 본 한국주택평면형식의 통시적 고찰", 『대한건축학회논문집 계획계』 제24권 제7호 (2008), 181-192쪽.

102. 조원석, "우리나라 전통주택내부 바닥구조의 변용에 관한 연구", 『대한건축학회논문집』 13권 제11호 (1997), 203-211쪽.

103. 김종인, "마루와 대청의 의미와 변용", 『한국주거학회지』 창간호 (1990).

104. "안방 계획원리의 정착과 새로운 갈등", http://huri.jugong.co.kr/research/pds_read.asp?id=78 (2009. 4. 18 접속).

105. "개방적 공간구성 전통의 지속", http://huri.jugong.co.kr/research/pds_read.asp?id=76

106. 대한주택공사, "83년도 주공 주요업무계획 해설", 『주택』 44호 (1984. 8.), 26쪽.

107. 대한주택공사, "83 略史(약사)", 『주택』 45호 (1984. 8.), 7쪽.

108. 발레리 줄레조, 『한국의 아파트 연구』 (아연출판부, 2004), 222-231쪽.

109. 남철균, "시대변화에 따른 한식의 실내와 가구의 경향", 『가정문화연구』 (상명대학교 가정문화연구소, 1989), 34-49쪽.

110. 장상옥, "주생활양식의 현황 및 전망에 관한 연구: 기거 양식을 중심으로", (한양대학교 석사학위논문, 1998).

제2부 한국 테크놀로지의 단면: 변화와 적응

1. 비날론 공업화는 북한이 자랑하는 최고의 과학기술 성과 중 하나이므로, 비날론 공업화의 과정과 그를 주도한 과학자 리승기에 대해서는 비교적 많은 자료가 공개되어 있고 북한 밖에서도 이를 활용한 연구가 여럿 있었다. 김근배, "'리승기의 과학'과 북한사회", 『한국과학사학회지』 20 (1998), 3-25쪽; 김태호, "리승기의 북한에서의 "비날론" 연구와 공업화: 식민지 유산의 전유 과정을 중심으로", 『한국과학사학회지』 23 (2001), 111-132쪽; 김근배, "50~60년대 북한 리승기의 비날론 공업화와 주체 확립", 『역사비평』 112 (2015), 111-131쪽; Dong-Won Kim, "Two Chemists in Two

Koreas," *Ambix* 52 (2005), pp. 67-84; 김근배, "남북의 두 과학자 이태규와 리승기", 『역사비평』 82 (2008), 16-40쪽. 이에 비해 충주비료공장에 대한 역사적 연구는 오히려 적은 편이며, 최근 들어 본격적으로 성과가 나오고 있다. 이병준, "전후 비료 공장 건설 계획과 전개 — 충주 비료 공장 건설 계획을 중심으로", 『사림』 74 (2020), 117-148쪽 등.

2. 이하 리승기의 신상에 대한 이야기는 위의 주1에 소개한 관련 연구를 참조하였다.

3. 桜田一郎, 川上博, 李升基, "Polyvinyl alcohol係合成纖維ノ製造法", 『日本特許』 No. 818 (1941年 2月 20日).

4. 川上博, "恩師李升基先生を偲んで", 『科学技術』 1 (1996).

5. 다만 '태업'이라는 표현은 리승기 본인의 주장이므로, 실제 태업 여부, 그리고 투옥의 원인이 이것이었는지에 대해서는 추후 교차 검증이 필요하다. 『과학자의 수기』 (평양: 국립출판사, 1962), 18-24쪽 참조.

6. 이에 비해 20세기 후반 이후의 화학공업은 원유를 분별 증류하여 나프타(naphtha)와 같은 저분자 탄소화합물을 분리하는 데에서 출발한다. 이는 석탄을 기반으로 한 독일식 화학공업이 석유를 기반으로 한 미국식 화학공업에 패권을 내어준 세계적 변화에 따른 일이기도 하다.

7. 손정목, "세계 최대 화학공업도시 흥남의 형성.발전과 종말", 『일제강점기 도시화과정 연구』 (일지사, 1996), 577-579쪽.

8. 같은 글, 605쪽.

9. 충주비료십년사편찬위원회, 『충비십년사』 (충주비료주식회사, 1968).

10. 뒷날 제6대, 제9대, 제10대 등 세 번 더 대한화학회 회장직을 수행하기도 했다. 이상 안동혁의 신상에 대한 정보는 이태희, "안동혁(安東赫, 1906-2004)", 『한국 학술연구 100년과 미래: 제3부 과학기술 인명사전』 (한국연구재단 보고서, 2012), 169-174쪽 참조.

11. Alan L. Olmstead and Paul W. Rhode, *Creating Abundance: Biological Innovation and American Agricultural Development* (Cambridge: Cambridge University Press, 2008); idem, "Reshaping the Landscape: The Impact and Diffusion of the Tractor in American Agriculture, 1910-1960," *The Journal of Economic History* 61(3) (2001) pp. 663-698.

12. Deborah Fitzgerald, "Beyond Tractors: The History of Technology in American

Agriculture," *Technology and Culture* 32(1) (1991) pp. 114-126.

13. Olmstead and Rhode, *Creating Abundance*, 8.

14. Michael Latham, *Modernization as Ideology: American Social Science and 'Nation Building' in the Kennedy Era* (Chapel Hill: University of North Carolina Press, 2003) (국역: 마이클 레이섬, 권혁은 외 옮김, 『근대화라는 이데올로기』 [그린비, 2021]); Nick Cullather, *The Hungry World: America's Cold War Battle against Poverty in Asia* (Cambridge, MA: Harvard University Press, 2013).

15. Tae-ho Kim, "Making Miracle Rice: Tongil and Mobilizing a Domestic 'Green Revolution' in South Korea." In *Engineering Asia: Technology, Colonial Development and the Cold War Order*, edited by Hiromi Mizuno, Aaron S. Moore, and John DiMoia (London: Bloomsbury Press, 2018), pp. 189-208.

16. "동남아경제별견 (3) 일본의 영농방법", 《경향신문》 1962년 10월 11일, 1면; Yong-Ha Shin, "Land Reform in Korea, 1950," *Bulletin of the Population and Development Studies Center* 5 (1976), pp. 14-31; Sang-Hwan Jang, "Land Reform and Capitalist Development in Korea." In *Marxist Perspectives on South Korea in the Global Economy*, edited by M. Hart-Landsberg, S. Jeong, and R. Westra (Hampshire: Ashgate, 2007), pp. 157-182.

17. '국산화'를 둘러싼 논의에 대해서는 Hyungsub Choi, "The Social Construction of Imported Technologies: Reflections on the Social History of Technology in Modern Korea," *Technology and Culture* 58(4) (2017), pp. 905-920. '혁신'은 일반적으로 기술 생애 주기의 초기 단계에 위치한 '새로움의 창조'라는 의미로 사용된다. Andrew L. Russell and Lee Vinsel, "After Innovation, Turn to Maintenance," *Technology and Culture* 59(1) (2018), pp. 1-25.

18. Jin Ha Yun and Kyeong Uk Kim, *(2012) Modularization of Korea's Development Experience: Policy for Promotion of Agricultural Mechanization and Technology Development* (Sejong: Ministry of Strategy and Finance, 2013). KSP 사업의 성격에 대한 분석으로는 Jamie Doucette and Anders Riel Müller, "Exporting the Saemaul Spirit: South Korea's Knowledge Sharing Program and the 'Rendering Technical' of Korean Development," *Geoforum: Journal of Physical, Human, and Regional Geosciences* 75 (2016),

pp. 29-39을 보라.

19. Diane Langmore, "Howard, Arthur Clifford (1893-1971)." In *Australian Dictionary of Biography*, Vol. 9, edited by B. Nairn, G. Serle, and C. Cunneen (Carlton: Melbourne University Press, 1983).

20. Michiel Hoojberg, "Konrad von Meyenburg," 2014. https://www.bungartz.nl/hist-meyenburg.html; Forrest R. Pitts and Chan Suk Park, "Effects of Rototiller Adoption on South Korean Farms," November 1984, 미출간 원고 (David Nemeth 제공).

21. 미국에서 잘 알려진 모델로는 미드웨스트 유틸리터(Midwest Utilitor, 미드웨스트 엔진 회사, 인디애나폴리스)와 비먼(Beeman, 뉴 비먼 트랙터 회사, 미네아폴리스)가 있었다. "Old Garden Tractors." http://www.oldirongardentractors.com/

22. Miwao Matsumoto, *Technology Gatekeepers for War and Peace: The British Ship Revolution and Japanese Industrialization* (New York: Palgrave Macmillan, 2006); Leonard H. Lynn, *How Japan Innovates: A Comparison with the U.S. In the Case of Oxygen Steelmaking* (Boulder: Westview Press, 1982).

23. 일본 농무성이 미국 포드 사의 포드슨(Fordson) 트랙터를 고려 대상에 넣지 않았음에 주목할 필요가 있다. 당시 포드슨은 미국에서뿐만 아니라 영국과 소련에서도 상당히 널리 사용되고 있었다.

24. Toshiyuki Kako, "Development of the Farm Machinery Industry in Japan: A Case Study of the Walking Type Tractor," *Hitotsubashi Journal of Economics* 28 (1987), pp. 155-171; 和田一雄, 『耕耘機誕生』 (東京: 富民協会, 1979), 69-107쪽.

25. 히로세는 고향인 하쿠산에서 유명인사로 추앙받고 있다. 白山市, "広瀬興吉(ひろせ よきち)", https://www.city.hakusan.lg.jp/kankoubunkasportbu/bunkasinkou/senzin/hirose.html

26. Kako, "Development of the Farm Machinery Industry in Japan," 158, 164.

27. "새로 발명된 자동식경운기", 《동아일보》, 1938년 2월 4일, 6면.

28. 堀尾尚志, "農業, 林業, 漁業", 日本産業技術史学会編, 『日本産業技術史事典』 (東京: 思文閣出版, 2007), 309-327쪽.

29. Takashi Nishiyama, *Engineering War and Peace in Modern Japan, 1868-1964* (Baltimore: Johns Hopkins University Press, 2014).

30. Kako, "Development of the Farm Machinery Industry in Japan," pp. 164-166.

31. Robert B. Hall, Jr., "Hand-Tractors in Japanese Paddy Fields," *Economic Geography* 34(4) (1958), pp. 312-320.

32. 같은 논문, 320쪽.

33. 박태균, 『원형과 변용: 한국 경제개발계획의 기원』 (서울대학교출판부, 2007).

34. Pitts and Park, "Effects of Rototiller Adoption," pp. 2-3.

35. Forrest R. Pitts, "Sliding Sideways into Geography." In *Geographical Voices: Fourteen Autobiographical Essays*, edited by P. Gould and F. R. Pitts (Syracuse: Syracuse University Press, 2002), pp. 269-292. 일본과 한국에서 피츠가 구체적으로 한 일에 대해서는 다음을 참고하라. 藤原辰史, 『トラクターの世界史: 人類の歴史を変えた「鉄の馬」』 (東京: 中央公論新社, 2017); 泉水英計, "アメリカ人地理学者による冷戦期東アジアのフィールド調査: F・ピッツの結ぶ瀬戸内海, 沖縄, 韓国", 坂野徹 編, 『帝国を調べる: 植民地フィールドワークの科学史』 (東京: 勁草書房, 2016), 199-228쪽.

36. Pitts and Park, "Effects of Rototiller Adoption," p. 1.

37. 이창열, "빈곤해방의 기점", 《동아일보》 1960년 8월 20일자 석간, 2면.

38. "농업기계화 추진토록", 《경향신문》 1962년 2월 16일자 조간, 1면.

39. Young Jo Lee, "The Countryside" In *The Park Chung Hee Era: The Transformation of South Korea*, edited by Byung-Kook Kim and Ezra F. Vogel (Cambridge, MA: Harvard University Press, 2015) pp. 345-372.

40. Carter J. Eckert, *Park Chung Hee and Modern Korea: The Roots of Militarism, 1866-1945* (Cambridge, MA: The Belknap Press of Harvard University Press, 2016).

41. 대동 35년사 편찬위원회 편, 『대동 35년사』 (진주: 대동공업주식회사, 1982), 137, 151쪽.

42. 같은 책, 149쪽.

43. 김삼만, 『기공일생: 자서전』 (서울: 정우사, 1976), 100-101쪽.

44. 『대동 35년사』, 157-158, 277쪽. 미쓰비시 역시 처음에는 한일 사이에 국교 단절을 핑계로 대동공업의 요청에 미온적으로 대응했던 것으로 보인다. 『대동 35년사』에 따르면, 김삼만은 미쓰미시 담당자에게 "천하의 미쓰비시가 한·일 국교정상화가 안 될 것으로 생각하는가? 1~2년 안에 정상화될 것이 뻔한데 모든 것은 선견지명이 있어

야 하지 않겠는가? 미쓰비시 같은 대회사가 그런 반응을 보이다니 유감천만이다."라
며 설득했다고 한다.

45. 『대동 35년사』, 183-185쪽. 미쓰비시와 대동공업 사이의 기술제휴 계약에 대해서는
   "일 상사와 기술협정", 《동아일보》 1963년 1월 3일, 2면을 보라. 이 기사에 따르면 전
   체 부품 중에 약 60%를 수입하기로 합의했다.

46. 농수산부, 『한국 농업기계화 발달과정 (40년사)』 (서울: 농수산부, 1982), 160-162쪽.

47. 미쓰비시는 대동공업과 기술협력 협상을 벌이던 1962년 6월부터 한국 신문에 경운
   기 광고를 내기 시작했다. "증수의 방도!", 《동아일보》 1962년 6월 17일, 3면. 1963년
   3월에 대동공업의 조립 완성품이 출시되기 시작하자 광고에 대동공업의 이름이 등
   장했다. "증수의 방도!", 《동아일보》 1963년 5월 25일, 7면.

48. 『대동 35년사』, 191쪽.

49. 농수산부, 『한국 농업기계화 발달과정』, 163-165쪽.

50. Gregg A. Brazinsky, "From Pupil to Model: South Korea and American Development
   Policy during the Early Park Chung Hee Era," *Diplomatic History* 29(1) (2005), pp. 83-
   115.

51. 1966년 5월에 베트남 측이 주월 한국 대사관으로 분무기, 경운기, 양수기 등 농기계
   의 생산 능력과 사양, 가격 등을 문의해 왔다는 언론 보도가 있었다. "월남에 농기구
   수출", 《매일경제》 1966년 5월 9일, 3면.

52. "경운기 백대 수출", 《매일경제》 1967년 8월 4일, 4면.

53. 『대동 35년사』, 180쪽. 당시 남베트남에는 한국 이외의 다른 나라에서도 농업과 관
   련된 도구를 수출하고 있었다. 역사학자 데이비드 빅스(David Biggs)는 "1960년 이
   후 소형 원동기 사용이 폭발적으로 증가했다."고 평가할 정도였다. 이 원동기의 상
   당수는 일본 제품이었다. David Biggs, "Small Machines in the Garden: Everyday
   Technology and Revolution in the Mekong Delta," *Modern Asian Studies* 46(1) (2012),
   pp. 47-70.

54. 『대동 35년사』, 474-484쪽.

55. 같은 책, 191쪽.

56. 사회학자 신용하는 1950년의 토지개혁이 "소작제도와 기생적 부재지주"를 철폐함
   으로써 "한국 농촌 공동체의 구조를 근본적으로 바꾸어 놓았다."고 평가했다. Shin,

"Land Reform in Korea," pp. 27-28.

57. 『한국 농업기계화 발달과정』, 165쪽.

58. 같은 책, 327쪽.

59. "상품 (75) 경운기", 《매일경제》 1966년 6월 20일, 4면; 『한국 농업기계화 발달과정』, 253쪽. 1965년 농촌 가구당 연평균 소득은 149,500원이었다. 경운기의 가격과 농가 소득 사이의 격차는 이후 몇 년 동안 줄어들었고, 1972년에 농가소득이 추월하게 된다.

60. "농기구를 공급 농협을 통해 전국에", 《경향신문》 1965년 2월 15일, 2면; 『한국 농업기계화 발달과정』, 187쪽.

61. 『대동 35년사』, 255쪽.

62. 『한국 농업기계화 발달과정』, 260-261쪽.

63. 조석곤, "1960년대 농업구조 개혁논의와 그 함의", 『역사비평』 88 (2008), 324-357쪽.

64. 예를 들어, "농지 소유 상한제의 철폐", 《경향신문》 1966년 5월 2일, 2면; "다양한 농업체제로", 《동아일보》 1968년 12월 25일, 2면; "시비 농지상한제 철폐", 《매일경제》 1969년 10월 28일, 3면.

65. "시비 농지상한제 철폐", 《매일경제》 1969년 10월 28일, 3면. 여기에서 "동력경운기의 연간 작업량"으로 설정된 5정보는 1966년 농공이용연구소의 성능시험 결과 나온 120~160정보에 비해 급격히 줄어들었음을 알 수 있다. 이는 경운기의 '작업량'을 정하는 일이 근본적으로 자의적일 수 있음을 보여준다. 하지만 1969년에도 여전히 한 대의 경운기는 농가 토지 소유 상한 면적을 초과하는 작업 능력을 가진 것으로 생각하고 있었다는 점 역시 중요하다.

66. 한국과학기술연구소, 『서기 2000년의 한국에 관한 조사연구』 (과학기술처, 1971), 31쪽.

67. 조석곤·황수철, "농업구조조정의 좌절과 소득정책으로의 전환", 공제욱·조석곤 편, 『1950-60년대 한국형 발전모델의 원형과 그 변용과정』 (한울, 2005), 259-298쪽.

68. "농사에 써야 할 경운기가 시중에서 연탄을 나르고 있다", 《경향신문》 1967년 6월 1일자, 4면.

69. "경운기로 폭리 7억", 《경향신문》 1968년 6월 22일자, 1면. 로널드 클라인과 트레버 핀치가 보여주었듯이 기술의 생산자가 의도하지 않은 방식과 목적으로 사용하는 여

러 사례가 있다. 다만, 경운기의 사례에서 사용자들은 "인공물이나 시스템 자체를 형성"하는 데 관여하지는 못했다. Ron Kline and Trevor Pinch, "Users as Agents of Technological Change: The Social Construction of the Automobile in the Rural United States," *Technology and Culture* 37(4) (1996), pp. 763-795.

70. 농림부 농업경영연구소, 『농업기계화에 관한 연구 (중간보고)』, 1971년 12월, 65. 또, "쥐와 경운기", 《동아일보》 1971년 3월 26일, 3면을 보라. 이 기사는 "중농 이상의 실수요자에게 가야할 이 경운기의 일부는 브로커의 손을 거쳐 연탄업자나 시멘트업자에게 넘어갔다."고 지적하고 있다.

71. "농업기계화 계획", 1971년 5월, BA0139607 (24-1), 국가기록원.

72. 같은 문서.

73. 경제제1, 「농촌기계화 계획」, 1973년 11월, EA0005589 (1), 국가기록원.

74. "농업기계화의 전제조건", 《매일경제》 1974년 3월 26일, 2면.

75. "기계화영농의 청사진 (하) 전망과 대책", 《매일경제》 1974년 6월 21일, 7면.

76. 농업기계화연구소, 『동력경운기 이용에 관한 조사연구』 (농업기계화연구소, 1980), 94쪽.

77. 김정환, 「경운기를 타고」, 『지울 수 없는 노래』 (창작과비평사, 1982), 23쪽.

78. David Edgerton, *The Shock of the Old: Technology and Global History since 1900* (London: Profile Books, 2007), pp. xiii. (국역: 데이비드 에저튼, 정동욱·박민아 옮김, 『낡고 오래된 것들의 세계사: 석탄, 자전거, 콘돔으로 보는 20세기 기술사』 [휴먼사이언스, 2015]).

79. 대표적으로 Linsu Kim, *Imitation to Innovation: The Dynamics of Korea's Technological Learning* (Boston: Harvard Business School Press, 1997)을 보라. (국역: 김인수, 임윤철·이호선 옮김, 『모방에서 혁신으로』 [시그마인사이트, 2000]).

80. 이 장의 내용은 지은이가 다른 책의 일부로 실었던 다음 글을 한국어로 옮기고 맥락에 맞게 일부 수정한 것이다. Tae-Ho Kim, "The Good, the Bad, and the Foreign: Trajectories of Three Grains in Modern South Korea," in Angela Ki Che Leung, Melissa L. Caldwell, Robert Ji-Song Ku and Christine R. Yano eds., *Moral Foods: The Construction of Nutrition and Health in Modern Asia* (University of Hawaii Press, 2019), pp. 130-149.

81. 정덕근, "하얀 이밥은 독이 됩니다: 건강한 몸과 음식물(3)",《동아일보》1935. 3. 12., 5면.

82. "한국인의 대표 에너지", 2005년 TV 공익광고.

83. 박태식·이융조, "소로리 볍씨 발굴로 살펴본 한국 벼의 기원",『농업사연구』3권 2호 (2004), 119-132쪽.

84. 김일성,『우리나라 사회주의 농촌 문제에 관한 테제』(평양: 조선로동당출판사, 1964).

85. 조장환·홍병희·박문웅·심재욱·김봉구, "한국에 있어서 소맥 반왜성유전자의 기원, 전파 및 이용에 관한 연구",『한국육종학회지』12권 1호 (1980), 1-12쪽.

86. Angela Ki Che Leung, "Weak Men and Barren Women: Framing Beriberi/Jiaoqi/Kakké in Modern East Asia, ca. 1830–1940," in *Gender, Health, and History in Modern East Asia*, ed. Angela Ki Che Leung and Izumi Nakayama (Hong Kong: Hong Kong University Press, 2017), pp. 197–201.

87. Alexander R. Bay, "Beriberi, Military Medicine, and Medical Authority in Prewar Japan," *Japan Review* 20 (2008), pp. 111–156.

88. 여인석, "세브란스의전 연구부의 의학연구 활동",『의사학』13 (2004), 233–250쪽.

89. 廣川幸三郞, "夏期同一栄養ニヨル内鮮人受刑者ノ栄養並新陳代謝ニ就イテノ研究",『朝鮮医学会雑誌』19 (1929), 1120-1141쪽.

90. 주영하,『그림 속의 음식, 음식 속의 역사』(사계절, 2005), 214쪽.

91. 최준호·전운성, "미국의 1950년대 대한, 대일 원조정책의 비교—한국의 효율적인 ODA 정책을 위하여—",『농업사연구』8권 1호 (2009), 167–202쪽.

92. 김태호, "통일벼의 기억과 '임금님 쌀'의 역사 만들기",『사림』57, 35-70쪽 중 40-41쪽.

93. 내무부, "미곡 소비 절약에 관한 범국민 운동 지침", 1962, 문서 118-1, 파일 BA0084342, 대전: 국가기록원.

94. 내무부, "절미 운동 실시 계획", 1968, 문서 37-1, 파일 BA0084548, 대전: 국가기록원.

95. 혼분식 운동의 다양한 양상에 대해서는 다음 논문을 참조. 공제욱, "국가동원체제 시기 '혼분식 장려운동'과 식생활의 변화",『경제와 사회』77 (2008), 107–138쪽.

96. 내무부, "약탁주 제조에 있어 쌀 사용 금지안", 1966, 문서 19-1, 파일 BA0084479, 대전: 국가기록원.

97. 김현길. "라면 왕국의 왕은 장수하더이다: 한국 라면 52년의 역사", 《국민일보》, 2015. 9. 4.

98. 김인환, 『한국의 녹색혁명: 벼 신품종의 개발과 보급』(농촌진흥청, 1978), 169-171쪽.

99. 김두겸, "쌀 절약, 호소에서 강제로", 『중앙일보』 1974. 12. 6.

100. 김용정·이규석, "학생 도시락 혼분식 과잉 단속: 성적에 반영, 처벌까지", 《동아일보》 1976. 6. 12.

101. "제 십대 총선 결과를 보고", 사설, 《동아일보》 1978. 12. 13.

102. Larry L. Burmeister, *Research, Realpolitik, and Development in Korea: The State and the Green Revolution* (Boulder, CO: Westview Press, 1988), 중 특히 pp. 55－60.

103. 통계청, "1인당 연간 곡물 소비량, 1963－2015," http://kosis.kr.

104. 양영채, "밀려오는 '서양의 입맛': 햄버거, 도넛,… 미 즉석식품 한국서 각축전", 《동아일보》 1987. 5. 21.

105. 안재승, "수입 농산물 홍수 속 농민, 소비자 '우리밀 살리기 운동'", 《한겨레신문》 1991. 8. 25.

106. 고성진, "해마다 밀 수입 1조, 국산 자급률은 1%", 《한국농어민신문》 2015. 2. 6.

107. 이병성·김경욱·고성진, "쌀의 미래: (1) 20년간 벼 재배 면적 25만 헥타르 사라져", 《한국농어민신문》 2016. 1. 1.

108. "식량자급률(사료용 포함)", 국가지표체계, http://index.go.kr.

109. 권재현, "한국, 수입 옥수수 75%를 사료로", 《경향신문》 2012. 8. 22.

110. 이 절과 다음 절은 지은이가 다른 지면에 발표한 글의 일부를 맥락에 맞게 수정하여 내용을 보충하였다. 김태호, "인간이 고안한 '칼로리', 인간을 지배하다", 〈구석구석과학사〉 58회, 『주간경향』 1334호 (2019. 7. 8.); 김태호, "근대 동아시아인, 튼튼한 장을 소망하다", 〈구석구석과학사〉 59회, 『주간경향』 1338호 (2019. 8. 5.)

111. 김성희, "메이지기의 소고기정책과 식생활의 근대적 변화", 『일본어문학』 86 (2020), 199-218쪽.

112. "初代社長宮入博士の研究", ミヤリサン製薬株式会社, http://www.miyarisan.com/

history.htm.

113. "Yakult's Beginnings," Yakult: History, https://www.yakult.co.jp/english/inbound/history/.

114. 이 절은 지은이의 다음 원고를 일부 참조하여 보완하였다. 김태호, "각기병을 연구하다 비타민을 찾아내다", 〈구석구석과학사〉 40회, 『주간경향』 1294호 (2018. 9. 10.); 김태호, "비타민, 안 사도 되는 것을 사게 만들기", 〈구석구석과학사〉 40회, 『주간경향』 1296호 (2018. 10. 2.)

115. 이 소절은 다음 원고의 내용을 일부 참조하여 보완하였다. 김태호, "노벨상 후보로 거론된 김양하를 아십니까", 〈구석구석과학사〉 18, 『주간경향』 1250호 (2017. 11. 7.)

116. 成田不二生, "朝鮮産唐辛 Capsicum annum ノ Vitamin C ニ就テ", 京城医学專門学校紀要 4(5) (1934), 132-138쪽.

117. 成田不二生, "朝鮮産唐辛(Capsicum annum L.)ノ有機酸ニ就テ", 京城医学專門学校紀要 4 (1934), 601-604쪽.

118. 成田不二生, "唐辛種子油ノ理化學的性質", 京城医学專門学校紀要 5 (1935); 成田不二生, "唐辛種子油ノ營養價ニ就テ(第一報)", 京城医学專門学校紀要 5 (1935), 477-480쪽.

119. 成田不二生, "蕃椒トソノ製品トノ科学的考察(綜説)", 京城医学專門学校紀要 5 (1935), 483-505쪽.

120. 成田不二生, "柑橘類其他二, 三ノ果實汁液ノ水素'イオン'濃度及ビ糖分並ビ'ビタミン'C含有量ニ就テ", 京城医学專門学校紀要 4(6) (1934), 237-243쪽.

121. 成田不二生, "救荒食品トシテ朝鮮産赤松樹皮並朝鮮産食用野菜ノ成分ニ就テ", 朝鮮医学会第十七回總會演説抄錄, 朝鮮医学会雑誌 19 (1929), 1502쪽.

122. 佐 木貞次郎, "朝鮮人蔘'エキス'の物理化学的性質", 満鮮之医界 92 (1928); 岡山巖, "京城附近ニ見ル薬用植物", 京城医学專門学校紀要 5 (1935), 528-535쪽.

123. 廣川幸三郎, "夏期同一栄養ニヨル内鮮人受刑者ノ栄養並新陳代謝ニ就イテノ研究", 朝鮮医学会雑誌 19 (1929), 1120-1141쪽.

124. 廣川幸三郎, "朝鮮受刑者(雑穀食)ヲ試ニ白米食ニ改メタ場合ノ新陳代謝", 京城医学專門学校紀要 1(7) (1931), 359-383쪽.

125. 廣川幸三郎, "普通学校(鮮人小学校)兒童ノ辨當", 京城医学專門学校紀要 4(5)

(1934),197-225쪽.

126. 廣川幸三郞, "蔗糖ノ白鼠生長ニ及ボス影響", 京城医学專門学校紀要 5 (1935), 506-527쪽.

127. 伊東文雄, "辨當ノ栄養学的研究", 京城医学專門学校紀要 8 (1938), 353-365쪽.

128. 伊東忠夫, "京城医学專門学校附屬醫院賄食ノ研究", 京城医学專門学校紀要 4 (1934), 244-266쪽.

129. 廣川幸三郞, 伊東忠夫, "京城ニ於ける學校兒童辨當ノ代用食品ニ就イテ", 京城医学專門学校紀要 5 (1935), 234-262쪽.

제3부 한국 테크놀로지의 단면: 한국인의 과학기술을 지배하는 키워드들

1. 이 절은 다음과 같은 지은이의 저작 일부를 필요한 곳에 참고하여 발전시킨 것이다. 김태호, "20세기 과학을 상징하는 원자 궤도 모형", 〈구석구석과학사〉 34회, 『주간경향』 1282호 (2018. 6. 25.); 김태호, "그 많던 '포마토'는 누가 다 먹었을까", 〈구석구석과학사〉 14회, 『주간경향』 1242호 (2017. 9. 5.); 김태호, "4차산업혁명, 번역 속에서 길을 잃다", 〈구석구석과학사〉 28회, 『주간경향』 1270호 (2018. 4. 3.)

2. 한국의 원자력 도입 초기 역사에 대해서는 다음 논문을 참조: 김성준, "한국 원자력 기술 체제 형성과 변화, 1953-1980" (서울대학교 대학원 과학사 및 과학철학 협동과정 박사학위논문, 2012).

3. 이는 다음 연구에서도 지적된 바 있다. John DiMoia, "Atoms for Sale?: Cold War Institution-Building and the South Korean Atomic Energy Project, 1945-1965," *Technology and Culture* 51(3) (2010), pp. 589-618.

4. Klaus Schwab, *The Fourth Industrial Revolution* (Penguin Books, 2017).

5. "Quaternary sector of the economy," Wikipedia, https://en.wikipedia.org/wiki/Quaternary_sector_of_the_economy.

6. 農林水産省六次産業化戦略室, 「農山漁村の6次産業化」, 일본 농림수산성 홈페이지, https://www.maff.go.jp/j/shokusan/sanki/6jika.html.

7. 이 소절은 지은이의 다음 저작을 일부 참고하여 보완하였다. 김태호, "과학자의 초상

은 우리의 자화상이었다", 〈구석구석과학사〉 1회, 『주간경향』 1215호 (2017. 2. 28.).

8. "표준영정", 한국학중앙연구원 디지털인문학연구소, http://dh.aks.ac.kr/wiki/index.php /%ED%91%9C%EC%A4%80%EC%98%81%EC%A0%95.

9. 박혜성, "1960-1970년대 민족기록화 연구" (서울대학교 대학원 서양화과 미술이론전 공 석사학위논문, 2003).

10. 이 소절은 지은이의 다음 글을 일부 참조하여 맥락에 맞게 수정하였다. 김태호, "우 표 속 과학자는 누구에게 말을 거는가", 〈구석구석과학사〉 2회, 『주간경향』 1217호 (2017. 3. 14.).

11. 김원배, "한국을 빛낸 명예로운 과학기술인 우표 발행", 《전자신문》 2016. 4. 20, https://m.etnews.com/20160420000180.

12. 이 소절은 다음 논문의 내용을 일부 참조하여 맥락에 맞게 재구성하였다. 김태호, "영웅담의 포로가 된 과학기술사: 대중문화상품 속의 한국 과학기술사에 대한 사례 분석", 『한국과학사학회지』 35권 3호 (2013), 481-498쪽.

13. *The Big Bang Theory*, produced by Chuck Lorre and Bill Prady (CBS, 2007~present).

14. "The Big Bang Theory: Scientists Cameos," http://en.wikipedia.org/wiki/The_Big_ Bang_Theory#Scientist_cameos (accessed December 31, 2013).

15. Angela Watercutter, "TV Fact-Checker: Dropping Science on The Big Bang Theory," Underwire: Television: Sci-fi, *Wired online*, Septermber 22, 2011. http://www.wired. com/underwire/2011/09/tv-fact-checker-big-bang-theory/ (accessed December 22, 2013).

16. 〈카이스트〉, 송지나 극본, 주병대 연출(SBS, 1999. 1. 24. - 2000. 10. 15.).

17. 조연현, "21세기 한국 이끌 공부벌레들", 《한겨레》 1999. 1. 23., 14면.

18. "Alan Turing: Portrayal in Adaptations," Wikipedia, http://en.wikipedia.org/wiki/Alan_ Turing#Portrayal_in_adaptations (accessed December 28, 2013).

19. "Turing Machine," Ooppera Skaala, http://www.oopperaskaala.fi/turing-machine/ (accessed January 3, 2013). ICHSTM에서의 상연에 관해서는 다음 웹문서를 참 조. "Public Events at the Congress, 24th International Congress of History of Science, Technology and Medicine, http://www.ichstm2013.com/public/index.html (accessed November 28, 2013).

20. "The Turing Opera," http://www.turingopera.com (accessed December 26, 2013); "The Turing Project," American Lyric Theater, http://www.altnyc.org/new-operas-for-new-audiences/the-turing-project/ (accessed January 6, 2013).

21. Alice Vincent, "Benedict Cumberbatch as Alan Turing: first look," The Telegraph online, December 30, 2013, http://www.telegraph.co.uk/culture/film/film-news/10542683/Benedict-Cumberbatch-as-Alan-Turing-first-look.html (accessed January 5, 2014).

22. 角田房子, 『わが祖国 — 禹博士の運命の種』(東京: 新潮社, 1990) [오상현 옮김, 『조국은 나를 인정했다』(교문사, 1992)].

23. 이러한 관점이 과학사에 대한 왜곡된 이해를 조장한다는 문제점에 대해서는 글쓴이의 다른 논문에서 다룬 바 있다. 김태호, "근대화의 꿈과 '과학 영웅'의 탄생: 과학기술자 위인전의 서사 분석", 『역사학보』 제218집 (2013), 73-104쪽.

24. 정다함, "조선 초기의 '征伐': 천명, 시계, 달력, 그리고 화약무기", 『역사와 문화』 21 (2011), 45-80쪽.

25. 예를 들어 아래 소개하는 한국방송공사 〈역사스페셜〉의 작가들은 임진왜란의 무기 관련 자료들을 모아 어린이책을 펴내기도 했다. 윤영수 지음, 박우희 그림, 『행주대첩과 첨단무기』, 역사스페셜 작가들이 쓴 이야기 한국사 38 (한솔수북, 2010).

26. "고려시대 우리는 로켓을 쐈았다", 〈역사스페셜〉 제5회 (한국방송공사, 1998. 11. 21.); "행주대첩과 첨단무기", 〈역사스페셜〉 제145회 (한국방송공사, 2002. 1. 12.); "세계 최초의 2단 로켓, 신기전(神機箭)의 부활", 최필곤 연출, 〈역사스페셜[2기]〉 제36회 (한국방송공사, 2010. 6. 5.); "조총, 조선의 명운을 바꾸다", 김정중 연출, 〈역사스페셜[2기]〉 제123회 '한국의 武' 제2부 (한국방송공사, 2012. 11. 22.) 등.

27. 〈불멸의 이순신〉, 이성주·김정규·한준서 연출 (한국방송공사, 2004. 9. 4.-2005. 8. 28.).

28. 〈신기전〉, 김유진 연출 (2008).

29. 김은구, "'신기전' 제46회 대종상 최우수 작품상 등 3관왕 '이변'", 《이데일리》 스타in, 2009년 11월 6일 (http://starin.edaily.co.kr/news/NewsRead.edy?SCD=EA11&newsid=01646566589883096&DCD=A10302 2014. 1. 8 접속).

30. 이휘소의 제자였던 강주상은 소설이 발간된 직후 반박하는 글을 잡지에 실었으며,

이휘소를 둘러싼 오해를 불식시키기 위해 직접 이휘소 전기를 쓰기도 했다. 강주상, "물리학자 이휘소의 삶과 죽음", 『신동아』 1993. 12., 606-613쪽; 강주상, 『이휘소평전』 (럭스미디어, 2006). 한편 김진명의 소설은 공석하의 『(핵물리학자)이휘소』 (뿌리, 1990)에서 주요 발상을 베껴 왔고, 공석하는 작중에 언급한 편지 등이 지어낸 것이라는 사실을 KBS와의 인터뷰에서 인정했다. "무궁화 꽃은 피지 못했다", 과학의 달 특집 〈이휘소의 진실〉 제1편, 윤진규 연출 (한국방송공사, 2010. 4. 30.).

31. 김성진, "기록문에 대한 상상적 접근의 일례: 장영실 관련 기록을 중심으로", 『동양한문학연구』 제27집 (2008), 5-38쪽.

32. 〈대왕세종〉, 김성근, 김원석 연출 (한국방송공사, 2008. 1. 5-11. 16.).

33. "대호군 장영실, 그는 왜 사라졌나?", 〈한국사傳〉 제49회, 고정훈 연출 (한국방송공사, 2008. 7. 12.).

34. 김종록, 『장영실은 하늘을 보았다』 (랜덤하우스 중앙, 2005).

35. 이경희, "'대왕세종' 표절 쓰나미", 《중앙일보》 2008. 10. 30., 20면.

36. "드라마 대왕세종 방영금지가처분 선고 결과는 기각", 보도자료, KBS 사이버홍보실, 2008. 10. 31. 게재(http://office.kbs.co.kr/cyberpr/archives/70657, 2013년 12월 5일 접속).

37. 정서린, "드라마 '대왕세종' 표절 논란", 《서울신문》 2008. 10. 30., 10면.

38. 흥미롭게도, 황우석의 추종자들이 〈대왕세종〉이 방영되던 시기에 이 서사를 차용하여 "황우석을 내침으로써 대한민국이 절호의 기회를 놓쳤다."는 주장을 펴기도 하였다. "[황우석이야기 61] 대왕 세종과 과학자 장영실", 시골피디저널리즘[블로그], 2008. 8. 7 게재 (http://blog.daum.net/pd-diary/16788037, 2013. 12. 20 접속).

39. 문중양, "세종대 과학기술의 '자주성', 다시 보기", 『역사학보』 제189집, 42쪽.

40. 세종대 '자주성' 추구의 결정체로 흔히 일컫는 훈민정음에 대해서도 이러한 관점으로 평가하는 연구가 있다. 정다함, "여말선초의 동아시아 질서와 조선에서의 한어, 한이문, 훈민정음", 『한국사학보』 36 (2009), 269-305쪽.

41. 〈허준〉, 이병훈 연출 (문화방송, 1999. 11. 29.-2000. 6. 27.).

42. 김호, 『허준의 동의보감 연구』 (일지사, 2000); 신동원, "허준은 스승의 시신을 해부했을까", 『과학동아』 2000년 4월호, 64-69쪽; 신동원, 『조선사람 허준』 (한겨레신문사, 2001) 등.

43. 〈구암 허준〉, 김근홍·권성창 연출 (문화방송, 2013. 3. 18.– 9. 27.). 유의태의 해부 장면은 2013년 5월 27일 방영되었다.

44. "마을여행지/동의각/동의동굴", 경남얼음골 사과마을, http://icevalley.invil.org/tour_n/tourplace/tour04/contents.jsp (2013. 12. 8. 접속).

45. 이 장의 내용은 지은이의 과거 연구에 바탕을 두고, 책의 맥락에 맞게 수정 보완한 것이다. 김태호, "갈채와 망각, 그 뒤란의 '산업 전사'들 —'국제기능경기대회'와 1970 80년대의 기능인력", 『역사문제연구』 20권 2호 (2016), 103-148쪽.

46. 한국인들에게는 물론 국제기능경기대회라는 공식적 이름보다는 '기능올림픽'이라는 이름이 훨씬 친숙하다. 그러나 이 글에서는 한국 사회 안에서 재생산되어온 친숙한 이미지에 얽매이지 않고 객관적인 맥락 안에서 이 주제를 접근하겠다는 의미를 담아, 특별히 필요한 경우를 빼면 국제기능경기대회라는 이름을 쓸 것이다.

47. "국제기능올림픽 선수단 개선: 세계에 떨친 '기능한국'", 《경향신문》 1977. 7. 18.

48. "선진공업국 대열에 오를 자신감: 박대통령, 기능올림픽 선수단에 훈장, 격려", 《경향신문》 1977. 7. 19.

49. 1993년 타이페이 대회에서는 타이완, 2005년 헬싱키 대회에서는 스위스가 각각 우승을 차지했고 한국은 2위에 올랐다. 다만 2017년 아부다비 대회와 2019년 카잔 대회에서는 중국이 연이어 종합우승을 차지하고 한국은 각각 2위와 3위(2위는 러시아)를 기록했다. 중국과 러시아 등이 참여하여 우수한 성적을 거두는 최근의 현상은 뒤에 상술할 기능올림픽의 냉전적 기원이 더 이상 중요하지 않음을 보여주는 징후로도 해석할 수 있는 것이어서, 이후의 판도가 주목된다.

50. 최현묵, "기적은 계속됐지만… 환호는 사라졌다」, 《조선일보》 2009. 9. 8., A1면.

51. 김근배, 『한국 근대과학기술인력의 출현』 (문학과지성사, 2005); 문만용, 『한국의 현대적 연구체제의 형성』 (선인, 2010) 등.

52. 홍성주, "한국 과학기술정책의 형성과 과학기술 행정체계의 등장, 1945-1967" (서울대학교 대학원 박사학위논문, 2010).

53. 한경희, 게리 리 다우니 지음, 김아림 옮김, 『엔지니어들의 한국사: 근현대사 속 한국 엔지니어들의 변천사』 (휴머니스트, 2016).

54. 김형아 지음, 신명주 옮김, 『박정희의 양날의 선택 (유신과 중화학공업)』 (일조각, 2005); 박영구, 『한국의 중화학공업화: 과정과 내용 2』 (해남, 2012), 특히 제7부 "교

육, 기술, 인력과 연구."

55. 지민우, "중화학공업화 초기 숙련공의 생애사 연구: '금오공고 졸업생'을 중심으로"
(연세대학교 대학원 석사학위논문, 2013); 임소정, "금오공업고등학교의 설립과 엘리
트 기능인력의 활용, 1973-1979" (서울대학교 대학원 석사학위논문, 2015).

56. 황병주, "기능올림픽, 패자 부활의 잔혹사: 조국의 번영을 몸으로 이룩하는 산업전
사들?", 권보드래·김성환·김원·천정환·황병주, 『1970, 박정희 모더니즘: 유신에서 선
데이서울까지』, 73-86쪽.

57. 강명순, "제15회 국제기능경기대회 참관기", 『대한기계학회지』 7(1), 45쪽.

58. WorldSkills International에서는 이 1950년 대회를 제1회로 친다.

59. 이상 대회 규모에 대한 자세한 정보는 IVTO History: from 1950 to June 2000,
electronic book, available in PDF, from https://www.worldskills.org/about/history/,
pp. 32-103; "History of WorldSkills," WorldSkills International web site, https://www.
worldskills.org/about/history/ , 2016. 9. 15. 접속 등을 참조. 대회별 참가자의 총수는
부록의 표에도 적혀 있다.

60. 국제직업훈련기구의 회원국 숫자는 구 사회주의권과 중립 성향의 나라들이 대거 참
여하기 시작한 2000년대 이후 한 번 더 급증하여, 2016년 10월 현재 총 76개국에 이
른다. "Member organizations," WorldSkills International, https://www.worldskills.org/
about/members/ 2016. 9. 15 접속.

61. 종합순위 1위는 1963, 1964, 1966, 1969, 1970, 1971년 대회, 2위는 1962, 1965, 1967,
1968년 대회였다. 1976년에는 3위, 1975년에는 5위를 기록했다. 箱田昌平[하코다 쇼
헤이], "日本のものづくりと技能の形成", 『追手門経済論集』 43(1) (2008), 9, 216쪽.

62. 1965년 글라스고 대회 영국, 1967년 마드리드 대회 스페인, 1968년 베른 대회 스위
스, 1973년 뮌헨 대회 서독, 1975년 마드리드 대회 스위스, 2005년 헬싱키 대회 스위
스 등이다. 한편 2017년 아부다비 대회와 2019년 카잔 대회에서 중국이 우승한 것
은 이 흐름에도 변화가 일어나고 있음을 보여준다.

63. "Contact Us," WorldSkills International website, https://www.worldskills.org/about/
contact/ , 2016. 9. 1. 접속. 다만 WorldSkills Foundation의 본부는 여전히 스페인 마
드리드에 있다.

64. 한편 타이완은 '國際技能五輪'이나 '國際青年技能奧林匹克'라는 명칭도 쓰지만

IVTC의 원래 의미에 가까운 '國際技能競賽'라는 이름을 주로 쓰고 있다.

65. 大場隆広[오오바 다카히로], "戰後日本における養成工の役割: デンソ_の事例を 中心に", 『札幌学院大学経済論集』 7 (2014), 88쪽.

66. 箱田, 앞의 글, 216쪽.

67. 箱田, 위의 글, 215-218쪽.

68. Francis Green, David Ashton, Donna James, and Johnny Sung, "The Role of the State in Skill Formation: Evidence from the Republic of Korea, Singapore, and Taiwan," *Oxford Review of Economic Policy* 15(1), p. 86.

69. Dar-chin Rau, "Transformation and Reform of Vocational Education and Training in Taiwan, Republic of China," Ian Finlay, Stuart Niven, and Stephanie Young, *Changing Vocational Education and Training: An International Comparative Perspective* (London and New York: Routledge, 1998), pp. 74-77.

70. 타이완은 1968년 주대만 스페인 대사관을 통해 IVTO 가입을 요청했으나 동의를 얻지 못했다. 이듬해에도 두 차례 다시 요청한 끝에야 1969년 11월 특별회원국 지위를 획득했고, 1970년 도쿄 대회에 참여하여 정식 회원 자격을 얻었다. Chun-Huang Lu, "A case study of skill and knowledge requirements implicit in working blueprint from the International Vocational Training Competition's (Skill Olympics') cabinetmaking event," Ph.D. Dissertation, Iowa State University, 1992, pp. 14-18.

71. 박영구, "공업화와 교육: 중화학공업화와 기능공 육성", 『경제사학』 52 (2012. 6.), 117-141쪽.

72. 한독실업학교, 『인력개발과 직업훈련(연구보고)』 (인천: 한독실업학교, 1966), 22쪽.

73. 한경희·다우니, 앞의 책, 111-112쪽.

74. "직업훈련법(법률 제1880호)", 『관보』 제4549호 (1967. 1. 16.), 23-25쪽. 국가기록원 관리번호 BA0190326.

75. 「직업훈련법(안)」, 국무회의 의안번호 제812호, 1965. 9. 2, 국가기록원 관리번호 BA0084446.

76. "직업훈련법안 마련 기술교육에 새 기틀: ILO서 150만 달라 원조 약속", 《동아일보》 1965. 10. 9, 7면.

77. "기능'올림피크' 한국위원회 발족", 《경향신문》 1966. 1. 31, 5면.

78. 김종우, "제15회 국제기능올림픽대회 참관기", 『전기협회지』 (1966. 8), 2-9쪽; 강명순, "제15회 국제기능경기대회참관기", 『대한기계학회지』 7(1) (1967), 45쪽. 한편 이 참관기 중에 강명순은 "이것이 Olympic game과 무엇이 다르랴"는 독백(48쪽)을 통해 이 대회에 걸고 있는 기대를 드러내기도 하였다.

79. "과학적으로 측정될 젊은 기술공들의 손재주", 《동아일보》 1966. 8. 4., 6면.

80. 제1차 기술진흥 5개년 계획이 입안될 당시의 공식적인 규정으로는 기술자(engineer)는 "이공계 대학을 졸업하고 전공 부문에 종사하는 자", 기술공(technician)은 "현업에 다년간 취업하여 실기 면에서 능숙하고 기술적 이론을 이해하는 자", 기능공(craftsman)은 "기술 면에 종사하는 자 중에서 기술자와 기능공을 제외한 자(단 단순 육체노동자는 제외)" 등이다. 경제기획원, 『제1차 기술진흥 5개년 계획, 1962-1966년: 제1차 경제개발 5개년 계획 보완』 (1962), 14쪽.

81. 경제기획원, 『제1차 기술진흥 5개년 계획, 1962-1966년』.

82. 이듬해부터는 결단식 장소가 한국위원회 사무국이나 YWCA 등 다른 장소로 바뀌었다가, 1977년 이후로는 정수직업훈련원이 되었다. 한국개발연구원 국민경제교육연구소, 『한국인의 장인의식: 국제기능올림픽대회 입상자들을 통해 본 장인의식의 현주소』 (한국개발연구원 국민경제교육연구소, 1994), 45-66쪽.

83. 「제16회 국제기능올림픽대회 참가 및 귀국환영계획 보고」, 제52회 국무회의 안건(의안번호 제861호), 1967. 7. 20., 국가기록원 관리번호 BA0084510.

84. 노동청·(사)국제기능올림픽대회한국위원회, 「국제기능올림픽대회 파견 선수단 귀국환영계획」, 1967. 7. 18., 위 국무회의 안건의 첨부 문서, 국가기록원 관리번호 BA0084510.

85. "박 대통령의 인간적 향기(김종필 증언록 소이부답 76)", 《중앙일보》 2015. 8. 31., 12면.

86. 대회가 끝나기 전 한국 언론은 메달 집계의 착오로 성급하게 "첫 세계 제패"라는 뉴스가 실렸다가 곧 정정 기사를 내보내기도 했다. 작은 소동이기는 하지만 대회의 성적에 대한 국내의 높은 관심을 반영하는 사례로 볼 수 있다. "한국기능, 세계 첫 제패: 뮌헨 기능올림픽, 금6 은3 등… 종합 1위", 《조선일보》 1973. 8. 12., 7면.

87. 이지은, "박정희가 설립한 '부산기공'은 어떤 학교?", 《중앙일보》 2008. 8. 12.

88. 이지은, 위의 글.

89. 박영구, 앞의 글, 121-122쪽. 한백(韓白)직업훈련원은 벨기에[白耳義]의 지원으로 노동청이 설립한 교육기관이었다.

90. 「병역의무의 특례규제에 관한 법률(법률 제2562호)」, 『관보』 제6389호 (1973. 3. 3.), 30-32쪽, 국가기록원 관리번호 BA0192381.

91. "기능올림픽 우승자 현역 복무 면제 검토", 《조선일보》 1977. 9. 30., 1면.

92. 임소정, 앞의 글, 46-48쪽.

93. 금오공과대학, 『금오공과대학 5년사: 1979-1984』 (구미: 금오공과대학), 41쪽 〈표 1〉.

94. 1985년 현재 총 635곳의 실업계 고등학교 가운데 상고가 227곳(35.8%), 종합 실업계고가 204곳(32.1%), 그 다음으로 공고가 102곳(16.1%), 농고가 61곳(9.6%) 순이었다. 『문교통계연보』 1985년의 자료를 이정근(책임연구자) 외, 『실업계 고등학교 교육의 내실화 방안』 (교육개혁심의회, 1987), 10쪽에서 재인용.

95. "자랑스런 솜씨: 입상의 배경과 전망", 《조선일보》 1968. 7. 16., 6면.

96. 『제23회 국제기능올림픽대회 선수단 국립묘지 참배』 사진자료철 (1977), 국가기록원 관리번호 CET0031622.

97. 경제기획원 총무과, 「1976년도 제24회 국제기능올림픽대회 서울 개최 계획안」, 문서철 『경제장관회의안건(제58-62차)』 (1973), 85-103쪽, 국가기록원 관리번호 BA0139631; 「1978년도 제24회 국제기능올림픽대회 서울 개최 계획(안)」 (1976), 국가기록원 관리번호 BA0084801.

98. 한편 일본의 메달 수가 줄어든 것은 특유의 기업 '양성공' 제도와 관련이 있다. 경제환경 변화에 따라 해당 직종의 직공에 대한 수요가 줄어들면 선수의 수와 수준이 떨어지기 때문이다. 일례로 히타치(日立) 공업전수학교 출신은 용접 분야에서 강세를 보였으나, 히타치가 원가 절감을 위해 용접 로봇을 도입하면서 용접공 수요가 줄어들었고, 그 결과 일본이 용접 직종에서 1980년대에 순위가 계속 하락하기도 했다. 箱田, 앞의 글, 217쪽.

99. ""기능한국"… 메달도 많고 화제도 많고…", 《조선일보》 1978. 9. 12., 6면.

100. 원종수, "제24회 국제기능올림픽대회 옥내배선경기 상황보고", 『전기저널』 21 (1978. 9.), 15쪽.

101. 임소정, 앞의 글, 38-42쪽.

102. 예를 들어 "금메달 안은 '영광의 손': 기능올림픽 두 소년", 《조선일보》 1967. 7. 18.,

7면 같은 기사는 "어려서 부모를 여의고" "부모와 헤어져 살아야 했던" 불우한 청년 둘이 국제기능경기대회에서 금메달을 따게 된 사연을 소개하고 있다.

103. 이준, "상타기 '기능왕국'", 《조선일보》 1991. 7. 12., 3면.

104. "'기능장려금' 지급 검토: 과기처, 올림픽 입상자에 15년간", 《매일경제》 1978. 1. 25.

105. 통계청 국가지표체계, http://www.index.go.kr/, 2016. 9. 20 접속.

106. 한국개발연구원 국민경제교육연구소, 앞의 책, 93-94쪽.

107. "기능올림픽의 3연패: 공산품의 고급화와 저질 개선의 전기 돼야", 사설, 《조선일보》 1979. 9. 18., 2면.

108. 1980년 현재 197곳의 공고 가운데 국공립이 105곳, 사립이 92곳이었다. 이 비율은 1980년 대대적인 통폐합을 단행한 뒤에도 크게 바뀌지 않아 1984년에는 총 101곳 가운데 국공립이 55곳, 사립이 46곳이었다. 이정근 외, 앞의 책, 20-22쪽.

109. "전국 공고 네 가지로 나눠 육성: 고급기능인력 양성", 《동아일보》 1977. 4. 22., 7면.

110. 이정근 외, 앞의 책, 19-20쪽.

111. 이정근 외, 위의 책, 1쪽; 41쪽.

112. 이주호, 『고용대책과 인적자원개발』 (한국개발연구원, 1996), 125-130쪽.

113. 한편 이들 인터뷰를 수집하고 기록한 한국개발연구원 국민경제교육연구소는 서문에서 "양장이나 이용 및 미용 같은 서비스업 기능 직종은 면담대상자에서 제외했다."고 밝히고 있는데, 한국 사회가 '기능올림픽'을 바라보는 고정된 시선이 변화하지 않고 있음을 보여주어 흥미롭다. 한국개발연구원 국민경제교육연구소, 앞의 책, 10쪽.

114. 한국개발연구원 국민경제교육연구소, 위의 책, 87쪽; 96-97쪽; 101-102쪽.

115. 강효상, "기능올림픽 입상자 국민주택 우선 분양", 《조선일보》 1996. 3. 23., 2면.

116. 한국개발연구원 국민경제교육연구소, 앞의 책, 110-111쪽.

117. 임소정, 앞의 글, 특히 31-35쪽; 46-51쪽.

118. Kim Dong-Won and Stuart W. Leslie, "Winning Markets or Winning Nobel Prizes? – Kaist and the Challenges of Late Industrialization," *Beyond Joseph Needham: Science, Technology, and Medicine in East and Southeast Asia, Osiris, 2nd Series*, 13 (1998), pp. 154-185.

119. 조황희·이은경·이춘근·김선우, 『한국의 과학기술인력정책』 (과학기술정책연구원,

2002), 268쪽 〈표 2-74〉.

120. 한경희·다우니, 앞의 책, 118-119쪽.

121. 한국노동연구원, 『국가경쟁력 제고를 위한 기능장려사업의 활성화 방안』 (노동부, 2006), 141-142쪽.

122. 이창훈·양회관, "인터뷰: 국제기능올림픽대회 한국 기술대표 강병하 국민대 교수", 『기계저널』 53(9), 8쪽.

123. 이창훈·양회관, 앞의 글, 8쪽.

124. 이와 같이 국가의 시책에 가장 협조적이었던 사람들이 정책 환경의 급변에 따르는 대가를 개인적 차원에서 치러야 했다는 것은 고도성장기의 특징이라고까지 할 수 있을 것이다. 일례로 농업 분야에서는 통일벼 재배에 협조했던 농민들이 그 부작용의 여파를 떠안아야 했다. 김태호, 『'통일벼'와 1970년대 쌀 증산체제의 형성』 (서울대학교 대학원 박사학위논문, 2009) 참조.

125. 이 장은 지은이의 다음 글을 바탕으로 책의 취지에 맞게 수정 보완한 것이다. 김태호, "'과학영농'의 깃발 아래서—박정희 시대 농촌에서 과학의 의미", 『역사비평』 119 (2017), 270-301쪽.

126. Hiromi Mizuno, *Science for the Empire: Scientific Nationalism in Modern Japan* (Stanford University Press, 2008), 특히 Chapter 2, "Technocracy for a Scientific Japan" 참조.

127. 이광수가 이 작품을 썼을 당시의 한국 과학의 현실에 비추어 이 대목의 의미를 더 깊이 해석한 것은 정인경, 『뉴턴의 무정한 세계: 우리의 시각으로 재구성한 과학사』 (돌베개, 2014), 17-28쪽 참조.

128. 예를 들어 "북선의 특이성 연구: 과학적 영농법 지도, 함북 농무과 방침 수립", 《매일신보》 1936. 12. 7., 석간 4면 등의 기사가 있다. 이처럼 '과학'의 이름을 앞세워 농민들을 국가 주도의 농업시스템으로 복속시키는 것은 근대 일본에서도 일어난 일이다. 과학사학자 후지하라 다츠시(藤原辰史)는 이것을 '과학적 정복'이라고 표현하고 있다. 藤原辰史, 『稲の大東亜共栄圏―帝国日本の〈緑の革命〉』 (吉川弘文館, 2012).

129. 홍금수, "일제시대 신품종 벼의 도입과 보급", 『대한지리학회지』 38권 1호 (2003), 64-66쪽.

130. 예를 들어 盛永俊太郎[모리나가 슌타로], "育種の発展―稲における", 農業発達史調査会 編, 『日本農業発達史』 第九巻 (中央公論社, 1956) 第二章, 173쪽에서는 일본

도입 품종의 보급이 지연된 것이 "당초 농민 다수는 혹은 성적에 의구심을 품고, 또는 공연히 그것들을 싫어했"기 때문이라고 평하고 있다.

131. 김태호, 『근현대 한국 쌀의 사회사』 (들녘, 2017), 제2장, "되찾은 땅, 새로 짓는 벼 (1945~1960)" 참조.

132. "영농의 과학화 기도: 농업개량연구소 설치", 《동아일보》 1947. 11. 15., 2면.

133. "영농의욕을 진기(振起)하라", 《동아일보》 1953. 5. 14., 1면. 강조는 글쓴이.

134. 이종화, "한국농업의 오늘과 내일", 『새힘』 63호 (1963. 5), 2쪽(정은정, "1960년대 미국의 한국 '농촌 만들기' 담론 전략: 미 공보원(USIS) 발간 '농촌 사람들을 위한 잡지 『새힘』' 분석을 중심으로" [경북대학교 대학원 사회학과 석사학위논문, 2006], 64쪽에서 재인용).

135. 이기홍(농림부 농사교도과장), 「4H클럽」 운동의 전망", 《경향신문》 1955. 6. 2., 4면.

136. "대학생 농촌계몽반: 어려움 도울 역군, 환송식 마치고 25일부터 파견", 《매일신문》 1961. 7. 24.

137. 『새힘』 74호 (1964. 4)의 독자 의견. 정은정, "1960년대 미국의 한국 '농촌 만들기' 담론 전략", 55쪽에서 재인용.

138. 정은정, 위의 글, 65-66쪽.

139. 〈농민신문〉과 농협운동", 『농민신문 50년사: 농업인과 함께, 온국민과 함께』 (농민신문사, 2014), 156쪽.

140. "새농민상 6명의 얼굴, 영광의 흙손들", 《경향신문》 1972. 8. 14.

141. "「농민의 상」 11명 선발 표창", 《매일경제》 1966. 9. 22., 3면; "우리는 이렇게 농사지었다: 영예의 새농민상", 《경향신문》 1966. 9. 24., 5면.

142. "농촌의 기수, 새농민상", 《경향신문》 1967. 8. 17., 5면.

143. "농촌재건의 상록수: 새농민상 프로필과 공적", 《동아일보》 1968. 8. 17., 5면.

144. "대통령 연두교서 전문", 《매일경제》 1967. 1. 17., 3면.

145. 하사용, "근대화 전략과 새마을운동", 국사편찬위원회 구술자료 (2004), 62쪽; 한도현, "1970년대 새마을운동에서 마을 지도자들의 경험세계: 남성 지도자들을 중심으로", 『사회와 역사』 88집 (2010), 280-281쪽에서 재인용.

146. "유용한 영농정보: 새농민운동", 북시흥농협 홈페이지, http://buksiheung.nonghyup.com/user/indexSub.do?codyMenuSeq=23519491&siteId=buksiheung, 2017. 4. 15 접속.

147. 농어촌 라디오 보급 사업의 양상과 파급 효과 등에 대한 상세한 분석은 김희숙, "라디오의 정치: 1960년대 박정희 정부의 '농어촌 라디오 보내기 운동'", 『한국과학사학회지』 38권 3호 (2016), 425-451쪽을 참조.

148. 김선요, "독농가의 매스컴 접촉 실태 분석", 『한국농업교육학회지』 8권 1호 (1976), 79-84쪽; 신건식, "TV 농가방송 시청 반응", 농촌진흥청 연구지도속보 (1982).

149. 신건식, "TV 농가방송 시청 반응", 농촌진흥청 연구지도속보 (1982).

150. 권일남, "농민의 농가방송 시청실태와 개선방안" (서울대학교 대학원 석사학위논문, 1987).

151. 노광준, 김성수, "다채널시대 농업전문방송채널에서의 공익성 실현 탐색 연구", 『한국농촌지도학회지』 10권 2호 (2003), 229-237쪽.

152. 통일벼의 특징과 그것이 농촌 사회에 야기한 변화에 대한 더 자세한 설명은 김태호, 『근현대 한국 쌀의 사회사(한국의 과학과 문명 10)』 (들녘, 2017)를 참조.

153. 정부는 대신 통일벼 집단재배단지에 대한 시상은 지속하였다. 통계 자료는 다음을 참조: 최현옥, "한국 수도육종의 최근의 진보", 『한국육종학회지』 10권 3호 (1978), 201-278쪽.

154. 『새마을 소득증대 표준영농교본 32: 성공사례(식량 증산편)』 (농촌진흥청, 1976); 『새마을 소득증대 표준영농교본 39: 성공사례(식량 증산편)』 (농촌진흥청, 1977) 등을 참조.

155. 예를 들어 1976년의 전라남도 증산왕 정순기는 통일벼 재배 다섯 해 만에 증산왕의 영예를 안았는데, 해마다 잘못된 점을 고치고 새로운 지식을 얻어 자신의 경작법을 다듬어나갔다. 정순기, "과학영농으로 이룩한 보람", 『새마을 소득증대 표준영농교본 32: 성공사례(식량 증산편)』, 45-51쪽.

156. 쌀 자급을 선포한 이듬해인 1978년에는 통일벼는 전국 논 면적의 76퍼센트를 차지해 최대 재배 면적을 기록했다. 기후나 환경의 문제로 재배할 수 없는 지역을 빼면 전국의 논 전부를 통일벼로 채운 것이나 마찬가지다.

157. 그러나 새마을운동이 국가가 주도하여 시작한 것이라기보다는, 이미 농촌에서 잘 살아보겠다는 열망이 임계점에 근접했고 자발전인 운동들이 시작되었던 것을 국가가 전유했다는 평가도 있다. 김영미, 『그들의 새마을운동』 (푸른역사, 2009) 참조.

158. 이것은 역사를 기록한 부처에 따라 달라지는 부분이기도 하다. 전국적으로 새마

을운동을 관장했던 내무부 쪽 자료에서는 통일벼 보급 사업을 새마을운동의 일부
분으로 취급하는 것이 보통이지만, 통일벼의 개발과 실제 현장 보급을 책임졌던 농
촌진흥청과 농림부 쪽의 자료에서는 새마을운동에 대한 언급은 거의 등장하지 않
는다. 그러나 새마을운동의 극성기였던 1970년대 후반에는, 농촌진흥청도 증산왕의
수기에 "새마을 소득증대 표준영농교본"의 이름을 붙여 펴낼 수밖에 없었던 것처럼
'새마을'이라는 이름이 정부가 주도한 모든 동원 사업을 대표하게 되었다.

159. 대통령비서실, "우리농촌은 어떻게 달라지고 있는가?", 1974. 국가기록원 대통령기
록물, 철번호 EA0005620, 건번호 0001, http://theme.archives.go.kr/viewer/common/
archWebViewer.do?singleData=Y&archiveEventId=0049280908 (2017. 5. 1 접속).

160. "새마을 사업: 그 현장(상)",《매일경제》1973. 5. 31., 5면.

161. 이영미, "1970년대 과학기술의 '문화적 동원': 새마을기술봉사단 사업의 전개와 성
격" (서울대학교 대학원 석사학위논문, 2009).

162. 과학기술처, "전국민 과학화 운동을 위한 정부 시책",『과학과 교육』1979. 5, 23쪽.

163. "'과학하는 마음' 풍성한 결실: 1회 전국 학생 과학발명품 경진대회 결산",《동아일
보》1979. 11. 9, 5면.

164. 이른바 "기능올림픽"을 통해 드러난 1970년대 기능인력정책과 기능 담론에 대해서
는 김태호, "갈채와 망각, 그 뒤란의 '산업 전사'들: '국제기능경기대회'와 1970 80년
대의 기능인력",『역사문제연구』36호 (2016), 103-148쪽을 참조.

165. 과학기술처, "전국민 과학화 운동을 위한 정부 시책",『과학과 교육』1979. 5, 23쪽.

166. 예를 들어 김정수, "새마을사업의 능률화: 과총련 전문가들의 현장조사 보고(6)",
《매일경제》1973. 6. 16., 5면.

167. "농지의 소작제도는 법률이 정하는 바에 의하여 금지된다." 제3공화국 헌법 제113
조.

168. "농촌복지 발돋움: 81년까지의 새마을사업 장기계획",《경향신문》1973. 9. 19., 4면.

169. 김인환,『한국의 녹색혁명: 벼 신품종의 개발과 보급』(수원: 농촌진흥청, 1978), 88
쪽.

170. 김사중, "협동으로 이룬 갯벌의 꿈",『새마을 소득증대 표준영농교본 32』, 88-89쪽.

171. 김인환,『한국의 녹색혁명: 벼 신품종의 개발과 보급』(수원: 농촌진흥청, 1978),
170-182쪽.

172. "쌀 잉여시대: 전환기맞은 양정",《조선일보》1977. 12. 6., 2면.

173. 임구빈, "통일벼에서 노풍까지",『신동아』1978. 11., 191쪽.

174. 다음 기사의 제목과 같이 화자와 대립하는 입장을 비난하는 수사로서 '과학'을 이용하는 쓰임새는 관행과 과학을 사사건건 대비했던 이전 시기와 연속성을 보여주기도 한다. "[사설] 과학영농 거부하는 농민·국회·정부의 '삼각동맹'",『한국경제』2016. 9. 22.

175. 박성래, "과학을 존중하는 풍토를 가꾼다: '전국민 과학화 운동'에 붙여",《중앙일보》1979. 5. 3., 4면.

176. 송상용, "생활의 과학화 — 배경과 전망",『과학과 교육』16권 5호 (1979), 12-15쪽.

〈표 및 그림 일람〉

〈표 일람〉

〈그림 일람〉

〈참고문헌〉

〈 단행본 〉

LG전자 50년사 편찬위원회, 『LG전자 50년사 1』 (LG전자주식회사, 2008).

LG전자 50년사 편찬위원회, 『LG전자 50년사 2』 (LG전자주식회사, 2008).

“〈농민신문〉과 농협운동”, 『농민신문 50년사: 농업인과 함께, 온국민과 함께』 (농민신문사, 2014).

강주상, 『이휘소평전』 (럭스미디어, 2006).

강태원, 『서울에 살어리랏다』 (무수막, 1993).

경제기획원, 『제1차 기술진흥 5개년 계획, 1962-1966년: 제1차 경제개발 5개년 계획 보완』 (1962).

공병우, 『나는 내 식대로 살아왔다』 (대원사, 1989).

공석하, 『(핵물리학자)이휘소』 (뿌리, 1990).

공제욱·조석곤 편, 『1950-60년대 한국형 발전모델의 원형과 그 변용과정』 (한울, 2005).

과학기술처, “전국민 과학화 운동을 위한 정부 시책”, 『과학과 교육』 1979. 5, 23쪽.

국학자료원, 『현대여성생활문화』 (국학자료원, 2005).

권보드래·김성환·김원·천정환·황병주, 『1970, 박정희 모더니즘: 유신에서 선데이서울까지』 (천년의상상, 2015).

금오공과대학, 『금오공과대학 5년사: 1979-1984』 (구미: 금오공과대학, 1985).

김근배, 『한국 근대과학기술인력의 출현』 (문학과지성사, 2005).

김삼만, 『기공일생: 자서전』 (정우사, 1976).

김성희, 『한국 여성의 가사노동과 경제활동의 역사』 (신정, 2002).

김영미, 『그들의 새마을운동』 (푸른역사, 2009).

김인환, 『한국의 녹색혁명: 벼 신품종의 개발과 보급』 (수원: 농촌진흥청, 1978).

김일성, 『우리나라 사회주의 농촌 문제에 관한 테제』 (평양: 조선로동당출판사, 1964).

김정환, 『지울 수 없는 노래』 (창작과비평사, 1982).

김종록, 『장영실은 하늘을 보았다』 (랜덤하우스 중앙, 2005).

김태호, 『근현대 한국 쌀의 사회사(한국의 과학과 문명 10)』 (들녘, 2017).

김형아 지음, 신명주 옮김, 『박정희의 양날의 선택 (유신과 중화학공업)』 (일조각, 2005).

김호, 『허준의 동의보감 연구』 (일지사, 2000).

농수산부, 『한국 농업기계화 발달과정 (40년사)』 (농수산부, 1982).

농업기계화연구소, 『동력경운기 이용에 관한 조사연구』 (농업기계화연구소, 1980).

농촌진흥청, 『새마을 소득증대 표준영농교본 32: 성공사례(식량 증산편)』 (농촌진흥청, 1976).

농촌진흥청, 『새마을 소득증대 표준영농교본 39: 성공사례(식량 증산편)』 (농촌진흥청, 1977).

대동 35년사 편찬위원회 편, 『대동 35년사』 (진주: 대동공업주식회사, 1982).

대한석탄공사, 『대한석탄공사 50년사: 1950-2000』 (대한석탄공사, 2001).

대한주택공사, 『공동주택생산기술변천사』 (대한주택공사, 1995).

대한주택공사, 『온돌 개량에 대하여』 (대한주택공사, 1967).

대한주택공사, 『주택』 (대한주택공사, 1957).

대한주택공사, 『주택공사 20년사』 (대한주택공사, 1979).

대한주택공사, 『주택공사 30년사』 (대한주택공사, 1992).

동아사이언스 편집부, 『과학동아』 2000. 4. (동아사이언스).

동아일보사 편집부, 『신동아』 1978. 11. (동아일보사).

리승기, 『어느 과학자의 수기』 (평양: 국립출판사, 1962).

문만용, 『한국의 현대적 연구체제의 형성』 (선인, 2010).

박영구, 『한국의 중화학공업화: 과정과 내용 2』 (해남, 2012).

박태균, 『원형과 변용: 한국 경제개발계획의 기원』 (서울대학교출판부, 2007).

발레리 줄레조, 『한국의 아파트 연구』 (아연출판부, 2004).

삼성전자 40년사 편찬팀, 『삼성전자 40년사』 (삼성전자주식회사, 2010).

서울특별시, 『20세기 생활문화 변천사』 (서울시정개발연구원, 2001).

서윤영, 『(세상에서 가장 아름다운) 집』 (궁리, 2003).

손정목, "세계 최대 화학공업도시 흥남의 형성, 발전과 종말", 『일제강점기 도시화과정 연구』 (일지사, 1996).

송상용, "생활의 과학화 — 배경과 전망", 『과학과 교육』 16권 5호 (1979).

송태윤, 『한국석탄산업사』 (석탄사업합리화사업단, 1990).

신동원, 『조선사람 허준』 (한겨레신문사, 2001).

어효선·한영수, 『내가 자란 서울』 (대원사, 1990).

여원사, 『현대여성생활전서』 (여원사, 1960).

오원철, 『한국형 경제건설 6』 (기아경제연구소, 1995).

오진근·임성채, 『해군창설의 주역 손원일 제독: 가슴 넓은 사나이의 해군사랑 이야기』, 한국해양전략연구소, 2006.

윤영수 지음, 박우희 그림, 『행주대첩과 첨단무기』, 역사스페셜 작가들이 쓴 이야기 한국사 38 (한솔수북, 2010).

이관 차종희, 『재래식난방의 Geometry에 따른 유체역학적 특성연구』 (과학기술처, 1968).

이정근(책임연구자) 외, 『실업계 고등학교 교육의 내실화 방안』 (교육개혁심의회, 1987).

이주호, 『고용대책과 인적자원개발』 (한국개발연구원, 1996).

정인경, 『뉴턴의 무정한 세계: 우리의 시각으로 재구성한 과학사』 (돌베개, 2014).

조명제 외, 『한국의 에너지 동력기술발달사』 (학연문화사, 1996).

조황희·이은경·이춘근·김선우, 『한국의 과학기술인력정책』 (과학기술정책연구원, 2002).

주영하, 『그림 속의 음식, 음식 속의 역사』 (사계절, 2005).

최진민, 『알기쉬운 난방』 (기다리, 1991).

충주비료십년사편찬위원회, 『충비십년사』 (충주비료주식회사, 1968).

한경희, 게리 리 다우니 지음, 김아림 옮김, 『엔지니어들의 한국사: 근현대사 속 한국 엔지니어들의 변천사』 (휴머니스트, 2016).

한국개발연구원 국민경제교육연구소, 『한국인의 장인의식: 국제기능올림픽대회 입상자들을 통해 본 장인의식의 현주소』 (한국개발연구원 국민경제교육연구소, 1994).

한국과학기술연구소, 『서기 2000년의 한국에 관한 조사연구』 (과학기술처, 1971).

한국노동연구원, 『국가경쟁력 제고를 위한 기능장려사업의 활성화 방안』 (노동부, 2006).

한국보일러공업협동조합, 『보일러협동조합50년사』 (한국보일러공업협동조합, 1998).

한국임정연구회, 『치산녹화30년사』 (韓國林政硏究會, 1975).

한국전자산업 40년사 편찬위원회, 『전자산업 40년사』 (한국전자산업진흥회, 1999).

한독실업학교, 『인력개발과 직업훈련(연구보고)』 (인천: 한독실업학교, 1966).

和田一雄, 『耕耘機誕生』 (東京: 富民協会, 1979).

堀尾尚志, "農業, 林業, 漁業", 日本産業技術史学会編, 『日本産業技術史事典』 (東京: 思文閣出版, 2007).

泉水英計, "アメリカ人地理学者による冷戦期東アジアのフィールド調査: F・ピッツの結ぶ瀬戸内海, 沖縄, 韓国", 坂野徹 編, 『帝国を調べる: 植民地フィールドワークの科学史』 (東京: 勁草書房, 2016).

盛永俊太郎, "育種の発展──稲における", 農業発達史調査会 編, 『日本農業発達史』 第九巻 (中央公論社, 1956).

藤原辰史, 『トラクターの世界史: 人類の歴史を変えた「鉄の馬」』 (東京: 中央公論新社, 2017).

藤原辰史, 『稲の大東亜共栄圏──帝国日本の〈緑の革命〉』 (吉川弘文館, 2012).

角田房子, 『わが祖国 ─ 禹博士の運命の種』 (東京: 新潮社, 1990). [오상현 옮김, 『조국은 나를 인정했다』 (교문사, 1992)].

Alan L. Olmstead and Paul W. Rhode, *Creating Abundance: Biological Innovation and American Agricultural Development* (Cambridge: Cambridge University Press, 2008).

Angela Ki Che Leung, "Weak Men and Barren Women: Framing Beriberi/Jiaoqi/Kakké in Modern East Asia, ca. 1830–1940," in *Gender, Health, and History in Modern East Asia*, ed. Angela Ki Che Leung and Izumi Nakayama (Hong Kong: Hong Kong University Press, 2017).

Carter J. Eckert, *Park Chung Hee and Modern Korea: The Roots of Militarism, 1866-1945* (Cambridge, MA: The Belknap Press of Harvard University Press, 2016).

Dar-chin Rau, "Transformation and Reform of Vocational Education and Training in Taiwan, Republic of China," Ian Finlay, Stuart Niven, and Stephanie Young, *Changing Vocational Education and Training: An International Comparative Perspective* (London and New York: Routledge, 1998).

David Edgerton, *The Shock of the Old: Technology and Global History since 1900* (London: Profile Books, 2007). [국역: 데이비드 에저튼, 정동욱·박민아 옮김, 『낡고 오래된 것들의 세계사: 석탄, 자전거, 콘돔으로 보는 20세기 기술사』 (휴먼사이언스, 2015)].

Diane Langmore, "Howard, Arthur Clifford (1893-1971)." In *Australian Dictionary of Biography*, Vol. 9, edited by B. Nairn, G. Serle, and C. Cunneen (Carlton: Melbourne

University Press, 1983).

Forrest R. Pitts, "Sliding Sideways into Geography." In *Geographical Voices: Fourteen Autobiographical Essays*, edited by P. Gould and F. R. Pitts (Syracuse: Syracuse University Press, 2002).

Hiromi Mizuno, *Science for the Empire: Scientific Nationalism in Modern Japan* (Stanford University Press, 2008).

Kim Dong-Won and Stuart W. Leslie, "Winning Markets or Winning Nobel Prizes? — Kaist and the Challenges of Late Industrialization," *Beyond Joseph Needham: Science, Technology, and Medicine in East and Southeast Asia, Osiris, 2nd Series*, 13 (1998).

Klaus Schwab, *The Fourth Industrial Revolution* (Penguin Books, 2017).

Larry L. Burmeister, *Research, Realpolitik, and Development in Korea: The State and the Green Revolution* (Boulder, CO: Westview Press, 1988).

Leonard H. Lynn, *How Japan Innovates: A Comparison with the U.S. In the Case of Oxygen Steelmaking* (Boulder: Westview Press, 1982).

Linsu Kim, *Imitation to Innovation: The Dynamics of Korea's Technological Learning* (Boston: Harvard Business School Press, 1997). [국역: 김인수, 임윤철·이호선 옮김, 『모방에서 혁신으로』 (시그마인사이트, 2000)].

Michael Latham, *Modernization as Ideology: American Social Science and 'Nation Building' in the Kennedy Era* (Chapel Hill: University of North Carolina Press, 2003). [국역: 마이클 레이섬, 권혁은 외 옮김, 『근대화라는 이데올로기』 (그린비, 2021)].

Miwao Matsumoto, *Technology Gatekeepers for War and Peace: The British Ship Revolution and Japanese Industrialization* (New York: Palgrave Macmillan, 2006).

Nick Cullather, *The Hungry World: America's Cold War Battle against Poverty in Asia* (Cambridge, MA: Harvard University Press, 2013).

Sang-Hwan Jang, "Land Reform and Capitalist Development in Korea." In *Marxist Perspectives on South Korea in the Global Economy*, edited by M. Hart-Landsberg, S. Jeong, and R. Westra (Hampshire: Ashgate, 2007).

Tae-ho Kim, "Making Miracle Rice: Tongil and Mobilizing a Domestic 'Green Revolution' in South Korea." In *Engineering Asia: Technology, Colonial Development and the Cold War Order*, edited by Hiromi Mizuno, Aaron S. Moore, and John DiMoia (London: Bloomsbury Press, 2018).

Tae-Ho Kim, "The Good, the Bad, and the Foreign: Trajectories of Three Grains in Modern South Korea," in Angela Ki Che Leung, Melissa L. Caldwell, Robert Ji-Song Ku and Christine R. Yano eds, *Moral Foods: The Construction of Nutrition and Health in Modern Asia* (University of Hawaii Press, 2019).

Takashi Nishiyama, *Engineering War and Peace in Modern Japan, 1868-1964* (Baltimore: Johns Hopkins University Press, 2014).

Yong-Ha Shin, "Land Reform in Korea, 1950," *Bulletin of the Population and Development Studies Center* 5 (1976).

Young Jo Lee, "The Countryside" In *The Park Chung Hee Era: The Transformation of South Korea*, edited by Byung-Kook Kim and Ezra F. Vogel (Cambridge, MA: Harvard University Press, 2015).

〈 보고서 · 통계자료 〉

"농업기계화 계획", 1971년 5월, BA0139607 (24-1), 국가기록원.

"농지의 소작제도는 법률이 정하는 바에 의하여 금지된다." 제3공화국 헌법 제113조.

"식량자급률(사료용 포함)", 국가지표체계, http://index.go.kr.

"직업훈련법(법률 제1880호)", 『관보』 제4549호, 1967. 1. 16., 국가기록원 관리번호 BA0190326.

『제23회 국제기능올림픽대회 선수단 국립묘지 참배』 사진자료철, 1977, 국가기록원 관리번호 CET0031622.

경제기획원 총무과, 「1976년도 제24회 국제기능올림픽대회 서울 개최 계획안」, 문서철 『경제장관회의안건(제58-62차)』, 1973, 국가기록원 관리번호 BA0139631.

경제기획원, 『인구주택조사보고서』, 1960.

경제제1, 「농촌기계화 계획」, 1973년 11월, EA0005589 (1), 국가기록원.

내무부, "미곡 소비 절약에 관한 범국민 운동 지침", 1962, 문서 118-1, 파일 BA0084342, 대전: 국가기록원.

내무부, "약탁주 제조에 있어 쌀 사용 금지안", 1966, 문서 19-1, 파일 BA0084479, 대전: 국가기록원.

내무부, "절미 운동 실시 계획", 1968, 문서 37-1, 파일 BA0084548, 대전: 국가기록원.

노동청·(사)국제기능올림픽대회한국위원회, 「국제기능올림픽대회 파견 선수단 귀국환영계획」, 1967. 7. 18, 위 국무회의 안건의 첨부 문서, 국가기록원 관리번호 BA0084510.

농림부 농업경영연구소, 『농업기계화에 관한 연구 (중간보고)』, 1971년 12월, 65.

니죠 기요이치, "냉장고의 제상항온(除霜恒溫) 장치", 1974, 특허 번호 KR101980000001166B1.

대통령비서실, "우리농촌은 어떻게 달라지고 있는가?", 1974, 국가기록원 대통령기록물, 철번호 EA0005620, 건번호 0001, http://theme.archives.go.kr/viewer/common/archWebViewer.do?singleData=Y&archiveEventId=0049280908 (2017. 5. 1 접속).

대한석탄협회, 『석탄소비실태조사보고서』 (대한석탄협회, 1993).

대한주택공사, 「81년 아파트 입주자 실태조사 보고서」 (대한주택공사, 1981).

대한주택공사, 「82년 아파트 입주자 실태조사 보고서」 (대한주택공사, 1982).

대한주택공사, 「83년 아파트 입주자 실태조사 보고서」 (대한주택공사, 1983).

이태희, "안동혁(安東赫, 1906-2004)", 『한국 학술연구 100년과 미래: 제3부 과학기술 인명사전』 (한국연구재단 보고서, 2012).

통계청 국가지표체계, http://www.index.go.kr/, 2016. 9. 20 접속.

통계청, "1인당 연간 곡물 소비량, 1963-2015", http://kosis.kr.

「1978년도 제24회 국제기능올림픽대회 서울 개최 계획(안)」, 1976, 국가기록원 관리번호 BA0084801.

「병역의무의 특례규제에 관한 법률(법률 제2562호)」, 『관보』 제6389호, 1973. 3. 3, 국가기록원 관리번호 BA0192381.

「제16회 국제기능올림픽대회 참가 및 귀국환영계획 보고」, 제52회 국무회의 안건(의안번호 제861호), 1967. 7. 20, 국가기록원 관리번호 BA0084510.

「직업훈련법(안)」, 국무회의 의안번호 제812호, 1965. 9. 2, 국가기록원 관리번호 BA0084446.

Jin Ha Yun and Kyeong Uk Kim, *(2012) Modularization of Korea's Development Experience: Policy for Promotion of Agricultural Mechanization and Technology Development* (Sejong: Ministry of Strategy and Finance, 2013).

〈 논문 〉

강명순, "제15회 국제기능경기대회 참관기", 『대한기계학회지』 7(1) (1967).

공병우, "내가 고안한 쌍촛점(雙焦點) 한글 타자기(打字機)", 『한글』 107호 (1949. 7).

공제욱, "국가동원체제 시기 '혼분식 장려운동'과 식생활의 변화", 『경제와 사회』 77 (2008).

권일남, "농민의 농가방송 시청실태와 개선방안" (서울대학교 대학원 석사학위논문, 1987).

김근배, "50~60년대 북한 리승기의 비날론 공업화와 주체 확립", 『역사비평』 112 (2015).

김근배, "'리승기의 과학'과 북한사회", 『한국과학사학회지』 20 (1998).

김근배, "남북의 두 과학자 이태규와 리승기", 『역사비평』 82 (2008).

김남응, "프랭크 로이드 라이트의 온돌 체험과 그의 건축 작품에 적용과정 및 의미에 대한 고찰", 『대한건축학회 논문집』 21권 9호 (2005).

김선요, "독농가의 매스컴 접촉 실태 분석", 『한국농업교육학회지』 8권 1호 (1976).

김성준, 『한국 원자력 기술 체제 형성과 변화, 1953-1980』 (서울대학교 대학원 과학사 및 과학철학 협동과정 박사학위논문, 2012).

김성진, "기록문에 대한 상상적 접근의 일례: 장영실 관련 기록을 중심으로", 『동양한문 학연구』 제27집 (2008).

김성희, "메이지기의 소고기정책과 식생활의 근대적 변화", 『일본어문학』 86 (2020).

김종우, "제15회 국제기능올림픽대회 참관기", 『전기협회지』 (1966. 8).

김종인, "마루와 대청의 의미와 변용", 『한국주거학회지』 창간호 (1990).

김태호, "'과학영농'의 깃발 아래서—박정희 시대 농촌에서 과학의 의미", 『역사비평』 119 (2017).

김태호, "'독학 의학박사'의 자수성가기: 안과의사 공병우(1907-1995)를 통해 살펴 본 일제강점기 의료계의 단면", 『의사학』 22 (2013).

김태호, "갈채와 망각, 그 뒤란의 '산업 전사'들 —'국제기능경기대회'와 1970~80년대의 기능인력", 『역사문제연구』 20권 2호 (2016).

김태호, "근대화의 꿈과 '과학 영웅'의 탄생: 과학기술자 위인전의 서사 분석", 『역사학 보』 제218집 (2013).

김태호, "리승기의 북한에서의 "비날론" 연구와 공업화: 식민지 유산의 전유 과정을 중 심으로", 『한국과학사학회지』 23 (2001).

김태호, "영웅담의 포로가 된 과학기술사: 대중문화상품 속의 한국 과학기술사에 대한 사례 분석",『한국과학사학회지』35권 3호 (2013).

김태호, "통일벼의 기억과 '임금님 쌀'의 역사 만들기",『사림』57 (2016).

김태호,『'통일벼'와 1970년대 쌀 증산체제의 형성』(서울대학교 대학원 박사학위논문, 2009).

김희숙, "라디오의 정치: 1960년대 박정희 정부의 '농어촌 라디오 보내기 운동'",『한국과학사학회지』38권 3호 (2016).

남철균, "시대변화에 따른 한식의 실내와 가구의 경향",『가정문화연구』(상명대학교 가정문화연구소, 1989).

노광준, 김성수, "다채널시대 농업전문방송채널에서의 공익성 실현 탐색 연구",『한국농촌지도학회지』10권 2호 (2003).

대한주택공사, "83 略史(약사)",『주택』45호 (1984. 8).

대한주택공사, "83년도 주공 주요업무계획 해설",『주택』44호 (1984. 8).

대한주택공사, "해방 이후 공사주택평면 발전과정",『주택』12호 (1964).

문중양, "세종대 과학기술의 '자주성', 다시 보기",『역사학보』제189집 (2006).

민만기, "온돌난방의 개요",『설비기술』3월호 (1991).

박병일 외, "온돌의 시대적 변천과 현황,"『공기조화냉동공학』제24권 6호 (1995).

박영구, "공업화와 교육: 중화학공업화와 기능공 육성",『경제사학』52 (2012. 6).

박원훈 외, "특허를 중심으로 본 연탄에 관한 문헌 고찰",『에너지』Vol 3 No 2 (1980).

박윤성, "연탄사용이 주거건축에 미치는 영향",『건축』22권 4호 (1978. 8).

박태식·이융조, "소로리 볍씨 발굴로 살펴본 한국 벼의 기원",『농업사연구』3권 2호 (2004).

박혜성, "1960-1970년대 민족기록화 연구" (서울대학교 대학원 서양화과 미술이론전공 석사학위논문, 2003).

배재수 외, "해방 이후 가정용 연료재의 대체가 산림녹화에 미친 영향",『한국 임학회지』95권 1호 (2006).

손장열, "주거 건물의 온돌난방시스템,"『설비저널』제34권 제8호 (2005).

송현갑 외, "우리나라 전통 온돌의 발달과정과 새로운 온돌 개발 방향",『농어촌 에너지 연구보고서 논문집』제8권 1호 (1992).

여인석, "세브란스의전 연구부의 의학연구 활동",『의사학』13 (2004).

원종수, "제24회 국제기능올림픽대회 옥내배선경기 상황보고",『전기저널』21 (1978. 9).

윤은순, "서울시 CBD내 상가 아파트의 직주 근린관계" (연세대학교 석사학위논문, 1979).

이병준, "전후 비료 공장 건설 계획과 전개 — 충주 비료 공장 건설 계획을 중심으로", 『사림』 74 (2020).

이영남, "1950-60년대 새로운 정부 공문서의 도입과 근대화의 문제: '공문서 언어'를 중심으로", 『고문서연구』 33호 (한국고문서학회, 2008).

이영미, "1970년대 과학기술의 '문화적 동원': 새마을기술봉사단 사업의 전개와 성격" (서울대학교 대학원 석사학위논문, 2009).

이옥희, "한국에 있어서 연탄가스 중독에 관한 역학적 조사", 『한국환경위생학회지』 제5권 1호 (1978).

이종화, "한국농업의 오늘과 내일", 『새힘』 63호 (1963. 5).

이창훈·양회관, "인터뷰: 국제기능올림픽대회 한국 기술대표 강병하 국민대 교수", 『기계저널』 53(9) (2013).

이훈, "아파트 주거환경과 생활양식에 관한 연구" (연세대학교 석사학위논문, 1979).

임소정, "금오공업고등학교의 설립과 엘리트 기능인력의 활용, 1973-1979", 서울대학교 대학원 석사학위논문, 2015.

장상옥, "주생활양식의 현황 및 전망에 관한 연구: 기거 양식을 중심으로" (한양대학교 석사학위논문, 1998).

장상옥, 신경주, "한·일 기거양식의 변천비교: 삼국시대부터 1990년대까지", 『한국 생활과학 연구』 21 (2003).

전봉희, 권용찬, "원형적 공간 요소로 본 한국주택평면형식의 통시적 고찰", 『대한건축학회논문집 계획계』 제24권 제7호 (2008).

정다함, "여말선초의 동아시아 질서와 조선에서의 한어, 한이문, 훈민정음", 『한국사학보』 36 (2009).

정다함, "조선 초기의 '征伐': 천명, 시계, 달력, 그리고 화약무기", 『역사와 문화』 21 (2011).

정은정, "1960년대 미국의 한국 '농촌 만들기' 담론 전략: 미 공보원(USIS) 발간 '농촌 사람들을 위한 잡지 『새힘』' 분석을 중심으로" (경북대학교 대학원 사회학과 석사학위논문, 2006).

조석곤, "1960년대 농업구조 개혁논의와 그 함의", 『역사비평』 88 (2008).

조석곤·황수철, "농업구조조정의 좌절과 소득정책으로의 전환", 『동향과 전망』 61

(2004).

조원석, "우리나라 전통주택내부 바닥구조의 변용에 관한 연구", 『대한건축학회논문집』 13권 제11호 (1997).

조장환·홍병희·박문웅·심재욱·김봉구, "한국에 있어서 소맥 반왜성유전자의 기원, 전파 및 이용에 관한 연구", 『한국육종학회지』 12권 1호 (1980).

지민우, "중화학공업화 초기 숙련공의 생애사 연구: '금오공고 졸업생'을 중심으로" (연세대학교 대학원 석사학위논문, 2013).

최병택, "일제하 전시체제기(1937-1945) 임업 동원책과 산림자원공출", 『한국사학보』 32권 (2008).

최병택, "해방 직후-1960년대 초 산림계 설립논의의 전개와 그 성격", 『사학연구』 제90호 (2008).

최준호·전운성, "미국의 1950년대 대한, 대일 원조정책의 비교—한국의 효율적인 ODA 정책을 위하여—", 『농업사연구』 8권 1호 (2009).

최현옥, "한국 수도육종의 최근의 진보", 『한국육종학회지』 10권 3호 (1978).

한도현, "1970년대 새마을운동에서 마을 지도자들의 경험세계: 남성 지도자들을 중심으로", 『사회와 역사』 88집 (2010).

홍금수, "일제시대 신품종 벼의 도입과 보급", 『대한지리학회지』 38권 1호 (2003).

홍사천, "주택문제 잡감," 『건축』 제8권 제1호 (1964).

홍성주, "한국 과학기술정책의 형성과 과학기술 행정체계의 등장, 1945-1967" (서울대학교 대학원 박사학위논문, 2010).

황해용, "한글 기계화와 표준자판", 『과학기술』 제2권 제3호(통권 제7호) (1969).

伊東忠夫, "京城医学専門学校附属醫院賄食ノ研究", 『京城医学専門学校紀要』 4 (1934).

伊東文雄, "辨當ノ栄養学的研究", 『京城医学専門学校紀要』 8 (1938).

佐々木貞次郎, "朝鮮人蔘'エキス'の物理化学的性質", 『満鮮之医界』 92 (1928).

大場隆広, "戦後日本における養成工の役割: デンソ_の事例を 中心に", 『札幌学院大学経済論集』 7 (2014).

岡山巖, "京城附近ニ見ル薬用植物", 『京城医学専門学校紀要』 5 (1935).

川上博, "恩師李升基先生を偲んで", 『科学技術』 1 (1996).

廣川幸三郎, "夏期同一栄養ニヨル内鮮人受刑者ノ栄養並新陳代謝ニ就イテノ研究", 『朝鮮医学会雑誌』 19 (1929).

廣川幸三郎, "普通学校(鮮人小学校)兒童ノ辨當", 『京城医学専門学校紀要』4(5) (1934).

廣川幸三郎, "朝鮮受刑者(雑穀食)ヲ試ニ白米食ニ改メタ場合ノ新陳代謝", 『京城医学専門学校紀要』1(7) (1931).

廣川幸三郎, "蔗糖ノ白鼠生長ニ及ボス影響", 『京城医学専門学校紀要』5 (1935).

廣川幸三郎, 伊東忠夫, "京城ニ於ける學校兒童辨當ノ代用食品ニ就イテ", 『京城医学専門学校紀要』5 (1935).

成田不二生, "唐辛種子油ノ理化學的性質", 『京城医学専門学校紀要』5 (1935).

成田不二生, "救荒食品トシテ朝鮮産赤松樹皮並朝鮮産食用野菜ノ成分ニ就テ", 朝鮮医学会第十七回總會演說抄錄, 『朝鮮医学会雑誌』19 (1929).

成田不二生, "朝鮮産唐辛 Capsicum annum ノ Vitamin C ニ就テ", 『京城医学専門学校紀要』4(5) (1934).

成田不二生, "朝鮮産唐辛(Capsicum annum L.)ノ有機酸ニ就テ", 『京城医学専門学校紀要』4 (1934).

成田不二生, "柑橘類其他ニ, 三ノ果實汁液ノ水素'イオン'濃度及ビ糖分並ビ'ビタミン'C含有量ニ就テ", 『京城医学専門学校紀要』4(6) (1934).

成田不二生, "蕃椒トソノ製品トノ科学的考察(綜説)", 『京城医学専門学校紀要』5 (1935).

桜田一郎, 川上博, 李升基, "Polyvinyl alcohol係合成纖維ノ製造法", 『日本特許』No. 818 (1941年 2月 20日).

箱田昌平, "日本のものづくりと技能の形成", 『追手門経済論集』43(1) (2008. 9).

A. H. Barker "Methods of Radiant Heating", *Royal Society of Arts*, 1928. 2. 24.

Alan L. Olmstead and Paul W. Rhode, "Reshaping the Landscape: The Impact and Diffusion of the Tractor in American Agriculture, 1910-1960", *The Journal of Economic History* 61(3) (2001).

Alexander R. Bay, "Beriberi, Military Medicine, and Medical Authority in Prewar Japan," *Japan Review* 20 (2008).

Andrew L. Russell and Lee Vinsel, "After Innovation, Turn to Maintenance," *Technology and Culture* 59(1) (2018).

Chun-Huang Lu, "A case study of skill and knowledge requirements implicit in working blueprint from the International Vocational Training Competition's (Skill Olympics') cabinetmaking event" (Ph.D. Dissertation, Iowa State University, 1992).

David Biggs, "Small Machines in the Garden: Everyday Technology and Revolution in the Mekong Delta," *Modern Asian Studies* 46(1) (2012).

Deborah Fitzgerald, "Beyond Tractors: The History of Technology in American Agriculture," *Technology and Culture* 32(1) (1991).

Dongoh Park, "The Korean Character Code: A National Controversy, 1987–1995," *IEEE Annals of the History of Computing* Volume 38, Issue 2 (2016).

Dong-Won Kim, "Two Chemists in Two Koreas," *Ambix* 52 (2005).

Francis Green, David Ashton, Donna James, and Johnny Sung, "The Role of the State in Skill Formation: Evidence from the Republic of Korea, Singapore, and Taiwan," *Oxford Review of Economic Policy* 15(1) (1999).

Gregg A. Brazinsky, "From Pupil to Model: South Korea and American Development Policy during the Early Park Chung Hee Era," *Diplomatic History* 29(1) (2005).

Hyungsub Choi, "The Social Construction of Imported Technologies: Reflections on the Social History of Technology in Modern Korea," *Technology and Culture* 58(4) (2017).

Jamie Doucette and Anders Riel Müller, "Exporting the Saemaul Spirit: South Korea's Knowledge Sharing Program and the 'Rendering Technical' of Korean Development," *Geoforum: Journal of Physical, Human, and Regional Geosciences* 75 (2016).

John DiMoia, "Atoms for Sale?: Cold War Institution-Building and the South Korean Atomic Energy Project, 1945–1965," *Technology and Culture* 51(3) (2010).

Pyung Woo Gong, "Korean Typewriter," U.S. Patent 2,625,251, filed July 8, 1949 and issued January 13 (1953).

Robert B. Hall, Jr., "Hand-Tractors in Japanese Paddy Fields," *Economic Geography* 34(4) (1958).

Ron Kline and Trevor Pinch, "Users as Agents of Technological Change: The Social Construction of the Automobile in the Rural United States," *Technology and Culture* 37(4) (1996).

Toshiyuki Kako, "Development of the Farm Machinery Industry in Japan: A Case Study of the Walking Type Tractor," *Hitotsubashi Journal of Economics* 28 (1987).

〈 신문기사·잡지 〉

"문자문화의 신기축 우리글 언문타자기: 완전하고 경편 신속한 것이라고, 재미동포 송기
    주씨 발명", 《조선일보》 1934. 1. 24., 2면.
"우리글 타자기를 완성한 발명가 송기주씨 입경", 《동아일보》 1934. 3. 1. 조간, 2면.
"우리글 타자기 기계 전부 진열", 《동아일보》 1934. 10. 20. 조간, 2면.
"하얀 이밥은 독이 됩니다: 건강한 몸과 음식물(3)", 《동아일보》 1935. 3. 12., 5면.
"우리글 타자기 조선어학회에 기부", 《동아일보》 1935. 10. 25. 석간, 2면.
"북선의 특이성 연구: 과학적 영농법 지도, 함북 농무과 방침 수립", 《매일신보》 1936.
    12. 7. 석간, 4면.
"새로 발명된 자동식경운기", 《동아일보》 1938. 2. 4., 6면.
"영농의 과학화 기도: 농업개량연구소 설치", 《동아일보》 1947. 11. 15., 2면.
"한글 타자기 모집", 《동아일보》 1949. 3. 13., 2면.
"타자기 당선자", 《조선일보》 1949. 7. 11., 2면.
"영농의욕을 진기(振起)하라", 《동아일보》 1953. 5. 14., 1면.
"「4H클럽」 운동의 전망", 《경향신문》 1955. 6. 2., 4면.
"빈곤해방의 기점", 《동아일보》 1960. 8. 20. 석간, 2면.
"대학생 농촌계몽반: 어려움 도울 역군, 환송식 마치고 25일부터 파견", 《매일신문》
    1961. 7. 24.
"농업기계화 추진토록", 《경향신문》 1962. 2. 16. 조간, 1면.
"증수의 방도!", 《동아일보》 1962. 6. 17., 3면.
"동남아경제별견 (3) 일본의 영농방법", 《경향신문》 1962. 10. 11., 1면.
"온돌과 아파트의 장단점", 《경향신문》 1962. 11. 1.
"일 상사와 기술협정", 《동아일보》 1963. 1. 3., 2면.
"증수의 방도!", 《동아일보》 1963. 5. 25., 7면.
"농기구를 공급 농협을 통해 전국에", 《경향신문》 1965. 2. 15., 2면.
"한국의 유아독존(6): 공병우씨(의학박사)", 《한국일보》 1965. 4. 11., 6면.
"경제기구 개편안을 성안, 경제기획원, 국토건설청, 농상공부 강화 박정희 의장 산림녹
    화전담부 신설연구를 지시", 《동아일보》 1965. 4. 25.
「직업훈련법안 마련 기술교육에 새 기틀: ILO서 150만 달라 원조 약속」, 《동아일보》
    1965. 10. 9., 7면.

"기능'올림피크' 한국위원회 발족",《경향신문》1966. 1. 31., 5면.

"농지 소유 상한제의 철폐",《경향신문》1966. 5. 2., 2면.

"월남에 농기구 수출",《매일경제》1966. 5. 9., 3면.

"상품 (75) 경운기",《매일경제》1966. 6. 20., 4면.

"과학적으로 측정될 젊은 기술공들의 손재주",《동아일보》1966. 8. 4., 6면.

"「농민의 상」 11명 선발 표창",《매일경제》1966. 9. 22., 3면

"우리는 이렇게 농사지었다: 영예의 새농민상",《경향신문》1966. 9. 24., 5면.

"대통령 연두교서 전문",《매일경제》1967. 1. 17., 3면.

"농사에 써야 할 경운기가 시중에서 연탄을 나르고 있다",《경향신문》1967. 6. 1., 4면.

"금메달 안은 '영광의 손': 기능올림픽 두 소년",《조선일보》1967. 7. 18., 7면.

"경운기 백대 수출",《매일경제》1967. 8. 4., 4면.

"농촌의 기수, 새농민상",《경향신문》1967. 8. 17., 5면.

"경운기로 폭리 7억",《경향신문》1968. 6. 22., 1면.

"자랑스런 솜씨: 입상의 배경과 전망",《조선일보》1968. 7. 16., 6면.

"농촌재건의 상록수: 새농민상 프로필과 공적",《동아일보》1968. 8. 17., 5면.

"다양한 농업체제로",《동아일보》1968. 12. 25., 2면.

"'장독대 없애기'에 박차: 5000만원 들여 장유공장",《매일경제》1969. 5. 12.

"시비 농지상한제 철폐",《매일경제》1969. 10. 28., 3면.

"타자기 수급현황과 생산계획",《매일경제》1970. 10. 6., 3면.

"쥐와 경운기",《동아일보》1971. 3. 26., 3면.

"연료선택 고민 안은 주부의 난방 작전",《경향신문》1971. 11. 5., 4면.

"새농민상 6명의 얼굴, 영광의 흙손들",《경향신문》1972. 8. 14.

"연탄가스 중독 미리 막아내자",《매일경제》1972. 10. 23., 7면.

"새마을 사업: 그 현장(상)",《매일경제》1973. 5. 31., 5면.

김정수, "새마을사업의 능률화: 과총련 전문가들의 현장조사 보고(6)",《매일경제》1973.
    6. 16., 5면.

"농촌복지 발돋움: 81년까지의 새마을사업 장기계획",《경향신문》1973. 9. 19., 4면.

"농업기계화의 전제조건",《매일경제》1974. 3. 26., 2면.

"기계화영농의 청사진 (하) 전망과 대책",《매일경제》1974. 6. 21., 7면.

김두겸, "쌀 절약, 호소에서 강제로",《중앙일보》1974. 12. 6.

《경향신문》1975. 6. 30., 6면.

김용정·이규석, "학생 도시락 혼분식 과잉 단속: 성적에 반영, 처벌까지", 《동아일보》, 1976. 6. 12.

"전국 공고 네 가지로 나눠 육성: 고급기능인력 양성", 《동아일보》 1977. 4. 22., 7면.

《매일경제》 1977. 5. 9.

"국제기능올림픽 선수단 개선: 세계에 떨친 '기능한국'", 《경향신문》 1977. 7. 18.

"선진공업국 대열에 오를 자신감: 박대통령, 기능올림픽 선수단에 훈장, 격려", 《경향신문》 1977. 7. 19.

"기능올림픽 우승자 현역 복무 면제 검토", 《조선일보》 1977. 9. 30., 1면.

"쌀 잉여시대: 전환기맞은 양정", 《조선일보》 1977. 12. 6., 2면.

"'기능장려금' 지급 검토: 과기처, 올림픽 입상자에 15년간", 《매일경제》 1978. 1. 25.

"'기능한국'… 메달도 많고 화제도 많고…", 《조선일보》 1978. 9. 12., 6면.

"제 십대 총선 결과를 보고", 사설, 《동아일보》 1978. 12. 13.

"과학을 존중하는 풍토를 가꾼다: '전국민 과학화 운동'에 붙여", 《중앙일보》 1979. 5. 3., 4면.

"기능올림픽의 3연패: 공산품의 고급화와 저질 개선의 전기 돼야", 사설, 《조선일보》 1979. 9. 18., 2면.

"'과학하는 마음' 풍성한 결실: 1회 전국 학생 과학발명품 경진대회 결산", 《동아일보》 1979. 11. 9., 5면.

《매일경제》 1980. 5. 6., 8면

양영채, "밀려오는 '서양의 입맛': 햄버거, 도넛,… 미 즉석식품 한국서 각축전", 《동아일보》 1987. 5. 21.

이준, "상타기 '기능왕국'", 《조선일보》 1991. 7. 12., 3면.

안재승, "수입 농산물 홍수 속 농민, 소비자 '우리밀 살리기 운동'", 《한겨레신문》 1991. 8. 25.

강주상, "물리학자 이휘소의 삶과 죽음", 『신동아』 1993. 12.

강효상, "기능올림픽 입상자 국민주택 우선 분양", 《조선일보》 1996. 3. 23., 2면.

조연현, "21세기 한국 이끌 공부벌레들", 《한겨레》 1999. 1. 23., 14면.

《한겨레》 2005. 5. 16.

《한겨레》 2005. 10. 10.

"박정희가 설립한 '부산기공'은 어떤 학교?", 《중앙일보》 2008. 8. 12.

"'대왕세종' 표절 쓰나미", 《중앙일보》 2008. 10. 30., 20면.

"드라마 '대왕세종' 표절 논란", 《서울신문》 2008. 10. 30., 10면.

"드라마 대왕세종 방영금지가처분 선고 결과는 기각", 보도자료, KBS 사이버홍보실, 2008. 10. 31. 게재(http://office.kbs.co.kr/cyberpr/archives/70657, 2013년 12월 5일 접속).

최현묵, "기적은 계속됐지만… 환호는 사라졌다", 《조선일보》 2009. 9. 8., A1면.

김은구, "'신기전' 제46회 대종상 최우수 작품상 등 3관왕 '이변'", 《이데일리》 스타in, 2009. 11. 6. (http://starin.edaily.co.kr/news/NewsRead.edy?SCD=EA11&newsid=01646 566589883096&DCD=A10302 2014. 1. 8 접속).

"김치냉장고 탄생 15년", 《아이티투데이》 2010. 2. 9.

권재현, "한국, 수입 옥수수 75%를 사료로", 《경향신문》 2012. 8. 22.

고성진, "해마다 밀 수입 1조, 국산 자급률은 1%", 《한국농어민신문》 2015. 2. 6.

"한국기능, 세계 첫 제패: 뮌헨 기능올림픽, 금6 은3 등… 종합 1위", 《조선일보》 1973. 8. 12., 7면.

"박 대통령의 인간적 향기(김종필 증언록 소이부답 76)", 《중앙일보》 2015. 8. 31., 12면.

"라면 왕국의 왕은 장수하더이다: 한국 라면 52년의 역사", 《국민일보》 2015. 9. 4.

이병성·김경욱·고성진, "쌀의 미래: (1) 20년간 벼 재배 면적 25만 헥타르 사라져", 《한국농어민신문》 2016. 1. 1.

김원배, "한국을 빛낸 명예로운 과학기술인 우표 발행", 《전자신문》 2016. 4. 20., https://m.etnews.com/20160420000180.

"[사설] 과학영농 거부하는 농민·국회·정부의 '삼각동맹'", 《한국경제》 2016. 9. 22.

김태호, "과학자의 초상은 우리의 자화상이었다", 〈구석구석과학사〉 1회, 『주간경향』 1215호, 2017. 2. 28.

김태호, "우표 속 과학자는 누구에게 말을 거는가", 〈구석구석과학사〉 2회, 『주간경향』 1217호, 2017. 3. 14.

김태호, "그 많던 '포마토'는 누가 다 먹었을까", 〈구석구석과학사〉 14회, 『주간경향』 1242호, 2017. 9. 5.

김태호, "노벨상 후보로 거론된 김양하를 아십니까", 〈구석구석과학사〉 18회, 『주간경향』 1250호, 2017. 11. 7.

김태호, "4차산업혁명, 번역 속에서 길을 잃다", 〈구석구석과학사〉 28회, 『주간경향』 1270호, 2018. 4. 3.

김태호, "20세기 과학을 상징하는 원자 궤도 모형", 〈구석구석과학사〉 34회, 『주간경향』

1282호, 2018. 6. 25.

김태호, "각기병을 연구하다 비타민을 찾아내다", 〈구석구석과학사〉 40회, 『주간경향』
1294호, 2018. 9. 10.

김태호, "비타민, 안 사도 되는 것을 사게 만들기", 〈구석구석과학사〉 40회, 『주간경향』
1296호, 2018. 10. 2.

김태호, "인간이 고안한 '칼로리', 인간을 지배하다", 〈구석구석과학사〉 58회, 『주간경향』
1334호, 2019. 7. 8.

김태호, "근대 동아시아인, 튼튼한 장을 소망하다", 〈구석구석과학사〉 59회, 『주간경향』
1338호, 2019. 8. 5.

〈 영상자료 〉

신건식, "TV 농가방송 시청 반응" (농촌진흥청 연구지도속보, 1982).

"고려시대 우리는 로켓을 쏘았다", 〈역사스페셜〉 제5회 (한국방송공사, 1998. 11. 21.)

〈카이스트〉, 송지나 극본, 주병대 연출(SBS, 1999. 1. 24.~2000. 10. 15.).

〈허준〉, 이병훈 연출 (문화방송, 1999. 11. 29.~2000. 6. 27.).

"행주대첩과 첨단무기", 〈역사스페셜〉 제145회 (한국방송공사, 2002. 1. 12.)

〈불멸의 이순신〉, 이성주·김정규·한준서 연출 (한국방송공사, 2004. 9. 4.~2005. 8. 28.).

"한국인의 대표 에너지", 2005년 TV 공익광고.

〈대왕세종〉, 김성근, 김원석 연출 (한국방송공사, 2008. 1. 5~11. 16.).

"대호군 장영실, 그는 왜 사라졌나?", 〈한국사傳〉 제49회, 고정훈 연출 (한국방송공사,
2008. 7. 12.).

〈신기전〉, 김유진 연출 (2008).

"무궁화 꽃은 피지 못했다", 과학의 달 특집 〈이휘소의 진실〉 제1편, 윤진규 연출 (한국
방송공사, 2010. 4. 30.).

"세계 최초의 2단 로켓, 신기전(神機箭)의 부활", 최필곤 연출, 〈역사스페셜[2기]〉 제36
회 (한국방송공사, 2010. 6. 5.)

"조총, 조선의 명운을 바꾸다", 김정중 연출, 〈역사스페셜[2기]〉 제123회 '한국의 武' 제2
부 (한국방송공사, 2012. 11. 22.) 등.

〈구암 허준〉, 김근홍·권성창 연출 (문화방송, 2013. 3. 18~9. 27).

The Big Bang Theory, produced by Chuck Lorre and Bill Prady (CBS, 2007~2019).

〈 인터넷자료(블로그·홈페이지) 〉

"마을여행지/동의각/동의동굴", 경남얼음골 사과마을, http://icevalley.invil.org/tour_n/tourplace/tour04/contents.jsp (2013. 12. 8. 접속).

"표준영정", 한국학중앙연구원 디지털인문학연구소, http://dh.aks.ac.kr/wiki/index.php/%ED%91%9C%EC%A4%80%EC%98%81%EC%A0%95

http://buksiheung.nonghyup.com/user/indexSub.do?codyMenuSeq=23519491&siteId=buksiheung, 2017. 4. 15 접속.

The monthly economic magazine of Asia, http://past.yonhapmidas.com/04_11/eco/04_004.html

"[황우석이야기 61] 대왕 세종과 과학자 장영실", 시골피디저널리즘[블로그], 2008. 8. 7 게재 (http://blog.daum.net/pd-diary/16788037, 2013. 12. 20 접속).

"개방적 공간구성 전통의 지속" http://huri.jugong.co.kr/research/pds_read.asp?id=76

"박정희 대통령 기념사업회, "http://www.parkchunghee.co.kr/ (2009. 4. 13 접속).

"안방 계획원리의 정착과 새로운 갈등" http://huri.jugong.co.kr/research/pds_read.asp?id=78 (2009. 4. 18 접속).

"유용한 영농정보: 새농민운동", 북시흥농협 홈페이지,

딤채 사이트 브랜드스토리, http://www.dimchae.com/

미국 기계학회 기계 관련 역사 연표http://www.asme.org/Communities/History/Resources/Fluid_Distribution.cfm

야스오카 코이치(安岡孝一), "山下芳太郎(1)", タイプライターに魅せられた男たち. 第146回, http://dictionary.sanseido-publ.co. jp/wp/2014/09/04/yamashita1, 2014(2017. 10. 1. 접속) 참조.

"初代社長宮入博士の研究", ミヤリサン製薬株式会社, http://www.miyarisan.com/history.htm.

白山市, "広瀬輿吉(ひろせ　よきち)" https://www.city.hakusan.lg.jp/kankoubunkasportbu/bunkasinkou/senzin/hirose.html

農林水産省六次産業化戦略室,「農山漁村の6次産業化」, 일본 농림수산성 홈페이지, https://www.maff.go.jp/j/shokusan/sanki/6jika.html.

Alice Vincent, "Benedict Cumberbatch as Alan Turing: first look," The Telegraph online, December 30, 2013, http://www.telegraph.co.uk/culture/film/film-news/10542683/Benedict-Cumberbatch-as-Alan-Turing-first-look.html (accessed January 5, 2014).

Angela Watercutter, "TV Fact-Checker: Dropping Science on The Big Bang Theory," Underwire: Television: Sci-fi, *Wired online*, Septermber 22, 2011. http://www.wired.com/underwire/2011/09/tv-fact-checker-big-bang-theory/ (accessed December 22, 2013).

IVTO History: from 1950 to June 2000, electronic book, available in PDF, from https://www.worldskills.org/about/history/, pp. 32-103; "History of WorldSkills," WorldSkills International web site, https://www.worldskills.org/about/history/ , 2016. 9. 15. 접속 등 을 참조.

Michiel Hoojberg, "Konrad von Meyenburg," 2014. https://www.bungartz.nl/hist-meyenburg.html

"Alan Turing: Portrayal in Adaptations," Wikipedia, http://en.wikipedia.org/wiki/Alan_Turing#Portrayal_in_adaptations (accessed December 28, 2013).

"Contact Us," WorldSkills International website, https://www.worldskills.org/about/contact/ , 2016. 9. 1. 접속.

"Member organizations," WorldSkills International, https://www.worldskills.org/about/members/ 2016. 9. 15 접속.

"Old Garden Tractors." http://www.oldirongardentractors.com/.

"Public Events at the Congress, 24th International Congress of History of Science, Technology and Medicine, http://www.ichstm2013.com/public/index.html (accessed November 28, 2013).

"Quaternary sector of the economy," Wikipedia, https://en.wikipedia.org/wiki/Quaternary_sector_of_the_economy.

"The Big Bang Theory: Scientists Cameos," http://en.wikipedia.org/wiki/The_Big_ Bang_Theory#Scientist_cameos (accessed December 31, 2013).

"The Turing Opera," http://www.turingopera.com (accessed December 26, 2013); "The

Turing Project," American Lyric Theater, http://www.altnyc.org/new-operas-for-new-audiences/the-turing-project/ (accessed January 6, 2013).

"Turing Machine," Ooppera Skaala, http://www.oopperaskaala.fi/turing-machine/ (accessed January 3, 2013).

"Yakult's Beginnings," Yakult: History, https://www.yakult.co.jp/english/inbound/history/.

〈 구술자료 〉

하사용, "근대화 전략과 새마을운동", 국사편찬위원회 구술자료 (2004), 62쪽

〈 기타 〉

Forrest R. Pitts and Chan Suk Park, "Effects of Rototiller Adoption on South Korean Farms," November 1984, 미출간 원고 (David Nemeth 제공).

"전자산업의 어제와 오늘", 121쪽 (미발간 간행물)

『새힘』 74호(1964. 4)의 독자 의견.

Contents in English

Science, Technology and the Civil Society in Korea

Tae-Ho Kim

Assistant Professor

Korean Research Institute for Science, Technology, and Civilization

Jeonbuk National University

(Part 2) Faces of Korean Technology: Change and Adaptation

Fertilizer industry in two Koreas: the cradle of the chemical industry

    Introduction

    From the "Enemy's asset" to the "Socialist Industrial Palace"

        Ri Sung-gi and "Vinalon," the synthetic fiber

        Chosen Nitrogen Fertilizer Factory in Heungnam

        Heungnam reborn as the "Socialist Industrial Palace"

        Fetishism of "Juche"?

    Chungju Fertilizer Factory: the cradle of South Korean engineers

        "3F" Policy and construction of Chungju Fertilizer Plant

        Different expectations of the donor and the recipient

        "Engineer's Cradle"

    Conclusion

Imported machines in the garden: power tiller (gyeongun-gi) and agricultural mechanization in South Korea

    Introduction

    The global technology circuit for power tillers

    Extending the global technology circuit to South Korea and beyond

    Power tillers in the South Korean landscape

    The agricultural mechanization plan

    Conclusion

The Good, the Bad, and the Foreign: Trajectories of Three Grains in Modern South Korea

    Rice, Barley, and Wheat in Premodern Korea

    The Stigmatization of White Rice through Modern Nutritional Science

    The Sudden Abundance of Wheat in Postwar South Korea

    The "Green Revolution in Korea" and the Unexpected Demise of Barley

    Wheat as the New "Second Staple"

    Another Unnoticed Foreign Player

    "Good Grain" and "Bad Grain"?

Nutrition and Korean's new body

    Introduction

    Calories dominate humans

    Modernization and nutrition discourse in East Asia

    Vitamin and modern Korea

    Research on the nutritional value of Korean food in the Colonial Era

    Conclusion